Erwin K. Bauer | Dieter Mayer

Orientation & Identity

Portraits of International Way Finding Systems
Porträts internationaler Leitsysteme

Springer Wien New York   edition: 'Angewandte

Die noch junge Disziplin der Signaletik eröffnet einen spannenden Bereich der Gestaltung zwischen 2. und 3. Dimension. Hier treffen sich visuelle und räumliche Gestalter in interdisziplinärer Zusammenarbeit und entwickeln gemeinsam Projekte. Damit geben sie Orten ihren spezifischen Charakter, erleichtern die Orientierung und strukturieren Inhalte übersichtlich. Welches Potential dieses neue Feld für Bauherren, Stadtentwickler, Unternehmer oder auch Politiker hat, zeigen die höchst unterschiedlichen 17 Projekte dieses Buches. So verschieden wie die Auftraggeber aus Wirtschaft, Kultur oder Gesundheit sind auch die Gestalter. Vom Künstler über den Logistiker bis zum klassischen Kommunikationsdesigner oder Architekten kommen verschiedene Charaktere zu Wort. Sie berichten über Projektziele, eröffnen ihre vielschichtigen Haltungen zur Gestaltung und lassen uns einen Blick hinter die Kulissen werfen.

Mit dem einführenden Theorieteil, der repräsentativen Projektauswahl und dem detaillierten Glossar bieten wir allen Gestaltern und Bauherren ein umfassendes Arbeitsbuch zur Signaletik. Im Gegensatz zu einem konventionellen Lehrbuch wollen wir den Blick für neue Entwicklungen schärfen und die Basis für weitere innovative Projekte legen, auf die wir uns jetzt schon freuen.

The still young discipline of signage offers an exciting view of two and three dimensional design. This is the space in which visual and spatial designers meet and create interdisciplinary collaborations to develop their projects. These projects give individual places their specific character, make orientation easier and give us a structured overview of the respective contents. The 17 different projects discussed in this book show the potential this new field harbors for clients, urban planners, entrepreneurs and politicians. The individual designers' backgrounds are as different as the backgrounds of the various clients in the fields of business, culture and healthcare. Artists, logistics experts and classical communication designers as well as architects share their views here. All of them explain the aim of their projects, give the reader an insight into their multi-faceted design approaches and offer us a glimpse behind the scenes.

The introductory contributions on design theory, the representative selection of projects and the detailed glossary make this publication a comprehensive signage workbook for designers and clients. We wanted to create a volume that would go beyond a mere textbook and help the reader focus on new developments and provide a basis for more innovative projects in the future. We look forward to those projects.

Erwin K. Bauer & Dieter Mayer

Terra incognita Signaletik | Erwin K. Bauer & Dieter Mayer

Welche Berufsbezeichungen geben sich Gestalter? Wie umfassend sehen sie ihre Arbeit? Architekten können das einfach erklären, ihr Profil ist klar umrissen, das Berufsbild ist im Wesentlichen schon seit der Antike bekannt. Die Aufgaben reichen von der Planung bis zum Management des Baus eines Gebäudes, alles im Feld der räumlichen Gestaltung.

Viel schwieriger wird es beim Grafikdesign, einer relativ jungen Disziplin. Der Begriff selbst wurde erst 1922 vom Typografen William Addison Dwiggins geprägt. Lange mit dem künstlerischen Idealbild des Zeichners assoziiert, hat sich das Berufsbild laufend durch die Werkzeuge, im Speziellen durch die Neuen Medien stark verändert. Das Feld des zweidimensionalen Gestaltens hat sich dadurch diversifiziert. Typografen, Illustratoren, Editorial- oder Brand Designer, Web-, Animations- oder Informationsdesigner kann man am besten unter dem Begriff Kommunikationsdesigner zusammenfassen. Sie alle formulieren und gestalten Botschaften in medienadäquater Form, um den Betrachter gezielt zu erreichen.

Hatte man vor etwa 30 Jahren befürchtet, dass sich die Spezialisten mit zunehmender Fachkenntnis selbst isolieren würden, entwickelt sich die Arbeitsteilung heute durch neue Kooperationsformen zum Vorteil. Mit zunehmender Komplexität der Aufgaben werden nicht nur immer kompetentere Fachleute benötigt, es wird auch die flexible Zusammenstellung von interdisziplinären Projektteams vorausgesetzt. Diese Flexibilität schließt mit ein, Arbeitsweisen und Haltungen anderer Disziplinen mitzudenken, Input aufzunehmen und so zu einem wesentlich besseren Projektergebnis zu kommen. Der Signaletiker, an der Schnittstelle zwischen zwei- und dreidimensionaler Gestaltung, arbeitet sehr stark nach diesem Prinzip und verknüpft die Ziele von Bauherren, Architekten, Facility Managern und unterschiedlichen Nutzern miteinander. Neben seiner fachlichen Qualifikation sind von ihm vor allem auch Social Skills gefordert.

Parallel zur interdisziplinären Arbeit des Signaletikers in verschiedenen Bereichen verschwimmen die Grenzen der klassischen Berufsbilder immer mehr. Speziell zwischen zwei- und dreidimensionaler Gestaltung ist die Distanz kleiner geworden. Architekten präsentieren ihre Gebäude als digitales 3-D-Modell, das man scheinbar betreten kann. Webdesigner verstehen ihre Online-Welten als Räume und machen sie begehbar. Durch die virtuelle Darstellung von Raum haben sich viele Möglichkeiten eröffnet, ihn schon vor der physischen Errichtung zu erproben.

Diesen Vorteil nutzt der Signaletiker, der in der Entwurfsphase ein Bild eines zukünftigen Ortes schaffen will. Er kann den Charakter des Ortes erkennen und formen, Orientierungspunkte setzen und ihn so gestalten, dass er als Einheit mit der gebauten Architektur wahrgenommen wird. Dabei versetzt er sich schon während der Planung in die Benutzer eines Gebäudes oder Ortes, durchwandert es geistig und stellt sich auf die verschiedenen Erwartungshaltungen und Informationsbedürfnisse ein. Was vorerst nach simplem Beschriften und Anbringen von Schildern klingt, ist wesentlich weitreichender.

Signaletik verknüpft Fläche und Raum

Eines der ersten überzeugenden Beispiele an synergetischer Ergänzung von Architektur und visueller Gestaltung ist das finnische Tuberkolose-Sanatorium Paimio von Alvar Aalto, das 1933 mit dem Ziel eröffnet wurde, dass das Gebäude selbst zum Heilungsprozess der Patienten beitragen sollte. Aalto setzte ausgesuchte Farben auf den Gangböden, in den Patientenzimmern und auf den Flächen der großzügigen Treppenhäuser ein, die das Gebäude gestalterisch über die reine Kubatur hinaus erweitern.

Was Aalto gezielt inszenierte, ist die szenografische Wirkung von Raumabfolgen. Er nutzte Ausblicke, Durchblicke und die Veränderung beim Betreten und Verlassen von Räumen. Der Weg und nicht der Raum alleine hat ihn beschäftigt. Hier liegt ein wesentlicher Unterschied zur zweidimensionalen Gestaltung. Klassische Grafikdesigner arbeiten mit Medien, die einen statischen Betrachter in die Kommunikation einbinden. Das Medium, ob Buch, Website oder Animationsfilm wird aus einer fixen Position heraus wahrgenommen. In der Signaletik, wie in der Architektur, bewegt sich der Benutzer, die räumliche Kulisse wird zur szenografischen Inszenierung, zum gebauten Bewegtbild, das durch das Abschreiten zur filmischen Montage wird.

Der Signaletiker ist der Architekt des Weges

Allerdings baut er nicht. Vielmehr analysiert er die Möglichkeiten, einen Raum zu erschliessen. Was interessiert den Benutzer? Auf welche räumlichen und visuellen Eindrücke reagiert er? Was spricht ihn intuitiv an? Was mache er, wenn er verloren geht? Unterschiedlichste architektonische Faktoren wie Blickachsen,

Raumhöhen, Lichtführung oder Distanzen leiten bereits stark, ohne dass der Signaletiker ins Spiel kommt. Diese Faktoren sind seine Rahmenbedingungen. Er beobachtet, stellt fest und reagiert auf sie – um den Benutzer an sein gewünschtes Ziel zu bringen, um den Raum in seinem Charakter zu stärken, um Routen sichtbar zu machen und Fixpunkte zu setzen.

Signaletik hilft, die Funktionen eines Ortes sichtbar (oder unsichtbar) zu machen

Signaletik übersetzt Funktionen bzw. Inhalte der Architektur visuell und macht sie verständlich. Das schließt auch das Ausblenden von weniger wichtigen Bereichen mit ein, um die Übersicht zu bewahren. Dieses Ordnen und Strukturieren ist eine der richtungsweisenden Gestaltungsaktivitäten des Signaletikers. Dadurch fällt es dem Benutzer leichter, Funktion und Arbeitsweise innerhalb eines Ortes logisch nachzuvollziehen, wichtige Wege und Stationen werden nach dieser Logik benenn- und erkennbar.

Signaletik macht Orte besser erfahrbar und wertet sie auf

In einer fremden Stadt angekommen, sammelt man neue Eindrücke, speichert Landmarks und andere ausgesuchte Orte. Je mehr dieser Punkte man versammelt, desto stärker zeichnen sich Mind Maps – persönliche Karten im Kopf ab. Man macht sich ein Bild des Ortes, Wichtiges wird sichtbar und Unwichtiges bleibt unsichtbar. Professionelle Navigationshilfen vor Ort helfen, wichtige Punkte rasch zu verknüpfen und die Stadt selbständig, aber strukturiert zu entdecken und zu erleben.

Orte, die klar identifizierbar sind und über eine gute Infrastruktur verfügen, werden von Benutzern besser angenommen. Bei ihrer Neupositionierung legte die österreichische Bahn neben der Verbesserung ihrer Kernkompetenz großen Wert auf zeitgemäße Architektur, Gebäudekennzeichnung und Informationsdesign. Das Ergebnis ist ein sichtbarer Imagewandel und die Aufwertung des Verkehrsmittels Bahn und ihrer Bahnhöfe. Architektonisch um die Funktionen Einkaufen, Essen, Parken und Büros erweitert, spielt die Signaletik eine entscheidende Rolle: Sie visualisiert den Charakter des Ortes und seiner Angebote und lässt sie dadurch erst erlebbar werden.

Signaletik ist wirtschaftlich und effizient

Gut geplante Leitsysteme basieren auf der Reduktion von Information auf das Wesentliche. Wichtige Inhalte werden so besser wahrnehmbar. Gleichzeitig kann die geringere Zahl an benötigten Informationsträgern und die Vermeidung von Doppelläufigkeiten Investitionen senken. Aber nicht nur die niedrigen Investitionskosten liefern einen Beitrag zur Wirtschaftlichkeit, intelligent angelegte Wartung reduziert auch die laufenden Kosten nachhaltig.

Signaletik kann im Notfall Leben retten

Wenn es brennt, gibt es nur ein Ziel: Den nächstgelegenen Ausgang. Als 1996 bei einem Großbrand im Flughafen Düsseldorf 17 Menschen starben, war auch die mangelhafte Fluchtwegskennzeichnung ein Grund dafür. Signaletiker sorgen nicht nur für die im jeweiligen Kontext verständlichen Zeichen, sondern halten auch die Bezeichnungen und visuelle Darstellung einheitlich. Damit werden unterschiedliche Benennungen ausgeschlossen und im Notfall spricht jeder vom gleichen Ausgang – etwas, was sich die Feuerwehr im Einsatzfall genau so wünscht, wie der Flüchtende.

Gute Signaletik nimmt Rücksicht auf unterschiedliche Bedürfnisse in der Orientierung

In einem Krankenhaus befinden sich viele Menschen in einem Ausnahmezustand. Ein Verletzter, der den Weg zur Notfallambulanz sucht, hat weder Zeit noch Nerven, sich ausführlich zu informieren. Er muss den Weg blind finden – von diesem Worst-Case muss der Signaletiker ausgehen. Doch auch für ältere Patienten, die nur mehr langsam gehen können und sehbehindert sind, kann der Weg vom Zimmer zur Physiotherapie zur Odyssee werden. Der Schlüssel liegt im Universal Design, das ein breites Spektrum an Lösungen bietet, um allen, nicht nur Menschen mit Behinderungen, zu helfen. Es beginnt bei kontrastreicher, großer Schrift und reicht über intuitiv erfassbare Piktogramme und die verständliche Wortwahl bis zur Mehrsprachigkeit, die auch ein politisches Statement der Offenheit und Toleranz etabliert. Verschiedene kulturelle Prägungen der Nutzer und das individuelle Auffassen von Information sind immer wieder Herausforderungen für den Gestalter, der die beste Orientierung für alle bieten will.

Wie unterschiedlich die Herausforderungen im Neuland der Signaletik sind, zeigen die Projekte und Haltungen der Gestalter in diesem Buch. Was sie gemeinsam haben, ist der Anspruch, über die Grenzen der Disziplinen hinaus zu gestalten. Die Signaletik verbindet sie miteinander und wirkt als identitätsstiftende Kraft, die neue, überraschende Perspektiven eröffnet.

Terra incognita Signaletik | Erwin K. Bauer & Dieter Mayer

What term do designers use to define their job? How comprehensive is their view of their job? Architects can explain things easily; their profile is clear-cut. Their job description has been more or less the same since antiquity. Their duties cover the planning, management and construction a building, all within the context of spatial design.

Things are much more difficult when it comes to graphic design, a relatively young discipline. The typographer William Addison Dwiggins coined the term in 1922. It was associated with the artistic ideal of a draftsman for a long time. But this image is subject to constant transformation because of the changing tools that the job involves, especially new media. The field of two-dimensional design has become more diverse. Typographers, illustrators, editorial and brand designers, web, animation and information designers are all best described as communication designers. They all formulate and design messages in media-adequate ways that are meant to target and reach the beholder.

It was feared 30 years ago that specialists would become isolated as their specialized knowledge increased, but the division of work common today has led to new and advantageous cooperation forms. The increasing complexity of tasks demands ever more competent specialists and requires flexible, interdisciplinary project teams. This flexibility includes thinking in terms of the work methods and attitudes of other disciplines and absorbing other inputs to achieve substantially better project results. Signage specialists work at the intersection between two and three-dimensional design. They follow the principle described above very closely and link the goals of clients, architects, facility managers and the various users with their work. A signage specialist needs "social skills" aside from specific qualifications.

The borders of classical jobs and job descriptions are becoming more and more blurred as the interdisciplinary work of a signage specialist increases. The distance between two and three-dimensional design has narrowed. Architects present their building as a digital 3D model that one can seemingly enter. Web designers understand their online worlds as rooms that can be accessed. The virtual depiction of space has created new possibilities to experience space before it is physically built.

Signage specialists make use of this advantage to create an image of a place during the design phase. A signage specialist can identify the character of a place and shape it; he sets waypoints and designs the space so the signage and the architecture are perceived as one unit. He assumes the role of the users of a building during his planning. He wanders through it in his mind and takes the different expectations and information requirements into account. What seems to be about simple lettering and putting up signs is actually much more far-reaching.

Signage links surface and space

One of the first convincing examples of the synergetic linking of architecture and visual design was the Piamio tuberculosis sanatorium in Finland designed by Alvar Aalto. It was opened in 1933, and the aim was to create a building that would contribute to the patients' healing process itself. Aalto used selected colors on the hallway floors, the patients' rooms and the surfaces along the generously sized stairwells. These elements helped refine the design of the building beyond its mere cubature.

This conscious staging by Aalto focused on the scenic effect of spatial sequences. He used views of the outside and through the building, and he also used the changes that come from entering or leaving a room or space. The way and not just the rooms themselves interested him. This is one of the significant differences to two-dimensional design. Classical graphic designers work with media that integrate a static beholder in the communication. The medium, whether it be a book, web site or animated film, is perceived from a fixed position. In signage, as in architecture, the user is in motion. The spatial backdrop becomes a scenic staging element. It acts as a built, yet moving picture that serves as filmed scenery when the beholders walk through it.

The signage specialist is the way's architect

But he doesn't build the way, instead, he has to analyze the possible access ways a space or room offers. What is interesting to the user? What spatial and visual impressions does he react to? What is intuitively appealing to him? What would he do if he got lost? Many different architectural factors such as view axes, room heights, light trajectory and distances are already strong way finding elements without the signage specialist's influence. These factors are his framework conditions. He observes, establishes and reacts to them to be able to steer the user to the desired goal, to underline the room's character, make routes visible and create fixed way points.

Signage makes the functions of a place visible (or invisible)
Signage translates the functions and/or the contents of the architecture visually and makes them understandable. This also includes fading less important areas out to ensure a clear overview. This organization and structuring is one of the key design activities a signage expert engages in. It makes it easier for the user to grasp the logic of the function and workings of a place. Important paths and stations can be named and recognized this way.

Signage makes places easier to experience and gives them added value
When you get to a foreign city you gather impressions, memorize landmarks and other specific places. The more points you memorize the stronger the mind maps – the personal maps in your imagination – become. You create an image of the place; important things become visible and unimportant things become invisible. Professional on-site navigation aids help you link important points quickly and make you able to discover and experience the city independently in a structured manner.

Places that are clearly identifiable and offer good infrastructure are more well-received among visitors. The Austrian Railroad Company is focusing on contemporary architecture, building designations and information design along with its core competence as it seeks to re-position itself. The result is a visible image change and improvement of the railroad's image as a means of transportation as well as the improvement of the stations' image. Station architecture has been expanded to include functions like shopping, parking and offices. Signage plays a decisive role here: it visualizes the character of the place and its offerings. This makes it possible to experience these things.

Signage is economic and efficient
Well-planned way finding systems are based on the reduction of information to the basics. This makes it easier to assimilate important contents. A lower number of required information carriers and the avoidance of redundancies help lower the amount of investment needed. But low investment costs aren't the only contribution that leads to savings. Intelligent maintenance also leads to sustainable low operating costs.

Signage can save lives in an emergency
In a fire, the only goal is to reach the nearest exit. Poor escape route signage was one of the reasons 17 people died in a large fire at the Dusseldorf airport in 1996. Signage specialists don't only supply understandable designations and visual depictions for the respective contexts. They make sure these elements are uniform. This helps avoid varying designations and everybody knows which exit is meant in an emergency – something the fire department wants to work just as much as the person escaping the fire.

Good signage takes different orientation needs into account
People in a hospital are all in a state of emergency. An injured person who has to find his way to the emergency ward doesn't have the time or the nerves to get detailed information. He has to find his way there blindly – this is the kind of worst case a signage expert has to start his work with. But the way to the physiotherapy room can also become an odyssey for an elderly person or a patient with impaired vision. The key lies in universal design that offers a broad spectrum of solutions to help everyone, not just people with impairments. It begins with contrasting, large lettering and continues with intuitively understandable pictograms, the right choice of words and multi-lingual signs. These things are also political statements of openness and tolerance. Various cultural identities among the users and the individual understanding of information are constant challenges for the designer, who wants to offer all the users the best possible orientation.

The projects and views of the designers in this book show the many challenges that lie ahead in the uncharted territory of signage. What they all have in common is that they go beyond the limits of the various disciplines. Signage brings them together and acts as an identity-defining force that uncovers new, surprising perspectives.

Inhalt / Contents

* In diesem Buch wurde im Deutschen auf die Verwendung der geschlechtsneutralen Schreibweise zugunsten der besseren Lesbarkeit verzichtet.
Selbstverständlich sind bei allen Formulierungen Frauen sowie Männer gleichermaßen gemeint.

Identität als Orientierungsmaßstab | Markus Hanzer

Wir leben in einer Welt des ständigen Wandels. Nicht nur die Erscheinungen der Natur kommen und gehen, wir Menschen verändern uns und unsere Umwelt. Auch unser Gedächtnis ist instabil und vergesslich. Mit Identität bezeichnen wir, bei aller Veränderlichkeit und Vergänglichkeit, jenes Phänomen, das uns dennoch Orientierung erlaubt.

Identität fordert eine unveränderliche Wesenheit, Art, Qualität, Eigenschaft oder Wahrnehmbarkeit. Wir sind auch in der Lage, zum Beispiel Menschen oder Orte wiederzuerkennen, selbst wenn vieles sich geändert hat. Wahrnehmung ist ein komplexer Vorgang, der auch Wesenszüge, Strukturen, Intentionen etc. umfasst. Eigenschaften haften jedoch nicht einfach den Phänomenen an, sondern werden je nach der Fähigkeit, Wahrnehmbares zu lesen, unterschiedlich zugesprochen. Dies betrifft sogar unser Selbstbild, welches sich ebenfalls ändert, sobald wir uns mit neuen Formen einer Dechiffrierung von Zeichen vertraut machen. Sowohl Psychotherapie als auch Werbung sind daher Leseunterricht.

Identität erfordert immer das Vorhandensein unterscheidbarer Phänomene bzw. die Festlegung von Individuationsprinzipien, die einem bestimmten Phänomen nicht zukommen. Identität ist wie eine Haut, die schützt und ausgrenzt, die an manchen Stellen dick und abweisend, in anderen Bereichen dünn und durchlässig erscheint. Diese Haut ist flexibel, wächst, verändert sich, dehnt sich oder zieht sich zusammen.

Klar umrissene, auf wenige Merkmale reduzierte Erscheinungen lassen sich leichter identifizieren als komplexe, offene und vielgestaltige Äußerlichkeiten. Jene, die erkannt werden wollen, haben es sich daher meist zur Gewohnheit gemacht, nach Formen einer Andersartigkeit zu suchen. Design ist jenes Werkzeug, mit dessen Hilfe die Formen der Wahrnehmbarkeit entwickelt und ausgeweitet werden. Aufdringliche, auffällige und laute Oberflächen werden eingesetzt, um Aufmerksamkeit zu provozieren. Die umgekehrte Strategie besteht darin, durch eine Anpassung an stark verbreitete Erscheinungsformen gleichsam unsichtbar zu werden.

Identität kann als eine Form der Zuschreibung bezeichnet werden. Identität entsteht in der Betrachtung des Spannungsfelds von Zugehörigkeit und Unterscheidbarkeit oder Individualität. Erst durch das Fremde wird uns das Vertraute bewusst. Die Fähigkeit zur Differenzierung wird gelernt. Kennerschaft ermöglicht das Erfassen feinster Nuancen. Für den einen mögen zum Beispiel Graffitis nichts anderes als gleichförmige Störungen und Ärgernisse sein, während für Liebhaber der Szene deutliche Unterschiede bestehen. Der Spielraum, innerhalb dessen wir in der Lage sind, Personen, Objekte, Phänomene wiederzuerkennen, ist variabel. Er scheint sich im Laufe der Geschichte zu wandeln und ist immer auch von Mensch zu Mensch verschieden. Wo wir Unterscheidungen treffen und wo wir Gemeinsamkeit erkennen wollen, ist somit eine Frage der Anschauung, wenn man so will, auch der Toleranz.

Menschliche Gesellschaft baut auf eine Zuschreibung von Verantwortung und fordert daher Identitätsnachweise, dem Verdacht folgend, dass Wahrnehmung sich auch täuschen lässt. Wir suchen daher nach Zeichen, die sich einfachen Täuschungsmanövern entziehen. Reisepässe sollen deshalb ein Abbild vom Abdruck der Papillarleisten am Endglied eines Fingers oder der Regenbogenhaut des Auges enthalten. Von vielen Waren erwarten wir, dass sie sich uns als gebrandet zu erkennen geben. Wer oder was sich nicht deutlich zu verstehen gibt oder nicht authentisch wirkt, muss sich den Vorwurf gefallen lassen, etwas zu verbergen, um sich der Verantwortung zu entziehen. Längst haben sich Klischees herausgebildet, denen viele Vertrauen schenken und die sich aufgrund einer Konfrontation mit unüberschaubaren Informationsmengen auch nicht vermeiden lassen. Verbreitete Muster entwickeln somit eine Eigendynamik. Die Bereitschaft, Vorurteile zu hinterfragen, bedarf oft einschneidender Erlebnisse, die das Versagen unserer Wahrnehmung offensichtlich machen.

Da, wie bereits beschrieben, sich alles in einem ständigen Wandel befindet, muss auch die Eigenart eines Phänomens sich immer wieder aufs Neue bewähren. Damit im Laufe der Veränderungen die Zuschreibung einer Identität nicht verloren geht, muss sich ein kausaler Zusammenhang konstruieren lassen. Wer seine Spuren verwischt, seine Herkunft verleugnet, sich radikal erneuert, lenkt oft die Aufmerksamkeit gerade auf jene Momente, die sich der Beobachtung entziehen.

Die Idee, dass sich etwas verändern kann, ohne dadurch unfassbar zu werden, ist Vorbedingung für die menschliche Existenz, für Geschichte, Fortschritt, Freiheit. Die Energie menschlichen Handelns verteilt sich nach wie vor einerseits auf den Versuch,

Rollen zuzuschreiben und Identität zu beanspruchen, und andererseits auf die Forderung nach eigener Rollenfreiheit. Eine Festschreibung des eigenen Bewegungsspielraums akzeptieren wir nur, solange damit Vorteile verbunden sind. Trägheit, Angst vor Risiko und der Wille zu ökonomischer Sparsamkeit bremsen das Ausloten neuer Optionen.

Unsere eigenen Handlungsspielräume zeigen dort ihre Grenzen, wo wir das Gefühl haben, unsere Identität zu verlieren. Sollten wir die Grenzen überschreiten, entsteht ein Gefühl der Isolation, Auflösung und Neudefinition.

Bei der Verarbeitung sinnlicher Eindrücke stellen wir uns meist die Frage, welche Konsequenzen sich aus dem Wahrgenommenen für uns ergeben. Lassen sich Intentionen, absehbare Veränderungen und Handlungen vorhersehen, die eine Reaktion in der einen oder anderen Form notwendig machen oder nahe legen? Wir versuchen demnach, aus den Eindrücken Schlüsse zu ziehen. Je nachdem, ob wir uns in unseren Erwartungen bestätigt fühlen oder überrascht werden, können wir darauf unterschiedlich reagieren. Entweder ändern wir unsere Bedeutungszuschreibungen und lernen die Welt anders zu sehen, oder wir erklären die Welt für verrückt oder unterstellen einen Täuschungsversuch.

Als Kultur lassen sich aus diesem Blickwinkel in einer Gemeinschaft von Menschen getroffene Übereinkünfte betrachten, die jene Grenzen abstecken, innerhalb derer Veränderungen toleriert werden. Sobald wir uns innerhalb einer Gemeinschaft mit anderen Menschen befinden, beobachten wir meist nicht nur die Welt, sondern immer auch die Reaktionen der Anderen auf diese Welt. Unsere Wahrnehmung wird somit, allerdings mit unterschiedlicher Intensität, von den erkennbaren Reaktionen anderer mitbestimmt. In der Bewertung von Zeichen kommen drei Optionen zum Tragen – wo fühlen wir uns sicher, wo erkennen wir Gefahren und wo Ziele und Möglichkeiten?

Identität ist ambivalent. Durch das Spiel von Eingrenzung und Ausgrenzung entwickelt sich Identität. Grenzen bieten Schutz, schränken aber auch ein. Grenzen sind daher tendenziell immer instabil. Jedes Phänomen jenseits gesetzter Grenzen wird als Provokation empfunden, die es zu neutralisieren gilt, durch Ignoranz, Vernichtung oder Assimilation. Je enger Grenzen gezogen werden,

desto größer und bedrohlicher erscheint die Welt der ausgeschlossenen Optionen. Wo jedoch die Grenzen sich ins Unfassbare weiten, verlieren die Phänomene an Schärfe, Brisanz und Faszination. Immer wieder gelingt jedoch anstatt einer reinen Ausweitung der Grenzen eine Synthese, ein geschlossen wirkendes Zusammenspiel zuvor eigenständiger Erscheinungen. Die Musik, der Gesang und Tanz des Flamenco lässt uns zum Beispiel eine solche Harmonie der Gegensätze erleben.

Als mit sich identisch werden beobachtbare Phänomene so lange betrachtet, als sie keine unauflösbaren Widersprüche erkennen und sich von als gegensätzlich empfundenen Phänomenen unterscheiden. Auch äußerst komplexe und vielgestaltige Erscheinungsformen lassen sich auf einheitliche Beweggründe und Charaktereigenschaften zurückführen. Bezogen auf die Wahrnehmung städtischer Räume bedeutet dies, dass gerade dadurch, dass bestimmte Einstellungen in unterschiedlichsten Ausprägungen die wahrnehmbare Welt formen, diese als verlässliche und vertrauenswürdige Orientierungszeichen gelesen werden. Nicht die Uniformität der wahrgenommenen Zeichen, sondern der Verdacht, dass alle Zeichen einem zusammenhängenden Komplex von Intentionen folgen, erzeugt das Gefühl eines Raums, in dem wir uns zuhause, sicher und geborgen fühlen können.

Grenzenloser Tausch von Geld, Waren und Dienstleistungen scheint in unserer gegenwärtigen Welt den Antrieb menschlichen Handelns zunehmend zu dominieren. Diesem Wunsch nach grenzenloser Handlungsfreiheit stehen immer wieder massive Widerstände entgegen. Als kulturelle Barrieren werden diese Hemmschwellen gerne bezeichnet. Ist es vorstellbar, dass wir uns auch dann noch orientieren können, wenn alles sich ständig grenzenlos verändert? Märkte fordern bewegliche Menschen, die bereit sind, sich sowohl in Arbeit als auch Konsum den Angeboten entsprechend anzupassen. Identität reduziert sich dabei einerseits auf die Kennzahlen in Zusammenhang mit Ausweispapieren, Kreditkarten, Konten, Telefonnummern, Computeradressen und andererseits auf jene Anknüpfungspunkte, die unsere Netzwerke uns bieten.

Zentrales Thema jeder menschlichen Gemeinschaft ist die Frage nach der Verteilung der vorhandenen Güter. Die Vorstellung, dass Güter zwischen den Menschen ungleich zu verteilen sind, scheint heute in weiten Teilen der Welt unwidersprochen. Daraus ergibt sich die Notwendigkeit, permanent neue Grenzzeichen zu setzen. Diese Zeichen sind einem ständigen Wandel unterworfen, um sich sowohl abzuheben als auch bestimmten Gruppierungen zugehörig zu erweisen. Wer innerhalb eines bestimmten Verteilungssystems keinen Platz gefunden hat, kann bewusst eine Außenposition einnehmen und die gesetzten Grenzen durch eine provokative Erscheinung attackieren. Beispiele hierfür sind auf gesellschaftlicher Ebene Punk-, Gothic- oder Hip-Hop-Kulturen oder im Bereich der Marktangebote die so genannten Alternativ- oder Billig-Angebote.

Die aktuellen Diskussionen zum Begriff der Identität verweisen auf dessen zentrale Rolle innerhalb moderner Gesellschaften. Von Identitätsverlust, Identitätsstörung, Identitätskrisen wird gesprochen. Die Balance zwischen Kontinuität und Veränderung wird damit als gestört beschrieben. Angetrieben wird die Auseinandersetzung oft von einem Bild einer Welt, in der Orientierung den meisten Menschen leicht gefallen sei. Die Welt hätte sich nur langsam verändert. Selbst jede Neuerung sei einem so genannten „Wesen" treu geblieben. Sollte doch einmal etwas aus dem Rahmen gefallen sein, wurde es isoliert und ausgeschieden. Eine Form sollte nach diesen Vorstellungen immer Vorrang genießen. Alternativen halfen, als diskriminierte Formen, die Herrschaft einer Kultur der Mehrheiten zu festigen.

Folgendem Problem sehen wir uns deshalb ausgesetzt. Auf der einen Seite fordern sowohl Mangelerscheinungen als auch gesättigte Märkte eine permanente Entwicklung neuer Alternativen, während auf der anderen Seite Reviere durch immer neue Grenzziehungen verteidigt werden wollen. Selbst jene Bereiche gesellschaftlichen Handelns, die traditionell außerhalb marktwirtschaftlicher Dominanz standen, werden heute unter dem Argument, nur so überlebensfähig zu sein, kommerzialisiert.

Darüber hinaus sind wir angesichts der unterschiedlichen Angebote von in sich geschlossenen Zeichensystemen mitunter unsicher, welchem System wir vertrauen sollen und können. Der Verdacht, dass selbst komplexe Welten nur geschaffen wurden, um uns zu täuschen, drängt sich immer wieder auf. Da jedoch gerade die Fähigkeit zur Selbsttäuschung uns unabhängig macht von der uns ansonsten bestimmenden Welt, beziehen sich viele Menschen in ihrer Orientierung auch dann auf abgehobene Zeichensysteme,

wenn kein Zweifel daran besteht, dass es sich dabei um Blendwerk handelt. Identität bedeutet in diesem Zusammenhang nicht, dass Zeichen als Ausdruck einer so genannten Realität Bedeutung gewinnen, sondern ihr Wert wird ausschließlich daran gemessen, inwieweit sich diese im Zusammenhang eigener, momentaner Ziele als Mittel zum Zweck benutzen lassen.

Die Stadt als Lebensraum und Kommunikationsmedium gewinnt heute ihre Attraktivität gerade in der Überlagerung und Vielschichtigkeit gegensätzlicher Zeichensysteme. Historische Relikte lassen sich deshalb hervorragend als konstante Orientierungssysteme nutzen, weil sie uns scheinbar nichts mehr zu sagen haben. Wie ein übergestülptes Kleid erzählen aktuelle Zeichensysteme von Handlungsoptionen. Kaum jemand zweifelt daran, dass jene Bilder, die unser Handeln vorantreiben, uneinlösbare Utopien darstellen. So wie in Wikipedia das Bild der Welt permanent umgeschrieben wird, ist Identität heute nur noch als jeweils aktuelle Form eines Energieflusses zu verstehen, der jenen Phänomenen, die eine Zuwendung erhalten, bestimmte einschränkende oder ausweitende Optionen eröffnet. Sich selbst treu zu bleiben wird zu einer Hoffnung, die selbst die klassischen Leuchttürme der Orientierung – Stars und Marken – zugunsten einer sich wandelnden Form aufgeben.

Gestaltung im Sinne einer Weiterentwicklung von Zeichensystemen kommt in diesem Zusammenhang eine zentrale, leitende und Orientierung stiftende Rolle zu. Sicherheit bieten die Formen und Strukturen, die Veränderung unterstützen, ohne uns einem Gefühl der Hilflosigkeit auszusetzen. Wirklich bleiben jene Entwürfe, die wir uns anvertrauen.

Orientierung bedarf eines Ziels und einer Reihe von Hinweisen, wie dieses Ziel zu erreichen sein könnte. Orientierung ist nur nötig und möglich, wo sich mindestens zwei Optionen voneinander unterscheiden lassen. Haben wir einmal einen Weg eingeschlagen, bleiben wir diesem gerne so lange treu, bis wir über neue Möglichkeiten stolpern. Wir prüfen nicht jedes verfügbare Zeichen, um Entscheidungen zu treffen, vielmehr suchen wir oft lediglich nach Hinweisen, die einen bereits eingeschlagenen Weg zu bestätigen scheinen. Der Blick ist selektiv. Sollten uns Zeichen jedoch dazu verleiten, Zielrichtungen zu ändern, so tendieren viele heute innerlich dazu, ihre Gedankengebäude so umzubauen, dass Irrwege,

Abwege und Zick-Zack-Kurse dennoch als geradlinige Wege erscheinen. Die Welt der Zeichen stellt uns somit nicht nur Entscheidungshilfen zur Verfügung, sondern verändert, oft in unbewusster Weise, auch unsere Motive, Absichten und Ziele. Es macht allerdings einen großen Unterschied, ob wir ein Reiseziel oder das richtige Gate auf einem bestimmten Flughafen suchen.

Freiheit schließt immer auch die Möglichkeit ein, Entscheidungen zu treffen, die wir später bereuen. Wem können wir die Fehler zuschreiben, die wir machen, wenn wir das Gefühl haben, ausreichend mit Informationen versorgt zu sein? Die Option, zumindest einen Teil unserer Verantwortung bei gegebenem Anlass weitergeben zu können, entlastet. Lückenlos und durchdacht erscheinende Zeichensysteme spielen uns den Ball des Irrtums zu.

Zuhause fühlen wir uns in jenen Umgebungen, die uns nicht ständig zwingen, Entscheidungen zu fällen, deren Folgen wir nicht abschätzen können. Haben wir keine Wahl, fühlen wir uns wahrscheinlich unfrei. Mit steigender Auswahl werden Entscheidungen jedoch immer schwieriger, denn die Angst, die falsche Wahl zu treffen, wächst mit jeder weiteren Option. Um uns zu entscheiden, müssen wir in der Lage sein zu unterscheiden. Sobald wir Unterschiede erkennen, stellt sich die Frage, wie diese zu bewerten sind. Entscheidungen fordern immer die Bereitschaft zum Verzicht. Ohne Bezug auf ein zumindest aktuell bestehendes Wertesystem ist Orientierungsarbeit zum Scheitern verurteilt. Design ist niemals perfekt oder allgemein gültig, sondern bringt lediglich variable Aspekte zum Vorschein.

Orientierungsangebote werden dann als hilfreich empfunden, wenn bevorzugte Wege sichtbar werden, ohne uns dem Zwang auszusetzen, ausschließlich diesen folgen zu müssen. Nur übertroffene Erwartungen erzeugen eine positive Überraschung. Unhaltbare Versprechungen mögen uns im Augenblick beflügeln, müssen sich, um zu wirken, ständig von Neuem übertreffen und erlauben keinen Blick zurück.

Wenn Identität die Haut ist, die abgrenzt und schützt, dann ist Orientierung vergleichbar der Leber, die verarbeitet, was wir an Eindrücken aufnehmen, und isoliert und verdrängt, was als unbedeutend erscheint.

Kleine Philosophie der Präposition | Frank Hartmann

Wir wissen, dass die Welt nicht so ist, wie sie erscheint. Wir tasten uns an ihrer Oberfläche entlang, begnügen uns mit dem, was evident ist, und hinterfragen erst dann, wenn es Probleme gibt. Die Wirklichkeit ist eine Konstruktion, die wir besser nicht antasten, solange sie funktioniert. Dieses Funktionieren hängt von der Stimmigkeit der Beschreibungen und der Berechnungen ab, die wir zu diesem Zweck durchführen – was nichts anderes heißt, als dass wir den Dingen Zeichen zuordnen, die auf sie verweisen, oder nach Wegen suchen, die zu ihrer Bedeutung führen.

Auf diesen Wegen gibt es ein Hin und ein Her, ein Davor und ein Danach, ein Darüber und ein Darunter, und dazwischen ist natürlich jener Platz, den man als Erkennender einnimmt. Erkenntnis findet an Orten statt, und zu bestimmten Zeiten. Ist ausgehend von diesem Platz in der Welt, den wir ganz physisch besetzen, eine absolute Signifikation möglich? Bishop John Wilkins, einer der vielen, die sich Gedanken über die ideale Sprache gemacht haben, hätte das durchaus positiv gesehen. Wenn wir uns in der Welt durch Unterscheidungen orientieren, deren Bedeutung von der Position unseres Körpers in einem geo-astronomischen Raum abhängig ist, dann sind die Wege, die wir beschreiten können, gewissermaßen immer schon festgelegt. Und damit die Bezeichnungen. Freilich nur dann, wenn wir den Boden unter den Füßen behalten und uns der totalisierenden Gesten ein wenig enthalten.

In der Zeit, die uns von Wilkins trennt, hat die Philosophie jedoch daran gearbeitet, uns vom genauen Gegenteil zu überzeugen. Sie hat allgemeine Formen entwickelt, Ideale und Theorien, Begriffe und Kategorien, die möglichst inhaltsleer und dekontextualisiert sind. Im Namen der Vernunft wurden Monstren geschaffen, die man Gesellschaft, Geschichte, Kapital, Struktur, System, Medien und dergleichen nannte. Man hat sich vor ihrer Macht verbeugt und dabei vergessen, nach den Orten zu fragen, an denen sie agieren, nach der Infrastruktur, die sie brauchen, oder nach der Technik, ohne die sie nicht funktionieren können.

Also handelt es sich um ein Phantasma? Wie sollte es denn eine Struktur des Wirklichen geben, die – verborgen wie die Grammatik der Sprache – im Zweifelsfall für Orientierung sorgt? Diese allgemeine Form, von der ein Analytiker vielleicht glauben mag, dass sie ihm zukommt, verschwindet bei jeder näheren Betrachtung der Umstände. War es nicht genau diese Frage, an der Ludwig

Wittgenstein scheiterte? Ein Philosoph der klaren Linie, wovon sein Haus in der Wiener Kundmanngasse heute noch zeugt, und der ernsthaft dachte, die Welt ließe sich als klar strukturierter Raum begreifen, wenn er nur seinen Bleistift ganz penibel zuspitzt und seine Betrachtungen ganz penibel ordnet? Ja – doch es ehrt ihn, dass er diesen seinen Irrtümern grüblerisch nachging und eine grandiose „Menge von Landschaftsskizzen" niederschrieb. Du bekommst keine analytische Klarheit, sagt er darin zu sich selbst, denn du bist immer auf das angewiesen, was sich zeigt. Konsequent wird daraus die Maxime abgeleitet: „denk nicht, sondern schau!" Und wenn du hinschaust, dann ist das Ergebnis dieser Betrachtung: Wir sehen ein kompliziertes Netz von Ähnlichkeiten, die einander übergreifen und kreuzen. Ähnlichkeiten im Großen und Kleinen". * Ludwig Wittgenstein | Philosophische Untersuchungen Nr.66

Wenn eine Feststellung wie diese von einem Philosophen stammt, der selbstquälerisch seine Lebenszeit mit der Frage nach Gewissheit verbracht hat, dann ist sie ernst zu nehmen. Sie beantwortet eine Frage, die im Rahmen all jener Möglichkeiten, die Kultur und Technik inzwischen zu realisieren verstehen, langsam entschwindet.

Diese Frage ist die nach der Landkarte, nach einer Kartographie, die erfasst und nachzeichnet aber nicht vorschreibt welche Bewegungsmöglichkeiten gegeben sind. Bewegung ist alles, ganz im emphatischen Sinne von Leben und Wahrnehmung, Erkenntnis und Interesse, Kommunikation, Assoziation und Versammlung (soziologisch, wie Bruno Latour es beschreibt). Was es hier ernst zu nehmen gilt: die vergangenen Jahre wendet Theoriebildung sich verstärkt einer Verortung unserer Existenzweise zu, und das darf wohl als überfälliger Reflex auf deren vielfältige philosophische Transzendierung und Idealisierung im 19. und 20. Jahrhundert gedeutet werden. Doch Vorsicht ist angebracht, denn Verortung ist nicht gleichbedeutend mit Verwurzelung. Wenn wir Orte der Orientierung suchen, um zu wissen wer wir sind, kehren wir ganz sicher nicht mehr ein in Heideggers Haus des Seins.

Den Weg weist uns schon eher Wilkins Philosophie der Präpositionen: Dasein ist Wo-Sein. No sense of place? Verortung im Sinne dieser Lokalisierung einer Bedeutung heißt, dass man nach einer Karte suchen muss, in der nachzusehen wäre. Was also sind die Landkarten einer vernetzten Gesellschaft, in der – trotz Global

Positioning, denn dabei handelt es sich um reine Zielfindung, trotz Google, denn dabei handelt es sich um Werbepositionierung – in der also ein Überblick nicht weiterhilft?

Zunächst fällt auf, dass in unserer Kultur die beweglichen Elemente zugenommen haben. Mit Eisenbahn und Telegraph definierte sich das Dasein neu, und Kommunikation wurde technisch neu definiert. Kommunikation bedeutet im Doppelsinn dieser bei-

den Innovationen des 19. Jahrhunderts den Transport von Gütern oder von Botschaften zwischen zwei Orten. Mit dem Ergebnis, dass auf Jahrhunderte der Auseinandersetzung mit der Wirklichkeit, die von physischer Kraft (Muskelkraft, Maschinenkraft) bestimmt war, nun die flüchtige Form von Übertragung folgte. Sie brauchte nur wenige Jahrzehnte, um sich zur Massenkommunikation zu entfalten. Die Fernsehsendung macht die Welt zu einem Phantom, wie Günther Anders einst erschreckt festgestellt hat. Wir wissen nicht

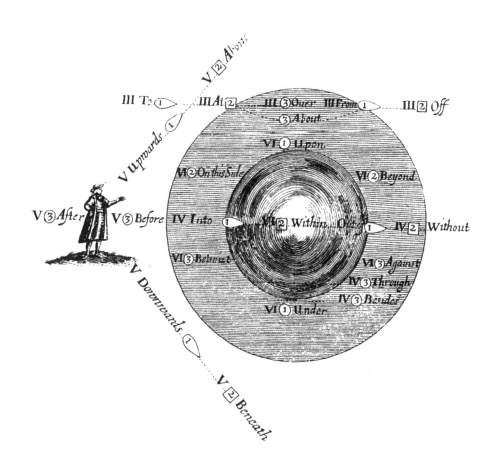

mehr, an welchem Ort wir sind, es öffnet sich ein transanthropologischer Raum. Wir haben keine Identität mehr als Individuen, denn wir leben im Zustand der Schizophrenie – in der Wirklichkeit, die keine mehr ist, und in der Medienwelt, die alles zu sein vorgibt.

Die Flüchtigkeit der Sendung scheint sich auf die Realität zu übertragen, die kulissenhafte Formen annimmt. Nicht-Orte als genuin neue Dimension der Wirklichkeit entstehen. Nicht-Orte: rein funktionale Orte, an denen keine Interaktion stattfindet, wo Menschen zu Passanten und Passagieren werden. Ein Dazwischen, ein Transit, eine Ästhetik der Unverbindlichkeit. Es entsteht ein Raum, der keine Identität besitzt und keine Individualität zulässt, sondern Einsamkeit erzeugt. Conrad N. Hilton wusste, wie man sie bekämpft, und statte als erster Hotelier die Zimmer mit Telefon und Fernseher aus. Der amerikanische Geschäftsreisende gibt den Prototyp eines Universum der Pantopie ab – „alle Orte in jedem und jeder Ort in allen, Zentren und Umgebung, globale Kommunikation". * Michel Serres Übertragungen und Kommunikationen zwischen ebenso verschiedenen wie entfernten Welt sind längst keine Zauberei mehr. Aber dabei ist nicht alles Austausch, nicht alles Bewegung. Sind Netze sinnleere Strukturen? Also welche Frage bleibt – wenn wir Orientierung suchen und dazu das Ungewohnte erfahrbar machen, da wir uns im Gewohnten so sicher bewegen wie der sprichwörtliche Fisch im Wasser?

Die Topologie verändert sich. Präpositionen beschreiben die Lage von Dingen. Wie aber lassen sich virtuelle Dinge beschreiben und Netze, wie die Bewegungen im Dazwischen, die Transformation von einer Welt der statischen Träger zu einer Welt der Virtualität ohne Schwerkraft und Haptik? Wir sind nicht länger die ausgezeichneten Subjekte, die im Mittelpunkt der Dinge stehen, eher finden wir uns in dauernden Übergängen, Übersetzungen … lost in translation. Dazu kommt, dass sich die Dinge selbst, technologisch intelligent gemacht, im Netz bewegen, dass Apparate- oder Medienwirklichkeit, die nichtmenschlichen Dinge und wir uns im selben Netzwerk befinden. Die kosmische Dezentralisierung ist schon verdaut, diese hier jedoch noch nicht. Die Aufgabe lautet, dafür eine Sprache zu finden, ohne dabei in banaler Deskription stecken zu bleiben oder in spekulative Höhen zu entschweben. Das aber haben Designer nicht verstanden, die immer nur ihre Duftmarke setzen, und ebenso wenig Architekten, die ihren imaginären Penis gegen den Himmel recken.

Was bisher geschah: Die abendländische Kulturentwicklung ist gezeichnet von einer gewaltigen Anstrengung, einer andauernden platonischen Anstrengung, zwischen Sein und Schein, zwischen Wirklichkeit und Repräsentation zu Unterschieden und kein Aufwand schien zu gering, um diesen Dualismus aufrechtzuerhalten. Die Differenz wird von Medien und Institutionen getragen, die uns auf ein Dasein in einer analogen Welt vorbereiten. Das ist eine Welt, in der es um Verwertung von Wirklichkeit geht. Wir sind aber mit zunehmenden Anteilen der digitalen Technik dabei, um es mit einem treffenden Satz des Medienphilosophen Vilém Flusser zu sagen, statt Verwertung von Wirklichkeit nunmehr Werte zu verwirklichen.

Es wird hier zu kurz greifen, Orte von Nicht-Orten zu unterscheiden, weil der ganze kritische Aufwand, den die analytische Einstellung mit sich bringt, sich als dysfunktional erweisen könnte. Gegen die Orte bleibt zu fragen, wie vielfältige Räume entstehen. Wie eine pluralistische Ontologie aussehen könnte, dazu gibt es die fulminante Skizze zu Schäume, die Peter Sloterdijk jüngst vorgelegt hat. Die Modelle ändern sich, und damit die Theorien. Neue Kriterien bilden sich aus, und wir sind dabei, nach den historischen mit kybernetischen Kategorien zu leben. Die neuen Formen, die neue Ästhetik ist medial. Ein Reich der Zeichen, eine vielleicht auch phantastische Ontologie.

Das ist nun der schwierige Punkt, denn wir verbinden Medien vorschnell mit Kommunikation, als Mittel der Verständigung, als Boten der Übertragung. Was dabei aus dem Blick gerät, das sind die Präsentierungs- und Synchronisierungsleistungen der Medien. Die Mediensphäre als Raum, in dem wir uns alle bewegen, in dem wir unsere Erfahrungen kodifizieren und ineinander übersetzbar machen. Den medialen Apparaten freilich sind menschliche Absichten eingeschrieben, diese Absichten betreffen die Ausweitung von Wahrnehmung und Kommunikation in Raum und Zeit, um das für uns als Säugetiere biologisch eng begrenzte Zeitfenster auszudehnen. Als Zentralbegriff der Medienkultur bedarf der Begriff Kommunikation der Ergänzung durch Technologien der Explizitmachung.

Technology of explicitness, ein Ausdruck der auf die Medientheorie Marshall McLuhans zurückgeht, ist das jeweils epochal angelegte Dispositiv der Äußerungen, die Medienumwelt des Alphabets, der Druckerpresse, und schließlich der Elektrizität. Sie bilden als solche einen unterschiedlichen epistemischen Raum, der sich jetzt zu einer Sphäre der Koexistenz weitet. Dieser Raum wird zunehmend ein Raum einer ständigen Übersetzung, des Herstellens von Verbindungen und Verknüpfungen durch Akteure, von denen keineswegs ausgemacht ist, dass sie über ein subjektives Bewusstsein verfügen oder Verständigungsabsichten, und ebenso wenig, dass sie sich als dreidimensionale Figuren durch den euklidischen Raum bewegen. Erst die Revolutionierung der Kommunikationen hat die historischen Räume überwunden und diese Welt voll neuer Akteure entstehen lassen; erst mit den seit ca. 1850 gewachsenen Teletechnologien auf Basis von Elektrizität wurde ihr vielschichtiges Muster of kinship and interdependence * Marshall McLuhan explizit. In diesem Muster heißt Mediation weder Transport noch Transformation, sondern beides zugleich, eine Hybridisierung oder interpenetration of one medium by another. Das ist das Ende der Moderne. Die Hybridisierung nimmt Abschied vom Unternehmen der Moderne, deren Anliegen es war, durch ständiges Unterscheiden Ordnung in die Welt zu bringen. Wie aber ist Moderne ohne Pathos möglich? Ohne Dogma des Dissonanten? Ohne ständigen Verdacht, dass unter den vulgären Oberflächen der Mediengesellschaft sich eine Substanz der Dinge verberge?

Bishop Wilkins war, wie andere Gelehrte des 17. Jahrhunderts, besessen von der Vorstellung einer Verbesserung der menschlichen Ausdrucksebene, weniger hinsichtlich der Artikulation als der Modalität. Ziel einer Idealsprache wäre es, alle Dinge des Universums so konkret und eindeutig wie möglich darzustellen, so, wie es in natürlichen Sprachen nicht möglich sei. Doch in einer Welt der Hybridisierung ist eine Theorie der absoluten Bedeutung (Signifikation) ein Phantasma, werden wir doch stets auf die Ebene der Präpositionen zurückgeworfen. Doch konsequenterweise haben wir eine Technologie wie den Computer entwickelt, diese gewaltigen Sortiermaschinen des Seins. Die Repräsentation von Wissen in formallogischen Systemen, und schließlich ihre technische Implementierung in Computern ist im Grunde nichts Anderes als eine fortgesetzte und der menschlichen Wahrnehmung entzogene Verarbeitung unzähliger aus Bitfolgen bestehender Muster sowie deren auf eine wahrnehmbare Oberfläche transformierter Output, das heißt eine umfassend technisch gestützten Explizitmachung.

Orientierung und Identität: ist das noch verhandelbar, wenn die Zeit der statischen Verhältnisse so offensichtlich vorbei ist?

Soziale Beziehungen sind nicht dauerhaft, Aufgaben wechseln dauernd, wir bilden nurmehr Patchwork-Identitäten aus. Selbst kollektive Identität löst sich in Richtung netzwerkartiger Gliederungen, analog zur Metapher von Schäumen, die sich nur begrenzt halten, solange sie ihre Oberflächenspannung nicht verlieren. Gibt es noch Hoffnung? Aber sicher. „Die Kontinuität der Persönlichkeit", sagte der Schriftsteller Gottfried Benn, „wird gewährt von Anzügen, die bei gutem Stoff zehn Jahre halten."

* Günther Anders | Die Antiquiertheit des Menschen, Band I, München 1980
* Marc Augé | Orte und Nicht-Orte. Frankfurt/Main 1994
* Vilém Flusser | Ins Universum der technischen Bilder, Göttingen 1985
* Bruno Latour | Reassembling the Social. An Introduction to Actor-Network-Theory, Oxford University Press 2005
* Marshall McLuhan | Understanding Media. The Extensions of Man, New York 1964
* Joshua Meyrowitz | No Sense of Place. The Impact of Electronic Media on Social Behavior, Oxford University Press 1986
* Karl Schlögel | Im Raume lesen wir die Zeit. Über Zivilisationsgeschichte und Geoplitik, München 2003
* Michel Serres | Atlas, Paris 1994
* Peter Sloterdijk | Schäume. Sphären Band III, Frankfurt am Main 2004
* John Wilkins | An Essay towards a Real Character, and a Philosophical Language, London 1668
* Ludwig Wittgenstein | Philosophische Untersuchungen (1945), Werkausgabe Band I, Frankfurt am Main 1984

Architektur und Orientierung
Das Labyrinth und der Faden der Ariadne | Christian Kühn

Das einzige Bauwerk, das in der griechischen Mythologie eine tragende Rolle spielt, ist das Labyrinth, das der Baumeister Daidalos für den kretischen König Minos errichtete. Das Charakteristikum dieses Bauwerks besteht in der Unmöglichkeit, sich darin zu orientieren. Ein Planungsfehler ist das freilich nicht, sondern kunstvolle Absicht: Der Mythos lässt keinen Zweifel an den überragenden Fähigkeiten des Daidalos, und nirgendwo findet sich ein Hinweis, dass er die Kontrolle über sein Projekt verloren hätte, weil es etwa zu groß oder komplex geraten wäre. Das Labyrinth ist keineswegs chaotisch, sondern nach einem besonderen Plan gestaltet, dem Prinzip des möglichst langen Wegs, der um ein mittiges Zentrum herum führt. Im Mythos erfüllt dieser Plan den Zweck, ein Ungeheuer – den stierköpfigen Minotaurus – auf spezielle Art im Zaum zu halten, nicht durch eine Mauer aus der Welt gesperrt, sondern über verschlungene Wege in Verbindung mit ihr gehalten.

Der Faden der Ariadne, mit dem es Theseus gelingt, sich und seine Gefährten aus diesem Labyrinth zu befreien, nachdem er den Minotaurus erschlagen hat, ist in gewisser Weise das erste mythologische Leitsystem. Der Wollknäuel, den Ariadne dem Theseus übergibt, ist dabei doppeldeutig. Er stellt einerseits eine Art von Architekturmodell des Labyrinths dar: Von einem zentralen Mittelpunkt aus windet sich der Faden in einem scheinbar chaotischen Gewirr zu einer geschlossenen Form. Andererseits lässt sich dieses Knäuel zum linearen Faden abspulen, der den Helden wieder ins Freie führt.

Das Labyrinthische als Gegenbild zur übersichtlichen axialen Ordnung, wie sie etwa den griechischen Tempel prägt, ist ein Thema, das sich durch die Architekturgeschichte verfolgen lässt. Es empfiehlt sich dabei, zwischen Labyrinth und Irrgarten zu unterscheiden: Labyrinth im engeren Sinn ist das Einweglabyrinth, bei dem ein einziger verschlungener Weg ins Ziel führt. Solche Labyrinthe finden sich etwa als Steinintarsien in den Fußböden der großen gotischen Kathedralen. Das Ziel im Zentrum ist greifbar nahe, aber der Weg dorthin ist lang und beschwerlich. Die frohe Botschaft ist jedoch, dass jeder das Ziel erreichen kann, der sich auf den Weg macht: Es gibt keine Abzweigungen oder Sackgassen. Der Irrgarten der Neuzeit lässt diese Frage dagegen in Schwebe, indem er bewusst die Möglichkeit beinhaltet, ewig im Kreis zu gehen, ohne je das Ziel in der Mitte zu erreichen. Und im Barock schließlich löst sich auch die Idee des Ziels als klar definierter Ort

im Raum zugunsten vielfacher möglicher Zentren auf. Im barocken Garten fluchten die Achsen ins Unendliche, verdoppeln sich in Spiegelfiguren und Illusionen, die jede Orientierung gezielt hinters Licht führen.

Im Lauf der Architekturgeschichte gab es bis ins frühe 20. Jahrhundert keinen Zweifel daran, dass Architektur selbst ein natürliches Zeichensystem ist, ein großes semantisches Ganzes, das höchst komplexe Bedeutungen vermittelt. Erst der Funktionalismus der 1920er Jahre machte den Versuch, Architektur von dieser Aufgabe zu entlasten. Semiotisch betrachtet sollte Architektur – von jeder symbolischen Bedeutung befreit – nur noch als Index (also Hinweis) auf ihre Funktion Bestand haben. Weder Tradition noch Region sollten mehr einen Einfluss auf architektonische Formen haben. Die Sprache des internationalen Stils war als architektonische Universalsprache gedacht, die sich in der Funktion begründete.

Labyrinth und Irrgarten mit ihren verwirrenden Wendungen hatten im Funktionalismus keinen Platz. Sie sind die Antithesen zu dessen Grundregel, dass die kürzeste Verbindung zwischen zwei Punkten auch den optimalen Weg darstellt. Die neuen wissenschaftlichen Methoden zur Produktions- und Fabriksplanung fanden in den 1920er Jahren rasch ihren Niederschlag in der Architektur. Henry Ford ließ für seine Arbeiter Krankenhäuser errichten, deren oberste Maxime kurze Wege für die Schwestern waren, und der tschechische Schuhfabrikant Tomáš Baťa machte der Architektur selbst Beine, indem er sein Büro wie eine Liftkabine an der Außenwand seines Verwaltungssitzes entlangfahren ließ, um so ohne Umwege über Treppen oder Gänge auf jeder Etage Präsenz zeigen zu können. Effizienz und Moral waren in beiden Fällen eng miteinander verbunden. „Dunkle Ecken, die zur Verunreinigung einladen, werden weiß gestrichen. Ohne Sauberkeit keine Moral!", heißt es in Henry Fords Autobiografie. Und die Fabriken und Büroräume im Baťa-Konzern waren mit Schrifttafeln geschmückt, auf denen Sinnsprüche die Arbeitsmoral heben sollten.

Es ist kein Zufall, dass die Etablierung der Signaletik als eigene Disziplin ebenfalls in die 1920er Jahre fällt. Die funktionalistische Doktrin verfolgte das Ziel, die Bauproduktion an eine Vielzahl von Spezialdisziplinen zu delegieren, deren Koordination die eigentliche Aufgabe der Architektur werden sollte: „... der architekt?

... war künstler und wird ein spezialist der organisation!", postulierte der Bauhausdirektor Hannes Meyer in seiner Antrittsrede im Jahr 1927 und nannte gleich eine Auswahl der zu koordinierenden Professionen, unter anderem Volkswirte, Statistiker, Hygieniker und Normengelehrte. Der Signaletiker findet sich zwar noch nicht darunter, aber er hätte gut in diese Liste gepasst. Noch im selben Jahr schuf Max Burchartz, der am Bauhaus studiert hatte, für das Hans-Sachs-Haus in Gelsenkirchen ein Farbleitsystem, das als erstes angewandtes Beispiel der Signaletik in einem öffentlichen Bau gilt.

Aus der Perspektive des Funktionalismus ist die Aufgabe der Signaletik klar definiert: Sie zeigt den kürzesten Weg durchs Labyrinth. Den subtilen räumlichen Botschaften, mit denen Architektur Menschen zu leiten imstande ist – über Licht, Farbe, Raumproportion, horizontale und vertikale Schichtungen – setzt sie ein deutliches „Hier lang!" entgegen. Das erlaubt es der funktionalistischen Architektur wiederum, auf alle Subtilitäten der Wegführung zu verzichten und sich auf effizientes Tragsystem, kostengünstige Hülle und möglichst gleichmäßig verteilte Erschließungskerne zu beschränken. Den Weg durch diese entzauberte Architektur, die von sich aus keine Hinweise mehr gibt, wie man sich in ihr bewegen soll, findet der Besucher über den Ariadnefaden des Leitsystems.

Die latenten Spannungen zwischen Architektur und Signaletik dürften zu einem nicht geringen Teil darin bestehen, dass Signaletik aus der Perspektive der Architektur als Teil einer funktionalistischen Doktrin betrachtet wird, die längst überwunden ist. Um zu verstehen, welche Chancen damit ungenutzt bleiben, empfiehlt es sich, das Thema Signaletik außerhalb der funktionalistischen Perspektive zu betrachten und zu untersuchen, wie Leitsysteme mit dem größeren semantischen Ganzen der Architektur in Beziehung stehen können. Dazu muss erörtert werden, welche Aufgaben Erschließungssysteme in der Architektur neben der möglichst sicheren und effizienten Bewegung von Menschen und Gütern in einem Gebäude noch zu leisten haben. Dabei lassen sich zumindest zwei weitere Aufgaben identifizieren: erstens die Inszenierung von Raum- und Erlebnissequenzen und zweitens die stufenweise Abgrenzung von öffentlichen und privaten Bereichen. Aus dieser erweiterten Bedeutung von Erschließungssystemen – die im Folgenden kurz beleuchtet wird – lassen sich erweiterte Aufgaben für die Signaletik ableiten.

Die Inszenierung von Bewegung im Raum ist ein Thema der Architektur, über das sich in der Architekturtheorie vergleichsweise wenige Aussagen finden. Während die Diskussionen über Maß, Zahl und Proportion oder die Säulenordnungen Bücher füllen, fehlen für das Thema der Erschließung und Bewegung offensichtlich die Begriffe. Implizit ist aber zumindest die rituelle Bewegung im Raum ein Kernthema der Architektur. Auch das Labyrinth wird oft auf diesen Ursprung zurückgeführt. Reigentänze, die labyrinthisch gewundene Bewegungen um ein Zentrum ausführen, finden sich in vielen Kulturen. Folgt man der Interpretation, die Jan Pieper in seiner grundlegenden Arbeit über das „Labyrinthische in der Architektur" aufgestellt hat, dass Labyrinthe nicht für ein einzelnes Gebäude, sondern als Metapher für die Stadt an sich stehen, dann liegt die Idee nahe, das Labyrinth als Spur jener festlichen Begehungen und Umzüge zu sehen, die sich in vielen Kulturen nachweisen lassen, von den mittelalterlichen Festumzügen bis zu südindischen Stadtritualen. Der Tanz – sicher die unfunktionellste Form menschlicher Fortbewegung – wird hier zum Ursprung architektonischer Raumkompositionen. Das Repertoire an Mitteln, mit denen Architektur diese Inszenierung von Bewegung unterstützen kann, reicht dabei über den rein visuellen Aspekt weit hinaus: Die körperliche Anstrengung, die mit dem Beschreiten einer mehr oder weniger steilen Treppe oder Rampe verbunden ist, gehört ebenso dazu wie der akustische Effekt von Schritten auf unterschiedlichen Böden und deren Widerhall im Raum, aber auch Luftbewegung und Luftfeuchtigkeit können dabei eine Rolle spielen.

Orientierung und Desorientierung sind in diesem Zusammenhang keine wertenden Begriffe mehr, sondern unterschiedliche Mittel zur Erreichung bestimmter Effekte. Momente der Verunsicherung fordern den Besucher auf, sich aktiv zu orientieren, und der kürzeste Weg muss keineswegs immer der beste sein. Selbst die scheinbar einfache Frage, ob es eine Qualität darstellt, wenn der Eingang eines Gebäudes von weitem erkennbar ist, führt zu widersprüchlichen Antworten. Louis Kahn setzt die Eingänge seiner Bauten gezielt so, dass der Besucher sie nicht auf den ersten Blick entdeckt, oft sogar in einer Reihe scheinbar identischer Öffnungen erst suchen muss. Umso größer ist dann das Erlebnis, hinter einem unscheinbaren Eingang einen grandios in die Vertikale gezogenen Raum vorzufinden. Die anfängliche Verunsicherung durch Desorientierung ist hier gezielte Vorbereitung auf diesen Effekt. Dagegen legt Le Corbusier größten Wert auf eine fast kinematografische

Inszenierung von Wegsequenzen, die den Besucher von einer räumlichen Sensation zur nächsten leitet, ohne dass er irgendwann innehalten und sich aktiv orientieren müsste.

Ähnlich verhält es sich mit der Abgrenzung von öffentlichen und privaten Sphären durch die Gestaltung eines Erschließungssystems. Auch hier gibt es kaum universelle Regeln, zu sehr ist gerade diese Hierarchie der Privatheit von kulturellen Prägungen bestimmt. Gemeinsam ist allen Kulturen aber die Schwelle als eines der markantesten architektonischen Elemente. Schwellen erzeugen in der Architektur ein komplexes System öffentlicher, halb öffentlicher und privater Zonen mit vielen Nuancen zwischen diesen groben Stufen. Die Schwelle ist immer ein besonderer Ort mit vielfältigen Konnotationen. Sie trennt und verbindet zugleich, ist ein Ort von Begrüßungs- und Verabschiedungszeremonien, Öffnung und Barriere zugleich. Dass an diesem Punkt auch ein Riss durch die Welt geht, verdeutlicht eine Wendung in Georg Trakls Gedicht „Ein Winterabend": „Schmerz versteinerte die Schwelle" lautet die Zeile, mit der Trakl die Notwendigkeit der Abgrenzung als Anlass zur Trauer benennt.

Die Bandbreite an Aufgaben, die sich einer integral konzipierten Signaletik stellen, ist damit skizziert. Aber wie sieht es mit den Mitteln aus, die ihr zur Verfügung stehen? Gehen wir der Einfachheit halber davon aus, dass Signaletik sich grundsätzlich auf zweidimensionale Elemente beschränkt. Dass jedes dieser Elemente in der Betrachtungssituation zwangsläufig wieder einen Raum zwischen Betrachter und Zeichen aufspannt, der bei der Gestaltung ein eigenes Thema darstellt, soll dabei mitgedacht bleiben. Nach fünfhundert Jahren Buchdruck ist das Verhältnis zwischen dem materiellem Träger und dem Zeichen aber heute klar konnotiert: Das Buch als materielles Objekt verschwindet bei der Lektüre, die Plakatwand tritt hinter dem Sujet zurück. Damit vollendet das zweidimensionale Zeichen, auf Architektur appliziert, ein Zerstörungswerk, das ihm seit der Erfindung des Buchdrucks nachgesagt wird: „Dieses wird jenes vernichten", lässt Victor Hugo in „Notre Dame" einen seiner Helden über den Funktionsverlust der Kirchenfassade als „Armenbibel" angesichts des aufkommenden Buchdrucks sagen. Frank Lloyd Wright hat diese Stelle in seiner Autobiografie als Anlass dafür zitiert, über eine neue Architektur nachzudenken, die keine Bedeutungen im literarischen Sinn mehr vermitteln müsste, und damit die Zerstörung in eine Befreiung umgedeutet.

Die autonome Sprache der Architektur als Raumkunst zu definieren war einer der unumstößlichen Grundsätze der Moderne, der alles Zweidimensional-Ornamentale für überwunden erklären sollte.

Nur wenige Richtungen der Moderne wie die De Stijl-Bewegung versuchten, zu einer Verbindung von Zwei- und Dreidimensionalem gelangen. Im De Stijl ist die treibende Kraft dafür die Suche nach der maximalen Abstraktion, die sich in der Rückführung des Dreidimensionalen in die Fläche zu bestätigen sucht. Historisch betrachtet handelt es sich hier um die Ausnahme, die die Regel der Moderne bestätigt, Architektur als autonome Raumkunst zu definieren. Für eine verstärkte Verbindung von Zwei- und Dreidimensionalem sprechen aber einige aktuelle Trends in der Architektur. Die Überwindung des Funktionalismus hat ja keineswegs zum „Status quo ante" einer per se bedeutungsvollen Architektur zurückgeführt, auch wenn das einige historisierende Formen der Postmoderne eine Zeitlang zu erreichen hofften. Tatsächlich lässt sich der aktuelle Zustand viel eher mit dem Begriff des Postfunktionalismus bezeichnen, also mit dem Eingeständnis, dass die Funktion kein primär bedeutungsstiftendes Merkmal der Architektur ist. Robert Venturi hat schon in den 1960er Jahren die Grundlagen dieser postfunktionalistischen Position zusammengefasst. Zwei Jahrhunderte lang hätte sich die moderne Architekturtheorie (deren Anfänge sich im späten 17. Jahrhundert ansetzen lassen) mit der Frage befasst, welche Beziehung zwischen der architektonischen Form und ihrem funktionellen Inhalt besteht: eine jahrhundertelange Stoff-und-Form-Debatte, die von der „architecture parlante" (Lequeus Kuhstall in Form einer Kuh) zur funktionalistischen Doktrin des „Form follows function" führt. Venturi diskreditiert diese Doktrin endgültig, indem er sie als verkrampfte Suche nach einer unmöglichen und sinnlosen Übereinstimmung ins Lächerliche zieht. Lequeus Kuhstall ist für ihn ein Witz, den die moderne Architektur nur nicht als solchen verstanden hätte. Stattdessen empfiehlt Venturi den „Decorated Shed" und sieht Architektur insgesamt als artifizielles Zeichensystem. Damit ist der Weg zum freien Spiel mit populären oder historischen Zeichenkonventionen frei, wie ihn Venturi selbst beschreitet, aber auch zur dekonstruktivistischen Auflösung aller Zeichensysteme in einen autonomen architektonischen Formalismus.

Verstärkt wurden diese Trends durch die Forderung nach Multifunktionalität und Variabilität von Bautypen. Was heute als

Schule errichtet wird, kann morgen Altenheim oder Bürohaus sein. Zugleich kommen die Grenzen zwischen öffentlichen und privaten Sphären zusehends in Turbulenzen. Durch neue Medien bricht die Welt ins Haus und schwemmt das traditionelle Zeichensystem der Schwellen weg. An dessen Stelle müssen andere Zeichensysteme treten, die der steigenden Dynamik entsprechen, mit der die Beziehung öffentlicher und privater Bereiche ausgehandelt wird.

Architektur wird damit heute zum Trägermedium für instabile Bedeutungen. Gebäude ändern ihre Funktion, ihre Eigentümer, ihre Nutzer. Einerseits reagiert Architektur als Disziplin darauf mit postfunktionalistischer Gelassenheit, indem sie möglichst neutrale Objekte entwirft, die ihren künstlerischen Eigenwert bewahren, auch wenn ihre Nutzung sich verändert. Auf diesem Feld kann Architektur auf jahrtausendealte Traditionen zurückgreifen, auf etablierte Regeln von Maß, Zahl und Proportion, auf den kunstfertigen Umgang mit Materialien und Farben. Andererseits zeichnen sich Möglichkeiten ab, durch dynamisch veränderbare Oberflächen alle Stabilität aus dem architektonischen Erscheinungsbild auszutreiben. Was ist von einem Gebäude zu halten, dessen Gänge rot sind, wenn man sie am Morgen betritt, und grün, wenn man es verlässt? Dessen Fassade Botschaften trägt, die sich täglich verändern, von der Fassade ins Innere wandern oder gar den einzelnen Besucher auf seinem Weg begleiten und ihn bei der Orientierung unterstützen? Erfahrungen damit werden wir erst in den nächsten Jahren zu sammeln beginnen. Am Ende dieses Wegs könnte eine neue Symbiose zwischen Zeichen und Raum stehen, zwischen Zwei- und Dreidimensionalem, Schriftkultur und Raumkultur.

Identity as an orientation standard | Markus Hanzer

We live in a world of constant change. Not only do the appearances of nature change, we humans also change and so does our environment. Our memory is unstable and forgetful. Identity is the phenomenon that gives us a sense of orientation despite all changes and transience.

Identity demands an unchangeable being, type, way, quality, characteristic or perceptibility. We are able to recognize people or places even if many things have changed, for example. Perception is a complex process that comprises character and personality, structures, intentions, etc. But characteristics don't just adhere to the phenomena; they are attributed according to the ability to read what is there to be perceived. This even affects our self-image, which also changes as soon as we have become familiar with new decoding forms. Both psychotherapy and advertising are new reading classes, so to speak.

Identity requires the constant presence of phenomena that can be differentiated, or the determination of individuation principles that do not apply to a specific phenomenon. Identity is like a skin that gives protection and sets things apart, it is thick and repellent in some places yet appears thin and permeable in others. This skin is flexible, grows, changes, stretches or contracts.

Clearly outlined appearances that are reduced to a few characteristics are easier to identify than complex, open and multifaceted exteriors. Those who want to be recognized have therefore mostly made a habit of searching for ways of being different. Design is the tool that helped create and develop forms of perception. Obtrusive, conspicuous and loud surfaces are used to provoke attention. The reverse strategy lies in becoming invisible by conforming to very widespread forms of appearance.

Identity can be called a form of attribution. Identity comes into being in the observation of the variable fields of affiliation and differentiation, or individuality. Things that are foreign make us aware of things that are familiar. The ability to differentiate is acquired. Discernment makes it possible to grasp the finest nuances. Graffiti may be nothing but an interference and annoyance of the same shape for one person, while graffiti aficionados can see clear differences in them. The space in which we can recognize people, objects and phenomena is variable. It seems to change in the course of history and is always different from person to person. Where we see differences and things in common is therefore a matter of perspective, or tolerance if you like.

Human society builds on an attribution of responsibility and therefore demands proofs of identity, in line with the suspicion that perception can be deceived. Hence we look for signs that withstand simple deception maneuvers. Passports should therefore have a fingerprint or an image of the eye's iris. We expect many goods to make us recognizable, or to brand us. If someone or something doesn't declare himself clearly or doesn't seem authentic, he is accused of hiding something to avoid being held responsible. Clichés have long since formed that many trust. These clichés have become unavoidable due to the confusing amounts of information we are confronted with. Widespread patterns therefore develop their own momentum. The willingness to question preconceived notions often requires incisive experiences that make the failure of our perception clear.

The uniqueness of a phenomenon has to prove itself anew, time and again, since everything constantly changes. A causal connection has to be created to avoid a loss of attributed identity in the course of change. Someone who covers his tracks, denies his heritage, renews him or herself radically often attracts attention to precisely those moments that are beyond observation.

The idea that something can change without becoming incomprehensible is a prerequisite for human existence, history, progress and freedom. The energy of human action continues to be distributed between the attempt to attribute roles and establish identity and the demand for personal freedom from roles. We only accept a fixed amount of freedom of movement if this fixed amount has advantages attached to it. Laziness, the fear of risks and will to economic thriftiness slows the exploration of new options.

Our own freedom of action is limited by the feeling that we are losing our identity. If we go beyond those limits we feel a sense of isolation, dissolution and re-definition.

When we process sensory perceptions we often ask ourselves what the consequences of the things we perceive will be for us. Can intentions, foreseeable changes and actions that make a reaction in one form or another necessary, or at least suggest action, be anticipated? We try to come to conclusions based on impressions. We react differently depending on whether our expectations are confirmed or we are surprised. Either we change our attributions of meaning and learn to see the world differently or we declare the world crazy, or claim we were deceived.

From this perspective, culture consists of agreements among a community of people who define the borders in which changes will be tolerated. We mostly observe the world and the reaction of others to this world as soon as we find ourselves in a community with other people. Our perception is therefore co-determined by the recognizable reactions of others, although in varying degrees. Three options come to bear in the assessment of symbols – where do we feel safe, where do I recognize dangers and where do I see aims and possibilities?

Identity is ambivalent. Identity develops from the interplay between inclusion and exclusion. Limits offer protection, but they also limit. Limits therefore always tend to be unstable. Every phenomenon beyond set limits is considered a provocation that should be neutralized through ignorance, destruction or assimilation. The tighter the limits, the larger and more threatening the world of excluded options seems. But phenomena lose their sharpness, volatility and fascination if limits extend into the unfathomable. But a synthesis, a seemingly closed interplay of unique appearances always succeeds where a pure broadening of the limits should. Flamenco music, song and dance is an example that lets us experience such a harmony of opposites.

Identical phenomena are observed until no unsolvable contradictions emerge to be perceived and differentiated as opposites. Extremely complex and multi-faceted appearance forms can be traced back to uniform motives and characteristics. In reference to urban spaces this means that precisely because certain attitudes in varying degrees shape the world, they can be read as reliable and trustworthy orientation symbols. It isn't the uniformity of the perceived symbols; it is the assumption that all symbols follow a cogent complex of intentions that gives us the feeling that we are at home, safe and sound.

The international exchange of money, goods and services seems to be the increasingly dominant force behind human action in our contemporary world. This desire for unbounded freedom of action meets with massive resistance, again and again. It is popular to see these inhibition levels as cultural barriers. But is it imaginable for us to be able to orient ourselves in the face of constant, unlimited change? Markets demand flexible people who are ready to adjust to the job and consumption offerings. Identity is reduced to core numbers connected to identity papers, credit cards, accounts, telephone numbers, computer addresses and to the links our networks offer us.

The distribution of existing goods is a central theme in every human community. The idea that goods should be divided unequally among people stands undisputed in large parts of the world today. This makes it necessary to constantly set new limits signs. These signs are subject to constant change so they can both stand apart and be assigned to certain groups. A person who hasn't found a place within a certain distribution system can't consciously take up an outside position and/or attack the given limits with a provocative appearance. Punk, Gothic, or Hip Hop cultures or so-called alternative or discount offers on the market are examples of this at a social level.

The current discussions of the identity concept refer to its central role in modern societies. There is talk of identity loss, identity disorder, and identity crises. The balance between continuity and change is described as disturbed. The discussion is often driven by the image of a world in which orientation was easy for most people. The world only changed slowly. Even every innovation remained true to its own "self." And if something stood out it was isolated and expelled. One form always enjoyed priority in these considerations. Alternatives helped consolidate the rule of a culture of majorities as discriminated forms.

We are therefore exposed to the following problem. On one side, both deficiency symptoms and saturated markets demand the permanent development of new alternatives while preserves asked to be defended with constantly redrawn boundaries. Even those areas of social action that traditionally stood outside of market economy dominance are being commercialized today with the claim that this is the only way they can survive.

We are also uncertain which system we can and should trust in view of the different closed symbol systems. The suspicion that even complex worlds were only created to deceive us reemerges consistently. But many people still refer to removed symbol systems for orientation even if there is no doubt that it is trickery and deception, since self-deception is an ability that makes us independent from the otherwise dominant world. Identity doesn't mean that symbols gain importance as an expression of a so-called reality in this context. Its value is exclusively measured by the degree to which it can be used in connection to own, momentary goals, or how it can be a means to an end.

The city as a living space and communication medium gleans its attractiveness from the overlap and layering of opposing symbol systems. This makes historical relics useful as outstanding, constant orientation systems, since they don't seem to have anything else to tell us. Current symbol systems tell of action options like a pulled-on dress. Hardly anyone doubts that the images that drive our actions are unattainable utopias. Identity should only be understood as the currently valid form of an energy flow, the same way Wikipedia permanently changes the picture of the world. This energy flow offers limiting or expanding options for those phenomena that we pay attention to. To remain true to one's self becomes a hope that even the classic beacons of orientation – stars and brands – renounce in favor of a changing shape.

Design in the sense of a further development of symbol systems plays a central guiding and orientation-generating role in this context. The forms and structures that support change give us a sense of security without exposing us to a feeling of helplessness. The designs we trust are the ones that remain real.

Orientation requires a goal and a series of indications of how to reach this goal. Orientation is only needed and possible if there are at least two different options. We like to remain true to a path once we have chosen it until we stumble across new possibilities. We don't examine every available symbol to make a decision; we just look for indications that seem to confirm the path already taken instead. Our view is selective. However, if symbols persuade us to change directions we tend rebuild our thoughts to make wrong paths, detours and zigzag courses look like straight lines. So the world of symbols doesn't only help make decisions, it also changes,

often subconsciously, our motives, intentions and goals. But there is a big difference between looking for a travel destination or the right gate in a specific airport.

Freedom always includes the possibility of making decisions we might regret later. Who can we blame for the mistakes we make when we feel we have been given enough information? Having the option of passing on part of our responsibility is a relief. Thorough and well thought through symbol systems put the ball of error in our court.

We feel at home in surroundings that don't constantly force us to make decisions whose consequences we cannot gauge. We would probably feel restricted without a choice. But decisions become more difficult as the selection increases because the fear of making the wrong decision grows with each additional option. We have to be able to differentiate to make a decision. The question of how to assess differences arises the minute we can recognize them. Decisions always demand the willingness to give something up. Orientation work is destined to fail without referring to at least one current value system. Design is never perfect or generally valid, it just brings variable aspects to the surface.

Orientation offerings are considered helpful if preferred ways become visible without forcing us to only follow them. Only exceeded expectations create a positive surprise. Untenable promises might encourage us for the moment, they have to exceed themselves every time and do not allow a look back.

If identity is the skin that sets things apart and protects, then orientation is comparable to the liver that processes the impressions we gather and isolates and suppresses what seems insignificant.

A Brief Philosophy of the Preposition | Frank Hartmann

We know the world isn't what it seems to be. We grope along its surface and are satisfied with what is evident, and only question it if there are problems. Reality is a construction it is better not to touch as long as it functions. This functionality depends on the coherence of the descriptions and calculations we create and perform to define function. All this means is we assign things symbols that refer to them or look for ways leading to their meaning.

There is a back and forth, a before and after, an above and below, and of course there is a place in between, which we take up as we identify these things. Insight takes place in a location, at specific times. Is absolute signification possible from the place in the world that we occupy? Bishop John Wilkins, one of the many who have given thought to the ideal language, would have viewed this very favorably. If we use differentiations that depend on our

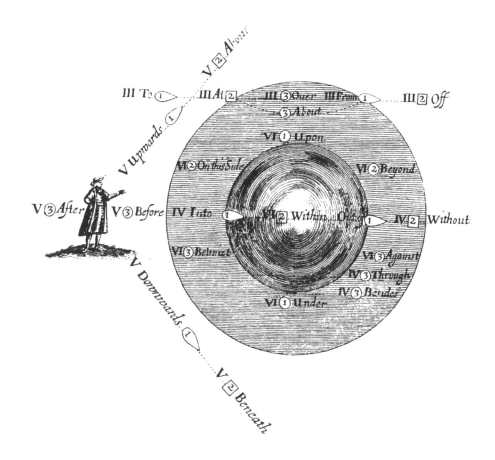

bodies' position in geo-astronomical space to find our way through the world, then the paths we can tread have always been defined, so to speak. And the same goes for the designations. Of course this is only the case if we keep our feet on the ground and abstain from totaling gestures a bit.

However, philosophy has worked on convincing us of the exact opposite in the time that separates us from Wilkins. It has developed general forms, ideals and theories, terms and categories that are devoid of content and de-contextualized. Monsters were created in the name of reason and given names such as society, history, capital and structure. We bowed to their power and forgot to ask where they act, to ask about the infrastructure they need, or the technology they can't work without.

So is it a phantom? How can there be a structure of what is real that – hidden like a language's grammar – gives us orientation when in doubt? This general form, which an analyst may think is there for him to find, disappears every time when the conditions are scrutinized. Wasn't this exactly the question Ludwig Wittgenstein failed to answer? He was a philosopher who pursued clean lines of reason, which his house on Kundmanngasse in Vienna bears witness to, and he seriously believed that the world could be comprehended as a clearly structured space if he only sharpened his pencil and organized his observations carefully enough. Yes – it honors him that he mused on his mistakes and recorded a prodigious, "amount of landscape sketches" over time. You can't achieve any analytic clarity when you think things over, because you are always dependent on what is exposed. This leads to the maxim, "don't think, look!" And if you look, the result of this observation is: "we see a complicated network of similarities that overlap and intersect. We see large and small similarities." * Ludwig Wittgenstein | Philosophische Untersuchungen Nr.66

A statement like this should be taken seriously coming from a philosopher who spent a lifetime tormenting himself thinking about certainty. It answers a question we are slowly losing sight of among all the possibilities culture and technology has made available.

This question is about a map, a cartography that records and traces without prescribing possible movement. Movement is everything in the emphatic sense of life and perception, insight and inte-

rest, communication, association and assembly (sociologically, as described by Bruno Latour). What should be taken seriously here: the development of theories has given greater attention to the location of our ways of existence. This can be seen as an overdue reflex to location's philosophical transcendence and idealization in the 19th and 20th century. But caution is recommended here, because location is not synonymous with taking root. We certainly will turn back to Heidegger's house of being in our search for places that give us orientation and show us who we are.

Wilkins' philosophy of prepositions is closer to showing the way here: Being there is being somewhere. No sense of place? Location in the sense of this localization of a meaning means one has to look for a map to look at. So what are the maps in our networked world worth in which an overview is useless despite Global Positioning, which is only about target finding, and despite Google, which is only about advertising placement?

The first thing that comes to mind is that the amount of movable elements has increased in our culture. The railroad and telegraph redefined our existence, and gave communication an entirely new definition. Communication stands for the double meaning these two 19th century innovations imply, the transportation of goods or of messages between two places. The result of this was that centuries of the exploration of reality that had been defined by physical strength were followed by a fleeting form of transmission. It only took a few decades to develop into a system of mass communication. A TV show brings the world into homes, thereby making the world a phantom. As Günther Anders once said in fear: we no longer know where we are, a trans-anthropological space is opening. We don't have an identity as individuals, because we live in a schizophrenic state – in a reality that isn't real anymore, and in a world of media that claims to be everything that is real at the same time.

The fleetingness of transmission seems to transfer itself to reality, which becomes scenery-like. Non-places emerge as a genuine new dimension of reality. Non-places: purely functional places in which there is no interaction, where people become passersby and passengers, that is to say an in-between, a transit, an aesthetic of the non-committal. Hence movement becomes a place that does not allow identity or individuality and causes loneliness instead. Conrad N. Hilton knew how to stave this off; he was the first to equip his hotel rooms with a telephone and television. An American businessman is the prototype of a pantopian universe – "all places in one and every place in all centers and surroundings, global communication." * Michel Serres Transmissions and communications between equally different and distant worlds aren't a magic trick anymore. But it isn't always about exchange and movement. Do networks stand for structures without meaning? So what is left to do if we seek orientation and experience, the uncommon, though we move through what is common with the same aplomb as the proverbial fish in water?

Topology changes. Prepositions describe the location of things, but how can virtual things and networks, such as the movements in between, the transformation of a world of static carriers into a virtual world without gravity and haptics, be described? We aren't the salient subjects at the center of things anymore. Instead, we are in constant transition and translation … lost in translation. And things themselves, given intelligence by technology, move in the network as well. The reality of apparation and media, of non-human things and we we are in the same network. We have already digested cosmic decentralization, but we haven't digested this yet. The task is to find a language for this without getting stuck in banal description or rising to speculative heights. But designers, who always only want to leave their scent and architects who always seek to raise their imaginary penises into the sky haven't understood that yet.

What has happened until now: the development of western culture is characterized by tremendous effort, a continuous platonic exercise in the differentiation between being and seeming and between reality and representation. No effort ever seemed too great to maintain this dualism. It is borne by media and institutions that prepare us to exist in an analogue world. This is a world that is about processing reality. But to use a fitting thought by the media philosopher Vilém Flusser, we are about to replace the processing of reality with the fulfillment of values, as digital technology becomes more widespread.

It would fall short to differentiate between places and non-places because the entire critical effort involved in this analytical stance might prove to be dysfunctional. After clearly defining places (centers, monuments, cathedrals) it remains to be asked how manifold spaces, ramifications and wrinkles are possible. Peter

Sloterdijk's recently published explosive outline of foam gives an idea of what a pluralist ontology could look like. The models change and the theories do as well. New criteria develop and we are in the process of living according to historical and cybernetic categories. Feedback is a criterion for the respective technologies that makes communication feedback-intensive again. The new aesthetic is media-based, a realm of symbols, maybe even a fantastic ontology. What is left is the question of connections and assemblies.

This is the hardest part because we are too quick to identify media as communication, as a means of understanding, a messenger of transmission. What we lose sight of are the presentation and synchronization services media provide. This is the media sphere as a space in which we all move and in which we code our experiences to make them translatable. Of course human intentions define the media apparatus as the expansion of perception and communication in time and space for us mammals, with our biologically narrow time frame.

This goes even further. As the central concept of media culture, communication requires complementing technologies of explicitness. The Technology of Explicitness, an expression that goes back to the media theory of Marshall McLuhan, is the respective epochal device of expression such as the surrounding media of the alphabet, the printing press and electricity. As such, this technology creates different epistemic spaces that have densified into a global sphere of coexistence since cables began to link the world after 1850. This globalized space is increasingly becoming a space in continuous translation among those who create connections and links. But it is no way clear that they have a subjective awareness and the intention of communicating. Just as it isn't clear that they move through Euclidian space as three-dimensional figures. It took the communication revolution to surmount the historical spaces of national territories. The pattern of kinship and interdependence * Marshall McLuhan only became clearly explicit with the onset of electricity-based tele-technologies around 1850. Mediation means neither transportation nor transformation in this pattern. It means both at the same time, a hybridization or interpenetration of one medium by another. That is the end of the Modern era whose aim was to bring order to the world with constant differentiation. How is the Modern era possible without pathos? Without the dogma of dissonance? Without the constant suspicion that the substance of things might be concealed beneath the vulgar surface of the media society?

Bishop Wilkins was, as were other scholars of the 17th century, obsessed by the idea of improving human expression, less in terms of articulation and more in terms of modality. The aim of an ideal language would be to depict all the things in the universe clearly and emphatically, in a way that is impossible with natural languages. But a theory of absolute meaning (signification) is a phantom in a world of hybrids, since we are always pushed back to the level of prepositions. We have therefore created something like computer technology, the mighty sorting machinery of our selves. The representation of knowledge in formal-logical systems and their technical implementation in computers ultimately is nothing other can the continued processing of patterns in innumerable bit sequences that are beyond human perception. They are then transformed into output on a perceivable surface. This makes them explicit information with comprehensive technical support.

Orientation and identity: is it still negotiable if the period of static relationships is so clearly over? Social relationships do not last, tasks change constantly. We only create patchwork identities. Even collective identities are dissolving into network-like structures that are analogous to the metaphor of foam that only lasts as long as it's surface tension. Is their still hope? Sure there is. "The continuity of personality," said the writer Gottfried Benn," is ensured by suits that last ten years if made of good cloth."

* Günther Anders | Die Antiquiertheit des Menschen, Band I, München 1980
* Marc Augé | Orte und Nicht-Orte. Frankfurt/Main 1994
* Vilém Flusser | Ins Universum der technischen Bilder, Göttingen 1985
* Bruno Latour | Reassembling the Social. An Introduction to Actor-Network-Theory, Oxford University Press 2005
* Marshall McLuhan | Understanding Media. The Extensions of Man, New York 1964
* Joshua Meyrowitz | No Sense of Place. The Impact of Electronic Media on Social Behavior, Oxford University Press 1986
* Karl Schlögel | Im Raume lesen wir die Zeit. Über Zivilisationsgeschichte und Geoplitik, München 2003
* Michel Serres | Atlas, Paris 1994
* Peter Sloterdijk | Schäume. Sphären Band III, Frankfurt/Main 2004
* John Wilkins | An Essay towards a Real Character, and a Philosophical Language, London 1668
* Ludwig Wittgenstein | Philosophische Untersuchungen (1945), Werkausgabe Band I, Frankfurt am Main 1984

Architecture und Orientation
The labyrinth and the thread of Ariadne | Christian Kühn

The labyrinth that the master builder Daedalus built for King Minos of Crete is the only building that plays a major role in Greek mythology. The characteristic of this building is that orientation is impossible within it. Of course this isn't a planning error, it is artfully done, and on purpose: the myth does not cast any doubt on Daedalus' outstanding abilities and there is no indication that he lost control of his project because it was too large or complex. The labyrinth isn't chaotic in any way; it was designed according to a special plan, the principle of the longest possible path that takes you around a center or middle. In the myth this plan fulfills a purpose, to keep a monster – the bull-headed Minotaur – at bay in a special way, not locked away from the world behind a wall, but kept in touch with it through a snarl of paths.

The thread of Ariadne which helps Theseus free himself and his companions from this labyrinth after defeating the Minotaur is, in a way, the first mythological way finding system. The ball of thread Ariadne gives Theseus has a double meaning. It is an architectural model of the labyrinth of sorts: the wool thread ravels into a chaotic tangle of passages from the central middle point and creates a closed shape. But this ball can also be unraveled into a linear thread that leads the hero back to freedom.

Labyrinthine structure as the opposite of the axial organization of a Greek temple is a theme that can be followed through the history of architecture. It is advisable to differentiate between a labyrinth and a maze: A labyrinth in the narrowest sense of the word is a one-way labyrinth in which a single winding path leads to the goal. Such labyrinths can be found in the stone intarsia patterns of large Gothic cathedrals. The goal at the center is within reach, but the way there is long and difficult. The good news is that everyone who gets on his way can reach the goal. There are no deviations or dead ends. The modern maze leaves this question open by consciously allowing for the possibility of walking in circles forever, without ever reaching the middle. And in Baroque thinking the idea of the goal as a clearly defined place dissolves into a number of possible centers. The axes in Baroque gardens continue into infinity, they multiply in reflected figures and illusions, every sense of orientation is intentionally misleading.

There was no doubt that architecture itself is a natural system of symbols until the early 20th century. It was considered a large semantic whole that conveys highly complex meanings. The functionalism of the 1920s marked the first attempt to relieve architecture of this burden. Semiotically speaking architecture – free of every symbolic meaning – only meant to serve as an index (meaning indicator) of its function. Neither tradition nor region should influence architectural shapes. The language of international style was meant as a universal architectural language based on function.

Functionalism doesn't have space for labyrinths and mazes and their confusing convolutions. They are the antithesis of functionalism's fundamental rule that the shortest distance between two points is also the ideal distance. The new scientific production and factory planning methods were quickly applied to architecture in the 1920s. Henry Ford had hospitals built for his employees in which short routes for the nurses were the most important precept. The Czech shoe manufacturer Tomáš Baťá made architecture itself move by having his office move up down the side of the administration building like an elevator. This helped him avoid detours caused by stairs and hallways and made his presence felt on every floor. Efficiency and morale were closely linked in both cases. "Dark corners that invite dirtiness are to be painted white. No morale without cleanliness!" says Henry Ford's biography. And the factory and office rooms in the Baťá buildings featured signs with slogans meant to raise the morale.

It isn't a coincidence that signage was established as a separate discipline in the 1920s. The Functionalist doctrine pursued the goals of delegating building production to a number of different specialized disciplines the coordination of which was supposed to be the actual task of architecture: "… the architect? … was an artist and an organization specialist!" as Bauhaus director Hannes Meyer postulated in his accession speech in 1927 before naming a whole list of professions needing coordination that included economists, statisticians, hygiene specialists and standardization experts. Signage specialists weren't on the list yet, but they would have fit well on it. Still in the same year Max Burchartz, who had studied at Bauhaus, created a color-coded way finding system for the Hans-Sachs-Haus in Gelsenkirchen that is considered the first applied example of signage in a public building.

The task of signage is clearly defined from the perspective of functionalism: it shows the shortest way out of the labyrinth.

It confronts the subtle spatial messages with which architecture is capable of guiding people – via light, color, room proportions, horizontal and vertical layering – with a clear "This Way!" This allows functionalist architecture to dispense with all the subtleties of way finding and limit itself to an efficient support system, a cost-effective shell and evenly distributed core access ways. Visitors find their way through this de-mystified architecture that no longer gives us an indication of how to move through it via the thread of Ariadne, or the way finding system.

From an architectural perspective, the latent tensions between architecture and signage are to a minor extent based on the fact that signage is viewed as part of a Functionalist doctrine that was left behind a long time ago. It is recommendable to assess signage outside the Functionalist perspective and research the possible relationship between way finding systems and the larger semantic whole of architecture. This helps us understand the unfulfilled opportunities we are left with. To do so, it is necessary to understand the tasks access ways have in architecture, aside for the safe and efficient movement of people and goods in a building. At least two other activities can be identified: firstly, the staging of space and experience sequences, and secondly, the gradual demarcation of public and private spaces. Additional signage tasks – which will be briefly discussed below - can be derived from these supplementary meanings.

The staging of movement in space is an architecture theme that architectural theory has comparatively little to say about. Although discussions of measurement, quantity and proportion or column alignment fill books, the words on the subject of access and movement are obviously missing. However, at least the ritual movement in space is a core architectural theme. The labyrinth is also often traced back to these origins. Round dances performed as labyrinthine, winding movements around a center can be found in many cultures. If one follows Jan Pieper's interpretation in his seminal work "Labyrinthische in der Architektur" (The Labyrinthine Aspects of Architecture), labyrinths are not a metaphor for a single building. They are metaphors for the city itself. Labyrinths can be seen as a trace of the celebratory procession and marches found in many cultures, ranging from medieval parades to city rituals in southern India. Dance – certainly the most un-functional means of human locomotion – becomes the origin of architectural space

composition. The repertoire of measures architecture has to support this staging of movement extends far beyond the purely visual aspect. The physical exertion connected to walking up a more or less steep flight of stairs or ramp is just as much a part of this as the acoustic effect of steps on varying floor surfaces and their echo in space. Even air movement and air moisture can play a role.

Orientation and disorientation are no longer assessment terms. In this context they are different means of achieving certain effects. Moments of uncertainty challenge visitors to actively find their way, and the shortest path isn't necessarily always the best. Even the question of whether it is a quality for the entrance to a building to be recognizable from a distance leads to contradictory answers. Louis Kahn purposely set the entrances to his building so they would remain unnoticed at first glance; they often had to be found in a row of seemingly identical openings. That makes the experience of finding a space with impressive vertical rise behind an inconspicuous entrance even greater. The initial sense of insecurity caused by disorientation is a conscious preparation of this effect. On the other hand Le Corbusier gave the greatest importance to an almost cinematographic staging of pathway sequences that take visitors from one spatial sensation to the next without having to pause and actively find their way.

The demarcation of public and private spheres with the design of an access way system is similar. There aren't really any absolute rules here either; the amount of cultural influences in the hierarchy of privacy is too great. But all cultures have thresholds in common as one of the most striking architectural elements. Thresholds create a complex system of public, semi-private and private zones with many nuances between these basic categories. A threshold is always a special place with manifold connotations. It separates and unites at the same time, it is a place for welcome and farewell ceremonies, both an opening and barrier. This fault that goes through the world is captured clearly in Georg Trakl's poem "Ein Winterabend" (A Winter Evening): "Pain hardens the threshold," reads the line Trakl uses to express the need for separation as a reason for sadness.

The breadth of tasks that face integrally conceived signage has been sketched. But what about the available means? For the sake of simplicity let us assume that signage is basically reduced to two-dimensional elements. It should be kept in mind that each of these elements inevitably opens a space between the beholder and the signs that are separate design issue. But the relationship between the symbol bearer and the symbols is clearly connoted after five hundred years of book printing: the book vanishes as an object when it is read, the billboard wall takes a step back behind the motif. Thus the two-dimensional symbol completes a form of destruction that is has been accused of since the invention of book printing once applied on architecture. "This will destroy that," says one of Victor Hugo's heroes in "Notre Dame" about the loss of function of church façades as the "bible of the poor" with the rise of book printing. Frank Lloyd Wright used this quote in his autobiography to begin thinking about a new type of architecture that no longer had to convey meaning in a literal sense. By doing so he reinterpreted this destruction as liberation. To define the autonomous language of architecture was one of the irrevocable principles of Modernism. According to this principle, everything that was two-dimensional and ornamental was a thing of the past.

Only few Modern trends such as the De Stijl movement tried to link two and three-dimensional elements. The search for maximal abstraction that tries to revert three dimensions back to the one-dimensional surface is the driving force in De Stijl. Historically, this is an exception that proves the Modernist rule that architecture should be defined as an autonomous spatial art. But some current trends speak in favor of a stronger link between two and three-dimensional elements. Surmounting functionalism did not in any way lead to the 'status quo ante' of architecture that is meaningful 'per se,' although some Historicist forms of Post-modernism hoped to do so for a time. The current condition can actually be described with the term 'Post-functionalism' meaning the acceptance that function is not a primary meaning in architecture. Robert Venturi summarized the foundations of this Post-functionalist position in the 1960s. Modern architecture theory (its beginnings go back the late 17th century) spent two centuries addressing the relationship between architectural form and its functional contents. This was a two-hundred-year material-and-form discussion that went from an "architecture parlante" (Lequeu's cow-shaped cowshed) to the Functionalist "Form follows function" doctrine. Venturi discredits this doctrine with finality by ridiculing this strained search for an impossible and useless convergence. Lequeu's cowshed is a joke that modern architecture simply didn't

understand for Venturi. Instead Venturi recommends the "Decorated Shed" and sees architecture overall as an artificial symbol system. This opens the way for free play with popular or historical conventions, which Venturi played with himself. But it also sets the stage for the Deconstructivist dissolution of all symbol systems in autonomous architectural formalism.

These trends are stressed by the demand for multiple functions and variable types of construction. What is built as a school today can be a home for the elderly or an office building tomorrow. The borders between public and private spheres are also facing increasing turbulence. New media breaks into buildings bringing the world with it, washing away the traditional symbolism of thresholds. New symbol systems have to take its place that cope with the increasing dynamics of the negotiation between public and private and relationships.

Hence architecture is a carrier medium for unstable meanings today. Buildings change functions, their owners, and their users. On one hand architecture as a discipline reacts to this with Post-functionalist ease by designing objects that are as neutral as possible, that preserve their artistic value, even if their use changes. Architecture can look back on thousands of years of tradition including established measurement, number and proportion rules as well as the artful handling of materials and colors. On the other hand possibilities are emerging that make it possible to take all stability out of architectural appearance with dynamically changeable surfaces. What can be said about a building that has red halls when you enter it in the morning and green halls when you leave it? Or a building with messages on its façade that change daily, wander inside from the façade or even accompany individual visitors and support them, as they find their way? We will only begin to gather experience with these things over the next years. A new symbiosis between symbols and space, between two and three dimensions, type culture and spatial culture could lie at the end of this road.

Projekte / Projects

06/33

Hier...

wurde Antonio Vivaldi 1741 am
Armensünder-Gottesacker begraben.

Antonio Vivaldi was buried here
in 1741 on the ,pauper's grave'.

| AM PULS DER STADT: | 29.5. BIS | WIEN MUSEUM |
| 2000 JAHRE KARLSPLATZ | 26.10.2008 | KARLSPLATZ |

2000 JAHRE KARLSPLATZ, Wien [A]

Karlsplatz 2000 Years, Vienna

Interviewpartner / Respondent Wolfgang Kos | Direktor, Wien Museum • Stefanie Lichtwitz, Kriso Leinfellner | Partner, Lichtwitz

Der Karlsplatz in Wien wurde durch eine Intervention im öffentlichen Raum zur lebendigen Außenstelle des Wien Museums. Selbst Thema der Ausstellung im Museum, wurde der Platz unweit des Hauses mit Botschaften zu seiner Geschichte bespielt – eine Kommunikations-lösung, die ebenso unaufwändig wie effizient den Museumsraum in den öffentlichen Stadtraum expandiert.

An intervention in public space made Karlsplatz square in Vienna a lively outpost of the Wien Museum. The square itself was the theme of an exhibition at the museum, so messages with historical information were set up on the square – a communication solution that expands the museum into a public urban space simply and efficiently.

Wolfgang Kos
Historiker, Autor und Ausstellungsmacher / Historian, Writer and Curator

Ausbildung Geschichte und Politikwissenschaften, Universität Wien
Laufbahn Redakteur im ORF/Hörfunk • Lehrbeauftragter am Institut für Zeitgeschichte der Universität Wien • Direktor Wien Museum
Education History and Political Science, University of Vienna
Career Editor at ORF/Radio • Instructor at the Institute of Contemporary History of the University of Vienna • Director Wien Museum

Hatten Sie den öffentlichen Raum immer schon als Museumsort im Kopf?

// Wolfgang Kos Grundsätzlich ja. Die Themen unseres Museums beziehen sich auf vergangene oder existierende Orte in der Stadt. Deshalb sollte ein Haus wie unseres nicht nur innerhalb des Museums aktiv sein, sondern auch im Stadtraum auftreten und dort Verstörungen, Informationen, Irritationen hinterlassen. Aber solche Reach-out-Projekte sind viel komplizierter und teurer, als man annehmen würde. Eine relativ einfache Variante sind Stadtbeschriftungs-Projekte, wie sie von manchen Stadtmuseen wie jenem in Stockholm durchgeführt wurden, meist aber eher brav. Das ist etwas, was wir jetzt anlässlich der Ausstellung „2000 Jahre Karlsplatz" auch machen. Die Ausstellung handelt ja davon, wie sich ein Stück Stadt im Lauf von vielen Jahrhunderten verändert hat. Die Aufgabe eines Stadtmuseums ist es ja nicht, die Vergangenheit einzufrieren, sondern von Veränderungen zu erzählen.

Wie erreicht das Projekt den Passanten?

// Wolfgang Kos Im öffentlichen Raum hat man nicht genug Zeit, um pädagogische Lehreinheiten wirklich zu studieren. Uns ging es deshalb darum, dem Passanten im Vorbeigehen eine schnelle Information zuzuwerfen. Das Medium sind hier Bodenkleber mit knappen Sätzen, Mitteilungen wie „Hier hatte man früher eine tolle Aussicht auf die Hofburg." oder „Hier wurde Antonio Vivaldi 1741 am Armensünder-Gottesacker begraben.". Diese sind an den „historischen Originalschauplätzen" – die heute ganz anders ausschauen – angebracht. Aufwändige Konstruktionen entfallen, es ist die technisch einfachste Lösung.

Did you always have the public space in mind as a museum location?

// Wolfgang Kos Basically yes. The themes our museum addresses are places of the past or existing places in the city. A house like ours shouldn't only be active within the museum premises for that reason. It should also be present in urban spaces and reveal causes of distress, information and irritations. But reach-out projects are much more expensive and complicated than one would assume. City labeling projects are a relatively simple variant. However some of the projects by certain city museums, like the one Stockholm Museum set up, tend to be too prosaic.

We are doing something similar for "2000 Jahre Karlsplatz." After all, the exhibition is about how a site has changed over the course of many centuries. A city museum's duty is to show changes and not freeze the past.

How does the project reach out to passersby?

// Wolfgang Kos Actually, you just don't have enough time to stop and study pedagogic units in public spaces. We therefore try to toss passersby some fast information using ground stickers with concise sentences, messages such as, "the view of the Hofburg used to be beautiful from here," or, "Antonio Vivaldi was buried here in 1741 when this was God's acre for the poor." The stickers are set on the "original historical sites," which look completely different today. No sophisticated constructions are needed, it is the simplest solution in technical terms.

Stefanie Lichtwitz
Grafikdesignerin / Graphic Designer

Ausbildung Grafikdesign, Kolleg und Meisterklasse an der Höheren Graphischen Bundeslehr- und Versuchsanstalt, Wien
Laufbahn Freiberufliche Grafikdesignerin • Mitarbeit bei alessandri design • Partner bei Lichtwitz – Büro für visuelle Kommunikation
Education Grafic Design, Höhere Graphische Bundeslehr- und Versuchsanstalt, Vienna •
Career Freelance Graphic Designer • Graphic Designer at alessandri design • Partner at Lichtwitz – Büro für visuelle Kommunikation

Lesen die Menschen die Texte am Boden?

// Wolfgang Kos Passanten bleiben immer wieder stehen, lesen und entdecken so durch unsere Hinweise ihre Stadt neu. Viele Leute gehen an einem Ort ja nicht nur einmal vorbei, sondern haben regelmäßige, oft tägliche Routen. Beim vierten, fünften Mal beginnen sie dann zu lesen. Ich glaube, man erreicht die Leute über eine solche kleine Störung ganz gut, mit der Chance, ihnen ein Stück mehr über das Umfeld, in dem sie sich bewegen, zu erzählen. Es sollte aber etwas Interessantes und Erstaunliches sein. Drastische Hinweise auf die Differenz zwischen früher und heute scheinen sich dafür ganz gut zu eignen.

// Stefanie Lichtwitz Wir wollten den Menschen nichts in den Weg stellen, sondern ihnen eine Form von Begleitung und Vermittlung anbieten, die neugierig macht und nicht als Hindernis wahrgenommen wird.

Kann so eine Beklebung im öffentlichen Raum einfach realisiert werden?

// Wolfgang Kos Jede Aktion außerhalb des Museums ist ungleich komplizierter als alles, was man im Haus macht. Während der parallel zur Ausstellung laufenden Fußball-Europameisterschaft mussten die 35 Kleber wieder beseitigt werden, sie galten als Sicherheitsrisiko. Am Tag nach dem Finale wurden sie wieder aufgeklebt.

// Kriso Leinfellner Obwohl diese Kleber die wohl einfachste Möglichkeit sind, um länger haltbare Beschriftungen zu installieren, ist es unglaublich, wie komplex die Sache wird, sobald man in den so genannten öffentlichen Raum hinaus geht: Fragen von Grundeigentum, Zuständigkeit und Verantwortlichkeit, Eignung, Normierung, Zertifizierung und Abnahme der Materialien hinsichtlich Rutsch- und Verletzungssicherheit, aber auch Aspekte wie Wartung und Reinigung, Abnutzung und Vandalismus führten zu einem recht aufwändigen

Do people read the texts on the ground?

// Wolfgang Kos Passersby always stop to read and rediscover their city through the stickers. It isn't like people only come by once. Many people come by regularly as part of their daily routines, and they start reading after the forth or fifth time. I think we reach people pretty well with these minor disturbances. And it gives us the chance to tell them a bit about the surroundings they are moving in, but it should be something interesting and astonishing. Explanations of the drastic differences between then and now are very suitable.

// Stefanie Lichtwitz We didn't want to put anything in people's way. We wanted to convey information and accompany them in a way that piques their curiosity without creating a hindrance.

Is it easy to work with your sticker system in public spaces?

// Wolfgang Kos Every action or campaign outside the museum is much more complicated than anything we do in-house. We had to remove 35 stickers during the Euro 2008 football tournament, which took place at the same time, because they were considered a safety risk. They were re-applied the day after the final.

// Kriso Leinfellner It is difficult to believe how complex things can get once you move out into the public space, although these stickers are the easiest way of installing lasting lettering. Questions arise about land ownership, responsibility, accountability, suitability, compliance with standards, certification and the approval of the materials with regard to slipping and injury safety. Other aspects include maintenance, cleaning, wear and vandalism. All of these aspects led to a complicated process involving many different instances.

Kriso Leinfellner
Grafikdesigner und Architekt / Graphic Designer and Architect

Ausbildung Architektur, Technische Universität Graz • Industrial Design, Universität für angewandte Kunst Wien und Gerrit Rietveld Academie Amsterdam
Laufbahn Partner bei propeller z Architekten • Partner bei Lichtwitz – Büro für visuelle Kommunikation
Education Architecture, Technical University Graz, Industrial Design, University of Applied Arts Vienna and Gerrit Rietveld Academy Amsterdam
Career Partner at propeller z Architekten • Partner at Lichtwitz – Büro für visuelle Kommunikation

Verfahren, in das verschiedenste Stellen involviert waren. Die allgemeine Unsicherheit angesichts eines großen Sportereignisses, zu dem es noch keine Erfahrung gab, hat die Sache vielleicht noch komplizierter gemacht.

// **Wolfgang Kos** Zudem ist es unglaublich, wie viele Möglichkeiten es gibt, dass Bodentexte verschmutzen oder unansehnlich werden – z. B. durch Bremsspuren von Fahrrädern.

Steht ein Museum wie das Wien Museum heute schon in direktem Konkurrenzkampf mit Marken, die auch den Platz im öffentlichen Raum beanspruchen?

// **Kriso Leinfellner** Ja. Alle wollen dasselbe, nämlich Aufmerksamkeit. Die Zielgruppen sind zwar zum Teil verschieden, aber im Grunde muss ich es genauso schaffen, Passanten oder Stadtbesucher in Sekundenbruchteilen zu fesseln. Das ist bei komplexeren Inhalten im kulturellen oder Architekturkontext natürlich schwieriger, weil die Botschaft nicht beliebig verkürzt werden kann. Insofern ist eine intelligente Form der Wiederholung angebracht. Wenn man dafür Medien belegt, die für die Werbung unbedeutend sind, wie z. B. die Oberfläche eines Platzes – der noch dazu durch die räumliche Nähe für das Wien Museum interessant ist – dann ist das ein passender Kommunikationsansatz.

Ist Euch der Karlsplatz als werbefreier Bereich entgegengekommen?

// **Kriso Leinfellner** Klar, wo weniger ist, kann man mehr machen. Gleichzeitig ist jede Gestaltung im öffentlichen Raum bereits ein Overkill an Information. Allein die verschiedenen Parkbänke, Bodenbeläge oder Pflanzen erzeugen so eine Verwirrung, dass eigentlich kein Platz mehr bleibt, den man noch bespielen kann, außer man drängt andere Dinge zur Seite.

And the general sense of insecurity that came with a sporting event that nobody had any experience with made things a lot more complicated.

// **Wolfgang Kos** And it is incredible to see how many things can make the text on the ground dirty or unsightly, bicycle skid marks, for example.

Is the Wien Museum in direct competition with brands that are also laying claim to public spaces?

// **Kriso Leinfellner** Yes, all of them want the same – they all want attention. Of course the target groups are different in part, but I basically have to capture the passerby's or city visitor's attention in a matter of seconds as well. That is more difficult with complex cultural or architectural contents because the message can't be abbreviated at will. It calls for an intelligent form of repetition. We used media that were uninteresting for advertising purposes, like the surface of the square and we were also close to the Wien Museum. This proved to be a suitable communication approach.

Was it convenient that Karlsplatz is an advertising-free zone?

// **Kriso Leinfellner** Of course, the less there is, the more you can do, although every design in a public space is bound to lead to information overkill. All the different park benches, ground surfaces and plants cause so much confusion that there isn't any space left to fill, unless you move all the other things to the sides.

How sensible is it to add things then?

// **Kriso Leinfellner** Paradoxically, way finding systems add elements, which makes matters worse, because these elements increase the overall noise level, so to speak. The best way

Wie sinnvoll ist es da, noch etwas hinzuzufügen?

// Kriso Leinfellner Leitsysteme fügen weitere Elemente hinzu, was die Ausgangsposition paradoxerweise erst einmal weiter verschlechtert, weil quasi das Gesamtgeräusch weiter verstärkt wird. Im Grunde entsteht das beste Leitsystem dadurch, solange Dinge weg-zuräumen, bis das, was man sucht, offensichtlich wird. Im Übrigen leiten Städtebau und Architektur besser als jedes noch so gute Grafik-Design – wenn eine Raumfolge nicht klar führen kann, können es später angebrachte Schilder auch nicht.

In diesem Verständnis entstand der Vorschlag, direkt auf Flächen zu gehen, die schon vorhanden sind. Ursprünglich dachten wir mehr in Richtung Mauern, an Sockel von Denk-mälern oder an Spielgeräte. All diese Dinge sind bereits vorhanden und es muss keine aufwändige Konstruktion gebaut werden, um sie beschriften zu können.

// Stefanie Lichtwitz Da hätten wir dann aber statt fünf Magistratsabteilungen wesentlich mehr gebraucht, um alle Genehmigungen zu bekommen, dieser Weg war unrealistisch. Außerdem wäre das auch als eine Art Verschmutzung eingeschätzt worden, wenn man in so heterogener Art Information auf öffentlichen Einrichtungen platziert.

Zusätzlich zur flachen Bespielung des Platzes haben Sie mit einem Kran vor dem Museum ein klassisches Landmark errichtet. Was war die Idee dahinter?

// Wolfgang Kos Erstens ging es darum, den Platz, der ja das Hauptexponat der Ausstellung ist, auch von oben sehen zu können. Fährt man mit dem Kran im Korb 35 Meter nach oben, kann man den ganzen Karlsplatz überblicken und sich ein Bild seiner Dimension und seiner widersprüchlichen Nutzungen machen. Zudem sind einige gelbe Klebepunkte von oben ganz gut zu sehen. Zweitens ging es darum, ein Zeichen zu setzen, also unser

finding system clears things up to the point at what you are looking for becomes clear. Having said that, urban construction and architecture show the way better than graphic design can, no matter how good. If a spatial sequence can't offer clear guidance then no signs added later will either.

After having understood that we decided to go straight to the surfaces that were already there. We originally thought more in the direction of the walls or memorial bases, or play-ground devices. All these things were already there, there was no need for complex constructions to mount lettering on.

// Stefanie Lichtwitz We would have needed permits from five more offices to do that, it was unrealistic. Besides, it would have been considered a form of pollution to place informa-tion in public facilities so heterogeneously.

You also built a crane that acts as a classical landmark in front of the museum, along with the stickers on the square. What was the idea behind it?

// Wolfgang Kos Firstly, we wanted the square – the main exhibit so to speak – to be visible from above. If you go up 35 meters in the carriage you have a view of the entire square. This view gives you a sense of its overall dimensions and its contradictory uses. You also have a good view of some of the yellow stickers from above. Secondly, we wanted to make our mark, to raise our logo into the heavens. It says "Wien Museum" in large letters on the carriage. This was an attempt to stand a small museum in a low and hard-to-spot location on its toes. We wanted to be the size of a basketball player for a short time. Our building would be more visible if it had five floors instead of two.

der Karlsplatz aus 35m Höhe, Blick aus dem Korb des Krans vor dem Museum
Karlsplatz square from a height of 35m, view from the crane in front of the museum

01/33

Hier...

plante Otto Wagner ein
monumentales Stadtmuseum.

Otto Wagner planned
a monumental
city museum here.

AM PULS DER STADT.   29.5. BIS   WIEN MUSEUM
2000 JAHRE KARLSPLATZ 26.10.2008 KARLSPLATZ

2/33

Hier...

hätten Sie sich nach 1945 ausweisen
müssen – an der Grenze zwischen russischem
und internationalem Sektor (4. bzw. 1. Bezirk).

After 1945 you would have had to show
identification here at the checkpoint between
the Russian and the international sector
(4th and 1st district).

AM PULS DER STADT.   29.5. BIS   WIEN MUSEUM
2000 JAHRE KARLSPLATZ 26.10.2008 KARLSPLATZ

03/33

Hier...

stand das Mondscheinhaus,
wo einst der berüchtigte und bald
verbotene „Langaus" getanzt wurde.

The Mondscheinhaus, where the
notorious and soon prohibited
Langaus was danced, used to be here.

AM PULS DER STADT.   29.5. BIS   WIEN MUSEUM
2000 JAHRE KARLSPLATZ 26.10.2008 KARLSPLATZ

04/33

Hier...

hätten Sie früher einen Parkplatz
bekommen – oder mit dem Auto
durchfahren können.

You used to be able to park
here – or pass by car.

07/33

Hier...

hatte man früher eine tolle
Aussicht auf die Hofburg.

Here you could enjoy splendid
views towards the Hofburg.

AM PULS DER STADT.   29.5. BIS   WIEN MUSEUM
2000 JAHRE KARLSPLATZ 26.10.2008 KARLSPLATZ

08/33

Hier...

prügelten sich in den 1920er-Jahren
sozialdemokratische Studenten
mit Nationalsozialisten.

Social Democratic students
fought with National Socialists
here in the 1920s.

AM PULS DER STADT.   29.5. BIS   WIEN MUSEUM
2000 JAHRE KARLSPLATZ 26.10.2008 KARLSPLATZ

09/33

Hier...

standen 1529 die türkischen
Geschütze, die auf das
Kärntnertor zielten.

Turkish cannons were aimed from
here at the Kärntnertor in 1529.

AM PULS DER STADT.   29.5. BIS   WIEN MUSEUM
2000 JAHRE KARLSPLATZ 26.10.2008 KARLSPLATZ

14/33

Hier...

steht dieser Baum schon lange.
(Er ist mit 120 Jahren vermutlich
der älteste am Karlsplatz.)

This is the oldest tree on
Karlsplatz (thought to have
stood here for 120 years).

15/33

Hier...

hausten die Wildschweine –
im dichten Auwald, lange vor
der Besiedelung Wiens.

Wild boars used to roam here – in the
dense primeval forest that existed
long before Vienna was settled.

AM PULS DER STADT.   29.5. BIS   WIEN MUSEUM
2000 JAHRE KARLSPLATZ 26.10.2008 KARLSPLATZ

17/33

Hier...

hätten Sie shoppen gehen können:
im riesigen Warenhaus,
das Otto Wagner 1903 plante.

You could have gone shopping here
in the huge department store
planned by Otto Wagner in 1903.

AM PULS DER STADT.   29.5. BIS   WIEN MUSEUM
2000 JAHRE KARLSPLATZ 26.10.2008 KARLSPLATZ

19/33

Hier...

sezierte man 1404 erstmals eine
Leiche: eine „Premiere" für Wien, die
im Heiligengeistspital vonstatten ging.

In 1404 a corpse was dissected
here for the first time in Vienna
at Heiligengeistspital.

AM PULS DER STADT.   29.5. BIS   WIEN MUSEUM
2000 JAHRE KARLSPLATZ 26.10.2008 KARLSPLATZ

21/33

Hier...

sollten Sie den Kopf einziehen:
Über Ihnen fließt der Wienfluss.

Watch out: above you
is the Wien river.

22/33

Hier...

sollte Marc Anton eigentlich gar nicht
stehen. Die Statue war nämlich für
ein großes Kunstmuseum vorgesehen.

The statue of Mark Antony
here was originally intended
for a major art museum.

AM PULS DER STADT.   29.5. BIS   WIEN MUSEUM
2000 JAHRE KARLSPLATZ 26.10.2008 KARLSPLATZ

23/33

Hier...

fahren seit 1979 täglich dreimal
mehr Autos als über den Brenner.

Since 1979 three times as many
cars daily than over the Brenner
have passed here.

AM PULS DER STADT.   29.5. BIS   WIEN MUSEUM
2000 JAHRE KARLSPLATZ 26.10.2008 KARLSPLATZ

26/33

Hier...

wurde Franz I. 1814 nach dem
Pariser Frieden bei seinem Zug
zum Kärntnertor vom Volk bejubelt.

Franz I was cheered by public in 1814
on his way to the Kärntnertor
after the Treaty of Paris.

AM PULS DER STADT.   29.5. BIS   WIEN MUSEUM
2000 JAHRE KARLSPLATZ 26.10.2008 KARLSPLATZ

27/33

Hier...

traf man sich einst im
Café Pöchhacker, einem der
beliebtesten Lokale Wiens.

Café Pöchhacker, one of the
most popular cafés in Vienna,
used to be here.

29/33

Hier...

standen entlang der Limesstraße
römische Grabbauten, die bis zu acht
Meter hoch waren.

Here along the Limes were up to
8 metres high Roman tombs.

AM PULS DER STADT.   29.5. BIS   WIEN MUSEUM
2000 JAHRE KARLSPLATZ 26.10.2008 KARLSPLATZ

30/33

Hier...

klapperte im Mittelalter
die Mühle des Bürgerspitals.

Here you could hear the mill
wheel of the civil hospital in
the Middle Ages.

AM PULS DER STADT.   29.5. BIS   WIEN MUSEUM
2000 JAHRE KARLSPLATZ 26.10.2008 KARLSPLATZ

32/33

Hier...

wurden 1899 die Stadtbahnstationen
eröffnet – seit damals wird die
Bezeichnung „Karlsplatz" verwendet.

The municipal railway station opened
here in 1899. The name Karlsplatz
has been used ever since.

AM PULS DER STADT.   29.5. BIS   WIEN MUSEUM
2000 JAHRE KARLSPLATZ 26.10.2008 KARLSPLATZ

33/33

Hier...

standen keine Pavillons. Sie
befanden sich vor der Neugestaltung
des Platzes nämlich 1,5 Meter tiefer.

Originally the pavilions didn't stand here,
before the square was redesigned
they were 1,5 metres lower down.

die Karlskirche, das wichtigste Landmark am Platz, findet sich als Silhouette im gelben Stern wieder
Karlskirche, the most important landmark on the square, is reflected in the yellow star as a silhouette

Logo in den Himmel zu heben. Denn auf dem Korb steht groß „Wien Museum". Das ist der Versuch eines kleinwüchsigen Museums – das sich in einem zu niedrigen und schlecht sichtbaren Gebäude befindet – sich auf die Zehenspitzen zu stellen und für kurze Zeit die Größe eines Basketballspielers anzunehmen. Wenn unser Haus statt zwei Stockwerken fünf hätte, waren wir besser sichtbar.

Die Plakat-Präsenz des Wien Museums in der Stadt ist sehr stark. Was erwarten Sie sich von diesem Medium?
// **Wolfgang Kos** Es ist ja umstritten, wie weit Plakatwerbung wirklich den konkreten Wunsch auslöst, Ausstellungen zu besuchen. Wahrscheinlich ist das, neben dem Erstimpuls, eher ein Erinnerungsmedium. Wenn man über Ausstellungen im Wien Museum schon etwas gelesen, im Fernsehen etwas gesehen, im Radio etwas gehört hat, dann kann die Plakatierung den tatsächlich Entschluss, ins Museum zu gehen, bestärken. Aber wir wollen mit starker Plakatierung auch ganz generell kommunizieren: Wir sind ein starker Player in der Wiener Museumslandschaft. Man soll zumindest mitkriegen, dass in diesem Museum viel passiert. Insofern sind auch Aktionen im Stadtraum mit der Marke Wien Museum als Absender ein Verstärker für die Präsenz unseres Hauses.

Was ist Ihrer Meinung nach das Zugpferd für eine gut besuchte Ausstellung?
// **Wolfgang Kos** Vor allem die Mundpropaganda, die sich aufschaukelt. Voraussetzung dafür ist, dass Leute sagen: Jetzt habe ich etwas gesehen, was ich längst sehen wollte, was für mich außergewöhnlich ist, sehr wertvoll oder positive Emotionen hervorruft. Dann kommt zumeist der Impuls, Freunden davon zu erzählen. Plakatierung, Folder oder Medienberichte bleiben dann ohne Resonanz, wenn man nie jemand trifft, der auch schon dort war.

Wien Museum posters have a strong presence throughout the city. What do you expect from this medium?
// **Wolfgang Kos** The degree to which posters are effective when it comes to attracting people to exhibitions is difficult to gauge. They probably serve as a reminder – after the first impulse. Posters can strengthen a person's resolve to go to an exhibition after reading about it, watching something about it on TV or hearing something about it in the radio. But we want to use posters for communication in general. We are a big player in the Viennese museum landscape. Our posters should tell people a lot is going on in this museum. So actions in the urban space bearing the Wien Museum label emphasize our presence.

How can you attract visitors and raise attendance?
// **Wolfgang Kos** Word of mouth helps pull in crowds most. People have to say, "I saw something I wanted to see for a long time. It was extraordinary, very valuable, and it evoked positive emotions." This often triggers the impulse to tell your friends. Posters, folders or media reports have no effect if you never speak to someone who has been there. The Wien Museum can't use its building as a magnet. One reason is the fact that the "troubled Karlsplatz area" is a difficult site that people don't like to visit.

Is public space used differently as an information carrier now compared to the past?
// **Kriso Leinfellner** The ban on illegal poster placement is a relatively new development. It is absolutely forbidden to paste posters on control boxes, masts etc. Now there are new billboard surfaces for cultural posters available for a fee. The decision probably had to do with the Euro 2008 championships, they figured it would help clean up the city a bit.

Das Wien Museum kann ja nicht sein Gebäude als Magnet einsetzen. Auch, weil der „Problemplatz Karlsplatz" ein schwieriges Gelände ist, das viele nicht gerne betreten.

Wird der öffentliche Raum als Informationsträger heute anders genutzt als früher?
// Kriso Leinfellner Ganz neu ist das Verbot des Schwarz-Plakatierens in Wien. Auf Masten, Schaltkästen usw. dürfen bei Strafe keine Plakate mehr geklebt werden. Stattdessen hat man neue, kostenpflichtige Flächen geschaffen, die für Kulturplakate vorgesehen sind. Man hat das wahrscheinlich wegen der Fußball-EM gemacht, weil man glaubte, dass man die Stadt so ein bisschen aufgeräumter präsentieren kann.
Früher wurde die Hälfte der Schwarz-Plakate gleich weggeworfen und der Rest plakatiert. Wenn du als Bürger etwas plakatieren wolltest, wurde das in einer halben Stunde wieder von den semiprofessionellen Schwarz-Plakatierern überklebt.
// Stefanie Lichtwitz Jetzt kleben in der Stadt Plakate, auf denen steht, dass man keine Plakate kleben darf. Daraus haben wir ein Projekt gemacht. Wir haben selber Plakate gedruckt, da steht drauf: „Plakatieren verboten". Darunter steht: „Ausgenommen graue Plakate mit der Aufschrift ‚Plakatieren verboten' " und darunter „Absurd? Ist unsere Stadt nicht schon grau genug?"

Gibt es schon Folgen dieser professionellen Kommerzialisierung?
// Wolfgang Kos Was mir im öffentlichen Raum auffällt, ist eine gewisse Uniformität auf hohem Level. Die Gestaltung von Plakaten wird immer besser, man spürt permanent den Wunsch, originell aufzutreten. Es wird sehr oft mit Pointen gearbeitet, es gibt raffinierte Ideen, und irgendwie löscht sich das gegenseitig aus.

People used to throw away half of the illegal posters right away and then put up the rest. The people who put up illegal posters semi-professionally would cover what ever you chose to put up in half an hour.
// Stefanie Lichtwitz Now you see posters that say you can't put up posters in town. We used them as the basis for a project. We printed our own posters that read, "Posters Forbidden." Below it says, "Except for gray posters that read, 'Posters Forbidden,' " and below that it asks, "Absurd? Isn't our city gray enough already?"

Has this professional commercialization led to consequences?
// Wolfgang Kos I have noticed a certain uniformity at a pretty high level in public spaces. Poster design keeps improving, you sense the desire to be original. You see a lot punch lines, there are some sophisticated ideas and they all seem to neutralize themselves.
// Stefanie Lichtwitz Clearly recognizable regional particularities among posters are vanishing, the way international cityscapes are becoming more and more uniform. Individuality and therefore identity are fading. You can't filter out a national style anymore. You see similar posters in Stockholm, Paris or Vienna. Many of them are well made, are based on good ideas.

Is there a reaction to this equality among innovative ideas?
// Stefanie Lichtwitz It spreads to completely different fields. Technical development has led to subway trains that are covered with advertisements for the European Football championships instead of being spray-painted. Entire high-rise buildings are wrapped with vinyl

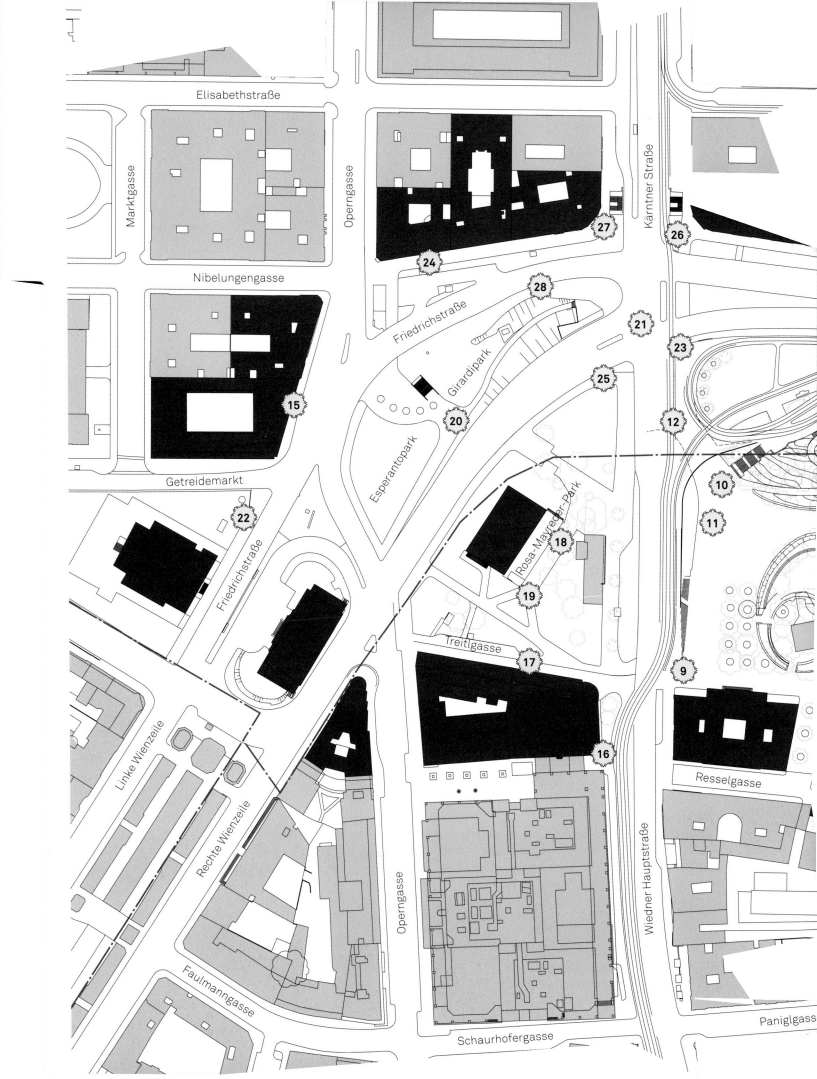

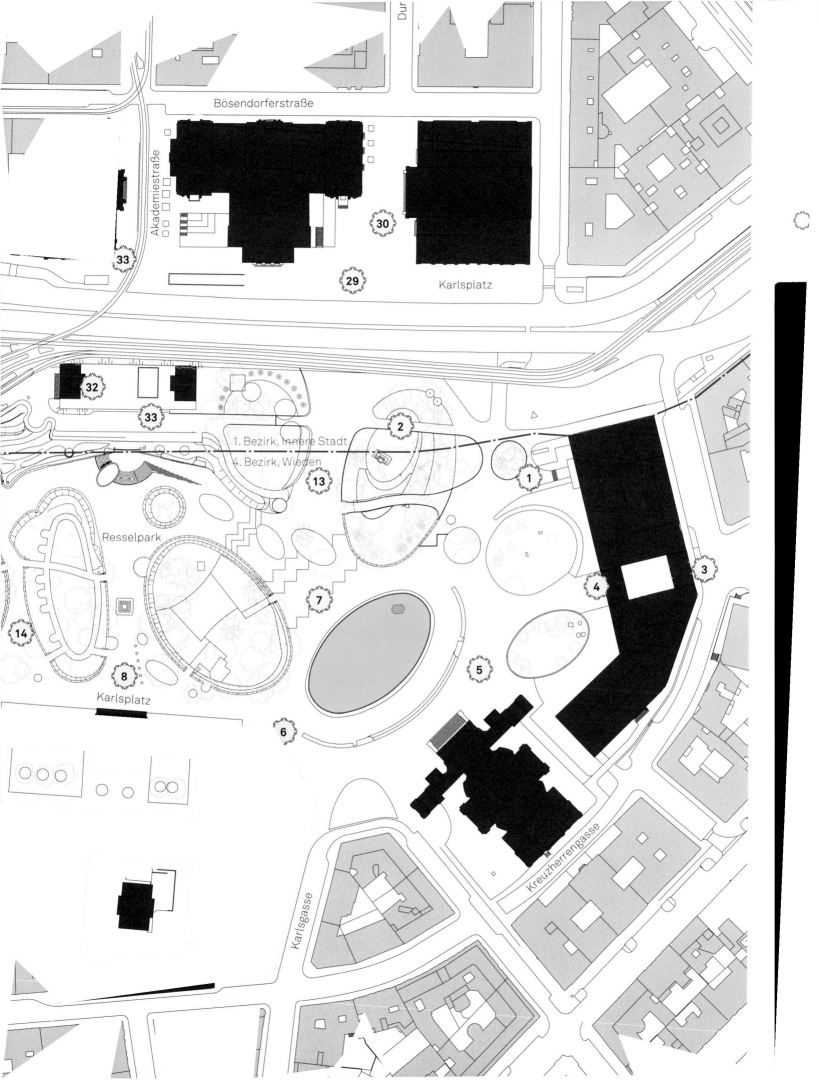

// **Stefanie Lichtwitz** Genauso, wie die Stadtbilder international immer einheitlicher werden, verschwinden auch in der Plakatlandschaft ausgeprägte regionale Eigenheiten. Es geht Individualität und damit Identität verloren. Man kann keinen nationalen Stil mehr herausfiltern, in Stockholm, Paris oder Wien hängen ähnliche Plakate. Viele von ihnen sind gut gemacht, haben gute Ideen.

Gibt es eine Reaktion auf diese Gleichstellung innovativer Ideen?
// **Stefanie Lichtwitz** Es geht dann auch in ganz andere Bereiche. Die technische Weiterentwicklung, die beinhaltet, dass die U-Bahn nicht mehr besprüht, sondern jetzt eingehüllt ist und für die Fußball-Europameisterschaft wirbt. Selbst ganze Hochhäuser werden in bedrucktes Netzvinyl gehüllt und als Werbeträger genutzt. Es ist interessant, dass die Wirtschaft weg vom Plakat geht und den noch freien Raum für Werbung besetzt.

Wie sollten Gestalter auf die zunehmende Kommerzialisierung des öffentlichen Raums reagieren?
// **Stefanie Lichtwitz** Mit Zurückhaltung. Eigentlich löschen sich viele dieser kommerziellen Mitteilungen vor lauter Überfluss selber aus. Dabei geht es ja eigentlich darum, gezielt zu informieren und konkrete Aussagen zu treffen. Ich glaube, dass sich die Leute Ruhe wünschen. Wenn man mich als Zielgruppe mit dem richtigen Bild erwischt, ohne visuellen Lärm, bin ich sehr dankbar. Genau das haben wir am Karlsplatz gemacht. Eine starke, klare Farbe, kurze Texte und die denkbar einfachste Lösung mit den Klebern am Boden erreicht die Menschen am besten. Niemand fühlt sich bedrängt, er kann sich in Ruhe mit dem Thema beschäftigen, wenn er will. Und wenn es ihn animiert, dann trifft man ihn später in der Ausstellung im Wien Museum.

nets and used for advertising. It is interesting to see that commerce is moving away from posters and into the remaining free space.

How should designers react to the commercialization of public spaces?
// **Stefanie Lichtwitz** With restraint. Many of these commercial messages actually cancel each other out because of the sheer volume of information. The idea is to offer specific information and make concrete statements. I think people want peace. I'm thankful if I feel addressed by the right image, without visual noise. That's exactly what we did on Karlsplatz, we used a strong, clear color, short texts and the simplest possible solution with the stickers on the ground. Nobody feels harassed and they can concentrate on the subject at their own leisure. And if it encourages him to go, we'll see him at the Wien Museum exhibition.

im öffentlichen Raum herrscht ein starkes Grundgeräusch an unterschiedlichsten visuellen und architektonischen
Elementen – die Designlösung für die Bodenkleber fiel auch deshalb bewusst einfach aus
there is high noise level in the public space due to the various visual and architectural elements – this led to the simple
design of the stickers

DIALOGMUSEUM, Frankfurt [D]

Interviewpartner / Respondent Klara Kletzka | Geschäftsführerin, Dialogmuseum / Managing Director, Dialogmuseum
Isabel Naegele | isan design • Matthias Schäfer | Teamleiter, Dialogmuseum / Team Leader, Dialogmuseum
Architektur / Architecture Roberta Appel

Nichts zu sehen, können sich nur wenige Menschen vorstellen. Von blinden Guides durch völlig dunkle Räume geführt zu werden und unterschiedlichste Situationen vom Park über die Kreuzung bis zur Bar zu erleben öffnet die Sinne für eine unbekannte Welt, die nicht ärmer, sondern anders ist. Im Dunkeln der Ausstellung finden sich die Blinden „blind" zurecht, im Eingangsbereich davor werden ihnen vielfältigste Orientierungshilfen angeboten, die gleichzeitig Phänomene der Wahrnehmung für Sehende zeigen.

To not be able to see anything is something only few people can imagine. Blind guides lead visitors through completely dark rooms in which they experience various situations at street crossings in parks, and bars. This opens the senses to a completely unknown world that isn't poorer, but different. The blind know their way through the exhibition "blindly." The area in front of the exhibition offers many different orientfration aids that are also perception phenomena for seeing visitors.

O

Klara Kletzka
Kulturmanagerin / Culture Manager

Ausbildung Romanistik und Politik, Johann-Wolfgang-Goethe-Universität, Frankfurt am Main
Laufbahn Gründungsmitglied des Künstlerhauses Mousonturm • Abteilungsleitung, Kulturelle Veranstaltungen der Saalbau GmbH •
Gründung des Projektbüros Klara Kletzka • Aufbau der Dialogmuseum GmbH, Geschäftsführerin des Dialogmuseum, Frankfurt am Main
Education Romance Studies and Politics, Johann-Wolfgang-Goethe-University, Frankfurt am Main, Germany
Career Founding Member of the Künstlerhaus Mousonturm • Department Head of Cultural Events at Saalbau GmbH • Foundation of the Klara Kletzka
Project Office • Establishment of the Dialogmuseum GmbH, Managing Director of the Dialogmuseum, Frankfurt am Main

Wie seid Ihr zum Dialogmuseum gekommen?

// **Klara Kletzka** Meinen ersten Kontakt mit blinden Menschen hatte ich etwa vor 19 Jahren, als das Pilotprojekt in Frankfurt entwickelt wurde. Die letzten neun Jahre bin ich sehr eng mit „Dialog im Dunkeln" verbunden und seit anderthalb Jahren hier im Dialogmuseum Geschäftsführerin.

// **Matthias Schäfer** Ich bin seit der Öffnung des Museums dabei. Meine Aufgabe ist die Leitung der Ausstellung „Dialog im Dunkeln", ich koordiniere die Guides, den Kassenbereich, die Buchungen und kümmere mich um sämtliche organisatorische Fragen.

// **Isabel Naegele** Ich bin Gestalterin und mit dem „Dialog im Dunkeln" seit etwa neun Jahren verbunden. Ich habe das Erscheinungsbild sowie einen Teil der Innenausstattung für das Museum in Hamburg entwickelt. Meine Themen sind Sehbehinderung und Fragen der Orientierung als Herausforderung, sich in einem Raum zu bewegen – zu orientieren, wohlzufühlen und anderen Menschen zu begegnen.

Das Projekt „Dialog im Dunklen" lebt von der Gegenüberstellung der Fähigkeiten von Sehenden und Sehbehinderten. Ist das Projekt aus einem gesellschaftspolitischen Anspruch heraus entstanden?

// **Klara Kletzka** Es begann als ein kleines Projekt im Rahmen der Stiftung Blindenanstalt. Der Initiator, Andreas Heinecke, wollte einen komplett lichtlosen Raum erproben. Es sind die Sehenden, an die sich das Projekt richtet, als eine Art Öffentlichkeitsarbeit für die Belange blinder Menschen. In diesem Perspektivenwechsel, in diesem Rollentausch liegt auch die enorme Kraft der Ausstellung.

Inzwischen ist es zu einem international erfolgreichen Ausstellungskonzept geworden, das im Franchiseverfahren weltweit gezeigt wird. Trotzdem ist es wie viele Projekte im

How did you get the Dialogmuseum project?

// **Klara Kletzka** I first came into contact with blind people around 19 years ago when the pilot project was developed in Frankfurt. I had been very closely connected to the "Dialog im Dunkeln" and have been the Managing Director of the Dialogmuseum for one and a half years.

// **Matthias Schäfer** I've been a member of the team since the museum opened. I'm in charge of the "Dialog im Dunkeln" exhibition, coordinating the guides, the cash desk area, bookings. And I take care of all organizational aspects.

// **Isabel Naegele** I'm a designer and I have been connected to "Dialog im Dunkeln" for about nine years. I designed the visual presentation and parts of the interiors for the museum in Hamburg. My themes are the challenges of impaired vision, orientation, and motion in open spaces, feeling comfortable and meeting other people.

The Dialog im Dunklen project lives from the links and contrasts between the abilities of those who can see and those with impaired vision. Did the project arise from a socio-political demand?

// **Klara Kletzka** It began as a small project within the framework of the Stiftung Blindenanstalt. The initiator Andreas Heinecke wanted to try a completely darkened room. This project addresses people who can see, it is a public appeal for awareness regarding blind people's needs. This change of perspectives, reversed roles are what give the exhibition its enormous power. In the meantime it has become an internationally very successful exhibition concept. Franchises have been established around the world. However, it has a small budget, as is the case with many projects in the social sector, but it is pursued with

Isabel Naegele
Gestalterin / Designer

Ausbildung Humanmedizin, Johann-Wolfgang-Goethe-Universität, Frankfurt am Main • Visuelle Kommunikation, HfG Offenbach
Laufbahn Ärztin • Gründung isan design • Professur für Gestaltungsgrundlagen und Typografie, FH Mainz
Education Human Medicine, Johann-Wolfgang-Goethe-University, Frankfurt am Main • Visual Communication, Offenbach School of Design
Career Doctor • Foundation of isan design • Professor of Design Basics and Typography, FH Mainz

sozialen Sektor gering budgetiert, wird aber mit viel persönlichem Engagement betrieben. Vor sieben Jahren bot sich in Hamburg die Chance, ein langfristiges Projekt als Museum bzw. als Ausstellung zu etablieren.

In Hamburg existiert also das Projekt als permanente Ausstellung?
// **Klara Kletzka** Und derzeit auch z. B. in Mailand, in Mexico City oder in Holon bei Tel Aviv, insgesamt in sieben Städten. So sind in den letzten Jahren auch Arbeitsplätze für blinde und behinderte Menschen entstanden, weil sich das Projekt mehr und mehr zu einer weltweiten, festen Einrichtungen hin entwickelt hat.

Im Haus findet man ein Leitsystem für die blinden Mitarbeiter, die uns Sehende im lichtlosen Raum führen. Das sind dann eigentlich zwei Leitsysteme, eines für die Mitarbeiter und der Erlebnisraum für die Besucher?
// **Klara Kletzka** Genau, das sind zwei Welten, die wir auch getrennt haben.
// **Isabel Naegele** Das Dialogmuseum bietet mehrere Ausstellungen wie etwa den „Dialog im Dunkeln" an, die aber nicht alle mit Sehbehinderung zu tun haben, wie z. B. das gänzlich andere Konzept „Casino for Communication", das Begegnung und Kommunikation thematisiert. Das Dialogmuseum ist ein Ort, der im weitesten Sinne soziale Kompetenzen abfragt. Das verbindende Element der einzelnen Projekte ist die Möglichkeit, sich selber zu erfahren.

Wieso nennt Ihr Euch mit diesem aktiv-vielseitigen Programm nicht soziales Labor, sondern Dialogmuseum?
// **Klara Kletzka** Für den idealen Namen passt unser Profil in keine übliche Kategorie wie z. B. das klassische Museum eindeutig rein. Wir sind ein Integrationsbetrieb, eine Ausstellung, aber doch keine Ausstellung, wir sind ein Museum und doch kein Museum, wir sind im

great personal dedication. We had the opportunity to establish the long term project as a museum or permanent exhibition.

So the project exists as a permanent exhibition in Hamburg?
// **Klara Kletzka** And in Milan, Mexico City and Tel Aviv, among a total of 7 cities. This helped create jobs for blind and disabled people because the project continues to evolve into a permanent worldwide institution.

There is a way finding system for blind staff members in the building, they lead us into rooms without light. Aren't there two way finding systems? One for the staff and the theme spaces for the visitors?
// **Klara Kletzka** Exactly, those are the two worlds we separated.
// **Isabel Naegele** The Dialogmuseum offers a number of exhibitions such as "Dialog im Dunkeln," but they have nothing to do with impaired vision. "Casino for Communication" is a different concept that focuses on encounters and communication. The Dialogmuseum is a place that tests social competence in its broadest sense. The connecting element between the individual projects is the possibility of experiencing one's self.

Why didn't you call yourselves Social Lab instead of Dialogmuseum with such an active and multi-faceted program?
// **Klara Kletzka** Our profile doesn't fit clearly in any common category like a classical museum, nor is there an ideal name. We work on integration but we aren't an exhibition. We are and yet we aren't a museum, we are rooted in social work, in culture... Nobody really feels responsible for us among the public authorities because we are hard to categorize.

Matthias Schäfer
Teamleiter / Team Leader

Ausbildung Fachoberschule für Sozialwesen, Deutsche Blindenanstalt, Marburg • Diplomsozialarbeit/Sozialpädagogik, Gesamthochschule Kassel
Laufbahn Heimleiter Seniorenwohnanlage Habichtswald, Kassel • Leiter der Abteilung Rehabilitation, Stiftung Blindenanstalt, Frankfurt am Main • Leiter der Ausstellung „Dialog im Dunkeln", Dialogmuseum, Frankfurt am Main
Education College of Social Sciences, German Institute of the Blind, Marburg • Qualified Social Worker and Social Pedagogue, Kassel Amalgamated University
Career Resident Advisor, Home for the Elderly, Habichtswald, Kassel • Head of the Rehabilitation Department, Institute for the Blind Foundation, Frankfurt am Main • Head of "Dialog im Dunkeln" (Dialogue in the Dark) at the Dialogmuseum, Frankfurt am Main

Sozialen verankert, in der Kultur, ... bei der öffentlichen Hand fühlt sich keiner so recht zuständig, weil wir schwer einzuordnen sind.

Werdet Ihr öffentlich unterstützt?
// Klara Kletzka Nein. Wir finanzieren uns aus eigenen Einnahmen und über Fördermittel, die jedes andere Unternehmen auch bekommt, wenn es behinderte Menschen beschäftigt.

Gibt es so etwas wie einen gemeinsamen Nenner aller Wahrnehmungen?
// Isabel Naegele Uns ging es darum, neben dem Erscheinungsbild ein Orientierungs- und Leitsystem nicht nur für den „Dialog im Dunkeln", sondern für das ganze Museum zu ent-wickeln. Unsere Zielgruppen sind neben der großen Gruppe der Sehbehinderten Kinder und ausländische Gäste. Das Leitsystem muss also jenseits der Schrift funktionieren, so etwa mit taktilen Karten, Mustern, Silhuetten, Leitstreifen etc. Damit können sich alle orientieren, aber auch das gesamte Themenfeld der Wahrnehmung reflektieren.
// Matthias Schäfer Das Interessante an diesem Leitsystem ist, dass es für die Guides in der Ausstellung überhaupt kein Leitsystem gibt. Sie brauchen das Leitsystem draußen, in der sehenden Welt. Sobald man in diese dunkle Welt eintritt, braucht der blinde Mensch überhaupt kein Leitsystem mehr, weil er dann Herr im Haus ist.

Einerseits kennt Ihr also den Raum, weil Ihr ihn gelernt habt, und andererseits erfahrt ihr den Raum über akustische Reize?
// Matthias Schäfer Richtig, und dann ist es umgekehrt für die Besucher, plötzlich chaotisch, sie stolpern dann durcheinander, und der Blinde ist der Sehende. Wir unterscheiden in sehend, sehbehindert, hochgradig sehbehindert und blind. Die meisten Menschen –

Do you receive public support?
// Klara Kletzka That's the point, we don't. Our financing comes from our earnings and from subsidies that are available to any other company which employs disabled people.

Is there something that could be called a common denominator between all perceptions?
// Isabel Naegele We wanted to develop the orientation and way finding system as well as the visual presentation for the entire museum, not just "Dialog im Dunklen." We also have other groups we cater to aside for the large target group of the visually impaired such as children and foreign visitors. So the way finding system has to work with more than its lettering, it has to offer tactile maps, patterns, silhouettes, directional aids, etc. Everyone can find their way with these things, and they also reflect the entire range of perception themes.
// Matthias Schäfer What is interesting about the way finding system is that there is no way finding system for the exhibition guides. They need a way finding system in the world that stands outside. A blind person doesn't need a way finding system when he / she enters this dark world because he/she is the master of the house.

On one level you know the space because you learned it, so to speak, and on another level you experience the space through acoustic stimuli?
// Matthias Schäfer Right, and then it is reversed for the visitor, it is suddenly very chaotic for those who behave chaotically outside. They stumble around and the blind person can see. We differentiate seeing, visually impaired, highly visually impaired and blind. Most of the people – two thirds of all blind people – only go blind after turning 60. It is difficult to learn

O M

HELSINKI RIO DE JAN

HAMBURG TEL AVIV

EXICO CITY FRANKFURT

0

DIALOG IM DUNKELN
ERWACHSENE 12,-
ERMÄSSIGT 8,-
KINDER (BIS 14) 5,-
FAMILIEN (MAX 5 PERS) 25,-
ZUSCHLAG SPEZIALTOUR 3,-

CASINO FOR COMMUNICATION
ERWACHSENE 7,-/ERMÄSSIGT 5,-
KINDER 4,- FAMILIEN 20,-

KOMBITICKETS
ERW 15,- ERM 10,- KINDER 7,50

die kontrastreiche Schrift in Großbuchstaben macht das Logo und die Hausschrift auch für Sehbehinderte gut lesbar
the high-contrast, all-caps font makes the logo and museum lettering easily readable for visually impaired visitors

zwei Drittel aller Blinden – erblinden erst nach Vollendung ihres 60. Lebensjahres. Dann ist es schwierig, Tools wie die Blindenschrift zu lernen. Geburtsblinde, so wie ich z. B., gibt es nur zwei Prozent. Ich habe einen Arbeitsweg von 45 Kilometern ohne Leitlinien oder ähnliche Hilfen, außer am Frankfurter Hauptbahnhof. Das Leitsystem mit Leitstreifen in diesem Gebäude hier ist die absolute Ausnahme, es ist reiner Luxus.

// **Isabel Naegele** Wir haben hier also kein reines Orientierungssystem für Blinde gemacht. Man kann eher von Universal Design sprechen, dem Versuch, Angebote für möglichst viele Bedürfnisse zu entwickeln wie etwa diese großen Silhouetten an den Toiletten. Die sind einerseits für Leute, die noch einen Restvisus haben, andererseits für Kinder und ausländische Gäste wichtig. Außerdem kann man sie zusätzlich auch tasten.

// **Klara Kletzka** Manches, was blinden Menschen hilft, kann für einen Rollfahrer nutzlos sein, deshalb versuchen wir, auf unterschiedlichste Bedürfnisse Rücksicht zu nehmen.

Gibt es zu barrierefreiem Design Normen, die sinnvolle Vorgaben für die Gestaltung geben können?

// **Isabel Naegele** Es gibt dazu DIN-Normen, viele Guidelines und Empfehlungen von vielen Gesellschaften, die auch Gestaltung betreffen. So empfiehlt man linksbündigen Satz für PC-User, weil dadurch bei bestimmten Erkrankungen (z. B. Retinitis Pigmentosa) das Suchen erleichtert wird. Die Schrift soll sehr groß, Schwarz auf Weiß gesetzt sein. Glänzende Oberflächen sind zu vermeiden, auch Farbempfehlungen sind nützliche Hinweise. Sehr umfassend hat dazu das Lighthouse International in New York – das größte internationale Institut für die Belange von Sehbehinderten – publiziert.

Das Erscheinungsbild für das Dialogmuseum ist „Big Type", in Großbuchstaben linksbündig gesetzt, dazu ein großes Zeichen. Wir haben einen speziellen Font im Zuge der

tools like Braille. Only two percent are blind at birth like me. I have to travel 45 kilometers to work without any marked lanes or similar aids, except at the Frankfurt Hauptbahnhof. The orientation system with its directional aids in this building is an absolute exception.

// **Isabel Naegele** Se we didn't make an orientation system here that is solely for the blind. I think it's more accurate to talk about universal design in this case, an attempt to develop offerings for many needs, like the large silhouettes near the toilets. They are for people whose sight is completely gone, but they are also important for children and foreign visitors. And you can also touch them as well.

// **Klara Kletzka** Some of the things that help blind people are completely useless to people in wheelchairs, which is why we try to take different needs into account.

Are their standards or guidelines for barrier-free design that could be sensible for design overall?

// **Isabel Naegele** There are DIN standards, a lot of guidelines, and of course many societies make recommendations that also affect the design aspects. Left-justified type is recommended for PC users since it makes searching easier for users with certain illnesses (e. g. Retinitis Pigmentosa). Lettering should feature very large black letters on a white background. Shiny surfaces should be avoided. Color recommendations are also useful. Lighthouse in New York, the largest international institute for matters concerning the visually impaired has released very comprehensive publications on the subject.

We simply used left-justified "Big Type" in capital letters and a large symbol for the visual presentation of Dialogmuseum. We developed a special font when we designed the tactile exhibition maps in Hamburg – "DID Gothic."

... die Welt der Blinden verstehen – vor allem Kinder und Schüler kommen ins Dialogmuseum
... understanding the world of the blind – children and students visit the Dialogmuseum

Gestaltung der taktilen Karten zur Ausstellung in Hamburg entwickelt – die „DID Gothic".
Wichtig waren Lesbarkeit, optimaler Kontrast, sichere Diskrimination beim Ertasten
auf taktilen Karten und der Einsatz als Corporate Font. Die „DID Gothic" basiert auf der
„Trade Gothic bold". Die Ecken sind für den angenehmen taktilen Gebrauch abgerundet.
Sie kommt nur als Versalschrift zum Einsatz. Wie bei der Braille-Schrift streben wir eine
bestlesbare Standardgröße an, so wie es die taktilen Tests ergeben haben.
Antiquaschriften haben sich mit ihren Serifen als formal zu kompliziert herausgestellt,
also fiel die Wahl eindeutig auf eine Groteskschrift. Diese haben wir speziell bearbeitet,
viele Buchstaben wurden weitergehend modifiziert.
Beim Tasten, das eher einem Kneten gleicht, wird erkundet, was für einen Körper der
Buchstabe hat, er wird als ganzes Objekt erfasst. Ein „S" kann beim Fühlen leicht mit einer
„8" verwechselt werden, die Lösung war eine Öffnung des „S". Diese Vergrößerung der
Binnenräume hat die Lesbarkeit stark verbessert. Um das „A" von einer „4" klar zu unterscheiden, haben wir die „4" oben geöffnet und bei dem „A" den Mittelstrich weiter nach
unten geschoben, sodass aus dem „A" fast ein Dreieck wurde.
Eine der Empfehlungen sieht vor, die Zahl Null im Innenraum mit einem Punkt zu versehen,
um sie deutlich vom Buchstaben „O" zu unterscheiden. Im taktilen Gebrauch hat sich das
bewährt, aber beim Sehen gibt es Ähnlichkeiten mit der „8". Deshalb haben wir den Punkt
wieder aus der Null rausgenommen.

Wie unterscheidet sich die Orientierung für blinde Menschen von der für Sehende?
// Matthias Schäfer Ein blinder Mensch orientiert sich an Klängen, Gerüchen, taktilen Erfahrungen, überhaupt an der Gesamtatmosphäre. Unser System gibt Hilfestellungen, wie ein

The most important criteria for the use of the font were readability, optimal contrast,
definite touch discrimination on the tactile maps and its use as the corporate font. The
"DID Gothic" font is based on "Trade Gothic bold" – the edges were rounded for pleasant
touch in tactile use. It is only used as a Versal font. Our goal is to establish a standard
size that offers the best possible readability the way we did with the tactile tests for the
Braille size. Antiqua fonts with the Serifs proved to be too complicated formally, so the
choice of a Grotesque font was clear. We re-worked this font extensively, many letters
underwent major modifications.
Touch, which is more like kneading in this case, is used to establish what kind of body the
letter has, it is sensed as a complete object. An "S" can easily be mistaken for and "8"
when being felt. The solution was to open the "S." Enlarging the interior spaces improved
readability significantly. We also opened the "4" at the top and pulled the middle line of
the "A" down to make a difference between "A" and "4" clear.
One recommendation suggested putting a dot in the middle of the zero to differentiate it
clearly from the letter "O." That worked well for tactile purposes, but it looked similar to
an "8," so we took the dot out of the zero again.

What is the difference between orientation for blind people and orientation for people with unimpaired vision?
// Matthias Schäfer A blind person uses sound, smell, tactile experiences, the overall atmosphere for orientation. Our system offers aids to help people find their way, but it can't
depict an entire space. Different orientation criteria are important for every type of visual
impairment, every living situation.

das Bodenleitsystem für die sehbehinderten Mitarbeiter – taktil und kontrastreich
the floor way finding system for visually impaired staff members – tactile elements with marked contrasts

geringer Aufwand mit einfachen Mitteln – klare Differenzierung, links die Damen, rechts die Herren
effortless orientation with simple means – clear differentiation, women left, men right

Weg zu finden ist, aber der gesamte Raum ist nicht darstellbar. Eigentlich sind für jede Art der Sehbehinderung, für jede Lebenssituation andere Orientierungskriterien wichtig.
// **Isabel Naegele** Genau das trifft wieder das Thema Universal Design. Orientierungshilfen an alle Bedürfnisse gleichzeitig anzupassen ist eine nicht einlösbare Forderung. Umgekehrt ist es eine Frage an uns Gestalter, wie wir unverkrampfter mit diesen Bedingungen umgehen können.
Etwas ästhetisch Reizvolles zu entwickeln, das auch die Sehenden anspricht, war unser Gestaltungsziel. Die taktilen Karten haben wir gemeinsam mit einem Produktdesigner im Schichten-Silikonguss völlig neu entwickelt. Über Testreihen haben wir erprobt, wie stark Linien, wie dicht Schraffuren, wie groß Schriften oder wie stark erhaben die Grafiken an sich sein müssen.
// **Klara Kletzka** Blinde Menschen nehmen ihre Umgebung mit allen Organen wahr, sie sind Ganzkörperseher. Dazu gehört auch, dass man den Wind spürt. Man nimmt mit der gesamten Haut wahr, die unser größtes Sinnesorgan ist. Geht man z. B. in einen Tunnel, bemerkt man Veränderungen wie einen vorbeistreichenden Luftzug.
// **Matthias Schäfer** Der mobilitätsbewusste Blinde geht an einer Hauswand entlang und spürt die Hausecke daran, dass ein Luftzug kommt und sich die Akustik ändert.
// **Klara Kletzka** Das versuchen wir auch in der Ausstellung zu simulieren, unzählige Ventilatoren markieren ganz bestimmte Punkte.
// **Isabel Naegele** Das Wissen über diese Phänomene ist auch in anderen Kulturkreisen vorhanden. In historischen Moscheen sind gerichtete Luftströme als Orientierungshilfe für Ältere oder Sehbehinderte bereits in der Architektur angelegt.

// **Isabel Naegele** That brings us back to the universal design subject. It is impossible to adjust orientation aids to meet all needs equally well . Conversely, it is also a matter of how we designers can handle these conditions with ease.
Our design goal was to design something that is aesthetically pleasing that also appeals to those with unimpaired vision. We created entirely new tactile maps together with a product designer using layered cast silicone. Test series showed us how strong lines had to be, how thick the grooves should be, how large lettering or how deeply embossed the graphics needed to be.
// **Klara Kletzka** Blind people sense their surroundings with all of their organs, they have full body vision. Feeling the wind is also part of this. You feel with all of your skin, it is our largest sensory organ. You sense changes the minute you enter a tunnel, like a passing draft of air, for example.
// **Matthias Schäfer** A mobility-conscious blind person walks along the wall of a building and senses its corner by the draft and the simultaneously changing acoustics.
// **Klara Kletzka** We try to simulate this in the exhibition, innumerable fans mark the specific points.
// **Isabel Naegele** Knowledge of these phenomena is also widespread in other cultures. Targeted air currents used as orientation aids for the elderly, and those with impaired vision were already taken into account in the architecture of historical mosques.

What are your future projects?
// **Klara Kletzka** We want to continue to develop in the direction of a social lab. Exhibitions

Linienhöhen, -dicken und -abstände der neu entwickelten taktilen Karte in Silikonguss wurden mit Blinden erarbeitet
the line heights, thicknesses and spaces of the new cast silicone tactile maps were designed with blind people

Was sind Eure Zukunftsprojekte?

// **Klara Kletzka** Wir wollen uns weiter in Richtung soziales Labor entwickeln. Ausstellungen wie „Dialog im Dunkeln", das neue Projekt „Schattensprache" mit gehörlosen Menschen im Fokus oder das „Casino for Communication", wo es um den Dialog und Kommunikation an sich geht, sind da aktuell. Die Zukunft liegt in informellen Lernorten, die auch noch Spaß machen. So können soziale Themen optimal vermittelt werden.

// **Isabel Naegele** Mich interessiert das Thema „im Dunkeln" tatsächlich sehr. Über die Abwesenheit des Visuellen können gerade meine Studierenden in Mainz im Bereich visueller Kommunikation viel über Wahrnehmung und das Visuelle lernen. Auch das Haptische ist für Grafikdesigner sehr wichtig. Materialbeschaffenheit und Oberflächen sind wichtige Gestaltungsparameter. Darüber hinaus finde ich das Erproben von sozialer Kompetenz und Verantwortung wichtig für Designer.

// **Matthias Schäfer** Menschen, die frisch aus der Rehabilitation kommen, können durch die Arbeit bei uns eine ganze Menge Selbstbewusstsein tanken. Diese Leute zu unterstützen und zu sehen, dass sie sich nicht mehr als Langzeitarbeitslose, schwer Behinderte wahrnehmen, ist mein Ziel. Ich finde es spannend, ihnen eine neue Perspektive zu geben.

// **Klara Kletzka** Besucherumfragen bestätigen, welches Potenzial die Grundidee des Dialogmuseums hat. Nach fünf Jahren wissen noch 10 % Prozent der Besucher den Namen des persönlichen Guides, der sie durch das Dunkle geführt hat, nach fünf Jahren wussten in Hamburg noch 100 % den Namen der Ausstellung. 58 % der Befragten gaben an, ihre Einstellung gegenüber blinden, behinderten Menschen tatsächlich geändert zu haben. Was kann es Schöneres geben? Diese Tendenz will ich weiterhin unterstützen und ausbauen.

like "Dialog im Dunkeln," the new "Schattensprache" project focusing on deaf people or "Casino for Communication," which is about dialogue and communication are current concerns. The future lies in informal places of learning that are also fun. That is the ideal way of handling social themes.

// **Isabel Naegele** I am actually very interested in the "in the dark" theme. My visual communication students in Mainz can learn a lot about perception and visuals from the absence of visual matter. Haptics are also very important to us as graphic designers. Material properties and surfaces are very important design parameters. And I also think exploring social competence and responsibility is important for designers.

// **Matthias Schäfer** People who are just back from rehabilitation can gain a lot of self-confidence by working for us. To support these people and see them stop perceiving themselves as long-term unemployed people with severe disabilities is my goal. I find it very exciting to give them a new perspective.

// **Klara Kletzka** Visitor surveys show how much potential the basic Dialogmuseum idea has. 10 % of the visitors could remember the names of the personal guides who led them through the darkness five years after visiting the museum. 100 % remembered the name of the exhibition, 58 % of the respondents said their attitude towards blind, and disabled people had actually changed. What could be better than that? I want to continue to support and foster this tendency.

Sehen und Fühlen – im Universal Design wird auf jede Spielart der Wahrnehmung eingegangen
seeing and feeling – every form of perception is introduced in the Universal Design area

Interviewpartner / Respondent Marco Fiedler, Achim Reichert | VIER5
Architektur / Architecture Lacaton & Vassal

Auf der Suche nach einem Wegesystem in Kassel stießen VIER5 auf den Kronkorken, ein allerorts meist unbeachtetes Alltagsobjekt, das sich hartnäckig in den Boden gräbt. Seine Fundorte sind Spuren der Personenströme im Stadtraum und verdichten sich an Orten, wo sich viele Menschen versammeln. Einen dieser Kronkorken haben sie aus der Anonymität befreit, vergoldet und geben ihn an die Besucher der documenta zurück, damit auch sie Teil des Orientierungssystems werden.

Marco Fiedler and Achim Reichert stumbled upon a crown cap, an everyday object that is often overlooked and lies stubbornly buried in the ground as they planned their way finding system in Kassel. The places they found them at trace the flow of people through the city and mark large gatherings. They took one of these anonymous caps, gave it a gold plated finish and returned it to the documenta visitors, making it part of the orientation system.

Marco Fiedler + Achim Reichert

Designer

Ausbildung Visuelle Kommunikation, HfG Offenbach
Laufbahn Gründung, VIER5 • Gründung des Modemagazins Fairy Tale (FT)
Education Visual Communication, Offenbach School of Design
Career Foundation, VIER5 • Foundation of Fairy Tale (FT) Fashion Magazine

Wie seid Ihr zur Arbeit für die documenta 12 gekommen?

// **VIER5** Die documenta hat sich bei uns gemeldet und uns in unserem Studio in Paris besucht, das war im November 2006. Es gab im Jahr zuvor schon Kontakt wegen eines anderen Projekts, das aber nicht realisiert wurde.

Ihr benutzt sehr freie Handschrift, bei den Pfeilen fehlt eine Hälfte der Spitze. Gab es Diskussionen über die Lesbarkeit eines so expressiven Leitsystems? Wäre für Euch auch ein rein funktionales System mit Schweizer Typografie als zurückhaltender Gegenpol zur Kunst denkbar?

// **VIER5** Es gab keinen Anlass zu Diskussionen. Wir wurden eingeladen, ein Leitsystem für die documenta 12 zu entwickeln, das innerhalb der Ausstellung eine autonome Funktion erfüllt. Beim ersten Treffen haben wir angesprochen, dass wir unsere Arbeit als freie, künstlerische Arbeit begreifen und jede Form ausführender Tätigkeit für unsere Arbeitsweise ablehnen. Das Feld war geebnet, und wir konnten uns auf das konzentrieren, was für uns wichtig war, das Entwickeln des Leitsystems für die documenta 12.
In Bezug auf die Lesbarkeit ist zu sagen, dass unsere Arbeit einfach lesbar ist. Wir haben aber kein Interesse an einer „genormten" Lesbarkeit. Uns interessiert mehr ein primärer Punkt von Lesbarkeit und Erkennbarkeit – das Erkennen von lesbaren Informationen bzw. die Beschäftigung damit. Es gibt sicherlich sinnvolle und sehr gute Ansätze mit Schweizer Typografie, die interessant sind. Den Punkt der Lesbarkeit, die immer automatisch vorausgesetzt wird und allgemein gültig scheint, zweifeln wir jedoch an. Es gibt Kulturkreise, in denen diese Form der Gestaltung ebenso frei wirkt wie unser Ansatz.
Die Sicht auf einen rein funktionalen Ansatz ist eine sehr subjektive Sache. Es wird da etwas konstruiert, das seit ein paar Jahrzehnten in bestimmten Kreisen gut funktioniert hat

How did you get the documenta 12 project?

// **VIER5** Documenta contacted us and visited us at our studio in Paris, in November 2006. They had contacted us earlier about another project, but it wasn't realized.

Your use very free handwriting, half of the arrow tips are missing. Were there any discussions about such an expressive way finding system? Would a purely functional system with Swiss typography as a restrained opposite pole to the arts be conceivable?

// **VIER5** There was no reason for discussions. We were invited to develop a way finding system for documenta 12 that would function autonomously within the exhibition. At our first meeting we addressed the fact that we see our work as free artistic work and reject any form of supervisory activity. That leveled the terrain and we were able to concentrate on what was important to us, the development of a way finding system for documenta 12.
In terms of readability, it should be said that our work is easily readable. But we are not interested in "standardized" readability. We are much more interested in a primary readability and recognition point and the exploration of this point. Certainly there are sensible and very good approaches with Swiss typography that are interesting. But we question a point of readability that is automatically assumed and considered generally valid.
There are cultural circles in which this form of design seems just as free as our approach. The assessment of a purely function approach is a very subjective thing. Something is constructed that worked or works well in certain circles. But unfortunately, 50 years of the same thinking doesn't guarantee general validity. Hence one shouldn't hide behind that form of design. Surely there are designers that can solve the task with the functional Swiss typography system excellently. But we approach our work differently.

bzw. funktioniert. Leider ist das aber kein Garant für Allgemeingültigkeit, nur weil man das seit 50 Jahren denkt. Man sollte sich daher nicht hinter dieser Form von Gestaltung verstecken. Es gibt sicher Designer, die so eine Aufgabe mit dem funktionalen System der Schweizer Typografie vortrefflich lösen. Unser Arbeitsansatz ist aber ein anderer.

Was interessiert Euch am Thema Leitsystem, und was ist Eurer Meinung nach die Aufgabe eines Leitsystems?
// **VIER5** Leitsysteme an sich sind ein interessantes Thema und für die documenta im Besonderen, da es sich um eine Ausnahmesituation handelt. Wenn man bei der documenta anfängt, sich über das Leitsystem Gedanken zu machen, ist ja noch keine Infrastruktur vorhanden. Das ist nicht wie bei einem Museum, wo alles schon feststeht und man sich die architektonische Situation zu Eigen macht.
Bei der documenta gibt es am Anfang so gut wie nichts. Man macht einen Entwurf für ein Leitsystem innerhalb einer Landschaft und der Architektur, die es erst in der Zukunft geben wird. Das ist sehr spannend. Vor allem im Sommer, wenn die Situation eintritt, die man sich ein Jahr zuvor schon vorgestellt hat. Es zeigt sich dann, was gut geplant war, wo nachgebessert werden muss, was nicht oder was sehr gut funktioniert.

Habt Ihr Vorbilder auf diesem Gebiet?
// **VIER5** Wichtig und beeindruckend war für uns ein Gespräch mit Gerard Unger, das wir nach einem Symposium in Valence im Frühjahr 2007 geführt haben. Er berichtete über die Erfahrungen, die er im Zusammenhang mit dem Leitsystem für das Heilige Jahr 2000 in Rom gemacht hatte.

What interests you about way finding systems, what task should a way finding system fulfill in your opinion?
// **VIER5** Way finding systems as such are an interesting subject and particularly for the documenta, since it is a special situation. There isn't any available infrastructure when you start working on a way finding system for documenta. It isn't like a museum in which everything is established to begin with and one can use the architectural situation. There isn't anyhing to start with at the documenta. You create a design for a way finding system within the landscape and the architecture that will exist in the future. That is very exciting, especially in the summer, when the situation one had envisioned a year ago comes about. The things that were planned well, that need to be improved and don't work or work very well become clear. Way finding systems are interesting to us, but that has less to do with classical way finding systems aspects. It has more to do with the deeper, rather abstract facet that questions many things and integrates them. A way finding system doesn't necessarily have to lead you through a building, it can also guide you to a situation mentally. It is less about finding "Point A."

Do you have role models in this field?
// **VIER5** A conversation we had with Gerard Unger after a symposium in Valence in the Spring of 2007 was very important and made a deep impression on us. He told us about his experiences in connection with the way finding system for the Holy Year in Rome in 2000.

Das Experiment ist die Basis für neue Gestaltungsansätze. Viel schwieriger ist oft, das entstandene Design so zu vermitteln, dass die Auftraggeber es auch mittragen. War das hier leichter, weil Eure Arbeit im Kunstkontext angesiedelt ist?

// **VIER5** Innerhalb unserer Arbeit gibt es keinen Auftraggeber. Wir arbeiten für bestimmte Projekte, die uns interessieren, mit Partnern zusammen. Für uns ist es unwesentlich, ob es sich dabei um Partner im kulturellen Bereich handelt oder nicht. Wir prüfen im Moment ein sehr interessantes Angebot, das nicht aus diesem Bereich kommt.
Es liegt vielmehr an der Fähigkeit und auch an dem Mut des Partners, sich mit neuen und vielleicht ungewöhnlichen Ansätzen zu befassen bzw. diese mitzutragen. Wir denken, dass es generell im Kunstbetrieb nicht anders ist als in anderen Bereichen. Es geht vielmehr darum, dass sich die Möglichkeit ergibt, dass Personen mit einem ähnlichen Ansatz oder Interesse die Möglichkeit bekommen, ein Projekt zusammen zu realisieren. Generell wird ein guter Entwurf oder ein guter Ansatz vom jeweiligen Partner auch mitgetragen. Wenn dem nicht so ist, dann sollte sich der Designer überlegen, welchen Stellenwert die eigene Arbeit hat oder ob es nicht sinnvoller ist, sich von dem Partner zu trennen.

Können nicht auch vom Partner ebenso gute Ideen wie die Euren eingebracht werden? Ist das nicht ein Zeichen von echter Partnerschaft?

// **VIER5** Gegen Ideen vom Partner ist nichts einzuwenden, jedoch sollten die Berufe nicht verwechselt werden. Das heißt: Wir sind die Designer, nicht der Partner. Wenn Partner zu uns kommen, dann mit einem bestimmten Anspruch, das heißt, sie wissen, wie wir arbeiten. Wenn es darum geht, dass der Partner seine Ideen umsetzen möchte, dann muss er nicht zu uns kommen, dann reicht es, jemanden zu suchen, der diese Ideen gut umsetzen kann, und er wird zufrieden sein. Generell ist nichts gegen Ideen einzuwenden, man sollte

Experiments are the basis for new design approaches. It is often more difficult to convey the resulting design in a way the clients will also accept and support. Was it easier because your work is within an arts context in this case?

// **VIER5** There is no client in our work. We work on specific projects that interest us with partners. It doesn't matter whether our partner works in a cultural field or not. We are examining a very interesting offer that doesn't come from a cultural field at the moment. It is much more about a partner's ability and courage to assimilate and support possibly unusual approaches. We think that things generally aren't different in the arts than they are in other fields. It is more about giving people with a similar approach or interests the opportunity to realize a project together. In our opinion a good design or approach will generally be supported by the respective partner. If that isn't the case the designer should consider the importance of his own work, or whether he/she should end his/her cooperation with the partner.

Can't partners propose ideas that are just as good as yours as well? Isn't that a sign of real partnership?

// **VIER5** We have no objections to ideas that come from a partner, but jobs shouldn't be confused. That is to say: we are the designers, not our partner. If a partner comes to us they have specific standards, that means they know how we work. If a job is about a partner wanting his idea implemented the prospective partner doesn't need to come to us. He just has to look for someone who can implement his idea well and he'll be satisfied. Generally, there isn't anything bad to be said about ideas, but there are limits that should be respected. Each person should work in his field; this leads to the most sensible solutions.

aber Grenzen einhalten. Jeder sollte in seinem Bereich arbeiten, so werden wohl die sinn-vollsten Lösungen erzielt.

Im Vorfeld ist die Architektur der Aue Pavillons von Lacaton & Vassal in den Medien stark präsent gewesen. Wie habt Ihr mit ihnen zusammengearbeitet?
// VIER5 Als wir kamen, war der Bereich Architektur weitgehend abgeschlossen. Innerhalb dieses Projekts hatten wir nur eine kleine architektonische Intervention.

Wurden die weißen Container von den Architekten als Teil des Orientierungssystems konzipiert?
// VIER5 Die Container waren bzw. sind Teil der Architektur. Glücklicherweise bieten sie gute Arbeitsflächen. Es war vor allem interessant zu sehen, wie die Folie auf diesen Ober-flächen wirkt bzw. welche Verformung die Schrift durch die Oberfläche erfährt.
Im Gegensatz zu den Schildern ist die Containeroberfäche ja nicht glatt, sondern hat eine gefaltete Blechstruktur der Seitenwände. Für die Schrift ist das sehr interessant, weil es Verkürzungen gibt, die vorher nicht genau bestimmt werden können. Mit diesen Erfah-rungen können Schriften entwickelt werden, die genau dieses Spiel mit der Verkürzung aufgreifen, die also auf einer ebenen Fläche mit dem gleichen Effekt der Verkürzung arbeiten. Wichtig war uns nur, dass die Container nicht dunkel sind. Dass sie weiß waren, kam unserem Entwurf sehr entgegen.

Arbeitet Ihr autonom von anderen Disziplinen wie Architektur, oder war das nur im Fall der documenta 12 so?
// VIER5 Das hängt vom jeweiligen Projekt ab. Beim Museum für Angewandte Kunst in Frankfurt haben wir uns stark mit der Architektur des Gebäudes befasst. Es ist ja ein sehr wichtiges Gebäude, das erste Museumsgebäude, das Richard Meier weltweit gebaut hat.

The architecture of the Aue Pavilions by Lacaton & Vassal was very present in the media in the early stages. How did you cooperate with them?
// VIER5 We had nothing to do with that. The architectural stage was pretty much complete when we came. We were only responsible for a small architectural intervention within this project

Did the architect conceive the white containers as part as of the orientation system?
// VIER5 The containers were/are part of the architecture. Fortunately the containers pro-vide good work surfaces. The most interesting thing was to see how the foil worked on the surfaces and too see how the surfaces deformed the writing. The container surface isn't smooth the way the signs are. They have a corrugated sheet metal structure on the side walls. That is interesting for the writing because it leads to shortened writing lengths that cannot be determined in advance. This experience helps us develop fonts that play pre-cisely on this shortening. This means they make this shortening work on a smooth surface. The only thing that was important for us was that they weren't dark. Their being white was very useful for our design.

Do you work autonomously, separated from other disciplines, such as architecture, or was that only case for documenta 12?
// VIER5 That depends on the respective project. We took a very close look at the architec-ture of the building at the Frankfurt Museum of Applied Arts. It is a very important build-ing; the first museum building Richard Meier built in the world.
You can't just shrug that off. It is an big honor to be able to work in a building like that.

die Keramikhügel sind „Wächter" vor den Ausstellungsorten, die eine Selbstverständlichkeit ausstrahlen, als hätten sie schon immer dort gestanden
the ceramic hills are the exhibition site guardians, heir presence is so matter-of-fact they seem to have been there all the time

einfachste Lesbarkeit jenseits genormter Typografieregeln
easiest readability beyond standardized typography rules

einfachste Materiallösungen: Triplex, 10 mm, direkt bedruckt
the simplest material solutions: Triplex, 10 mm, inkjet-printed

Das lässt einen natürlich nicht kalt. Es ist eine große Ehre, in so einem Gebäude arbeiten zu dürfen. Da ist die Aufgabe stark mit der Architektur verbunden. Wie weit das allerdings das Design beeinflusst, ist unterschiedlich. Irgendwie nimmt es immer darauf Bezug, sichtbar oder unsichtbar.

Wie sucht Ihr nach neuen Wegen der Orientierung? Wie kam es beispielsweise zur Idee mit dem Kronkorken als identitätsbildendem Gegenstand?

// VIER5 Die Kronkorken sind ein wesentlicher Teil des Leitsystems der documenta 12. Als wir im Dezember 2006 nach Kassel kamen, mussten wir uns erst die Stadt erschließen und haben nach Wegen gesucht, das zu tun. Interessiert haben uns dabei Systeme, die in der Stadt sind, die anwachsen und Bewegungsströme zeigen, ohne dass sie dabei bewusst gemacht werden. Wir wollten ein Leitsystem, das über Jahre gewachsen ist. Bei unserem täglichen Gang über den vor allem zu documenta-Zeiten belebten Friedrichsplatz, der auch das „Herzstück" der documenta ist, fielen uns die vielen Kronkorken auf, die sich in der Erde eingegraben hatten. Wir haben einige aufgehoben und gesammelt. Bei Gängen durch die Stadt fiel uns auf, dass überall Kronkorken zu finden sind, auch an Plätzen, wo man sie nicht vermutet.

Im Gegensatz zu anderem Müll, der achtlos weggeworfen wird, können die Kronkorken nicht so leicht entfernt werden, sie sind widerspenstiger. Sie graben sich in die Erde ein. Mit etwas Mühe findet man welche, die schon sehr rostig sind. Man wühlt sich auf dem Friedrichsplatz durch viele Generationen. Im Gegensatz zur weitläufigen Meinung werden nicht nur Bierflaschen mit Kronkorken verschlossen, und so gibt die Ansammlung ein ziemlich übersichtliches Bild ab, wie sich die Menschen bewegen. Die Geschäftsleitung

The task is very closely linked to the architecture in such cases. However, the degree of influence this has on the design varies. It somehow always makes reference to it, either visibly or invisibly.

How do you look for new orientation methods? For example: how did you think of the crown cap as the identity-building object?

// VIER5 The crown cap is a major component in the documenta 12 way finding system. When we came to Kassel in 2006 we had to access the city and we looked for ways of doing so. Systems in the city that grow and show movement flows without conscious effort caught our attention. We wanted a way finding system that had grown over the years. During our daily walks across Friedrichsplatz, which is very busy during the documenta and is also its "core", we noticed the many crown caps that were embedded in the ground. We picked up and collected a few of them. While walking through town we noticed crown caps everywhere, even in places one would not have expected them. They are stubborn, as opposed to other waste that is thrown away carelessly. They dig into the ground. With a bit of effort you can find some that are already very rusty. You pick through many generations of crown caps on Friedrichsplatz. Contrary to popular belief, beer bottles aren't the only things capped with crown caps, thus the collection gives us a very clear overview of how people move. The management said that water and milk sold out in Kassel at the last documenta. That was a common denominator for all who had been in the city at the time, whether they went to the documenta, were tourists, Kassel natives, or whatever. Someone drank something and carelessly threw away the cap on Friedrichsplatz, for example.

die weißen Container, hier vor den Aue-Pavillons von Lacaton & Vassal, sind Informationsträger und architektonische Zeichen zugleich
the white containers by Lacaton & Vasal are information carriers and architectural symbols – these are located in font of the Aue Pavilion

sagte, dass bei der letzten documenta Wasser und Milch in Kassel ausverkauft waren. Das war für uns ein gemeinsamer Nenner aller, die sich in dieser Zeit in der Stadt aufgehalten haben, ob documenta-Besucher, Touristen, Kasseler oder wer auch immer. Jeder hat jeden Tag irgendetwas getrunken und Kronkorken achtlos auf den Boden geworfen, z.B. auf den Friedrichsplatz. Viele haben sich bis heute erhalten und weisen auf die Ströme der Menschen in der Stadt hin.

Beim vorliegenden Kronkorken haben wir einen genommen, den wir auf dem Friedrichsplatz gefunden haben, und ihn zigtausendfach abgießen und vergolden lassen. Wir geben ihn mit dem Prädikat „documenta 12" wieder an die Leute zurück, die durch ihr tägliches Handeln weiter, und vielleicht weiter unbewusst, an einem Leitsystem durch die Stadt arbeiten. Außerdem tragen sie mit dem Kronkorken am Revers, der ja ein „echter Kassler" ist, den Gedanken der Ausstellung über die Stadt hinaus in die Welt.

Die Keramikhügel sind keine offensichtlichen Informationsträger. Sind sie eine künstlerische Maßnahme? Welche Qualität bringen sie in das Leitsystem ein?

// **VIER5** Die Keramikhügel sind reine Informationsträger. Die künstlerische Intention dabei ist eher zweitrangig. Sie sind Ausdruck der langen Kasseler Keramiktradition, die leider immer mehr in Vergessenheit gerät. Wir haben hier viele Leute kennen gelernt, die Keramik studiert oder eine Ausbildung in diese Richtung gemacht haben. Das war interessant, vor allem, weil dieses Material kaum in unserem Arbeitsbereich vorkommt. Außerdem ist Keramik ein Material, das sehr hermetisch, abgeschlossen wirkt und bei dem sich das Ergebnis nie genau vorhersagen lässt. Keramik sieht immer wie gewachsen aus. Die Hügel stehen seit Juni 2007 als „Wächter" vor den Eingängen der Ausstellungsgebäude, also seit

Many have survived until today and reflect the flow of people within the city. We chose a crown cap we found on Friedrichsplatz in this case and had a few thousand caps cast and gold-plated. We called it "documenta 12" and gave it back to the people who continue to work on the way finding system, perhaps unconsciously, with their daily actions. The crown caps, which are "echte Kassler" (Kassel natives) that some wear on their lapels also help take idea of the exhibition beyond the city and out to the world.

The ceramic hills aren't obvious information carriers. Are they an artistic measure? What quality do they contribute to the way finding system?

// **VIER5** The ceramic hills are pure information carriers. The artistic intention is of secondary importance. They are an expression of the long ceramic tradition in Kassel that is unfortunately being increasingly forgotten. We met many people here who studied ceramics or completed training in that direction. It was very interesting, mainly because ceramics are barely used in our field of work, besides, the material seems very hermetic, enclosed, so the result can never be accurately predicted.

Ceramics always look like they grew from something. The hills have stood as "guards" at the entrances of the exhibition hall since June 2007, so they have barely been there for three months. Many employees who work here regularly have asked where the hills are. They were astonished when we showed them. They figured the hills had always stood there and resisted the idea that they had only been there for 100 days. They look like they have always been there and will always be there.

Papier auf Styropor: Flexibilität und Materialreduktion als Prinzip der Informationsträger
paper on styrofoam: flexibility and material reduction as an information carrier principle

nicht mal drei Monaten. Viele der Angestellten, die ständig hier arbeiten, haben gefragt, wo denn die Hügel wären. Als wir sie ihnen gezeigt haben, waren sie erstaunt. Sie meinten, die Hügel hätten schon immer dort gestanden. Sie arbeiten gegen den Gedanken von 100 Tagen an. Sie sehen aus, als wären sie immer da gewesen und würden immer dort bleiben.

Habt Ihr die Medien, die das Leitsystem betrifft, bestimmt? Ich denke da an die Jacken der Aufseher.
// VIER5 Weitgehend. Bei den Jacken gab es aber lange Diskussionen. Wir hatten zuerst ein System aus dicken goldenen Ketten vorgeschlagen, was von der Geschäftsleitung abgelehnt wurde. Wir hingegen haben die Form von Kitteln abgelehnt, die bei der letzten documenta verwendet wurden und die für uns aussahen wie diese Bleikittel, die einem der Radiologe umhängt. Daraufhin hatten wir mehrere dieser Treffen, die man Krisengespräch nennt und in denen versucht wird, die Gegenseite mit Argumenten zu überzeugen. Kurz vor Schluss brachte jemand schließlich das Argument, die Ketten seien in der Ausstellung zu laut. Das hat uns überzeugt, und wir haben uns dann dem Vorschlag mit den „Leibchen" angeschlossen.
Daraufhin haben wir uns angesehen, welche Formen die Geschäftsleitung vorschlägt, eine davon ausgesucht, überarbeitet, das heißt, Naturfaser genommen, den Schnitt überarbeitet, den Kragen, ein Motiv ausgewählt, die Farben fixiert usw. Danach wurden verschiedene Varianten ausgearbeitet und Muster gefertigt. Als wir zufrieden waren, wurden sie dann als unser Entwurf freigegeben.

Did you define the media for the way finding system? I'm thinking of the jackets the custodians wear.
// VIER5 Yes, we defined most of it. There were long discussions about the jackets. First we suggested a system of long thick gold chains, but the management rejected that idea. We in turn rejected the coat-like vests that had been used for the last documenta. To us they looked like the lead aprons a radiologist drapes over people. What followed were a of series discussions one could call crisis meetings in which each side tried to persuade the other with arguments. Right before the end someone argued that the chains would be too loud in the exhibition. That convinced us and at last we agreed with the "t-shirts" that were suggested.
We looked at the shapes the management suggested, chose one, worked it over, that is to say we chose a natural fiber cloth, changed the cut and collar and selected a motif before having samples made. We cleared them for production once we were satisfied.

How much influence did you have on the "living guiding system" aside for the uniforms?
What can the guides do that a static way finding system can't?
// VIER5 The "living way finding system" is a principle that we think is sensible, especially for large-scale events such as the documenta. There should always be a group that can intervene in acute situations, when something happens that has to (be) spread quickly. When, for example, an outside sculpture tips over during an event in a storm, as was the case with a sculpture by Ai Weiwei, it is an event not included in the folder.
A few unplanned things can happen in three months. A living way finding system is there right away, gives the visitors the information they need and guides them around the

die fünf Ausstellungsorte in Kassel: Neue Galerie (Abb.), Museum Fridericianum, documenta-Halle, Aue-Pavillon und Schloss Wilhelmshöhe
the five exhibition locations in Kassel: Neue Galerie (photo), Museum Fridericianum, documenta-Halle, Aue Pavillon and Schloss Wilhelmshöhe

Inwiefern hattet Ihr, abgesehen von der Uniformierung, Einfluss auf das „living guiding system"?
Was erfüllen die Guides, was ein statisches Leitsystem nicht schon erfüllt?

// VIER5 Das „Lebendige Leitsystem" ist ein Prinzip, das uns bei Großveranstaltungen wie der documenta sinnvoll erscheint. Es sollte immer eine Gruppe sein, die akut eingreift, wenn irgendetwas geschieht, das schnell verbreitet werden muss oder eine Information bzw. Nachricht schnell an die Besucher weitergeben soll. Wenn beispielsweise auf einer Veranstaltung wegen eines Sturms eine Außenskulptur umfällt, wie etwa die Arbeit von Ai Weiwei, dann steht das nicht im Folder.

Innerhalb von drei Monaten passieren einige ungeplante Dinge. Ein lebendiges Leitsystem ist dann kurz darauf vor Ort, versorgt die Besucher mit den Informationen, die sie brauchen, leitet sie um „gefährliches Gebiet" herum oder führt sie an den Ort, an dem zufällig eine Performance stattfindet. Das kann mündlich geschehen, aber auch schriftlich, in Form von einfachen Kopien, die ausgeteilt oder aufgehängt werden. Wichtig ist, dass es sich dabei um eine Gruppe handelt, die nichts anderes tut, als sich mit Dingen, die nicht in einem Folder stehen (können), zu befassen und diese Informationen direkt weiterzugeben.

In welchem Aufgabenbereich seht Ihr neue Herausforderungen?

// VIER5 Die tägliche Arbeit stellt ständig neue Herausforderungen. Zurzeit arbeiten wir an Kostümen für die Choreografie X-Event, einen künstlerischen Beitrag der kommenden Biennale in Lyon. Hier gilt es, an vielen spannenden Ansätzen und Lösungen zu arbeiten, die sich später in anderer Form auch auf unsere grafischen Projekte umsetzen und übertragen werden. Das ist das Schöne am Design.

"dangerous area" or leads them to a performance that is being staged. This can be done verbally or in writing with simple photocopies that are handed out or posted. It is important that this group's sole responsibility should be things that aren't in the folder and they should pass this information on directly.

In which field do your new challenges lie?

// VIER5 Daily work constantly poses new challenges. We are currently working on the costumes for the choreography of X-Event, an artistic piece for the upcoming biennial in Lyon. Many exciting approaches and solutions are in the works that will be implemented later and transferred to our graphic products. That's what is beautiful about design.

... auf dem Weg zu den Reisfeldern des thailändischen Künstlers Sakarin Krue-On im Barockgarten des Schlosses Wilhelmshöhe
...on the way to the rice fields of the Thai artist Sakarin Krue-On in the Baroque Garden of Schloss Wilhelmshöhe

Interviewpartner / Respondent Jacob van Rijs | Partner, MVRDV / Partner, MVRDV • Sandor Naus | Partner, Monadnock (davor Architekt bei MVRDV) / Partner Monadnock (former Architect at MVRDV) • Rene Toneman | Gründer und Inhaber, Silo (davor Creative Director, Fabrique) / Founder and Owner, Silo (former Creative Director, Fabrique)
Architektur / Architecture MVRDV

Einem etablierten Veranstaltungs-ort für experimentelle Musik ein ganz neues Haus zu geben, ist eine anspruchsvolle Aufgabe. Genügend Respekt vor dem Bestehenden und Mut zum Experiment sind das Rezept dieser gelungenen Lösung. Mit größter Freiheit im Denken gingen die Grafikdesigner von Fabrique und die Architekten von MVRDV an die Aufgabe heran und gaben der Seele dieser Institution ein kraftvoll-grobes und lebendiges Zuhause.

Creating a new building for an established experimental music venue is a demanding task. Enough respect for the existing builiding and the courage to experiment were the perfect blend that led to this successful solution. The free thinking the graphic designers of Fabrique and the architects from MVRDV approached their task with gave the institution's soul a powerful, rough-hewn and lively home.

Jacob van Rijs, Sandor Naus
Architekten / Architects

Jacob van Rijs
Ausbildung Architektur, Technische Universität Delft
Laufbahn Martínez Lapeña & Torres arquitectos, Barcelona • Van Berkel en Bos, Amsterdam • Office for
Metropolitan Architecture, Rotterdam • Gründungsmitglied von MVRDV mit Winy Maas und Nathalie de Vries
Education Architecture, University of Technology Delft
Career Martínez Lapeña & Torres arquitectos, Barcelona • Van Berkel en Bos, Amsterdam • Office for
Metropolitan Architecture, Rotterdam • Founding Member of MVRDV with Winy Maas and Nathalie de Vries

Sandor Naus
Ausbildung Architektur, Akademie für Architektur und Städtebau, Tilburg und
Akademie für bildende Künste St. Joost, Breda
Laufbahn Architectenbureau C. Poulissen, Antwerpen • A.W.G. Architecten, Antwerpen •
MVRDV, Rotterdam • Partner Monadnock
Education Architecture, University for Architecture and Rural Planning, Tilburg and
Academy for Visual Arts, St. Joost, Breda
Career Architectenbureau C. Poulissen, Antwerpen • A.W.G. Architecten, Antwerpen •
MVRDV, Rotterdam • Partner Monadnock

Was war bei dem Effenaar-Projekt für Sie die architektonische Herausforderung?
// **Jacob van Rijs** Sie lag darin, für eine Gruppe von Leuten ein neues Gebäude zu entwerfen, die am liebsten ihr altes behalten hätten. Die alte Fabrik war Teil ihrer Identität. Wir mussten ein neues Gebäude mit der „alte Seele" entwerfen, was nicht einfach war. Nach der Eröffnung haben die Leute aber bestätigt, dass uns das auch gelungen ist. Die informelle Atmosphäre konnte trotz der Erweiterungen in Größe und Nutzung erhalten werden. Bei den Materialien waren „No-Nonsens" und „vandalismussicher" die Leitsätze, das passte am besten zur ungeschliffenen und anti-modischen, alternativen Attitude des Clubs.

Was waren Ihre Erwartungen bezüglich Branding und Leitsystem von den Designern?
// **Sandor Naus** Ich war dazu sehr aufgeschlossen. Von meiner Seite gab es keine formalen Vorstellungen, wie es aussehen sollte. Meine Rolle lag darin zu beurteilen, ob das Design zum Konzept des Gebäudes passt. Mit seiner rohen, elementaren Erscheinung toleriert es keine Standart-Lösungen von der Stange für das Leitsystem. Meine Erwartung an die Grafik-Designer war daher ein starkes Konzept, das mit dem Gebäude mithalten konnte.

How would you define the architectural challenge of the Effenaar project?
// **Jacob van Rijs** The challenge lay in designing a new building for a group of people who would have preferred to keep their old building. The old factory was part of their identity. We had to design a new building with an "old soul." Not easy.
After the opening, people reassured us and told us we had succeeded. We preserved the informal atmosphere of the building despite the expansion of size and function.
The guiding ideas for our use of materials were "no-nonsense," and "vandalism-proof." These ideas fit the unsophisticated, alternative and anti-fashionable attitude of the club best.

What were expectations of the designers when it came to branding and the way finding system?
// **Sandor Naus** I was very open-minded. I had no formal ideas about what things should look like. My role was to assess whether the design suited the concept of the building. The raw, basic appearance of the building would not suffer any off-the-rack standard way finding solutions. My expectations of the graphic designers went in the direction of a powerful concept that could match the building.

Do you think logical structuring of a building makes a way finding system superfluous?
// **Sandor Naus** That is difficult in a building like the Effenaar building (a large public institution), in which the visitor groups constantly change.

Can you give us a detailed description of how your cooperation with Rene Toneman / Fabrique worked?
// **Sandor Naus** It was Effenaar, not MVRDV that contacted Fabrique. Effenaar was in charge

Haupteingang Effenaar, Eindhoven – Architektur MVRDV, 2005
Effenaar main entrance, Eindhoven – architecture by MVRDV, 2005

Denken Sie, dass die logische Struktur eines Gebäudes ein Wegeleitsystem überflüssig werden lässt?
// **Sandor Naus** In einem Gebäude wie dem Effenaar, einer große öffentliche Institution, wo die Besuchergruppen ständig wechseln, ist das sehr schwierig.

Wie ist die Zusammenarbeit mit Rene Toneman / Fabrique im Detail abgelaufen?
// **Sandor Naus** Der Kontakt zu Fabrique kam nicht durch MVRDV, sondern durch Effenaar zustande. Das Effenaar hatte in der ersten Phase die Leitung und wollte uns bei den Besprechungen dabei haben und unsere Meinung als Architekten dazu hören. Diese Art zu arbeiten kommt daher, dass das Branding von Effenaar, die Corporate Identity und das Leitsystem als ein integriertes Projekt betrachtet wurden. Das war in meinen Augen eine sehr gute Strategie. Die Identität des Effenaar ist von herausragender Bedeutung, um die Besuchergruppen dieses Veranstaltungsortes zu erreichen.

Wie habt Ihr auf die Idee reagiert, die Struktur der Architektur als visuelle Basis für die Identität zu nutzen?
// **Sandor Naus** Positiv. Wir sollten ja nicht sagen, ob wir das Design mochten oder nicht. Die Leute vom Effenaar waren dazu am besten in der Lage, denn sie hatten ein viel besseres Gefühl für die Szene, in der sie sich bewegten. Andererseits kann ich sagen, dass ein architektonisches Konzept als Ausgangspunkt für das Grafikdesign auch zu schrecklichen Ergebnissen hätte führen können, wenn man es zu wörtlich genommen hätte. Fabrique hat das 3-D-Konzept aber so entwickelt, dass man eine Verbindung zwischen 2-D und 3-D deutlich erkennt, ohne dass es das Erste ist, was einem auffällt. Das sollte nicht sein. Es hat sich zu einem Konzept entwickelt, das auch ohne das Gebäude auskommen könnte.

of the project during the first phase and wanted us to participate in the discussions and give them our opinion as architects. This form of cooperation stemmed from the fact that the corporate identity and the way finding system were viewed as one integrated project. That was a very good strategy in my opinion; Effenaar's identity is of special importance to be able to reach the audiences that come to this event venue.

How did you react to the idea of using the architecture's structure as the visual identity basis?
// **Sandor Naus** My reaction was positive. Our task was not to say whether we liked the design or not in the beginning. The Effenaar people were in the best position to do that because they had a much better sense of the scene in which they move. However I can say that using the architectural concept for the graphic design could have led to awful results if it had been taken too literally. But Fabrique developed the 3-D concept so a link between 2-D and 3-D elements was clearly recognizable without making this relationship the first thing you notice, that wasn't intended. Fabrique developed a concept that would also work without the building.

MVRDV buildings are large, strong and iconic. What kind of graphic design suits such a formally strong statement?
// **Sandor Naus** Difficult question. You would never need a graphic designer again if there were a clear answer to that question. It wouldn't be necessary to develop a concept that helps the whole project become stronger along with the building concept. I think cooperation with other disciplines like graphic design, but also product design, as can be seen in the various furniture elements other designers created, help make the overall concept

Die Gebäude von MVRDV sind groß, stark und ikonografisch. Welche Art von Grafik-Design passt zu solch einem formal starken Statement?

// **Sandor Naus** Das ist eine schwierige Frage. Wäre sie so eindeutig zu beantworten, dann würde man nie mehr einen Grafikdesigner brauchen, der ein Konzept entwickelt, das gemeinsam mit dem Konzept des Gebäudes das Ganze noch stärker macht. Auch wenn MRVDV starke, ikonografische Gebäude entwirft ... ich denke, die Zusammenarbeit mit anderen Disziplinen wie Grafikdesign, aber auch Produktdesign, wie es sich hier in den verschiedenen Einrichtungsgegenständen zeigt, die von anderen Designern gestaltet wurden, kann das Gesamtprojekt stärker machen. Durch spezifische Meinungen inner- halb eines großen Konzeptes stößt man auf neue Herausforderungen, die einen zum Nachdenken bringen und konzentrierter arbeiten lassen.

Hat die Zusammenarbeit mit Rene Toneman Ihre Vorstellung von den Möglichkeiten des Grafikdesigns erwei- tert? Wenn ja, welche Erkenntnisse haben Sie daraus gewonnen?

// **Sandor Naus** Die Vorstellung der Möglichkeiten von (Grafik-)Design erweitern sich mit je- dem guten Konzept oder Design. Unter diesem Gesichtspunkt lautet die Antwort „Ja". Ich hätte nicht die Idee entwickelt, die Rene entwickelt hat. Und ich mochte seine Idee sehr, denn es war von Anfang an klar, dass die Anwendung des Leitsystems und der Corporate Identity, wie er sie vorgeschlagen hatte, für das Grafikdesign und für das Gebäude ein Gewinn sein würden. Unter dem technischen Aspekt lautet die Antwort „Nein". Es wurden keine Techniken verwendet, die für mich neu waren. Ganz im Gegenteil, direkt auf das Gebäude zu malen ist in gewisser Weise eine primitive Art, die Beschilderung anzubringen, die aber sehr gut mit dem „rohen" Konzept des Gebäudes funktioniert hat.

stronger. Specific opinions and views within a concept lead to new challenges that make you think and work with greater concentration.

Did your work with Rene Toneman broaden your imagination concerning the possibilities of graphic design? If so, what insights did you gain?

// **Sandor Naus** Every good concept or design broadens the imagination in terms of [graphic] design. Looking at things from that perspective the answer would have to be "yes." I would not have had the same idea Rene had. And I really liked his idea, because it was clear from the beginning that the building would profit from his proposals for the way finding system, corporate identity and graphic design.

Where do you see similarities and major differences between your work processes and those of a two-dimen- sional designer?

// **Jacob van Rijs** Graphic designers who work well with us all have a specific conceptual ap- proach. Ideally there should be a very sensitive interaction between architects and gra- phic designers. We have also experienced the opposite in which the graphic designer just went ahead and did his thing without any reference to the architectural context.

Does it affect the architectural and design results to bring a graphic designer onboard early?

// **Sandor Naus** Yes, maybe it can. It is hard to say in this project. The graphic designers only came onboard after the building design process was over. The actual construction phase took longer.

Wenn Sie Ihren Arbeitsprozess in der Architektur mit dem eines zweidimensionalen Gestalters vergleichen – in welchen Bereichen sehen Sie Ähnlichkeiten, und wo gibt es signifikante Unterschiede?

// Jacob van Rijs Die Grafikdesigner, die gut zu uns passen, haben alle eine bestimmte konzeptuelle Herangehensweise. Idealerweise sollte es zwischen den Architekten und den Grafikdesignern eine sehr sensible Interaktion geben. Wir haben auch schon das Gegenteil erlebt, wo ein Grafikdesigner im Großen und Ganzen einfach sein Ding gemacht hat, ohne Bezug auf den architektonischen Kontext zu nehmen.

Verändert es die Resultate in Architektur und Design, wenn man den Grafikdesigner sehr früh einbezieht?

// Sandor Naus Ja, vielleicht. Bei diesem Projekt ist das schwer zu sagen. Die Grafikdesigner wurden erst miteinbezogen, als die Gestaltung des Gebäudes bereits abgeschlossen war.

//Jacob van Rijs Architektur und Grafikdesign haben unterschiedliche Geschwindigkeiten. Für Grafikdesigner ist es schwierig, über einen Zeitraum von mehreren Jahren eine für sie interessante Beteiligung an einem Projekt aufrechtzuerhalten. Sie würden sich langweilen, weil die Dinge so langsam vorangehen und es eine Menge organisatorische Arbeit ist.

Was kann gute Architektur für unsere Gesellschaft bewirken?

// Jacob van Rijs Sie kann ein besseres Umfeld für unterschiedliche Aktivitäten herstellen. Architektur alleine ist nie genug, es muss die Verbindung zu den Nutzern geben, zwischenmenschliche Interaktion. Idealerweise passt sich Architektur unterschiedlichen Gegebenheiten an und funktioniert unter verschiedenen Umständen gleich gut, ohne neutral zu sein.

//Jacob van Rijs Architecture and graphic design have different speeds. It is difficult for a graphic designer to maintain a certain level of interest and participation in a project over a number of years. They would get bored because things move so slowly and because it involves a lot or organizational work.

What effect can good architecture have on our society?

// Jacob van Rijs It can create better surroundings for a number of different activities. Architecture alone is never enough, there has to be a link to the users, interpersonal interaction. Ideally architecture adjusts to different given conditions and functions equally well under varying circumstances without being neutral.

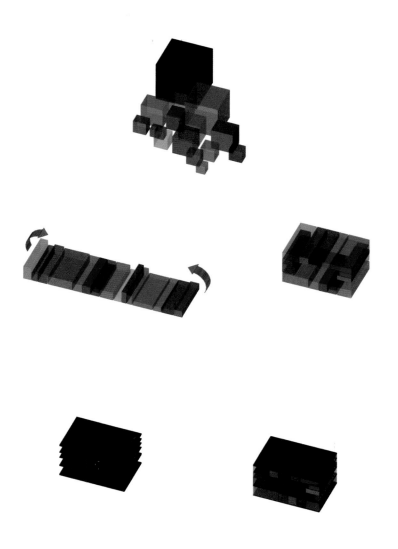

rund um den zentralen grossen Saal sind alle weiteren Funktionen des Effenaar räumlich angeordnet,
diese architektonische Struktur war die formale Inspiration für das Corporate Design
all the other functions in the Effenaar are grouped around the main central hall,
this architectural structure inspired the corporate design

Rene Toneman
Designer

Ausbildung Akademie für bildende Künste, St. Joost, Breda • Hochschule für zwei- und dreidimensionales Design und Präsentation, Nimeto Utrecht
Laufbahn Designer bei Studio Dumbar, Inizio, Fabrique Communication and Design • Design Director bei Fabrique Communicatie en Design •
Gründer und Partner bei Silo Concept. Design.

Education Academy for Visual Arts, St. Joost • College for 2 and 3 dimensional Design and Presentation, Nimenta Utrecht
Career Internship at De Bijenkorf, KLM, Royal Dutch Airlines • Senior Designer, Studio Dumbar •
Inizio • Design Director, Fabrique • Founder and Owner, Silo Concept. Design.

Wie begann Euer Projekt „Effenaar"?

// Rene Toneman Das Projekt war als Wettbewerb ausgeschrieben. Drei weitere Agenturen haben daran teilgenommen. Wir haben den Wettbewerb aus zwei Gründen gewonnen: Zum Einen haben wir den Schwerpunkt auf „form follows personality" gelegt. Das heißt, unserer Meinung nach muss sich die Persönlichkeit einer Firma, Marke, eines Gebäudes oder Events in sämtlichen Kommunikationsmitteln des Erscheinungsbildes widerspiegeln. Für Effenaar haben wir ein experimentelles Erscheinungsbild eingebracht, etwas, was man nicht erwartet, was noch definiert werden muss. Dieser Ansatz ist stark mit den Idealen und der Haltung der Bühne, wie sie bisher war, verknüpft. Da wir vor zehn Jahren auch das erste Erscheinungsbild entworfen haben, hatten wir den Vorteil, bereits zu wissen, wofür Effenaar steht. Wir konzentrierten uns also besonders auf das Problem eines neuen Auftritts bei gleicher Atmosphäre. Wenn eine neue Hülle gebaut wird, muss auch das Erscheinungsbild erneuert werden, die Persönlichkeit aber darf nicht verändert werden. Wie können wir über die visuelle Kommunikation sicherstellen, dass die Verbindung zwischen der Organisation Effenaar – mit ihrem neuen Gebäude – und dem Publikum des Effenaar bestehen bleibt? Wie können wir es anstellen, dass es das alte, wahre Effenaar bleibt, aber in einem neuen Anzug? Meiner Meinung nach entspricht unser Lösungsvorschlag der Persönlichkeit sehr gut. Er passt auch zu dem neuen Gebäude und spiegelt die zeitgenössische Musik-Szene, welche im Effenaar Programm ist, in ihrer eklektizistischen Entwicklung sehr gut wider.

Zum Anderen haben wir mit unserem Portfolio überzeugt, mit verschiedenen Projekten für die Unterhaltungsindustrie. Auftraggeber wie Heineken Music Hall, Lowlands,

How did your "Effenaar" project begin?

// Rene Toneman A competition was announced for the project. Three other agencies took part. We won the competition for two reasons: On the one hand we put great emphasis on "form follows personality." This means that the personality of a company, a brand, a building or an event should be reflected in all means of communication used to create its visual presentation. We created an experimental visual presentation image for Effenaar. It was something unexpected, something that still had to be defined. This approach has a strong link to the ideals and attitude of the stage the way it was until then. We had the advantage of knowing what Effenaar stands for, since we designed their first visual presentation elements ten years ago. So we focused our concentration on the issue of new graphics, but the same atmosphere. A new visual presentation had to be developed for a new shell, but the personality had to remain the same. How could we be sure that the link between the Effenaar organization – with their new building – and the Effenaar audience would be preserved with our new visual communication? How could we manage to preserve the old, true Effenaar and still tailor a new suit for it? The solution we proposed suits its personality very well in my opinion. It also suits the new building very well and is a reflection of contemporary music's eclecticism, which is the mainstay of the Effenaar's programming.

The other important factor that contributed to our victory was surely our portfolio, which contained projects for the entertainment industry for clients such as Heineken Music Hall, Lowlands, Universal, Essent Awards, Mojo Concerts and Theater, North Sea Jazz and the Holland Dance Festival. We gathered experience with a series of cross-media

Universal, Essent Awards, Mojo Concerts and Theater, North Sea Jazz oder Holland Dance Festival. Mit einer Reihe medienübergreifender Aufträge für Internet, Kampagnen, Erscheinungsbilder, eingeschlossen dreidimensionaler Gestaltung von Bühnen im Innenbereich oder draußen auf Festivals.

Habt Ihr eine Idee präsentiert, die dann sofort funktioniert hat?

// Rene Toneman Nein, wir haben zwei Konzeptideen entwickelt. Wir haben unseren Kunden in den Designprozess involviert und mit ihm die beiden voll ausgearbeiteten Ideen diskutiert. Eine war eher konservativ, klassisches Club-Design, die andere komplexer.
Sie haben sich für die komplexere Anwendung entschieden, und wir haben dann sofort mit der Ausarbeitung der Details begonnen. Während des Effenaar-Projektes wurde in der Gruppe viel diskutiert, alle Entscheidungen demokratisch getroffen. Für die Direktorin Marijke Appelboom persönlich beinhaltete das Design zu viel: Es war sehr dicht, zu bunt, einfach zu komplex. Aber sie konnte das Potenzial in den Skizzen sehen und gab uns den Freiraum, unseren Ideen nachzugehen. Die Entwürfe waren sehr einfach, aber je länger wir am Erscheinungsbild arbeiteten, desto konsequenter wurde es. Und am Ende waren alle überzeugt.
Die Entwicklung des Leitsystems begann nach der Eröffnung, als das Gebäude fertig gestellt war. Wir mussten erst durch das gesamte Gebäude laufen und herausfinden, wie die Besucher sich durch die Räume und Funktionen bewegen würden.
Anstatt kleine Zeichen anzubringen, haben wir speziell für das Effenaar eine Schrift entwickelt, die von großen, funktionalen Zeichensystemen aus der Industrie inspiriert ist. Diese wurde mit einem Polymer-Anstrich direkt auf die Wände der Gebäude aufgebracht.

commissions for the Internet, graphics projects, and campaigns including three-dimensional designs for indoor and outdoor festival stages.

Did you present an idea that worked right away?

// Rene Toneman No, we developed two concept ideas. We then involved our clients in the design process, discussed both completely developed ideas with them. One proposal was for a conservative, classical design, the other was more complex.
They chose the more complex proposal, and we immediately began working on the details. There were a lot of group details during the Effennaar project and all decisions were made democratically. Personally, the director Marijke Appelboom thought the design had too many elements: it was very dense, too colorful, just too complex. But she could see the potential in the sketches and she gave us the leeway necessary to pursue our ideas. The design was very simple at the start, but the longer we worked on the visual presentation, the more thorough it became. Ultimately everybody was convinced.
We started working on the way finding system after the opening and after the building had been completed. We had to walk through the entire building and figure out how visitors would move through the rooms and functions.
Instead of putting up little signs we developed a special font for the Effenaar that was inspired by the large functional symbol systems used in industrial facilities. The lettering was applied directly to the walls of the building using polymer paint. We discussed our ideas with the architects. We wanted their opinion on symbol systems in general and in particular. We wanted to know what they thought would be most suitable for Effenaar.

maximale Größe, maximale Breite, maximaler Kontrast
maximum size, maximum width, maximum contrast

die Polymerfarbe für die schablonierten Schriften wurde mit Sand gemischt, um ihr Struktur zu geben
the polymer paint for the stenciled letters was mixed with sand to give it more structure

Wir haben unsere Ideen auch mit den Architekten besprochen. Wir wollten ihre Meinung über Zeichensysteme im Allgemeinen und im Speziellen hören. Wir wollten wissen, was sie am passendsten für das Effenaar fanden.

Der Font ist mit einer Kreuz-Schraffur gefüllt. Was war der Gedanke dabei?
// **Rene Toneman** Dieses Element hat sein Vorbild in der Architektur, in Fassadenelementen, Gitternetzen, Zäunen etc. Dieses Muster gibt dem Font eine zusätzliche Tiefe und verbindet ihn inhaltlich mit dem Hintergrund, auf dem er steht. Ohne die Struktur wäre der Font zu eindimensional und gleichzeitig zu massiv.

Das Gebäude in Eindhoven ist architektonisch sehr gut ausformuliert. Ihr arbeitet mit einer klaren Botschaft im Corporate Design, starker Typografie, auffallenden Farben. Auf den ersten Blick lässt sich das schwer miteinander kombinieren, aber in der Tat funktioniert es sehr gut zusammen. Wie habt Ihr das angestellt?
// **Rene Toneman** Die Schrift, die wir für das Corporate Design verwendet haben, ist die „Akzidenz Grotesque". Sie ist stark, wenn man sie zusammen mit den grafischen Elementen aus unserem Corporate Design benutzt, und funktioniert formal sehr gut, weil sie nicht den gleichen Inhalt transportiert. Sie ist plakativ und trotzdem weich. Der Font, den wir für das Zeichensystem am Gebäude verwendet haben, ist industrieller. Die Inspiration zu so einer Schrift kam von Zeichen und Nummern auf Durchgängen oder Wänden in Industriegebäuden: groß, in Versalien und formatfüllend positioniert.

In der Architektur wird viel Wert auf die Verwendung von „echten Materialien" gelegt, wie sichtbare Beton-Strukturen. Habt Ihr das in eurem Leitsystem zur Anwendung gebracht?
// **Rene Toneman** In erster Linie haben wir die Schrift in Größe und Kontrast so gestaltet,

The font is has a cross-hatched filling, what was the idea behind that?
// **Rene Toneman** This element can also be found in architecture, in façade elements, gate grids and fences, etc. The pattern gives the font additional depth and links its contents to the background it is set on. The font would be too one-dimensional and massive at the same time without it.

The building in Eindhoven is very well formulated in architectural respects. You work with a clear corporate design messages, strong typography, catchy colors. These things seem hard to combine at first glance, but it actually works very well. How did you make it work?
// **Rene Toneman** The we used Akzidenz Grotesque for the corporate design. It is very strong when used along with the graphical elements in our corporate design and works very well formally, because it doesn't convey the same contents. It is poster-like but soft at the same time. The font we used for the building is more industrial. The inspiration for it came from symbols and numbers in large hallways or on the walls of industrial buildings. It is large and we used format-filling capital letters.

The use of "real materials," like visible concrete structures is often emphasized in architecture. Did you use that type of element in your way finding system?
// **Rene Toneman** Our main concern was to design the font in size and contrast in a way that it would be easy to recognize on varying surfaces. The application method is very simple: it is painted directly on the wall, it is hard to be more unpretentious. You use a stencil and polymer paint mixed with sand. This makes it possible to give the color layers varying thickness and a structured surface.

der große Saal, das Herzstück des Veranstaltungszentrums
the large hall, the centerpiece of the event center

dass sie auf unterschiedlichen Hintergründen sehr gut zu erkennen ist. Die Methode der Aufbringung ist sehr einfach: direkt auf die Wand gemalt, unprätentiöser geht es kaum. Sie wird mithilfe einer Vorlage und einer Polymer-Farbe gemischt mit Sand aufgebracht. Dadurch ist es möglich, der Farbschicht eine variierende Dicke und eine strukturierte Oberfläche zu geben.

Inwieweit wurdet Ihr durch die Zusammenarbeit mit den Architekten von MVRDV inspiriert?
// **Rene Toneman** Was das Erscheinungsbild angeht, wurden wir auf jeden Fall von dem Gebäudekonzept inspiriert. Der raue, rohe und unbeschnittene Block des Gebäudes, all die unterschiedlichen Funktionsräume mit Neonlicht, die sich um die große Halle gruppieren. Das alles war so einfach, so klar und deshalb so anders. Wir konnten die Bestrebungen des ganzen Projektes spüren und wollten etwas entwickeln, das mit all dem verbunden war ... Die Stadt Eindhoven – eine Industriestadt, auch bekannt als das „Rotterdam des Südens von Holland" – hat uns ebenfalls inspiriert ... Die Energie der musikalischen Erlebnisse, der Live-Performances ... Das waren die Elemente, die wir zusammenführen wollten, visualisiert in einer Identität.

Gab es Diskussionen mit der Öffentlichkeit bezüglich der neuen Erscheinung von Effenaar, als seine neue Architektur und das neue Erscheinungsbild Form annahmen?
// **Rene Toneman** Das Effenaar existierte bereits. Es war als Veranstaltungsort etabliert und bekam in hohem Grade Aufmerksamkeit. Effenaar steht für Underground-Musik, neue Musik, experimentelle Bands etc.

To which degree did your cooperation with the MVRDV architects inspire your work?
// **Rene Toneman** The building concept, the raw, rough and uncut building block with all the different functional rooms with neon lighting grouped around the main hall definitely inspired our visual presentation work. The building was so simple and clear, that made it completely different. We could sense the effort involved in the entire project and wanted to develop something that would be linked to it all... The city of Eindhoven is an industrial city that is known as the "Rotterdam of the south," and it was also a source of inspiration... The energy of the musical experiences, of the live performances... Those were all the elements that we wanted to merge and visualize with one identity.

Were there any discussions with the public about Effenaar's new appearance when the new architecture and new visual appearance began to take shape?
// **Rene Toneman** The Effenaar already existed, It was already established and received great attention. Effenaar stands for underground music, new music, experimental bands, etc.

... and now it is in a new building...
// **Rene Toneman** That became necessary because the old building no longer met the required safety standards. They had to move. The existing team moved into the new building although the Effenaar fans were concerned that their comfortable, personal event venue would become too commercial and large. All these fears came from the possibility of losing the place they had had so many wonderful times in.

DRESSING ROOMS ←
ARTISTS LOUNGE

→ BACKSTAGE 2ND STAGE
2ND STAGE

direkt auf die Wand, reine Farbe auf jedem Untergrund, ehrlicher geht es nicht
directly on the wall, pure paint on every background, it couldn't be more straightforward

... und jetzt ist es in einem neuen Gebäude untergebracht.

// Rene Toneman Das wurde notwendig, weil das alte Gebäude den Sicherheitsstandards nicht mehr entsprochen hat. Sie mussten umziehen. Das bestehende Team ist in das neue Gebäude eingezogen, obschon die wahren Fans des Effenaar die Sorge hatten, dass sich zu viel ändern würde. Besonders machten sie sich darüber Sorgen, dass ihr gemütlicher, persönlicher Veranstaltungsort zu kommerziell und groß werden würde. All diese Ängste kamen aus ihrer Befürchtung heraus, den Platz zu verlieren, an dem sie so eine großartige Zeit verbracht hatten.

... und wie war das Feedback der ersten Besucher?

// Rene Toneman Am Ende war es positiv. Natürlich war das Effenaar anders als vorher, aber es war möglich, die rohe Atmosphäre auf eine neue Art und Weise herzustellen. Durch den Einsatz von unbearbeiteten Materialien beispielsweise. Es gibt nur wenige Verkleidungen, viel sichtbaren Beton. Einfache, extra designte Möbel geben dem Haus seinen eigenen Charakter.

Wie habt Ihr auf den neuen Ort aufmerksam gemacht?

// Rene Toneman Zwei Wochen vor der Eröffnung haben wir eine Ankündigungskampagne gestartet. Eine Art großes Fragezeichen, das die Aufmerksamkeit auf das neue „E" lenken sollte. Was das bedeutete, war bis zur Eröffnung nicht klar. Wir wollten die Menschen neugierig machen.

... and how did the first visitors respond?

// Rene Toneman The feedback was ultimately positive. Of course the Effenaar was different to what it had been like before. But it was possible to re-create the raw atmosphere in a new way. We used a lot of unprocessed materials to do so. There is no paneling, a lot of architectural concrete and simple, especially designed furniture that gives the building its own character.

How did you draw attention to the new location?

// Rene Toneman We started an announcement campaign two weeks before the opening with a large question mark meant to draw attention to the new "E." Its meaning wasn't clear until the opening. We wanted to make the people curious.

Effenaar is a music house. Do you have a special song in mind when you think of the graphics and visual presentation?

// Rene Toneman Well, the programming addresses new experimental movements, contemporary bands and performances ranging from techno, to metal and so on. But it is also a place people like to come to when they go out to dance or to experience performances. We had developed shapes, colors and layouts in our sketches in response top the different types of music such as rock, techno, jazz or pop. It was interesting, but also complex and difficult to apply these concepts.

You mentioned that you had a lot of design freedom.

// Rene Toneman Our client trusted us completely. You are responsible for making the right

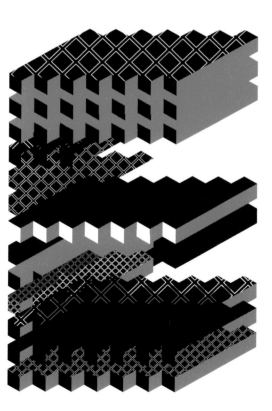

das flexibel befüllbare „E" lässt Raum für unterschiedlichste Stile, so verschieden, wie die Musikstile im Effenaar
the "E" allows for flexible contents and a rich variety of styles, as varied as the music styles at Effenaar

Das Effenaar ist ein Haus der Musik. Hast Du einen speziellen Song im Kopf, wenn du an das Erscheinungsbild denkst?

// Rene Toneman Zum Einen zielt das Programm auf neue, experimentelle Bewegungen, zeitgenössische Bands und Performances von Techno zu Metal und weiter. Zum Zweiten ist es ein Ort, um auszugehen, zu tanzen, Performances zu erleben. In unseren Skizzen hatten wir Formen, Farben und Layouts entwickelt, die zwischen verschiedenen Arten von Musik wie Rock, Techno, Jazz oder Pop hin- und herspringen konnten. Sehr interessant, aber auch komplex und schwierig in der Anwendung.

Du hattest erwähnt, dass Du sehr viel Freiheit in der Gestaltung hattest.

// Rene Toneman Unser Auftraggeber hat uns vollkommen vertraut. Wenn du für einen Auftraggeber arbeitest, bist du dafür verantwortlich, die richtigen Entscheidungen in seinem Interesse zu treffen. Natürlich darf man das Vertrauen des Kunden nicht ausnutzen, um zu experimentieren. Letztendlich muss die Arbeit eine klare Botschaft aussenden. In unserem Fall war uns möglich, beides zu tun: Wir haben das Experiment gesucht und konnten dieses mit der Botschaft des Effenaar in Verbindung bringen.

Ist es in Holland – einer Designhochburg – einfacher, ungewöhnliche Ideen durchzusetzen als in Ländern, in denen Design sich noch in der Entwicklung befindet?

// Rene Toneman Ja. Ich denke, eine allgemeine Freigeistigkeit macht es einfacher. Das ist eine kulturelle Errungenschaft, die die Dinge auch für Designer einfacher macht. In solch einem sozialen Umfeld sind die Auftraggeber auch eher bereit, dem Designer zu vertrauen. Sie begreifen die Rolle des Designs im besten Sinne als einen wichtigen strategischen Gewinn für ihre Verkaufsstrategie.

decisions in the interest of the client, who hires you. Of course you can't abuse your client's trust with experiments. Your work ultimately has to convey a clear message. We were able to do both in out case: we sought to experiment and were able to link that with what the Effenaar stands for.

Is it easier to realize unconventional ideas in Holland – a bastion of design – than in countries in which design is still developing?

// Rene Toneman Yes. I think a general free-spiritedness makes things much easier. That is a cultural achievement that also makes things easier for designers. Clients are also more willing to trust a designer under these circumstances. They understand the role of design in its best sense: as an important strategic advantage for their sales strategy.

People often try to measure the value of good design. There are often instruments to measure effectiveness in advertising. Do you have arguments to prove that good corporate design or architecture is worth investing in?

// Rene Toneman It isn't about money in our case. The project was financed with public funding since it was for the City of Eindhoven.

But it is an investment.

// Rene Toneman Yes, the city invested in entertainment for its citizens. If it works, if the institution continues to be accepted in the new venue then the project can be considered a success. Of course business-minded thinking also influences facilities such as museums. But there are people there that decide how much can be invested in design and what it is worth. However, the level of dependency isn't the same as in the business world.

Man versucht oft, den Wert von Design zu messen. In der Werbung gibt es Instrumente, um die Wirksamkeit zu testen. Habt Ihr schlagkräftige Argumente, die beweisen, dass gutes Corporate Design oder Architektur eine Investition lohnen?

// **Rene Toneman** In unserem Fall ging es nicht ums Geld. Als ein Projekt der Stadt Eindhoven war es aus öffentlichen Mitteln finanziert.

Aber es ist eine Investition.

// **Rene Toneman** Ja, die Stadt investiert in Unterhaltung für ihre Bürger. Wenn es funktioniert, dass die Institution nach wie vor akzeptiert wird, auch in der neuen Niederlassung, dann ist es erfolgreich. Natürlich beeinflusst wirtschaftliches Denken auch kulturelle Einrichtungen wie Museen. Auch dort gibt es Leute, die abwägen, wie viel Geld in Design investiert werden kann, was es wert ist. Aber die Abhängigkeit ist nicht so groß wie in der Wirtschaft. Im Fall von Effenaar gibt es auch keine wirklichen Wettbewerber. Effenaar ist ein exzellentes Beispiel für das harmonische Zusammenspiel aller Design-Faktoren, vom Grafikdesign über das Zeichensystem bis zur Architektur. Alles trägt den Charakter der Institution. Das geht bis zu den Angestellten: Alle von ihnen sind musikbegeistert, finden ihre Arbeit spannend und sind ein wichtiger Kommunikationsfaktor für das Haus. Und die Architektur wird in einer echten Industriestadt wie Eindhoven nicht als Fremdkörper gesehen, sondern als zeitgenössische Interpretation des Hauptthemas der Stadt.

Gab es irgendwelche kritischen Momente während des Projekts?

// **Rene Toneman** Der demokratische Abstimmungsprozess war nicht einfach. Wenn jeder sagt, was er will, was er mag oder nicht, dann macht es das oft schwer, einen Konsens zu finden. Es blockiert die Entscheidungen, und das ist immer schwierig.

There isn't any real competition in Effenaar's case. Effenaar is an excellent example of a harmonious synthesis of all design factors, from graphic design to the symbols used, to the architecture. Everything conveys the character of the institution. This even includes the staff. All of them are music enthusiasts, they find their work exciting and are a very important communication factor for Effenaar.

Were there any critical moments during the project?

// **Rene Toneman** The democratic decision-making process wasn't always easy to deal with. It can be difficult to find a consensus if everybody is free to say that they like or don't like something. It blocks decisions and that always makes things difficult.

But they ultimately chose the right design?

// **Rene Toneman** Yes, but there were moments in which they tried to break out. We had to work on their confidence in those cases, we had to convince them to believe in the greatness of the venture. The group dynamics developed in the right direction over time.

What would you do differently if you could start the whole process again?

// **Rene Toneman** I would spend more time on testing, that's the only thing I would change. The large Effenaar logo application outside had to be re-painted because the colors were not right. But I would not change the overall design.

What was your personal highlight?

// **Rene Toneman** The opening on the first of October. It was the first time everything came

Aber am Ende haben sie sich für das richtige Design entschieden?
// **Rene Toneman** Ja, aber es gab auch Momente, in denen sie versucht haben auszubrechen. Dann mussten wir ihr Vertrauen aufbauen und sie dazu ermuntern, mutig an die große Sache zu glauben. Im Laufe der Zeit hat sich die Gruppendynamik in die richtige Richtung entwickelt.

Wenn Du den ganzen Prozess nochmals von Neuem beginnen könntest, was würdest Du anders machen?
// **Rene Toneman** Das Einzige, was ich anders machen würde, ist, mehr Zeit in Tests zu investieren. Die große Applikation des Effenaar-Logos außen wurde nochmals übermalt, weil die Farben nicht perfekt gepasst haben. Aber im Großen und Ganzen würde ich nichts am Design ändern.

Was war für Dich das Highlight?
// **Rene Toneman** Die Eröffnung am ersten Oktober. Das war das erste Mal, dass wirklich alles zusammenkam: Erscheinungsbild, Zeichensystem, Architektur und Musik.
Es war eine Elektronik-Nacht – fantastisch. Das ganze Gebäude war in Bewegung, und es war zum ersten Mal offensichtlich, wofür wir so eine lange Zeit über gearbeitet hatten. Wir waren sehr stolz auf das Ergebnis.
Das war die Publikumseröffnung. Bei der Eröffnung für die Sponsoren bekam jeder Sponsor ein Poster im achtfarbigen Siebdruck mit dem neuen „E" von Effenaar. Ich glaube, die Einbeziehung in das neue Erscheinungsbild war der beste Weg, den Dank für ihre Unterstützung auszudrücken. Keine Kugelschreiber, keine unnützen Merchandising-Artikel, sondern ein exklusiver Teil des neuen Effenaar.

together: the visual presentation, the symbol system, the architecture and the music. It was an electronic night – fantastic. The whole building was in motion and it was the first time we could see the results of our efforts over such a long period of time.
It was the opening night for the public. Each sponsor received an eight-color silk screen print of the new Effenaar "E" as a gift on the opening night held for sponsors. I think it was best way of expressing our thanks. No pens, no useless merchandising items, just an exclusive part of the new Effenaar.

das achtfärbige Siebdruckplakat als Dank für Sponsoren wurde zur Eröffnung übergeben
the eight-color silk screen prints were made as gifts that were given to the sponsors at the opening

i was there

EFFENAAR

grand opening
30 september 2005
effenaar
limited edition no.

f h   ku   ti

FACHHOCHSCHULE, Kufstein [A]

Specialized College, Kufstein

Interviewpartner / Respondent Ingeborg Kumpfmüller • Dieter Henke | Partner, Henke & Schreieck
Architektur / Architecture Henke & Schreieck

Wörter zu analysieren, auf ihren Klang, ihre Semantik und ihre typografische Form hin zu untersuchen, lässt ihre oft verborgenen Qualitäten sichtbar werden. Im Fall der Fachhochschule Kufstein erweitern die präzise inszenierten Schriftzeichen die Architektur um eine poetische Komponente. Die Beschriftung des Gebäudes und der Räume ist ein sensibles Detail und eine Bereicherung für den Ort Kufstein.

fh

Analyzing the sound, the semantics and the typographical shape of words often reveals their hidden qualities. The precisely set lettering adds poetic components to the architecture of the Kufstein Specialized College. The lettering in the building and on the rooms is a sensitive detail that enriches the town of Kufstein.

Ingeborg Kumpfmüller

Künstlerin / Artist

Ausbildung Freie Grafik und Malerei, Hochschule für angewandte Kunst Wien
Laufbahn Selbstständige Tätigkeit, Bildende Künstlerin und Grafikerin
Education Fine Arts, University of Applied Arts Vienna, Austria
Career Freelance work, Artist and Graphic Designer

Wie bist Du zum Gestalten von Orientierungssystemen gekommen?

// Ingeborg Kumpfmüller Mein Einstieg war der Neubau der sozial- und wirtschaftswissen-schaftlichen Fakultät der Universität Innsbruck. Ich bin von den Architekten eingeladen worden, eine Außenbeschriftung und das Leitsystem zu machen. Wie in vielen meiner Arbeiten habe ich Inhaltliches eingebracht und mich mit der Gesetzmäßigkeit von wissen-schaftlichem Arbeiten an einer Universität beschäftigt. Das hat die Gestaltung geprägt.

Hatten die Architekten eine gewisse Erwartungshaltung, oder waren sie neutral und offen?

// Ingeborg Kumpfmüller Sie waren sehr offen, wir haben das Gebäude natürlich besprochen. Ich war sehr oft auf der Baustelle. Das war für mich ein neues Moment. Davor habe ich vor allem Bücher gestaltet. Die Größenordnung hatte eine ganz neue Qualität. Die Baustelle kam mir vor wie ein wildes, ungezähmtes Tier, das man dann im Laufe der Zeit zähmt. Als Gestalter sieht man das Gebäude in einem rohen, wilden Zustand. Das war sehr interes-sant für mich.

Planst Du auf Basis der Architekturpläne, oder startest Du erst wirklich nach einer Begehung vor Ort?

// Ingeborg Kumpfmüller Wichtig ist das erste Gespräch mit den Architekten – so wie sie ihr Gebäude sehen. Danach kommt das Studium der Pläne, die Gespräche mit den Nutzern; wenn das Gebäude zu entstehen beginnt, die Begehungen vor Ort, das Durchgehen des Gebäudes, so lange, bis etwas spürbar wird.

Ändern sich Deine Ideen noch wesentlich nach einer Begehung des unfertigen Gebäudes?

// Ingeborg Kumpfmüller In den meisten Fällen stimmt meine Idee, die Grundgestaltung.

fh

How did you start designing orientation systems?

// Ingeborg Kumpfmüller It started with the construction of the new building: The Department of Social and Economic Sciences of the University of Innsbruck. The architects invited me to design the writing for the outside and conceive the way finding system. I tried to incor-porate contents and examined the rules of scientific work at a university. This defined the design.

Did the architects have certain expectations or were they neutral and open?

// Ingeborg Kumpfmüller They were very open, but of course we discussed the new building. I visited the construction site very often. It was a new moment for me after having mainly designed books. The size has a completely new quality. To me, the construction site seemed like a wild, untamed animal that one tames as time passes. You see the building in a raw, wild state as a designer. It was very interesting for me.

Do you plan your work according to the architectural plans or do you really wait until you have visited the site?

// Ingeborg Kumpfmüller The first discussion with the architects, understanding how they see their building is important, then I study the plans and talk to the users.
I visit the site when construction is underway; I walk through the building until I begin to sense something.

Do your ideas change drastically after visiting the unfinished building?

// Ingeborg Kumpfmüller My ideas and basic design are accurate in most cases.

Was unterscheidet das visuelle Gestalten im Raum von klassischer Printgestaltung wie der eines Buches?
// Ingeborg Kumpfmüller Die Arbeit beginnt am Papier und muss in der Realisierung räumlich passen, man muss im Kopf den Raum, das Gebäude verstanden und erfühlt haben. In der Umsetzung kommt der Moment, in dem man sieht, ob das Gedankliche, Maßstäbliche im Raum selbst passt, stimmt – das ist aufregend. Diesen Moment sehe ich in der Printgestaltung nicht. Die Printgestaltung ist vorhersehbarer, es gibt weniger Risiko.

Siehst du die Arbeit an Orientierungssystemen als Teamarbeit? Woher kommen deine Anregungen?
// Ingeborg Kumpfmüller Das hängt von der Größe des Projekts ab. Bei großen Projekten ist Teamarbeit Voraussetzung, aber beim Projekt Fachhochschule Kufstein habe ich allein gearbeitet. Viele Anregungen kommen aus der Architektur, dem Gebäude mit seinen Eigenheiten. In Kufstein findet man sich in der Architektur gut zurecht, darauf baut das Leitsystem auf. Die Farben sind durch die Materialien des Bauwerks vorgegeben. Ich habe mich entschieden, keine zusätzliche Farbe einzubringen, und Spiegelfolie für die Schrift gewählt. Sie spiegelt die Architektur, das Bauliche wider. Die Hörsäle sind Fixpunkte im Gebäude. Ihre Beschriftung ist immer an derselben Position angebracht, das hat einen großen Wiedererkennungswert. Alle anderen Beschriftungen sind freier positioniert und reagieren spontan auf den Raum. Dieses Konzept funktioniert bei Studenten und Besuchern gut. Sie brauchen vielleicht beim ersten Besuch ein bisschen Unterstützung, aber dann finden sie sich selbstständig zurecht.

Soll ein Leitsystem Menschen fordern, oder hat es eher eine dienende Funktion?
// Ingeborg Kumpfmüller Es hat auf jeden Fall eine dienende Form, weil es sehr wichtig ist,

What is the difference between visual design for spaces and classical print design for a book?
// Ingeborg Kumpfmüller The work begins on paper and has to work spatially later. One has to understand and feel the space, the building. There is a moment during the realization phase in which you see if the ideas and scale fit in the space itself – that is very exciting. You don't have that moment in print design. Print design is more predictable, less risky.

Do you think working on orientation systems is about teamwork? Where do you get your ideas?
// Ingeborg Kumpfmüller That depends on the size of the project. Teamwork is a requirement for large projects, but I worked on the Fachhochschule Kufstein project alone. The architecture, the building and its unique features are the source of many ideas.
You can find your way well within the architecture in Kuftsein. The way finding system builds on that. I decided not to use any additional colors and chose reflective film for the lettering instead. It reflects the architectural and structural aspect. The lecture halls are key parts of the building. Their lettering is always mounted in the same position. This makes it very recognizable. All other lettering placement reacts spontaneously to the space, it is freer. This concept works well among students and visitors, They may need a bit of support the first time, but they can find their way around on their own then.

Should way finding systems challenge or serve people?
// Ingeborg Kumpfmüller It definitely should serve because it is very important for people to find their way around. A personal guide replaced the orientation modules in Kufstein. There is always a friendly college staff member at the information counter to give

fh

dass sich die Leute zurechtfinden. Im Fall Kufstein werden Orientierungsmodule durch einen persönlichen Guide ersetzt. Das Informationspult ist zu jeder Zeit mit einem freundlichen Mitarbeiter der Fachhochschule besetzt, dort bekommt jeder Auskunft. Es war in diesem Fall etwas ungewöhnlich, dass von Seiten der Fachhochschule ausdrücklich der Wunsch kam, auf eine Orientierungstafel zu verzichten. Im Betrieb klappt dieses Konzept sehr gut. Im Falle einer Erweiterung müsste man dieses System dann vielleicht ändern und mit Orientierungsplänen ergänzen.

Wird man nach der Erstausstattung so eines Gebäudes wieder kontaktiert, oder ist ein Leitsystem eine fixe Installation, die keine weitere Betreuung braucht?
// Ingeborg Kumpfmüller In der ersten Bauphase ging es um die Außenbeschriftung, um den Schriftzug „Fachhochschule Kufstein, Tirol" und das Motto, das der Schule inhaltlich sehr wichtig ist: „Internationalität, Mobilität, Multikulturalität". Ich habe das auf reine Zeichen reduziert. Daraus ist ein Schriftbild entstanden, das sehr gut aufgenommen wurde und auch immer wieder in Infobroschüren über die Hochschule ausschnitthaft verwendet wird. Das Schriftbild wurde mit flachen Alulettern bündig in die Putzfassade eingelassen. Je nach Sonnenstand war es gut sichtbar, dann wieder weniger, ein lebhaftes Spiel.
In der Bauphase zwei – ein paar Jahre später – wurde ich wieder angefragt, die Außenbeschriftung zu gestalten. Der Bauherr war eigentlich traurig, weil das Schriftbild wegen des Zubaus entfernt werden musste.

Gibt es das jetzt nicht mehr?
// Ingeborg Kumpfmüller Es gibt das Schriftbild in gemalter Form an einer Wand im neuen

everyone information. In this case it was unusual that the college expressly asked that orientation signs not be used. This concept also works very well in operation. It might be necessary to change this system and expand the orientation plans if an annex is built.

Are you contacted again when it comes to fitting such a building after the first time, or is a way finding system a permanent installation that doesn't require any additional care?
// Ingeborg Kumpfmüller During the first construction phase the focus was on the outside lettering, specifically the "Fachhochschule Kufstein, Tirol" lettering and the school's motto, "Internationalität, Mobilität, Multikulturalität", which is very important to them. I reduced that to simple letters. This led to a typeface that was very well received and is constantly cut out and used in the college's information brochures. The typeface was flush-mounted on the plaster facade in aluminum letters. The angle of the sun makes it very visible or less visible at times, a playful effect. During the second construction phase – a few years later – I was asked to design the outside lettering again. The client was actually unhappy the lettering had to be removed because of the annex.

It doesn't exist anymore?
// Ingeborg Kumpfmüller The lettering was painted on a wall in the entrance area of the new building. They wanted to mount the lettering in its original aluminum form, but the letters somehow vanished during construction. I decided to work with just two letters – the "f" and "h" – in view of the new construction situation. It wasn't easy to complete technically due to the size of around 7.5 m by 3.5 m. The goal was to make only the letter visible, not the construction. It was also a cost issue, but the college wanted to do it all costs.

fh

im Foyer kann man sich digital informieren oder die Empfangsdame nach dem gewünschten Raum fragen
you can inform yourself digitally in the foyer or ask for the location of the room at the reception desk

Gebäudeteil im Eingangsbereich. Sie wollten es in ursprünglicher Form mit den Alulettern anbringen, aber im Zuge des Baugeschehens sind diese Buchstaben dann verschwunden. Aufgrund der neuen baulichen Situation habe ich mich entschlossen, nur mehr mit zwei Zeichen – dem „f" und dem „h" – zu arbeiten. Wegen seiner Größe, ca. 7,5 m mal 3,5 m, war es technisch nicht so einfach umzusetzen. Ziel war es, den reinen Buchstaben und nicht die Konstruktion zu sehen. Das war natürlich ein Kostenfaktor, aber die Fachhochschule wollte es auf jeden Fall umsetzen.

Wenn man das Erscheinungsbild des Hauses sieht und Broschüren in die Hand nimmt, fällt auf, dass die Fassade mit dem großen „h" zur Marke wird. Sollte man die Wechselwirkung von Orientierungssystem und Gebäudekennzeichnung und Corporate Design von Anfang an berücksichtigen und beide Teile abstimmen?
// Ingeborg Kumpfmüller Das ist oft schwierig. Beim Logo und Corporate Design der Fachhochschule läuft es ganz anders als bei meiner Arbeit.

Aber wäre es nicht interessant, das gemeinsam durchzudenken?
// Ingeborg Kumpfmüller Ich bin froh, dass ich eigenständig auf dem Weg sein kann, weil die grafische und künstlerische Arbeit oft experimenteller abläuft als die Konzepte, die vom Marketing kommen. Das Marketing hat viel strengere Bedingungen, Ziele, die auf Markt und Zielgruppen bezogen sind. Ich selbst habe oft ganz andere Überlegungen. Man muss schon ein bisschen frei sein in der Arbeit.

When you look at the building's appearance and at brochures you notice that the façade with its large "h" has become a brand. Should this interplay between the orientation system, the building labeling and the corporate design be taken into consideration from the beginning to harmonize both elements?
// Ingeborg Kumpfmüller That is often difficult, the college's logo and corporate design work are done in a completely different way to my work.

But wouldn't it be interesting to think them through together?
// Ingeborg Kumpfmüller I am happy I can go my own way because graphical and artistic work is often more experimental than those concepts that come from marketing departments. Marketing has much more stringent conditions and goals that are related to the market and target groups. My considerations are often completely different. It is good to have a bit of freedom to work with.

092

fh

die offene Architektur und das überschaubare Haus machen Übersichten oder Lagepläne verzichtbar
the open architecture and the clear structure of the building make it possible to dispense with overview or location maps

Dieter Henke
Architekt / Architect

Ausbildung Architektur, Akademie der bildenden Künste in Wien
Laufbahn Assistent am Institut für Städtebau, Akademie der bildenden Künste in Wien • Gründer von Henke & Schreieck • Gestaltungbeirat, Steyr
Education Architecture, Academy of Fine Arts Vienna Vienna
Career Assistant at the Institute of Urban Planning, Academy of Fine Arts Vienna Vienna • Founder of Henke & Schreieck
Advisory Board for Design, Steyr

Was war die Erwartungshaltung an das Leitsystem?

// **Dieter Henke** Vom Bauherrn gab es anfangs keine besondere Erwartungshaltung, es war eher die Vorstellung einer simplen Beschriftung von Stockwerken und Räumen. Wir haben schon gesehen, dass hier mehr zu machen wäre, dass Potenzial drinnen steckt, mit dem man einen Mehrwert lukrieren könnte. Das fängt schon bei der Außenbeschriftung an, die ja eine Art Visitenkarte ist. Zusammen mit dem Innenleitsystem ist sie ein entscheidender Teil der Identität eines Hauses. Sie ist wichtig für die Leute, die das Haus benützen, und auch für die, die dort arbeiten. Wie schon oft bei früheren Projekten haben wir in diesem Fall wieder mit einer Künstlerin zusammengearbeitet.

Ein Leitsystem muss natürlich primär die Funktion der Orientierung erfüllen, das ist notwendig. Es sollte aber auch auf sinnliche, ansprechende Weise etwas über das Gebäude erzählen. Etwa darüber, was es vorher war, was es jetzt ist, was es für einen aktuellen Nutzen hat. Durch diese Auseinandersetzung mit dem Inhalt eines Hauses entsteht ein echter Mehrwert für die Benutzer.

Kann eine Künstlerin mehr leisten, als ein Fachplaner es kann?

// **Dieter Henke** Wir arbeiten mit Künstlern zusammen, weil wir von einer reinen Funktionsbeschriftung wegkommen wollen. In erster Linie sollte ein Gebäude möglichst selbsterklärend sein. Das sollte im Wesentlichen schon von der Architektur geleistet werden. Natürlich muss man in großen und auch in kleineren Gebäuden trotzdem geführt werden. Da finden wir es interessant, von einer künstlerischen Haltung auszugehen, weil man auf subtilere Weise mehr aussagen kann. Ein Fachplaner würde das pragmatisch funktionell

fh

What was expected of the way finding system?

// **Dieter Henke** The client didn't have any special expectations to begin with; simple lettering for the floors and rooms was all that was required. We saw there was more that could be done, that there was potential that we could create added value with. It begins with the outside lettering, which is a type of business card. It is important for the people who use the building and for those who work there. We cooperated with an artist for this project again, they way we did on earlier projects.

Of course the primary function is orientation, because it is necessary. But it should also say something about the building in a sensual and appealing way. It should tell us about the building's past. And what its contents are currently used for. This discussion of the contents of the building creates real added value for the user.

Can an artist do more than a specialized planner?

// **Dieter Henke** We cooperate with artists because we want to move away from purely functional lettering. A building should be as self-explanatory as possible. The architecture should be able to do the larger part of that, but of course you still have to be shown the way in larger and in smaller buildings. We find it more interesting to approach these things from an artistic perspective, because more can be said with more subtlety. A specialized planner would approach things, pragmatically, from a functional point of view. He works his way down the list and makes signs. Those are things that architects might also be able to do. There are ready-made systems on the market. But the disadvantage is that you see them everywhere and everything looks the same. Lettering should communicate more than just the indication that this is where the 4c classroom is.

angehen. Er arbeitet die Liste ab und macht die Beschriftung. Das sind ja Dinge, die Architekten vielleicht auch selber machen könnten. Es gibt am Markt bereits fertige Systeme. Der Nachteil ist aber, dass man sie überall findet und das alles irgendwie gleich aussieht. Beschriftung sollte mehr kommunizieren als nur den Hinweis, dass man hier die Klasse 4c findet.

Immobilien tragen immer öfter Namen. Seid Ihr bei der Namensgebung auch beteiligt?
// Dieter Henke Ja, immer wieder. Bei dem Bürogebäude K 47 der Zürich Versicherung am Franz-Josefs-Kai 47 in Wien waren wir eigentlich Namensgeber für das Objekt. Man kennt das Gebäude jetzt nicht unter der Adresse, sondern benutzt den Namen, der gleichzeitig einen Hinweis auf die Adresse gibt.

Es gibt auch einen ganz starken internationalen Trend der Zeichensetzung über Architektur. Ist er auch für Eure Arbeit relevant?
// Dieter Henke In den letzten Jahren wurde Architektur als Markenwert erkannt. Deshalb wird diese Zeichenhaftigkeit vielfach eingefordert, was ich aber nicht unbedingt unterstützen will. Ich sehe das eher problematisch. Wenn es nur mehr signifikante Zeichen gibt, heben sie sich gegenseitig auf. Teilweise sind wir auch gefordert, zu beruhigen und mehr Hintergrund zu sein. Auch durch die Architektur. Die Überfrachtung mit Information und Zeichen ist ein Dilemma, deshalb versuchen wir, mit unserer Architektur einfach Raum zu schaffen und diesen Raum frei zu halten, damit Platz zum Atmen da ist. Es ist wichtig, dass Flächen nicht total besetzt werden. Viele Grafikdesigner haben die Tendenz, diese Wände wieder zu bespielen. Da entstehen schon hin und wieder Konflikte. Es gibt

Real estate is often given names lately. Are you also involved in choosing the names?
// Dieter Henke Yes, again and again. We actually chose the name for the K47 office building we built in Vienna for the Zurich insurance company on Franz-Josefs-Kai 47. People now know the building by its name, not by the address, which indicates the address at the same time.

There is a very strong international trend towards "making a mark" with architecture. Is that relevant for your work as well?
// Dieter Henke Architecture's branding value has been recognized over the last years. This symbolic quality is often requested because of that, but I don't necessarily want to support that. I think it can be rather problematic. If all buildings are significant symbols they will neutralize each other. Sometimes we are also asked to calm things down and build our unobtrusive architecture in the background. The overload of information and symbols is a dilemma, which is why we simply try to create space and keep it free so there is room to breathe in. It is important that surfaces are not filled completely. Many graphic designers tend to fill and re-fill these spaces. And this leads to conflicts in some cases. But of course there are also designers who understand and place their information on these free surfaces with subtlety. Reduction is a good way of avoiding these information and symbol overloads in all disciplines.

But aren't there cases in which strong architecture symbols make sense?
// Dieter Henke Yes, but basically it isn't about "making a mark" for us. Sometimes it is actually needed, especially when it is part of a program, as in the case of the new "Viertel 2"

fh

hners_e.16

natürlich auch Gestalter, die das verstehen und ihre Informationen sehr subtil auf diesen freien Flächen platzieren. Reduktion ist in allen Disziplinen ein gutes Mittel gegen die Überfrachtung mit Information und Zeichen.

Gibt es trotzdem Fälle, wo starke Zeichensetzung über Architektur Sinn macht?
// Dieter Henke Ja, wobei es uns nicht grundsätzlich darum geht, Zeichen zu setzen. Manchmal ist das tatsächlich gefordert, nämlich dann, wenn es Teil eines Programms ist, wie etwa beim neuen Büroviertel „Viertel 2". Da haben wir mit einem Hochhaus ein Landmark als Zeichen gesetzt. Das Hochhaus hat eine sehr sensible Form. Da stellt sich die Frage, wie man damit umgeht, wo man das Logo, das eine Notwendigkeit ist, platziert. Ich glaube, es hat wenig Sinn, eine signifikante Form der Architektur noch mit der Grafik überflügeln zu wollen. Andererseits muss sich das Unternehmen, das dort einzieht, darstellen, will sich nach außen mitteilen. Stellt man das Logo ganz banal auf das Dach, oder ist es in der Fassade integriert? Hier erwarten wir uns einen sensiblen Umgang mit dem Gebäude. Wir setzen aber nicht immer plakative signifikante Zeichen mit der Architektur, das hängt einfach vom städtebaulichen Kontext ab. Manchmal muss man auch mit den Gebäuden zurücktreten, kann aber trotzdem über die Fassade nach außen kommunizieren, was drinnen passiert. Bei der FH Kufstein kann man z. B. durch die transparente Glasfassade sehen, welche Funktionen die Räume innen haben. Die transparente 2-schalige Klimafassade mit den sichtbar integrierten Raumlüftungsgeräten verweist hier auf die innere Funktion des Gebäuses, wo Facility Management gelehrt und am eigenen Haus erforscht werden kann.

business office area. The high-rise building we constructed there is a landmark. Its shape is very sensitive. You have to ask yourself how to handle things, where to place the necessary logo. I think there is little use in trying to outdo significant architecture with graphics. But on the other hand the company that moves into the building has to communicate on the outside. Does one just simply put the logo on the roof or integrate it in the facade? We expect sensitive handling of the building in this case. But our architecture isn't always about poster-like symbols; it depends on the urban planning context. Sometimes you have to be restrained with the buildings, but you can nonetheless communicate what is done inside with the facade. For example the transparent glass facade at the FH Kufstein shows the functions of the rooms. The transparent 2-panel weather facade exposes the integrated room ventilation devices in the facility management classrooms.

Large, free surfaces encourage many users to fill them again immediately. Can people be kept from just sticking something on these surfaces?
// Dieter Henke Of course. For example people shouldn't just run into the large glass panel at the Parkhotel Hall. Instead of bird silhouettes and ribbons at chest and eye level the designer applied poetic quotes. That does more than just say, "oops, don't fall through the panel." It has a certain sensuality and poetry. The functional task was fulfilled and the surface was given a specific design. Things weren't stuck on this surface later either.

Architects often have reservations about visual designers, they think those don't show enough respect for their work. You obviously don't have this fear, Where do you think it comes from for other architects?
// Dieter Henke We do have that fear as well. We work with partners that we have cooperated

Große, freie Flächen regen viele Nutzer an, sie sofort wieder zu besetzen. Kann man verhindern, dass einfach irgendetwas auf diese Flächen geklebt wird?

// Dieter Henke Ja, natürlich. Beim Parkhotel Hall etwa sollte verhindert werden, dass man einfach durch die große Glasscheibe in die Lobby läuft. Die Gestalterin hat statt Vogel-silhouetten oder irgendwelcher Bänder auf Brust- oder Augenhöhe ein poetisches Schrift-band appliziert. Das leistet mehr als nur „Hoppla, fall nicht durch die Scheibe". Es hat eine gewisse Sinnlichkeit und Poesie. Die funktionale Aufgabe des Aufprallschutzes war erfüllt, gleichzeitig wurde die Fläche gestalterisch gezielt bespielt. Auch später wurde nichts mehr an diese Wand geklebt.

Es gibt oft Bedenken von Architekten, dass visuelle Gestalter die Architektur nicht genug respektieren. Diese Angst habt ihr offensichtlich nicht. Woher kann das bei Kollegen kommen?

// Dieter Henke Diese Angst haben wir schon. Wir arbeiten jetzt schon längere Zeit mit Part-nern zusammen, die auf uns eingehen, so wie wir auch ihre Intentionen berücksichtigen. Dazu ist wichtig, dass man schon zu einem sehr frühen Zeitpunkt zusammenkommt und zusammenarbeitet, weil die Beschriftung Teil der Materialität des Gebäudes ist. Ist ein Haus fix und fertig, und der Leitsystemgestalter kommt erst dann dazu, gibt es tatsäch-lich Probleme. Visuelle Gestaltung muss wirklich integrativer Bestandteil der Architektur sein. Dann kann man einen Mehrwert erreichen, der für Benutzer, für das städtische Umfeld oder für die Umwelt eine Bereicherung darstellt.

Wie vermittelt Ihr Bauherren oder Facility Managern diesen Mehrwert, der ja letztlich schwer fassbar ist?

// Dieter Henke Es ist schwer zu vermitteln, wie wir ein Gebäude sinnlich materialisieren. Facility Managern geht es oft nur um Abriebwerte des Fußbodens und Pflegeleichtigkeit

fh

with for a long time. They listen to us and we take their intentions into account as well. It is important to meet and start working together at a very early stage since lettering and signs are a part of the building's materiality. There will be problems if the way finding sys-tem designer only joins the project once the building is completed. Visual design has to really be an integral part of the architecture to achieve added value for the user, the urban surroundings or for the environment.

How do you make this added value, which is ultimately difficult to grasp, understandable for clients or facility managers?

// Dieter Henke It is hard to convey how we make a building sensuous with its materials. Facility managers are often only concerned with the friction resistance of the floors and how easy it is to clean the walls. This leads to a separate material canon. It is difficult to communicate directly with the clients if they outsource the supervision of construction and are represented by facility managers or project managers. That makes it difficult to convey our ideas and see them through in construction.

Do you define orientation via the scenography of access ways, the way one enters and experiences a building?

// Dieter Henke We always try to conceive buildings in which orientation is basically clear. Our primary concern is to make the spatial structure clear, so that way finding becomes a matter-of-fact thing. A building can't be an anonymous box from the distance. There is a big difference between a residential building, an office building and a school. The building should convey what goes on inside. The next things after this first impression are the en-trance situation and the interior rooms. Schools are semi-public spaces for us, they aren't

signifikant für die Raumkennzeichnung im ganzen Haus ist die niedrige Montagehöhe
the low mounting level of the room designations throughout the building is a striking feature

fh

Sichtbeton, weiße Wand, Holz oder Glas – verschiedene Untergründe lassen die glänzende Silberfolie immer lebendig wirken
architectural concrete, white walls, wood or glass – different backgrounds give the silver foil an appearance that is always lively

der Wände. Da entsteht ein ganz eigener Kanon von Materialien. Vor allem bei größeren Bauherren – Investorengruppen, die die Bauherrenrolle an Facility Manager oder Projekt Manager auslagern – kann man nicht mehr direkt mit dem Bauherrn kommunizieren. Da ist es schwierig, unsere Vorstellungen zu vermitteln und durchzusetzen.

Bestimmt Ihr die Orientierung über die Szenografie des Weges mit, wie man ein Gebäude betritt und erlebt?
// Dieter Henke Wir versuchen immer, Gebäude zu konzipieren, wo die Orientierung grundsätzlich klar ist. Unser primäres Anliegen ist es, die Struktur räumlich so darzustellen, dass man sich auf selbstverständliche Weise orientieren kann. Aus der Distanz gesehen darf sich ein Gebäude nicht als anonyme Kiste erweisen. Es macht einen sehr großen Unterschied, ob es sich um ein Wohnhaus, ein Bürohaus oder eine Schule handelt. Das Gebäude soll transportieren, was im Inneren vorgeht. Nach diesem ersten Eindruck geht es um die Eingangssituation und um die inneren Räume. Schulen sind für uns prinzipiell semi-öffentliche Räume. Sie sind nicht nur reine Ausbildungsorte.
Im Fall der Fachhochschule Kufstein haben wir einen Link zur Öffentlichkeit, zur Stadt hergestellt. Im Raumprogramm des Wettbewerbs waren nur die Klassenräume, Hörsäle und eine kleine Mensa vorgesehen. Wir haben erkannt, dass das Haus mehr braucht und deshalb einen zentralen Raum, der jetzt ein lebendiges Forum bildet, vorgeschlagen. Gleich daneben liegt die öffentlich zugängliche Cafeteria, die auch von außen erkennbar und vom anschließenden Park her zugänglich ist. So kann das Haus, das von der Stadt, der Öffentlichkeit finanziert wird, auch mitbenützt werden. Es wird besser angenommen und nutzt die Lage im Zentrum der Stadt, um sich dem städtischen Leben anzuschließen.

simply education facilities to us. We created a link to the city, to the public in the case of the FH Kufstein. The competition only required a proposal for classrooms, lecture halls and a small cafeteria. We saw that the building needed more and proposed a central space that is now a lively forum. The cafeteria, which is open to the public, is right next door. It is visible from the outside and can be accessed from the adjacent park as well. Thus the general public can also use the building, which was financed by the city. This improved its reception and its location in the center of town connects it to the city's life. The population reacted very well to these offerings and identifies itself with the new building. This makes the college a real, integral part of the city and the area.

Is it more sensible to create a uniform international symbol system, that everybody can find their way with, or should things be very specifically designed to fit the characteristics of a given place?
// Dieter Henke I think it has to be understandable at an international level. But it is interesting to see something that is different, specifically made for a specific location. I tend to favor a specific solution. I traveled a lot while I was studying. I always knew where I was at local airports in Burma or Indonesia. Now airports all over the world look alike, they all toe the same line. That is actually a great cultural loss. Although things might be difficult to understand at first glance, the added value is worth it.

Airports have become profitably run real estate. What effects does this have on their planning and quality?
// Dieter Henke There are different philosophies here as well. Fortunately the last few years have shown that just selling surfaces isn't enough. Offices are a good example of this. The market for offices in Vienna is saturated. There are a lot of empty offices, new ones

Dieses Angebot wird auch von der Bevölkerung sehr gut angenommen, sie kann sich sehr gut mit dem neuen Haus identifizieren. Damit ist die neue Fachhochschule ein echter Bestandteil der Stadt, des Ortes geworden.

Ist es sinnvoller, ein international einheitliches Zeichensystem zu schaffen, in dem sich jeder zurechtfindet, oder sollte man ganz konkret auf die Eigenheiten eines Ortes eingehen?

//Dieter Henke Ich glaube, dass es international verständlich sein muss. Andererseits ist es aber schon interessant, dass mich da etwas Anderes, Ortspezifisches empfängt. Ich persönlich plädiere eher für das Ortspezifische. Ich bin zu meinen Studienzeiten sehr viel gereist. Auf lokalen Flughäfen in Burma oder Indonesien wusste man sofort, wo man ist. Jetzt schauen die Flughäfen weltweit gleich aus, sie sind ziemlich gleichgeschaltet. Das ist eigentlich ein großer kultureller Verlust. Auch wenn es auf den ersten Blick mühsamer zu verstehen ist, so überwiegt dann doch die Bereicherung.

Flughäfen sind ja auch Immobilien geworden, die Gewinn bringend bewirtschaftet werden. Was hat das für Auswirkungen auf die Planung und Qualität?

// Dieter Henke Man muss sagen, dass es auch hier unterschiedliche Philosophien gibt. Es hat sich glücklicherweise in den letzten Jahren herausgestellt, dass die reine Vermarktung von Flächen zu wenig ist. Man sieht das am besten bei Büros. Der Büromarkt in Wien ist gesättigt. Es gibt viele Büros, die leer stehen, es werden neue gebaut, und die werden wieder vermietet. Es muss Gründe haben, dass es qualitativ unterschiedliche Büros gibt. Die reine Maximierung von Flächen und Gewinn kann nicht oberstes Gebot sein. Hier zählt nicht nur das einzelne Haus selbst, sondern auch das Umfeld. Wenn das nur Wüste ist, ist das zu wenig. Ich glaube, Projektentwickler sind auch angehalten, viel mehr vor die Tür zu

are built and then leased again. There are reasons for qualitative differences between offices. Pure surface and profit maximizing cannot be the highest order. It isn't only about the building itself, it is also about the surroundings. A desert won't do. I think project developers have to pay much more attention to the things in front of their doors and take the things that are closer into account and design them as well.

Public spaces in cities are increasingly becoming symbol carriers that are used by large brands. Can you also cultivate free spaces for individual, private users in architecture?

// Dieter Henke We try to. The symbol overload is a big issue. It raises the question of who the public spaces actually belong to. All you have to do is look at the intersection of the Mariahilferstrasse. The clutter of things standing around is unbelievable. There are free newspaper stands on every corner. Everyone grabs a newspaper and drops it at the next street light. Then you have the mass of signs with different directives. Are we all idiots that need a separate sign for each crossing? And you have the omnipresent advertising. It's up to the city to just empty out these spaces and clear out the garbage. But that ultimately stands against profit – the city earns money from a lot of these things. The urban context is very important to us when we build in the city. We always make a small space available for the public. We are trying to link the public space with the building on our new project in Vienna on Mariahilferstrasse by opening the building to the street and creating a space for public use. We are very interested in connecting with the city and public because such a link helps emphasize a building's identity. This concept worked beautifully at the FH Kufstein.

schauen und das eigene Umfeld, das nähere und breitere, weiter miteinzubeziehen und auch zu gestalten.

Der öffentliche Raum der Stadt wird immer mehr als Zeichenträger genutzt, von großen Marken besetzt. Könnt Ihr den Freiraum des individuellen, privaten Nutzers auch in der Architektur ein bisschen kultivieren?

// Dieter Henke Wir versuchen es. Die Überfrachtung mit Zeichen ist groß. Da stellt sich die Frage, wem der öffentliche Raum eigentlich gehört. Man braucht sich nur die Kreuzung bei uns an der Mariahilfer Straße anzusehen. Es ist unglaublich, was da herumsteht: an jeder Ecke Gratiszeitungsständer: Jeder schnappt sich eine Zeitung und lässt sie bei der nächsten Ampel wieder fallen. Dazu kommt ein Schilderwald an Ver- und Geboten. Sind wir alle Idioten, dass wir für jede Überquerung ein eigenes Taferl brauchen?

Zu all dem kommt noch die omnipräsente Werbung. Da wäre die Stadt gefordert, sich zurückzunehmen und die Räume wieder zu entmüllen. Letztlich steht dem aber wieder der Profitgedanke entgegen – an vielen dieser Dinge verdient die Stadt auch mit.

Wenn wir in der Stadt bauen, ist uns der städtische Kontext sehr wichtig. Wir stellen der Öffentlichkeit immer einen kleinen Freiraum oder Platz zur Verfügung. Bei einem neuen Projekt in der Mariahilfer Straße hier in Wien versuchen wir z. B., den städtischen Raum mit dem Gebäude zu verbinden, indem wir es zur Straße hin öffnen und ein Teilbereich öffentlich nutzbar machen. Es ist die bewusste Urbanisierung eines privaten Büro- und Geschäftshauses. Wir haben großes Interesse, uns mit der Stadtöffentlichkeit zu verbinden, weil das sehr stark zur Identitätsstiftung eines Gebäudes beiträgt, so wie es auch bei der Fachhochschule Kufstein bestens funktioniert.

70 Mitarbeiter, 150–200 freiberufliche Lektoren, 1.100 Studenten, ein zentraler Treffpunkt, das Café
70 staff members, 150–200 freelance instructors, 1,100 students, one meeting point in the center, the café

FLUGHAFEN, Zürich [CH]
Airport, Zurich

Interviewpartner / Respondent Ruedi Stoller | Leiter, Architekturbüro der Unique / Chief of Airport Architecture Office, Unique • Ruedi Ruegg | Designalltag
Architektur / Architecture Airside Center, Grimshaw + Partner • Airside Center und Airport Shopping, Itten+Breckbühl • Midfield, ARGE Zayetta

Ein Projekt über mehr als 30 Jahre konstant zu betreuen ist selten geworden. Genau daraus bezieht das Leitsystem am Flughafen Zürich seine dauerhafte Qualität. Es setzt auf Zeitlosigkeit und Reduktion, es ist farblich zurückhaltend, aber eindeutig zugleich. Reiseinformation wird so angeboten, dass sie sich von kommerziellen Inhalten klar abhebt. Der Fluggast bekommt, was er sich erwartet: die sprichwörtliche Schweizer Zuverlässigkeit.

It has become rare to supervise one project for over 30 years. That is what gives the Zurich Airport way finding system its lasting quality. The system's strengths are its timelessness and reduction. Its colors are restrained, yet clear at the same time. Travel information stands clearly apart from commercial contents. Fliers get what they expect: proverbial Swiss reliability.

Rudi Stoller

Architekt / Architect

Ausbildung Lehre Hochbauzeichner, St. Margrethen • Architektur, HTL Winterthur • Architektur, ETH Zürich
Laufbahn Architekt in südafrikanischen Architekturbüros • Architekt bei Swissair, Zürich
Leiter der baulichen Bewirtschaftung, Swissair Zürich • Leiter Flughafen Architekturbüro, Unique
Education Building Draftsman apprenticeship, St. Margrethen
Architecture, Technical College of Higher Learning, Winterthur • Architecture, ETH Zurich
Career Architect at South African architecture offices • Architect at Swissair, Zurich
Head of Construction Management, Swissair Zurich • Head of the Unique Airport Architecture Office

Herr Stoller, Sie sind Leiter des Architekturbüros der Unique (der Trägergesellschaft des Flughafens Zürich) und seit 15 Jahren für die Signaletik zuständig. Wie sieht Ihr Tätigkeitsfeld aus?

// Ruedi Stoller Als Gestalter oder Praktiker orientiere ich mich an den von uns vor 30 Jahren entwickelten IWS-Normen. Sie funktionieren heute noch, und wir halten uns konsequent daran, sie werden höchstens ergänzt oder verbessert.

Zwischenzeitlich haben wir eine IWS-Arbeitsgruppe etabliert, der ich vorstehe. Sie ist aus Vertretern des Internal Management, des Marketing, des landseitigen Verkehrs und der Gastronomie zusammengesetzt. Wir sind eine Gruppe von vier bis fünf, die sich monatlich treffen und versuchen, die Wünsche, die vom Flughafen an uns gestellt werden, in der Signaletik umzusetzen.

Herr Ruegg, Ihr Gestaltungsbüro betreut schon seit 35 Jahren das Projekt Flughafen Zürich. Wie hat es eigentlich begonnen?

// Ruedi Ruegg 1971 wurden wir angefragt. Es waren etwa fünf oder sechs Studios, aus denen wir ausgewählt wurden. Seit damals entwickeln wir für den Flughafen die Grundlagen für die Signaletik. Wir haben in dieser Zeit vier Versionen der IWS-Richtlinien entwickelt und bereitgestellt, 1978 die erste und 2008 die letzte Version. Ich selber bin Gestalter und finde es im konkreten Fall großartig, dass wir über einen so langen Zeitraum mit einem Projekt so viel Erfahrung sammeln durften. Wir konnten unser Wissen, das wir aufbauten, hier in Zürich und später auch am Flughafen Basel anwenden. Für den Flughafen Zürich haben wir über die reine Wegeführung hinaus auch die Zürcher Piktogramme, Wandbilder, viele Drucksachen wie Baudokumentationen und Berichte über Neubauten gestaltet.

Mr. Stoller, you run the Architecture office of the Unique (The Zurich Airport developer) and you have been responsible for the signage there for 15 years. What fields do your responsibilities comprise?

// Ruedi Stoller As a designer and practitioner I follow the IWS standards we defined 30 years ago. They still work today and we follow them conscientiously, at most they are expanded or improved when needed. In the meantime we have established an IWS work group which I chair. Representatives from internal management, marketing, ground traffic and the food and beverage companies are members of this group. In total we are a group of four to five who meet monthly and try to implement the suggestions/requirements the airport has in the signaletik.

Mr. Ruegg, your design office has been responsible for the Zurich Airport for 35 years. How did this project actually start?

// Ruedi Ruegg We were asked in 1971. There were about five or six other studios, and we were chosen. We have developed the signage basics for the airport since then. We have developed three versions of the IWS guidelines in this years, the first in 1978 and the last in 2008. I am a designer myself and I find it great in this actual case that we have been able to gather so much experience on this project over such a long period of time. We were able to apply the knowledge we have acquired here in Zurich and at the Airport in Basel later. In addition to the pure way finding we have designed the Zurich Airport pictograms, wall images and printed matter such as construction documentation and reports on new buildings for the airport.

Ruedi Rüegg

Grafikdesigner / Graphic Designer

Ausbildung Kunstgewerbe Schule, Zürich
Laufbahn Assistent bei Paul Rand • Angestellter bei Nakamoto International Agency, Osaka • Miteigentümer und Direktor von MB & Co.
Gründung Baltis & Rüegg • Gründung Designalltag Zürich • Internationaler Geschäftsführer der Alliance Graphique Internationale (AGI)
Education Arts and Crafts School Zurich
Career Assistant at Paul Rand • Staff Member, at Nakamoto International Agency, Osaka • Co-Owner and Director of MB & Co.
Foundation of Baltis & Rüegg • Foundation of Designalltag Zürich • International Managing Director of Alliance Graphique Internationale (AGI)

Der Flughafen ist ja mittlerweile zu einem Unternehmen geworden, das sehr stark wirtschaftlich ausgerichtet ist. Wie stark prägt ein Leitsystem die Identität des Flughafens als Ort und Unternehmen?

// **Ruedi Stoller** Grundsätzlich hat das Leitsystem speziell an einem Flughafen eine bedeutende Rolle. Es ist so etwas wie eine Visitenkarte. Am Flughafen Zürich gibt es einige Benchmarks zur Qualität, die in Umfragen immer wieder überprüft werden. Ein Punkt ist die Signalisation, die Wegeführung, da spüren Sie relativ schnell, wie auf Veränderungen von Fluggästen und anderen Personen reagiert wird.

// **Ruedi Ruegg** Zürich ist ein gutes Beispiel für Kontinuität. Seit über 35 Jahren werden die gleichen Gestaltungselemente zur Wegeführung konsequent angewendet. Wir haben uns in der Technik natürlich den neuen Errungenschaften angepasst. Früher gab es 30 cm tiefe Leuchtkästen, heute sind diese nur noch 4 cm. Die Technik hat sich gewandelt, aber die visuelle Oberfläche unseres Systems ist gleich geblieben.

Das System hat eine sehr klassische Anmutung, ich würde sagen, Neue Schweizer Grafik der 1970er und 80er Jahre im besten Sinne. Glauben Sie an zeitlose Grafik?

// **Ruedi Ruegg** Ja. Wenn ein neuer Manager käme und meinte: „Wir machen das jetzt rot oder gelb oder grün" oder „Wechseln wir die Schrift", wäre das vielleicht für den Moment eine Anpassung an das Zeitgefühl. Wir haben aber mit der Hilfe der Architekten und des Auftraggebers durchsetzen können, dass über die Jahre hin nichts an den Gestaltungsgrundlagen geändert wurde. Die Akzidenz Grotesk ist immer noch die bestlesbare Schrift, ganz einfach. Die mag etwa 120 Jahre alt sein, aber unser Typ wurde Anfang der 1970er Jahre von Karl Gerstner überarbeitet, vorbereitet für die Filmsatztechnik und dann später für den Computer. Dies ist die Version, die wir jetzt verwenden.

The airport has become a company with a strong focus on business in the meantime, as opposed to the early days of airports. How strongly does a way finding system define the identity of an airport as a place and company?

// **Ruedi Stoller** Basically, the way finding system plays an important role, especially at an airport. It serves as a business card. There are a number of quality benchmarks at Zurich Airport that we assess with regular surveys. The signs and way finding are always one of the points we assess, this gives you a sense of how passengers and other people react to changes quickly.

// **Ruedi Ruegg** Zurich is a good example for continuity. The same design elements have been used for way finding purposes for over 35 years. Of course we have adjusted our technology to new developments. The lighting boxes used to be 30 cm deep now they are only 4 cm deep. The technology has changed, but the surface of our system has remained the same.

The system has a very classical appeal, I would say it is new Swiss graphics of the 1970s and 80s in the best sense. Do you believe in timeless graphics?

// **Ruedi Ruegg** Yes. It might be a momentary adjustment to suit the times if a new managing director comes and says: "we're going to use red or yellow or green," or, "let's change the font." But with the help of the architects and clients we have managed to keep the design standards for years. Akzidenz Grotesk is still the most readable font, it's that simple. It might be around 120 years old, it is beginning to show its age, but Karl Gerstner re-worked our type at the beginning of the 1970s. He prepared it for film typesetting and then for computer typesetting. That is the version we are using now.

Gerade der Kontrast zwischen Kommerz, dem Flughafen als Erlebniswelt und dem reinen Transport von A nach B macht die Orientierung wirklich notwendig. Der Airport ist zum Tummelplatz geworden, hier kommen die Leute nicht nur zum Fliegen, sondern auch zum Spazieren und Shoppen am Wochenende hin.
Wenn wir ebenfalls mit den Mitteln der Unterhaltung arbeiten würden, mit kurzlebigen, modischen, trendorientierten Designelementen, dann würden wir uns nicht mehr unterscheiden. Dann wäre der Weg nicht mehr zu finden.
// Ruedi Stoller Es gibt ein Beispiel auf dem Flughafen Zürich, wo wir den Pfad der Tugend ein bisschen verlassen haben, nicht in Bezug auf den Schrifttypus, der ist nach wie vor derselbe. In einigen Bauteilen finden Sie nicht die normale, auf dem Flughafen Zürich verbreitete Signalisation mit weißer Schrift auf dunklem Hintergrund in Leuchtträgern, sondern direkt auf rote Betonwände gemalte weiße Schriften. Auslöser waren die hohen Räume, wo man die Informationsträger nicht abhängen oder auf Pylone geben wollte, sondern direkt auf die Architektur applizierte, nicht ohne Widerstand der IWS-Gruppe, aber das Architektenteam des Neubaus setzte sich durch.

Das System im Terminal E weicht vom ursprünglichen System ab. Warum wurde es trotzdem umgesetzt?
// Rudi Stoller Ein Grund war, dass das neue System in einem völlig freistehenden Baukörper liegt, der nur mit der unterirdischen Flughafenbahn zu erreichen ist. Wenn heute Ergänzungen gemacht werden müssen, ist das nur mit sehr eingeschränkten Mitteln möglich. Allerdings kann man nicht bei einem Sichtbetongebäude, wie es da draußen ist, hängende Träger montieren, die offen liegende, störende Installationen haben. Da arbeitet unser architektonisches Gewissen dagegen.

The contrast between commerce, between the airport as a theme world and pure transport from point A to B is what makes orientation important to begin with. The airport has become a fairground, people don't only come here to fly, they come here to stroll around and shop on weekends. If we were to work with the means of entertainment, with short-lived, fashionable, trendy design elements, there wouldn't be any differences anymore. You wouldn't be able to find your way.
// Ruedi Stoller We have one example at Zurich Airport where we left the path of virtue a bit, not in terms of the font, that is still the same. You don't see the normal Zurich Airport signs with white lettering on light boxes with a dark background in some parts of the airport. Instead you see white lettering painted directly on red concrete walls. High walls that didn't allow us to suspend light boxes or use pylons caused this. We had to apply the lettering directly to the architecture, not without resistance from the IWS group, but the architects of the new building won out.

The system in the new E terminal contradicts the original system. Why was it nonetheless implemented?
// Ruedi Stoller One reason. The new system was used was because the new building is a freestanding structure that can only be reached via underground airport shuttle train. Resources are very limited for annexes. You can't mount suspended supports in a building made of architectural concrete due to interfering open electrical installations. Our architectural conscience was against that.
// Ruedi Ruegg The red walls appeal to people, they are very pretty. The white lettering on them also works, but as a system details are a bit problematic in terms of flexibility and

chsel →

Billette
Tickets →

Gepäck
Baggage →

// **Ruedi Ruegg** Die roten Wände sprechen die Leute an, sie sind sehr schön. Auch die weißen Schriften drauf funktionieren, aber als System ist es im Detail etwas problematisch, was die Flexibilität und Wartung betrifft. Die Abweichung vom Baukastensystem macht jede Ergänzung zum Individualfall und damit aufwändiger. Der Architekt hat entschieden, keine Leuchtkästen einzusetzen, dafür die bemalten Wände anzuleuchten, was eine Alternative darstellt. Bei der Diskussion um Farbe und Schrift wurden wir miteinbezogen, Farbe und Kontrast der weißen Schrift zu den roten Wänden wurden überprüft.

Informationsträger können schlicht den Weg weisen, aber auch werbliche Botschaften tragen. Gibt es in diesem Projekt eine Art Wettbewerb zwischen den beiden Funktionen?
// **Ruedi Stoller** Genau die idealen Orte für Wegweiser wären in den meisten Fällen auch gute Standorte für Werbung. Logischerweise beginnt da der Konflikt zwischen zwei Interessengruppen: der Signaletik und dem Marketing.
// **Ruedi Ruegg** Da kommt es auf die Verteilung der Hoheitsgebiete an. Die dichtere und eindeutige Wegefindung von A nach B bedeutet für den Fluggast Wohlbefinden. Wenn er sich wohlfühlt, kommt er auch wieder. Das ist ähnlich wie in einem Shoppingcenter. Hier verkehren nicht nur Fluggäste, sondern auf der Landseite wird vor allem gekauft.
Die Trennung zwischen Wegeführung und Werbung kann verschieden ausfallen. Bei uns ist die Wegeführung in Schwarz-Weiß gehalten, trägt keine Farbe. Die Farbe gehört der Werbung und dem Kommerz. Wenn man hier eindeutig bleibt, gibt das weniger Konflikte. Ein weiteres heißes Thema sind die „Straßen", die bis heute relativ frei von Verkaufsflächen gehalten wurden. Die „Straße" gehört der Signaletik, ohne Störung, die Ränder gehören dem Kommerz. Diese Eindeutigkeit ist verkaufsfördernd im besten Sinne.

maintenance. The deviation from the building block system we normally use makes every expansion a new separate project, and that makes things more complicated. The decision was made by the architect not to use any light boxes, but to light the painted walls instead as an alternative. We participated in the discussion about the color and font, and tested the color and contrast of the white lettering on the red walls.

Information carriers can simply show the way but also convey advertising messages. Is there a sort of competition between these functions in this project?
// **Ruedi Stoller** The places in which the way finding is located best are generally also the best places for advertising. Logically, this is where the conflict between two interest groups begins: signage and marketing.
//**Ruedi Ruegg** In this case it is about the division of sovereignty, so to speak. Safe and clear way finding from A to B makes passengers feel comfortable, which means he will also come back. Airports can be similar to shopping centers. This one isn't only frequented by passengers, a lot of visitors on the ground come here to shop. The separation between way finding and advertising can be done in different ways. Our way finding is black and white, without any color. Colors are used for advertising and commerce. If you follow this clearly there are fewer conflicts and a clearer division of sovereignty.
The "routes" are another hot issue, they have been kept relatively free of sales surfaces until now. The routes belong to the signage, there is no interference there. The sides belong to commerce. This clarity encourages sales in the best sense. Now we are talking about the main marketing target group – shoppers. They come automatically! But other

Richtungswegweiser/ Directional sign

Standortkennzeichnung / Location marker

Verbote / Forbidden sign

Raumkennzeichnung / Room marker

Fluchtweg / Escape route

Infowürfel / Information cube

Zeitangaben / Time display

Lagepläne / Location map

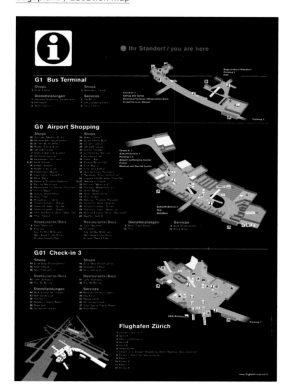

das System besteht aus standardisierten Informationsträgern - mit wenigen Schriftgrößen,
Farben und Layouts kann die gesamte Information konstant dargestellt werden.
the system consists of standardized information carriers. All the information can be constantly
conveyed with just a few font sizes, colors and layouts.

die große Halle im Hauptgebäude – Architektur: Grimshaw & Partner
the large hall in the main building – architecture: Grimshaw & Partner

die richtige Frequenz und Wiederholung der Information erfordern viel Erfahrung in Bezug auf die Reaktionen der Fluggäste
the right frequency and repetition of information requires a lot experience, which were gathered from pasenger reactions

Jetzt sprechen wir von der Hauptzielgruppe des Marketings – den Käufern. Die kommen automatisch! Wichtiger sind uns Gestaltern aber auch andere Gruppen. Einerseits die Behinderten, andererseits die Kinder und die älteren Menschen. Ich gehöre zu den Älteren und kann es immer besser beurteilen, wie nützlich eine gut lesbare Schrift ist. Gleichzeitig spielt die Repetition eine wichtige Rolle. Wie oft eine Information bis zum Zielort wiederholt wird, ist entscheidend. Es ist ein Irrtum zu glauben, dass jemand, der im Jahr nur zwei oder drei Mal fliegt, sich immer wieder an alles erinnert. Er muss wieder neu schaun, am liebsten würde er fragen. Und darum haben wir uns immer bemüht, große, gut lesbare Schrift und wenige Größenabstufungen zu verwenden, damit das Bild ruhig bleibt. Leuchtschilder, wie wir sie am Flughafen Zürich verwendet haben, sind ästhetische Objekte. Die Schrift an sich ist ästhetisch, und die Anwendung auf den Schildern, wie wir das seit 35 Jahren durchziehen können, hat auch eine ästhetische Qualität. Man darf diese Visuelle Qualität nicht unterschätzen.

Ihr Gestaltungsbüro hat speziell für den Flughafen Zürich jedes einzelne Piktogramm entwickelt und gezeichnet. Da hätte man auch die Piktogramme von Otl Aicher nehmen können.
// Ruedi Ruegg Wir haben sogar mit Otl Aicher darüber gesprochen. Die Sportpiktogramme für München 1972 waren gleichzeitig mit unserem Projektstart in Entwicklung. Otl Aichers Piktogramme sind deutlich abstrakter als unsere. Wir hatten Situationen zu illustrieren und Zeichen zu entwickeln, die die Leute eindeutig verstehen. Deshalb haben wir uns entschieden, eine Stufe realistischer zu sein.

groups are more important to us as designers. The disabled, the children and the elderly. I belong to the elderly and I can judge the usefulness of readable writing increasingly well. Repetition also plays an important role. The amount of times information is repeated until you reach a destination is decisive.
It is a mistake to believe that someone who only flies two or three times a year will always remember everything. He has to look again, and would prefer to ask. We have always tried to use large, readable lettering and as few different sizes as possible to keep the image calm. Illuminated signs like the ones we have in the Zurich airport are aesthetic objects. The font itself is aesthetic and its use on the signs, which we have been able to do for 35 years also has an aesthetic quality. You can't underestimate visuell quality.

Your design office developed and drew each individual pictogram especially for Zurich Airport. You could have used Otl Aicher pictograms.
// Ruedi Ruegg We even spoke to Otl Aicher about it. The sports pictograms for the Olympics in Munich 1972 were developed at pretty much the same time we started developing our project. Otl Aicher's pictograms are considerably more abstract than ours. We had to illustrate situations and make symbols that people understand clearly. That is why we decided to be a shade more realistic.

The ability to read and communicate messages faster is increasing. Does signage have to react to this?
// Ruedi Ruegg The trend to information carriers such as LCD monitors is there, especially because they are much more versatile and information can be rapidly changed and displayed. But that is hardly necessary in classical way finding. Static information will

rote Signaletik am Terminal E, eine Ausnahme zum allgemeinen System schwarzer Träger mit weißer Schrift
red signage in Terminal E, an exception to the general system with black carriers and white lettering

Die Fähigkeit, mit steigendem Tempo Botschaften zu lesen und zu kommunizieren, nimmt zu. Muss die Signaletik darauf reagieren?

// **Ruedi Ruegg** Der Trend zu digitalen Informationsträgern wie z. B. LCD-Monitoren ist da, vor allem weil die Informationen rasch wechselbar und anzeigbar sind. In der klassischen Wegeführung ist das aber kaum notwendig. Statische Information wird immer bleiben. Wir haben uns darauf konzentriert, am entscheidenden Ort nur die wirklich wichtigste Information zu bringen, denn die wird auch morgen wichtig sein.

// **Ruedi Stoller** Der Wandel bezieht sich oft nur auf die Darstellungstechnik, aber nicht auf die Inhalte.

Was war für Sie ein Highlight und ein kritischer Moment in der Zusammenarbeit?

// **Ruedi Stoller** Ja gut, ich denke, jedes Highlight ist da zu suchen oder zu finden, wo man im Nachhinein tatsächlich die Bestätigung für gute Arbeit erhält. Wenn der Fluggast den Weg findet, ohne nachzufragen, ist das in jedem Falle eine Bestätigung. Kritisch wird es wahrscheinlich immer in Teams, wo ganz unterschiedliche Interessen aufeinander treffen.

Herr Ruegg, was war für Sie ein Highlight in der Zusammenarbeit?

// **Ruedi Ruegg** Für mich ist die Arbeit am Flughafen ein persönlicher Erfolg. Ich hatte noch nie ein so kontinuierliches Team wie hier. Signaletik ist Teamarbeit, nie eine Einzelleistung. Zu Anfang sind da die Auftraggeber. Sie wollen etwas ganz Bestimmtes, etwas, das sehr gut funktioniert. Dann sind noch der Architekt und der Grafiker im Team. Etwas später kommt dann auch noch der Produzent mit ins Spiel. Mindestens drei oder vier Partner sind ständig mit dabei. Hier am Flughafen Zürich hat das immer gut geklappt. Die Profis respektieren einander und leisten gute Arbeit.

always be there. We have concentrated on only displaying the most information in a decisive place, because it will also be important tomorrow.

// **Ruedi Stoller** Change often only applies to the display method, not the contents.

Was there a highlight and a critical moment in your cooperation?

// **Ruedi Stoller** I think a highlight can be found in every moment in which our work is acknowledged after it was done. A passenger who finds his way without asking at all proves our work was good. Things can always become critical in teams since very different interests can clash in such situations.

Herr Ruegg what was your highlight in your cooperation?

// **Ruedi Ruegg** Well, the work on the airport is a personal success. I have never had such a consistent team like this. Signage is teamwork, never the work of an individual. In the beginning there is a client. They want something very specific, something that works well. Then comes the architect and of course the graphic designer. At some point the producer joins the project. At least three or four of these people are always there. Things always worked consistently and well with all team partners at the airport. Professionals respect each other and do good work.

Sichtbeton in rot, klar lackiert, Pfeile matt und maskiert, darauf weiße Schrift
architectural concrete in Red, with glossy clear varnish, matt arrows and white lettering

alle Piktogramme wurden Anfang der 1970er Jahre knapp vor Fertigstellung Otl Aichers
berühmter Zeichen für die Olympiade 1972 in München gestaltet
all pictograms were designed at the beginning of the 1970s, just before Otl Aicher
finished designing his famous symbols for the 1972 Olympic Games in Zurich

Flughafen Zürich: Mitarbeiter 18.000 (1.290 bei Unique), Reisende (2006) 19.237.000
Zurich Airport: Staff 18,000 (1,290 at Unique), travelers (2006) 19,237,000

49°N

Interviewpartner / Respondent Béatrice Josse | Direktorin, FRAC / Director, FRAC • Maia Gusberti, Nik Thönen | Partner, re-p Architektur / Architecture Médicis

Das mittelalterliche Haus in der Altstadt von Metz bietet reichlich Platz für zeitgenössische Kunst, aber auch jede Menge Ecken und Kanten. Die Antwort der Gestalter auf den historischen Bau ist ein Orientierungssystem, das die Auseinandersetzung mit der Kunst, dem Ort und dem Betrachter sucht. Es wirft eher Fragen auf, als dass es zu leiten versucht, und liefert damit einen wichtigen Beitrag zur neuen Identität des FRAC.

N

The Medieval building in the historic center of Metz offers enough space for contemporary art, but it is also full of nooks and crannies. The designers responded to the historical surroundings with an orientation system that seeks to open the discourse between art, the location and visitors to the museum. It asks questions rather than offering guidance. This quality makes it an important contribution to the FRAC's new identity.

Béatrice Josse
Direktorin / Director

Ausbildung Kunstgeschichte, Universität Rennes und Ecole du Louvre, Universität Paris • Recht, Universität Rennes, Universität Reims
Laufbahn Direktorin des FRAC Lorraine in Metz
Education Art History, University of Rennes and Ecole du Louvre, Paris University • Law, University of Rennes, University of Reims
Carrier Director of the FRAC Lorraine in Metz

Können Sie das FRAC kurz erklären?

// **Béatrice Josse** Das FRAC (Fonds Regional d'Art Contemporain) ist ein Zentrum für zeitgenössische Kunst. Das Museum ist eines von mehr als 20 Häusern in ganz Frankreich, die staatlich finanziert werden. Wir sind eigenständig und verfügen über ein eigenes Budget, mit dem wir den Betrieb bestreiten und eine Sammlung aufbauen. Der Schwerpunkt der Ausstellungen liegt auf Installationen und Performances, dazu die Sammlungspräsentationen. Die Neuankäufe ergeben sich oft aus dem laufenden Programm.

Wie viele Ausstellungen zeigen Sie im Jahr?

// **Béatrice Josse** Etwa vier Ausstellungen und ein Festival. Die Ausstellungen fokussieren inhaltlich immer auf ein spezielles Thema, wie jetzt gerade „Familie". Die verschiedenen Facetten, Schwierigkeiten usw. werden über die künstlerischen Beiträge zur Diskussion gestellt.

Die Stadt Metz mit ihren 200.000 Einwohnern hat nur einen Ort für zeitgenössische Kunst. Ist es da notwendig, sich stark nach außen zu präsentieren?

// **Béatrice Josse** Direkt am Bahnhof sehen Sie eine Baustelle. Dort entsteht gerade das Centre Pompidou Metz. Es hat die Form eines großen Zeltes, ist vom japanischen Architekten Shigeru Ban und dem Franzosen Jean de Gastines geplant und wird ein neuer Attraktionspunkt unserer Stadt werden. Damit wird Kunstpublikum vermehrt nach Metz kommen. Für unser vergleichsweise kleines Haus ist das eine gute Chance, unser Profil weiter zu schärfen und ein eigenständiges Alternativangebot für den Kunstinteressierten zu sein. Deshalb ist unser Auftritt nach außen schon jetzt sehr wichtig.

Can you explain the FRAC in a few words?

// **Béatrice Josse** The FRAC (Fonds Regional d'Art Contemporain) is a museum, a center for contemporary art. The museum in Metz is one of 20 museums in France that is financed by the state. We work independently and have our own budget for our operations and acquisitions. The focus of our exhibitions is on installations and performances, as well as presentations of our collections. New acquisitions often come from our exhibition programming.

How many exhibitions do you show every year?

// **Béatrice Josse** About four exhibitions and a festival. The exhibitions always focus on a special theme, like "family" at the moment. The different facets, difficulties, etc., are discussed through the artistic contributions.

The City of Metz has a population of 200,000 and only one museum of contemporary art. Is it necessary to make your presence felt on the outside?

// **Béatrice Josse** There is a construction site at the train station. The new Centre Pompidou Metz is being built there. It is shaped like a large tent and was planned by the Japanese architect Shigeru Ban and the Frenchman Jean de Gastines. It will become a new attraction in our city that will bring more visitors who are interested in art to Metz. This is a good opportunity for our comparatively small museum to refine our profile and offer an independent alternative for those interested in art. This makes our presentation on the outside very important now.

Wann und warum wolltet Ihr ein Orienierungssystem für euer Haus?

// **Béatrice Josse** Wir wollten den Leuten ursprünglich helfen, ihren Weg durch das unübersichtliche mittelalterliche Haus zu finden. Aber dann ist es kein normales Orientierungssystem für Besucher geworden. Wir haben gleich zu Projektbeginn 2002 damit begonnen, daran zu arbeiten, 2004 haben wir unser Haus dann eröffnet.

Habt Ihr manchmal gezweifelt, ob Ihr überhaupt ein Orientierungssystem braucht?

// **Béatrice Josse** Nein, wir wussten, dass wir es brauchen. Man muss zwischen innen und außen unterscheiden. Das Orientierungssystem im Gebäude des ehemaligen Hotels Saint Livier sollte zwei Faktoren erfüllen: Einerseits liegt es in einem historischen Stadtviertel, wo es viele Museen gibt. Hier ging es um Sichtbarkeit, um die Schaffung eines Zeichens in der Stadt, das für das FRAC steht. Andererseits ging es uns darum, klar zu machen, dass es sich um einen Ort der Darstellung und Produktion zeitgenössischer Kunst handelt.

Wie würden Sie die Zusammenarbeit mit Ihrem Designer, Nik Thoenen, beschreiben?

// **Béatrice Josse** Ich würde Nik nicht als Designer, sondern vielmehr als Künstler bezeichnen. Die Basis zur Zusammenarbeit war und ist die Auseinandersetzung mit zeitgenössischer Kunst. Wie kann man Reaktionen provozieren und auslösen, wie kann man den Betrachter involvieren, wie agiert Kunst in sozialer, politischer und wirtschaftlicher Hinsicht? Diese Fragen beschäftigen uns beide und bilden sowohl die Basis für meine Museumsarbeit als auch die Basis für Niks künstlerische Interventionen. Diese Verwandtschaft im Denken hat die Zusammenarbeit sehr einfach gemacht, denn wir mussten uns gegenseitig nichts erklären, sondern haben vielmehr über mögliche Lösungen diskutiert.

When and why did you want an orientation system for your museum?

// **Béatrice Josse** We originally wanted to help people find their way through our confusing medieval building, but then it went beyond a normal orientation system for visitors. We started working on it right at the beginning of the project, in 2002. We opened our museum in 2004.

Did you ever have doubts, wonder if you even needed an orientation system?

// **Béatrice Josse** No, we knew we needed it. You have to differentiate between the outside and the inside. The orientation system for the FRAC in the former Hotel Saint Livier had to fulfill two functions: it is in a historical part of town in which there are a lot of museums, so we had to create a symbol for the city that stood for the FRAC. Then we had to make it clear that the FRAC is a place that presents and produces contemporary art.

How would you describe your cooperation with Nik Thoenen, your designer?

// **Béatrice Josse** I don't consider Nik a designer, I think he is more of an artist. The basis for our cooperation was and is the discussion and examination of contemporary art. How can one provoke and trigger reactions? How can one involve the beholder, how does art act in social, political and economic respects? All of these issues preoccupied us both and form the basis for my museum work and Nik's artistic interventions. This closeness in our thinking made our cooperation very easy, we didn't have to explain things to each other, we were able to start discussing solutions right away.

Was war der Schwerpunkt dieser inhaltlichen Auseinandersetzung?

// Béatrice Josse Wir haben uns mit der Geografie, der Positionierung in der Stadt, dem Ort als realem Gebäude auseinander gesetzt und auch die Beziehung zum Unsichtbaren, zum Vergänglichen reflektiert. Daraus haben sich die Gestaltungslösungen mit den Koordinaten am Turm, den verblassenden Künstlernamen und dem Innenleitsystem entwickelt.

Gab es Reaktionen der Passanten und des Museumspublikums?

// Béatrice Josse Weniger zur Beschriftung innen als zu den Künstlernamen außen auf der Wand. Viele meinten, das seien ganz berühmte Persönlichkeiten, andere meinten, dass das Ganze für gar nichts gut wäre. Für mich ist es ein reflexives Statement zur Sammlung eines Museums an sich. Wenn ich einen Künstler ausstelle und seine Arbeit ankaufe, wird sein Name als Zeichen dafür an die Außenwand geschrieben, wie alle Namen aus der Sammlung. Sobald er aber in dieser öffentlichen Sammlung eines Museums gelandet ist, ist er tot. Das Museum ist die Endstation für einen Künstler.

Die Namen bleichen stetig mehr aus – in welchen Abständen kommen neue dazu?

// Béatrice Josse Alle zwei Jahre wird die Liste mit etwas 20 neuen Künstlern nach oben erweitert. Irgendwann werden wir dann die Namen in den Himmel schreiben, während sie unten schon vollständig verschwunden sind.

Gab es einen kritischen Punkt in der Zusammenarbeit mit den Designern?

// Béatrice Josse Am Anfang wollte Nik Grün als Hausfarbe haben. Grün ist doch eher eine Farbe für eine Apotheke, das konnten wir nicht akzeptieren.

What did you focus on in your discussions of the possible contents?

// Béatrice Josse We looked at the geography, our positioning within the city, meaning the actual real building as a place. We also took the relationship of the building to invisible aspects, to what is transient into account. This helped us develop the design solutions, the coordinates on the tower, the fading artists' names and the interior way finding system.

Were there any reactions from passersby and the museum audience?

// Béatrice Josse There were less reactions to the writing on the inside than to the artists' names on the outside wall. Many thought they were very famous personages, others thought no good would come of it all. For me, it is a reflection of a museum's collection. If I acquire the work of an artist, then I want his name on the outside, with all the other names in our collection. However, he is dead the moment his work becomes part of a public museum collection. A museum is the last stop for an artist.

The names gradually fade away – how often do you add new names?

// Béatrice Josse We add around 20 new names to the top of the list every two years. We are going to start writing the names in the sky at some point. The names at the bottom might have vanished entirely by then.

Was there a critical point in your cooperation with the designers?

// Béatrice Josse Nik wanted green as the main color for the building. Green is more of a pharmacy color, we couldn't accept that.

Was wäre die Farbe der Kunst?

// Béatrice Josse Es geht hier nicht um die Farbe der Kunst, sondern um die beste Farbe für das Gebäude. Gelb und fluoreszierendes Material sind keine echten Farben, sondern sind, wie sie hier eingesetzt werden, eher Material an sich. Damit hebt sich die Farbwahl von der klassischen Farbdiskussion ab – ich glaube, Nik findet das jetzt auch gut.

Was werden Sie machen, wenn all die Namen außen verschwunden sind?

// Béatrice Josse Darüber habe ich noch nicht nachgedacht. Übrigens, hatten wir anfänglich auch im Print-Bereich eine Idee in diese Richtung: Wir wollten einen Katalog mit verblassender Druckfarbe produzieren. Das ließ sich aber nicht umsetzen, weil das eine absolute Neuheit und sehr teuer in der Herstellung gewesen wäre. Das spielt aber keine Rolle, weil Papier eine sehr fragile Sache ist und Bücher sowieso mit der Zeit verschwinden. Damit schließt sich der Kreis wieder.

What is the color of art?

// Beatrice Josse It isn't about the color of art, it is about the best color for this building. Yellow and fluorescent material are not real colors, they are materials the way we used them here. This puts our color selection on a different level than a classical discussion of color – I think Nik also agrees that is good now.

What are you going to do when all the names have vanished outside?

// Beatrice Josse We haven't thought about that yet. By the way, we also had an idea in that direction for print purposes when we started. We wanted to produce a catalogue with vanishing printing colors. But we weren't able to do it because it was an absolutely new concept and was very expensive to print. But it doesn't matter. Paper is very fragile and books will disappear over time, so the circle will close again anyway.

Maia Gusberti

Kunstschaffende und Grafikerin / Artist and Graphic Designer

Ausbildung Grafik, Schule für Gestaltung, Biel • Medien und Digitale Kunst, Universität für angewandte Kunst Wien
Laufbahn Freiberufliche Grafikerin und Illustratorin, Biel und Bern • Grafikerin und Künstlerin, Wien • Freiberufliche Künstlerin und Mediendesignerin, Wien • Mitglied des Künstler- und Gestaltungs-Kollektivs re-p.org • Künstlerin und Gestalterin, Wien
Education Graphics, Biel School of Design • Media and Digital Art, University of Applied Arts, Vienna
Career Freelance Graphic Designer and Illustrator, Biel and Bern • Graphic Designer, Vienna • Freelance Artist and Media Designer, Vienna • Member re-p.org, the art and design collective • Artist and Designer, Vienna

Handelt es sich bei Eurem Projekt für das FRAC in Metz um ein Orientierungssystem oder eine Installation mit identitätsbildendem Charakter?

// **Maia Gusberti** Eher Zweiteres ...

// **Nik Thoenen** ... die Aufgabe war eigentlich, ein Orientierungssystem zu gestalten. Es wurde ein Wettbewerb ausgeschrieben, wie es bei einer öffentlichen Einrichtung staatliche Vorgabe ist.

Wie unterscheidet sich Eure Arbeit von einem klassischen Leitsystem?

// **Nik Thoenen** Es ist ein Orientierungssystem wie jedes andere, aber es ist unbrauchbarer. Angeschrieben ist nur die Toilette. Somit weiß man, dass man hier eintreten darf, aber damit endet das Orientierungssystem auch schon wieder. Männer bzw. Frauen sind nicht gekennzeichnet, es steht einfach nur WC drauf. Man überlässt es den Leuten, wo sie reingehen wollen.

Sollen sie das nach Gefühl entscheiden?

// **Nik Thoenen** Ja genau. Diese Art der Kennzeichnung zeigt viel über unsere offene Diskussionsbasis mit dem Auftraggeber. Es gab natürlich Personen, die fanden das unmöglich, Männer und Frauen nicht über die Beschriftung zu unterscheiden. Es steht aber nirgends geschrieben, dass man das tun muss. Also haben wir es nicht gemacht. Der Vorschlag kam von der Direktorin, die in allen Dingen einen sehr eigenständigen Weg geht. In vielen Fällen hat sie sich entschieden, gezielt zu provozieren statt mit der Norm zu gehen.

// **Maia Gusberti** Das ist natürlich etwas, was auf unsere Arbeit abgefärbt hat. In diesem Punkt haben wir uns mit ihr hervorragend verstanden.

Is your project for the FRAC in Metz an orientation system or more of an installation with identity-building characteristics?

// **Maia Gusberti** The latter, I would say...

// **Nik Thoenen** ... the actual task was to design an orientation system. A competition was announced, as the state requires for public facilities.

How is your work different from a classic way finding system?

// **Nik Thoenen** It is an orientation system like any other but with reduced usability. The toilet is the only thing with a sign. You know you can walk into it, but that is also the end of the orientation system. Men and women don't have separate signs; it just says "WC." It is up to the people to decide which door they want to enter.

Are they supposed to sense their decision?

// **Nik Thoenen** Yes. This type of designation says a lot about our open discussion basis with the client. Naturally there were people who found it impossible that men and women were not differentiated with lettering. But it doesn't say anywhere that one has to do so. So we didn't do so. The suggestion came from the director, she likes doing things her own way in many respects. She chose conscious provocation in many cases, instead of just following the norm.

// **Maia Gusberti** This is something that influenced our work. We got along with her fantastically in this respect.

N

Nik Thoenen
Kunstschaffender und Grafiker / Artist and Graphic Designer

Ausbildung Grafik, Schule für Gestaltung, Biel
Laufbahn Leitung der Galerie Polstergruppe/Mausoleum, Biel • Freiberuflicher Künstler und Grafiker, Wien • Formierung des Künstler- und Gestaltungs-Kollektivs re-p.org
Education Graphics, Biel School of Design
Career Head of the Polstergruppe/Mausoleum Gallery, Biel • Freelance Artist and Graphic Designer, Vienna • Formation of re-p.org, the art and design collective

Wie ist das Verhältnis von Architektur und Orientierung im Projekt?

// **Maia Gusberti** Ein Orientierungssystem muss nicht etwas sein, das man aufklebt, aufmalt oder anbringt, sondern etwas, das im Dialog mit der Architektur steht. Das kann natürlich nur spannend sein, wenn der Projektarchitekt kooperativ ist. Er war zwar Spezialist für solche Umbauten, ist aber nicht auf die Eigenheiten des Ortes eingegangen.

Wie habt Ihr dann darauf reagiert, dass an der Architektur nicht anzudocken war?

// **Nik Thoenen** Man muss wissen, dass das Gebäude eröffnet wurde, bevor es fertig war. Man kann sagen, der Architekt hat seine Arbeit abgeschlossen, aber wir unsere nicht. Zu diesem Zeitpunkt gab es eine künstlerische Installation in Form eines Kanalsystems, da war Signaletik überflüssig.

// **Maia Gusberti** Die Elemente unseres Orientierungssystems wurden dann gedruckt und angebracht, Flächen bestempelt, der Boden direkt besiebdruckt und magnetische Platten für die flexiblen Beschriftungen angebracht. Wir haben alles entweder von der Architektur abgehoben oder direkt darauf angebracht, ohne dass sie auf uns reagieren musste.

Warum sind die Raumbezeichnungen generell abstrakt gehalten?

// **Maia Gusberti** Das neue Haus ist das erste nicht nomadisierende Museum, das die Direktorin leitet. Davor existierte die gleiche Institution, aber ohne echte Räume. Sie hatten ein spannendes Programm im öffentlichen Raum gemacht. Diese Idee von Kunstbetrieb wollte sie ins neue Haus einbringen. Deshalb wollten sie sich auch nicht auf Ausstellungsraum, Foyer für Präsentationen usw. festlegen. Es blieb bei abstrakten Codierungen als Basis für ein flexibles Programmieren in allen Räumen.

What is the relationship between architeture and orientation in this project?

// **Maia Gusberti** An orientation system doesn't have to be something you stick, paint or put up somewhere. It is something that creates a dialogue with the architecture. Of course this can only be exciting if the architect is cooperative. He is a specialist for this type of conversion, but he didn't take the specific characteristics of the location into account.

How did you react to the fact that you couldn't link up with the architecture?

// **Nik Thoenen** You have to keep in mind that the building was opened before it was completed. The architect completed his work, so to speak, but we hadn't completed ours. There was an artistic installation in form of a canal system at the time, signage was unnecessary then.

// **Maia Gusberti** We ultimately printed and put up elements of our orientation system. We stamped the surfaces we had been assigned and we silk-screened the floor. Magnetic metal plates for flexible lettering were installed. We either removed everything from the architecture or applied it directly onto the architecture. It didn't have to react to us.

Why are the room designations generally abstract?

// **Maia Gusberti** The new building is the first museum the director has been responsible for that isnt nomadic. The same institution existed before, but without real rooms. They had put together an exciting program in public space. They wanted to bring this kind of art business idea to the new building. They didn't want to be bound to an exhibition hall, foyer and presentations etc. They chose abstract codes as a basis for flexible programming.

Warum habt Ihr dann mit variablen Dingen gearbeitet? Das ist ja auch ein Zeichen für sich.

// Nik Thoenen Man muss noch erwähnen, dass die Codierungen am Boden mit Nachtleucht-farbe angebracht sind, d. h. eigentlich sind sie unsichtbar. Du kannst durch das Museum gehen, und du siehst überhaupt nichts, d. h. die Beschriftung ist da und gleichzeitig nicht da. Anfangs war auch nur die Außenbeschriftung mit den Koordinaten am Turm und den Künstlernamen an der Außenwand in Diskussion.

An öffentlichen Gebäuden, also auch an Museen erwartet man etwas Hochoffizielles, etwas Solides und keine Interventionen, die anecken. Und dann kommen wir mit so einer Kalkfarbe, wie sie schon im Mittelalter verwendet wurde, und schmieren Künstlernamen direkt an die Wand. Mit dieser Technik haben wir auch dem Denkmalschutz den Wind aus den Segeln genommen.

Welches Verhältnis hatten die Museumsleiter zu ihrem neuen Haus?

// Nik Thoenen Sie mochten das Gebäude zuerst nicht. Die Räume dieses Hauses aus dem Mittelalter sind für zeitgenössische Kunst schwer zu bespielen, sehr verwinkelt miteinander verbunden, und manche von ihnen sind klein. Wir haben bei der Verortung in der Stadt begonnen, hoch oben, nahe am Himmel. Wir haben uns den Turm zuerst vorgenommen.

Wie seid Ihr auf die Idee der Beschriftung des Turmes mit Koordinaten gekommen?

// Maia Gusberti Die Geografie, die Verortung in der Stadt Metz war allen immer sehr wichtig.

// Nik Thoenen Der Turm war lange Zeit als Taubenschlag für Brieftauben in Verwendung und immer ein Signal nach außen. Er war also immer schon ein Kommunikationssystem. Statt eine Fahne zu hissen, wollten wir den Turm selbst wieder als ein Zeichen nach außen

Why did you work with variable things? That is a sign in itself.

// Nik Thoenen It should be mentioned that the codes on the ground were applied with glow-in-the-dark colors, so they are actually invisible. You can walk through the museum and see nothing at all. The lettering on the tower outside with the coordinates and the names of the artists on the outside wall were the only things initially discussed. We didn't strive to use conventional lettering on the building. People expect something highly official, something like solid eyebrows on public buildings, including museums, not interventions that raise eyebrows. And then we show up and smear artist names directly on the walls using lime wash colors that were used in the Middle Ages. This technique also helped us handle the landmark protection office.

What kind of relation did those responsible for the museum have to their new building?

// Nik Thoenen They didn't like the building at first. The rooms in this medieval building are not suitable for contemporary art. They are connected to each other at sharp angles and some of them are very small. So we started our placement process in town, pretty high up, close to the sky. We started our work with the tower.

How did you come up with the idea of writing coordinates on the tower?

// Maia Gusberti The geography and placement of the City of Metz was important to all.

// Nik Thoenen The tower was used as a messenger pigeon loft for a long time. It was always a signal to the outside. Hence it was always a communication system as well.

// Maia Gusberti Pigeons and flight also have a lot to do with orientation.

das Leitsystem war der Startpunkt für ein durchgängiges Erscheinungsbild
the wayfinding system marked the beginning of a consistent visual presentation system

aktivieren. Früher hat man den Turm allerdings besser gesehen als jetzt. Aber die neue Beschriftung sitzt jetzt hoch oben und ist aus der Umgebung gut sichtbar.

Ein beschrifteter Turm, der die Funktion des Landmarks schon erfüllt, ein inneres Orientierungssystem, das man zum Teil nicht sieht – hätte man nicht das ganze Orientierungssystem einfach weglassen können?
// **Maia Gusberti** Ja, aber das Unsichtbare kommt immer wieder in ihren Ausstellungen als Thema vor. Das Unsichtbare und das Sichtbare sind Themen, die wir mit der Museumsleitung intensiv diskutiert haben – hier findet sich wieder die Verbindung zur Kunst.

Ist diese Umsetzung eines Orientierungssystems eine Art Spiel für Euch?
// **Maia Gusberti** Ja, für uns war das schon eine Art Spiel. Sichtbar oder unsichtbar, ist ein Orientierungssystem in einem solchen Haus wirklich nötig oder nicht? Als wir das Gebäude zum ersten Mal gesehen haben, haben wir gedacht: Was, die wollen ein Orientierungssystem? Einerseits haben wir es ernst genommen, andererseits ist es eine Arbeit mit einem Augenzwinkern geworden.

Wenn es zwar nicht notwendig ist, aber Ihr es trotzdem gemacht habt, welchen Wert hat so eine Intervention?
// **Maia Gusberti** Der Wert ist konzeptionell begründet. Die Philosophie des FRAC wird spürbar und nach außen getragen.
// **Nik Thoenen** Ich sage ja immer, das Orientierungssystem ist eigentlich nur für die letzte Person, die nach Hause geht und das Licht ausmacht. Die hat am meisten davon, da wird es sichtbar. Hier gibt es eine Parallele zur Arbeit eines Schweizer Künstlerteams, das zur Eröffnung einige Wände mit weißer Placebofarbe gestrichen hat, die angeblich spezielle Wirkstoffe enthielt. Sichtbar war rein gar nichts.

// **Nik Thoenen** We wanted to activate the tower itself as a beacon to the outside instead of hoisting a flag. However, the tower was easier to see before than it is now. The new lettering is high up now, so it can be easily seen from the surroundings.

A lettered tower that fulfilled the function of a landmark anyway, an interior orientation system that is partly invisible – couldn't one have just done without an orientation system?
// **Maia Gusberti** Yes, but the invisible aspect is a recurring exhibition theme. Invisible/visible are themes we discussed intensively with the museum directors – it is the link to the arts.

Is this realization of an orientation system a form of game for you?
// **Maia Gusberti** Yes, it was a type of game for us. Invisible or visible, is an orientation system in such a building really necessary or not? When we saw the building the first time we thought: What? They want an orientation system? We took it seriously at one level, but on another it is a project with a sense of humor.

You did the job, but it wasn't necessary, what value does this intervention have?
// **Maia Gusberti** The value is conceptual. The FRAC philosophy becomes tangible and is conveyed to the outside.
// **Nik Thoenen** I always say the orientation system is actually only meant for the last person to leave the building who has to turn the lights off. That's when it becomes visible. There is a parallel aspect to the work of a team of Swiss artists here. They painted a few walls with white placebo paint that supposedly contained special ingredients. Nothing was visible except for the perfectly normal white paint on the wall.

der abstrakte Buchstabencode wird über flexible Magnetbuchstaben mit den aktuellen Inhalten ergänzt
the abstract letter code is expanded to cover curernt themes using magnetic letters

// **Maia Gusberti** Sie haben die Idee aufgebracht, die Farbe beinhalte ein Aphrodisiakum. Alle wussten zwar, dass es nur Placebofarbe war, trotzdem reichte die Vorstellung der Wirkung, dass in den Büros ein besseres Arbeitsklima entstand. Natürlich war das eine künstlerische Arbeit und unsere eher eine grafische, aber geistig sind beide verwandt.

Wie hängen Orientierung und Identität im Fall des FRAC zusammen?
// **Nik Thoenen** Ich glaube, das mit dem Orientierungssystem war der Vorwand, mit uns zusammenzuarbeiten. Begonnen haben wir mit der Entwicklung der Hausschrift. Die Pläne des Architekten waren mit einer CAD-Schrift beschriftet, die wir als Basis genommen haben. Unser Anliegen war es, eine dauerhafte Ästhetik über die Schrift zu etablieren.

Hattet Ihr in dem Projekt auch eine echte Krise?
// **Nik Thoenen** Als es um die grafische Formulierung an und für sich ging, gab es unterschiedliche Auffassungen. Da haben wir uns dann kurz gar nicht mehr verstanden, und wir haben einfach gekündigt...
// **Maia Gusberti** ... was sie aber einfach nicht akzeptiert haben.
// **Nik Thoenen** Das war ein gutes Korrektiv, um sich zu verständigen, um zu klären, unter welchen Vereinbarungen man weiterarbeiten kann. Da hat sich für beide Seiten vieles geklärt. Seitdem arbeiten wir wieder sehr konstruktiv zusammen, die Diskussionen um Inhalte und Haltungen sind wichtig für unsere Arbeit, die werden sicher nie aufhören, das bringt uns und das Projekt weiter.

// **Maia Gusberti** They suggested that the paint contained an aphrodisiac. Everybody knew the paint was just a placebo, but the idea of the effect was enough to improve the work conditions in the offices. Of course it was an artistic piece of work, and ours is more graphical, but both are related intellectually.

How are orientation and identity related in the case of the FRAC?
// **Nik Thoenen** I think the orientation system was just an excuse to cooperate with us. We started with the development of the museum font. The architect's plans were written with a CAD font, which we used to start with. Our aim was to create a lasting aesthetic via the font.

Did you have a real crisis in the project?
// **Nik Thoenen** There were differences of opinion when it came to the graphic formulation itself. We didn't get along at all for a short time, so we simply quit...
// **Maia Gusberti** ... which they simply didn't accept.
// **Nik Thoenen** That was a good correctional measure. It helped us communicate, clear things up and see which agreements we can continue to work under. It cleared up a lot of things for both sides. We have worked together very constructively since then again. The discussions about contents and attitudes are important to our work, I am sure they won't ever end, that helps the project and us move forward.

ob Männer oder Frauen, die Unisexbeschriftung der WCs lässt alles offen
the unisex writing on the restrooms leaves everything open

die Künstlernamen der Sammlung werden oben auf der Außenwand mit Kalkfarbe ergänzt,während die ersten Namen unten bereits verblassen
artist names are added to the top of the list with lime wash paint, while the names at the bottom gradually fade away

KREISSPARKASSE, Tübingen [D]

Savings and Loan Bank, Tuebingen

Interviewpartner / **Respondent** Christof Teige | Assoziierter bei Auer+Weber+Assoziierte / Associated at Auer+Weber+Assoziierte
Sascha Lobe | Geschäftsführer, L2M3 / Managing Director, L2M3
Architektur / **Architecture** Auer+Weber+Assoziierte

An wen richtet sich ein Orientierungssystem? … an Besucher, an Passanten oder Mitarbeiter? Die Kreissparkasse Tübingen wünschte sich explizit keine Übersichtspläne oder dominante Richtungsweiser. Lage und Qualität der Stiegenhäuser aus rohem Sichtbeton waren wie geschaffen, großzügige Landmarks zu etablieren. Über ihre reine Orientierungsfunktion hinaus eröffnen sie auf jeder Ebene eine eigene Zeichenwelt, in der man als Mitarbeiter und Besucher immer neu eintauchen kann.

Who does an orientation system address… visitors, passersby, staff members? The Kreissparkasse Savings and Loan Bank in Tübingen stated explicitly that is didn't want overview maps or dominant direction signs. The location and quality of the raw concrete stair wells made it easy to establish them as generous landmarks. Aside from serving as orientation points, they also lead into their own system of symbols that both staff members and visitors can dive into.

Christof Teige
Architekt / Architect

Ausbildung Architektur, Hochschule Darmstadt
Laufbahn Mitarbeit bei Shore Tilbe Irwin & Partners, Behnisch & Partner, Joachim Schürmann, Auer+Weber •
assoziiert in Auer+Weber+Assoziierte GmbH
Education Architecture, Darmstadt College
Career Staff Member at Shore Tilbe Irwin & Partners, Behnisch & Partner, Joachim Schürmann, Auer+Weber •
Associate at Auer+Weber+Assoziierte GmbH

Wie hat das Projekt und die Zusammenarbeit mit L2M3 begonnen?

// **Christof Teige** 2003 konnte unser Büro den Architektenwettbewerb für die neue Zentrale der Kreissparkasse für sich entscheiden. Wir hatten das Glück, dass unser Konzept mit seiner klaren, einfachen Struktur und starken Solitärwirkung fast ohne Änderungen umgesetzt werden konnte. Das Thema Leitsystem wird im Planungsverlauf oft zu spät ins Spiel gebracht. Wir haben es daher frühzeitig beim Bauherren angesprochen. Zunächst war die Bereitschaft eher zurückhaltend, was sich doch nach einiger Zeit änderte. L2M3 war im Nachbargebäude der Kreissparkasse, dem Landratsamt, bereits aktiv, dadurch wurde ich auf sie aufmerksam. Nach einem Bewerbungsverfahren wurde L2M3 dann auch für das Leitsystem Kreissparkasse beauftragt.

Wie war das Engagement von der Bauherrenseite?

// **Christof Teige** Wir hatten das Glück, dass Herr Staiger, ein damaliger Sparkassenvorstand, mit dem Bau persönlich betraut war. Es war sein letztes großes Projekt vor dem Eintritt in den Ruhestand. Er war in allen Fragen der Gestaltung sehr engagiert. Nach den ersten Ideen und Projektvorschlägen war er sofort Feuer und Flamme. Ein Projekt steht und fällt mit den entscheidenden Persönlichkeiten auf der Auftraggeberseite. In unserem Fall war das ein Glücksfall, und wir konnten sofort loslegen.

Wann war das ungefähr? Und wie war der Baufortschritt?

// **Sascha Lobe** Der Rohbau war bereits fertig und die Musterbüros eingerichtet. Es war ein relativ später Zeitpunkt.

How did the project and your cooperation with L2M3 begin?

// **Christof Teige** Our office won the architecture competition for the new headquarters building of the Kreissparkasse in 2003. Fortunately, our concept with its simple structure and strong, solitary presence was built almost without changes. The way finding system is often only discussed when it is too late in the planning phase. We therefore brought up the subject early on in our talks with the client. They were a bit reserved at first, but that changed over time. L2M3 had already worked on the neighboring buildings – the state council office – which is why I noticed them. We hired L2M3 to create the Kreissparkasse way finding system after inviting companies to apply for the commission.

How committed to the project was the client?

// **Christof Teige** We were lucky that Mr. Staiger – a member of the board at the time – was personally responsible for the project. It was his last major project before retirement. Mr. Staiger was very dedicated in all design matters. He was very enthusiastic after he saw the first ideas and project proposals. A project stands and falls with the decision-makers among the clients. We were very fortunate in this case and were able to start immediately.

When was that roughly? And how did construction proceed?

// **Sascha Lobe** The raw structure had already been completed and the model offices had been furnished. It was at a relatively late stage.

Sascha Lobe
Grafikdesigner / Graphic Designer

Ausbildung Grafikdesign, Hochschule Pforzheim
Laufbahn Grafikdesigner in unterschiedlichen Büros • Selbstständige Tätigkeit • Gründungsmitglied, L2M3 • Geschäftsführer, L2M3
Education Graphic Design, Pforzheim College
Career Graphic Designer at various offices • Freelance work • Founding Member, L2M3 • Managing Director, L2M3

Oft werden wichtige Richtungsentscheidungen ohne die Leitsystemgestalter getroffen. Da wünscht man sich doch sicher, früh in ein Projekt involviert zu sein.

// **Sascha Lobe** Im Prinzip gibt es zwei Gründe, warum man sich wünscht, früh dabei zu sein: Der eine ist das Benennungs- und Codierungsthema. Der Architekt fängt an, seinen Plan zu bezeichnen, um damit arbeiten zu können, er denkt dabei noch nicht an ein Leitsystem. Wird der für den Besucher erste Bauteil dann etwa mit „D" benannt, beginnt die Sache schwierig zu werden. Das Eingangsgebäude mit „A" zu bezeichnen wäre für den Besucher natürlich nahe liegender. Einen solchen Fall haben wir gerade in einem anderen Projekt. Man hat dort noch versucht umzucodieren, was aber es hat nicht geklappt hat. In der Folge musste man die ganze Leitsystemlogik anders aufbauen. Wir haben auch dafür eine gute Lösung gefunden, allerdings mit vermeidbarem Mehraufwand. Andererseits ist es natürlich gut, wenn man sich in der architektonischen Planungsphase konkret einbringen und dort unter Umständen Einfluss nehmen kann.

Gibt es in der Zusammenarbeit räumlicher und visueller Gestalter auch Fälle, bei denen visuelle Gestalter in einer frühen Phase wesentlichen Input bringen, sodass es starke Auswirkungen auf die Architektur hat?

// **Christof Teige** Das wäre wünschenswert, allerdings ist es fast schon die Regel, dass der visuelle Gestalter sehr spät in ein Projekt einsteigt. Das hängt oft mit dem Zeitpunkt und Modus der Auftragsvergabe zusammen.

// **Sascha Lobe** Es hat dem Projekt nicht geschadet, dass wir so spät dazugekommen sind. Unsere Gestaltungslösung ist rein applikativ. Wir arbeiten nicht baulich, sondern nutzen das Haus, wie es ist. Die pure Architektur mit Sichtbetonflächen und viel Glas bietet ein ästhetisches Grundmaterial, mit dem man gut gestalten kann. Die klassische Aufgabe

Important decisions concerning the direction of a project are often made without the way finding system designer. You certainly want to be involved in a project at an early stage.

// **Sascha Lobe** In principle there are two reasons for wanting to be involved at an early stage. One of them is the designation and coding scheme. The architect begins to use designations in his plans to be able to work and isn't thinking of a way finding system at that point. Things start getting complicated for visitors if the first building unit is called "D." Of course it would be more cogent for the visitor for the entrance structure to be called "A." We have this case in a different project at the moment. They tried to re-code things there, but it didn't work. The logic of the entire way finding system had to be restructured. We found a good solution for this problem. But the extra effort could have been avoided, which is why it is sensible to involve the way finding system designer in the project as early as possible. And naturally it is also good to perhaps be able to make concrete suggestions during the architectural planning phase.

Are there cases in which visual designers offer input that has a strong influence on the architecture when spatial and visual designers cooperate?

// **Christof Teige** That would be desirable, but it is almost the rule that visual designers only join projects at a very late stage. That is often related to time and way the contract is awarded.

// **Sascha Lobe** It didn't hurt the project that we joined in so late. Our design solutions were purely applicable. We didn't work structurally, we used the building the way it is, pure architecture with architectural concrete surfaces and a lot of glass offer aesthetic basic materials that one can design very well with. The classical task of a way finding system,

eines Leitsystems, die Wegeführung, war im konkreten Fall nicht vorrangig, da es sich um ein Gebäude handelt, das hauptsächlich von Mitarbeitern genutzt wird.

Gibt es andere Funktionen, die Ihr betont habt?
// Sascha Lobe Es war von Anfang an klar, dass eine Grundorientierung möglich sein muss. Das Beschriftungssystem fängt nicht erst im Treppenhaus an, sondern bereits außen. Im Haus kann man sich mehr den identitätsbildenden Objekten widmen, das heißt, einen Ort erzeugen, eine Atmosphäre entwickeln, die jenseits der reinen Architektursprache liegende, zusätzliche Möglichkeiten nutzt. Den Ort zu reflektieren ist mit Sicherheit das Hauptthema der Gestaltung. Das Haus steht mitten im Grünen. Wie von einem riesigen Balkon aus schaut man von allen Ebenen in die schöne Landschaft oder auf das Tübinger Schloss. Das Thema Ökologie und das grüne Tübingen waren in der Diskussion um den regionalen Bezug wichtige Punkte. Wir wollten nicht die Architektur in kleinem Maßstab abbilden, sondern ergänzen. Wir haben dem Gebäude ein zusätzliches Gesicht gegeben. Wenn jemand durch das Haus geht, erlebt er über unsere Gestaltung auch die Umgebung. Und für die Mitarbeiter sind die ihren Räumen zugeordneten Grafiken ein Stück Zuhause.

Es ist also vor allem eine identitätsbildende Maßnahme?
// Sascha Lobe Ihr habt diesen Zusammenhang ja schon in Eurem Buchtitel „Orientierung und Identität" angedeutet. Es ist klar, dass selbst das Leitsystem an einem Flughafen identitätsbildend ist. Dort wird es aber meist nicht in dieser Eigenschaft wahrgenommen. Je weniger diese rein funktionalen Aspekte im Vordergrund stehen, desto freier kann man arbeiten, wenn man einen Auftraggeber hat, der mitspielt.

showing the way, wasn't a primary concern in this case since the building is mainly used by company staff.

Were there other functions you emphasized?
// Sascha Lobe It was clear from the beginning that basic orientation had to be possible. The system doesn't begin inside when you reach the staircase, it already starts outside. You can focus more on the identity objects inside, that means creating a place, developing an atmosphere that explores possibilities beyond purely architectural language.
To reflect the place is definitely the main theme of the design. The building stands in the middle of a green site. You look out over the beautiful landscape or have a view of the castle on every level. The ecology and "green" Tübingen were important aspects when the building's relationship to the region was discussed. We didn't want a small-scale reflection of the architecture we wanted to give the building an additional face. Our design helps people experience the surroundings when they walk through the building. And the graphics assigned to staff rooms are part of their home for the employees.

So it is primarily an identity-building measure?
// Sascha Lobe You already hinted at that with your book title, "Orientation and Identity." Of course it is clear that even a way finding system in an airport can build identity, but it isn't usually perceived at that level there. The less this purely functional aspect is a primary issue, the freer one is to work if you have a client who is willing to go along with you.

5 Vorstand
Vorstandssekretariat
Planung
Sitzungssaal

Grundsatzfragen/Aktivgeschäft
Handel/Treasury
Kreditabwicklung
Marktkommunikation
Personal
Personalrat
Revision

3 Marktservice
Service-Center

2 Kreditbearbeitung

1 Gebäudemanagement
Informationstechnologie
Projekt-/Prozessmanagement
Schulungsräume

–1 Tiefgarage
Technik

Übersichten findet man nur bei den Eingängen zum Bürotrakt
the only overviews are located next to the entrances to the office wing

187

Werden in Zukunft Orientierungssysteme stärker als identitätsbildende Maßnahmen gesehen werden?

// Sascha Lobe Das Thema Leitsystem ist auf jeden Fall eine der Optionen, die Identität eines Hauses zu gestalten. Wenn es um Immobilienmarketing geht wie z. B. bei Investoren, die Architektur verkaufen und auch darstellen müssen, bietet die grafische Gestaltung oder das Thema Signaletik/Orientierung/Kennzeichnung Möglichkeiten, die Produkte unterscheidbar zu machen.

Können rein funktionale Aspekte, wie den Weg von A nach B zu beschreiben, und Marketingaspekte, wie das Branding eines Gebäudes, ineinander greifen?

// Sascha Lobe Meiner Meinung nach können sie zusammenkommen.

// Christof Teige Es wäre der Idealfall.

// Sascha Lobe Wir haben ein Projekt für Adidas realisiert, bei dem das Thema Corporate Architecture, ausgehend vom Corporate Design, eine große Rolle gespielt hat. Wenn man einen wachen Auftraggeber hat, weiß dieser, wie flexibel er seine Corporate-Design-Definitionen in solchen Fällen halten muss, um als Marke noch erlebbar oder wahrnehmbar zu bleiben und nicht zu statisch zu erscheinen. Ich glaube, der Ansatz für die Aufgabe eines Gebäudebrandings liegt in Funktion und Systematik auf der einen Seite und dem Narrativen, dem Erzählerischen auf der anderen Seite. Das sind die zwei Pole.

Das Erzählerische braucht Zeit, sich mit dem Ort zu verbinden. Werden Geschichten nicht erst nach einer längeren Präsenz bewusst wahrgenommen?

// Sascha Lobe Ein Paradebeispiel eines guten Leitsystems ist das der New Yorker U-Bahn. Jedes vierte Modefoto, das in New York gemacht wird, hat diese Schilder im Hintergrund. Man weiß sofort: Das ist Manhattan. Hier hat sich Identität angereichert. Die Farben und

Do you think orientation systems will increasingly be seen as identity-building measures in the future?

// Sascha Lobe The way finding system is definitely one of the available options when it comes to designing identity. Signage/orientation/labeling or graphic design are possible ways of differentiating between products if, for example, we are talking about investors who want to market real estate.

Can purely functional aspects, like marking the way from point A to B, marketing aspects and branding for a building mesh with each other?

// Sascha Lobe They can converge in my opinion.

// Christof Teige That would be the ideal state.

// Sascha Lobe We did a project for Adidas in which corporate architecture, starting with corporate design, played a major role. If you have an alert client, he knows his corporate design definitions have to be flexible for the brand to still be experienced or perceivable and not seem too static. I think the approach to building branding lies in function and system on one side and in the narrative storytelling aspect on the other. Those are the two poles.

Storytelling takes time to bond with the place. Aren't stories perceived consciously consciously after a longer presence?

// Sascha Lobe The New York Subway is a prime example of a very good way finding system. Every forth fashion photo that is shot in New York has those signs in the background. You immediately know that's Manhattan. The colors and letters generated a face that is recognizable. It is charged with emotions and is easily identifiable.

Sommerlinde
lime tree

Ebene 5: Drachen
Level 5: Kites

Ebene 4: Vögel
Level 4: Birds

Ebene 3: Schmetterlinge
Level 3: Butterflies

Ebene 2: Insekten
Level 2: Insects

Ebene 1: Blätter
Level 1: Leaves

Ebene 0: Wiese
Level 0: Grass

die lebensgroße Sommerlinde misst rund 22 Meter
the life-size lime tree is about 22 meters tall

Buchstaben haben ein Gesicht generiert, das wiedererkennbar ist. Es ist mit Emotionen aufgeladen und hat einen hohen Identifikationsgrad.

Kunst am Bau übernimmt auch oft die Rolle der Identifikation. Klappt das für Euch?
// Christof Teige Das ist so ein schreckliches Wort, Kunst am Bau ist eher negativ belastet.
// Sascha Lobe ... weil es aus der Vorschriftenecke kommt.
// Christof Teige Genau, fünf Prozent oder so müssen da verbaut werden.

Ja, aber es muss nicht negativ ausgehen.
// Christof Teige Nein, im Idealfall ist es ein positives Zusammenwirken.
// Sascha Lobe Design kann es sich eher leisten, sich einem Zweck unterzuordnen. Der Gestalter entwickelt für ein bestimmtes Haus eine Lösung. Der Kunst tut das meistens nicht gut. Es gibt natürlich geniale Installationen oder Bildhauerarbeiten, die in der Lage sind, einen Raum zu füllen und zu definieren. Oft geht das allerdings schief, wenn Kunst von einem Bauherrn nach rein ästhetischen Gesichtspunkten ausgewählt wird und inhaltlich wenig mit dem Ort zu tun hat. Im Falle der Kreissparkasse ist aber auch das gelungen.
// Christof Teige Bei der Gestaltung des Glasdaches über dem Forum der Kreissparkasse und bei der Stele im Eingangsbereich hatten wir eine sehr gute Zusammenarbeit mit dem Künstler Bernhard. Hier bereichern sich Kunst und Architektur gegenseitig.

Euer Projekt ist sehr jung. Wie seht Ihr die zukünftige Entwicklung?
// Christof Teige Im Idealfall entwickelt es sich so, dass die Leitlinien, die das Haus vorgibt, weiter gepflegt werden. Es wird nicht zugebaut, der offene Geist bleibt weiter erhalten.

"Kunst am Bau"* often assumes the role of identification. Does that work for you?
// Christof Teige That is such an awful expression, "Kunst am Bau*" has a rather negative connotation.
// Sascha Lobe ...because it sounds like something out of a set of regulations.
// Christof Teige Exactly, five percent or so have to developed.

Yes but the outcome doesn't have to be negative.
// Christof Teige No, ideally they can work together positively.
// Sascha Lobe It is easier for design to be subordinate. The designer develops a solution for a particular building. That generally isn't good for art. Of course there are brilliant installations or sculptures that can fill a space and define it. But things often go wrong when a client chooses art purely on the basis of aesthetics and it has little to do with the place in those cases. But this aspect worked very well in the case of the Kreissparkasse.
// Christof Teige We cooperated very well with the artist Bernhard Huber when we designed the glass roof over the forum of the Kreissparkasse building and also on the stele in the entrance area. Art and architecture enriched each other in this case.

Your project is very young. What will its future development look like?
// Christof Teige Ideally the way finding system defined by the building will continue to be worked on. No additional buildings will be built, so the open spirit will be preserved. But that doesn't mean that it is static or unchanging. The spirit of the building should live on. Naturally this is very dependent on the responsible persons.

Was nicht heißt, dass es statisch oder unveränderlich ist. Aber der Spirit des Hauses sollte weiterleben. Das hängt natürlich stark von den verantwortlichen Nutzern ab.
// Sascha Lobe Visuelle Gestaltung hat die Möglichkeit, jene Leerstellen zu besetzen, die es zwangsläufig in der Architektur gibt. Normalerweise werden an solchen Stellen Plakate aufgehängt oder Topfpflanzen aufgestellt. Ein bisschen Zuhause, um für sich selbst einen Ort zu stiften. Wenn diese Leerstellen besetzt sind, reagiert alles Zusätzliche zumindest unbewusst auf das Bestehende. Wenn Wände bereits grafisch bespielt sind, ist die Wahrscheinlichkeit, dass da jemand Plakate aufhängt, geringer.

Was hältst Du vom Mittel der Partizipation als Gestaltungsmethode? Z. B. das Projekt von Martí Guixé für die Flagshipstores von Camper, bei dem er Kunden motiviert hat, Wände der Shops zu beschreiben. Einerseits war diese Aktion als partizipatives Event gedacht, war aber letztlich auch eine identitätsbildende Maßnahme.
// Sascha Lobe Dieses Projekt fiel mir auch gerade ein. Ich glaube der finnische Pavillon auf der EXPO in Hannover war ähnlich gestrickt. Solche Konzepte machen die Masse der Äußerungen zum Dekor. Die einzelne Botschaft, die hinterlassen wird, geht im Muster auf, vor allem, wenn man zum Beispiel nur eine Farbe von Filzstiften zur Verfügung stellt und damit das gestalterische Ergebnis kontrolliert. Der Impuls, etwas Persönliches zu machen, wird vielleicht befriedigt, aber ablesbar ist das einzelne Statement letztlich nicht. Es hat für mich etwas von Augenwischerei. Marken, die besonders individuell wirken wollen, machen so etwas. Ob das tiefgründig ist, weiß ich nicht.

Bietet Ihr gezielt Flächen an, auf denen man sich persönlich äußern und ausbreiten kann?
// Sascha Lobe In der Kreissparkasse gibt es solche Situationen nicht. Beim Leitsystem für die Gedenkstätte in Sachsenhausen haben wir gezielt Möglichkeiten angeboten, um

// Sascha Lobe Visual design has the possibility of filling the empty spaces that are part of the architecture. Posters or potted plants are normally used in such spaces. People try to bring a bit of home with them and create a place for themselves. Everything else reacts unconsciously to the existing surroundings once these empty spaces are filled. It is less probable that someone will put up a poster on a wall with graphics.

What do you think of participation as a design method? I am thinking of the project by Martí Guixé for the Camper flagship stores in which he motivated customers to write on walls designed for that purpose. This was conceived as a participation event at one level, but it was also an identity-building measure.
// Sascha Lobe I just thought of the same project. I think the Finnish pavilion at the EXPO in Hannover was based on a similar idea. Concepts like that turn the mass of statements into the décor. The individual messages create a pattern if you only allow one felt marker color, which makes it possible to control the result. The impulse involved in doing something personal may be satisfying, but the individual statement isn't ultimately readable. There is an element of cant in it. Brands that want to seem especially individualistic do that kind of thing. I don't know how deep that goes.

Do you provide surfaces people can express themselves on and create their own space?
// Sascha Lobe The Kreissparkasse doesn't allow for that kind of situation. We made a point of offering possibilities of writing messages and comments in the way finding system for the Sachsenhausen Memorial. We wanted to do our part and satisfy the need to comment. But we also wanted to avoid random scribbling. Visibility and protection are an important subject. The moment a pure glass surface is used you can be one hundred percent sure

Botschaften und Kommentare abzugeben und zu hinterlassen. Wir wollten ein Stück weit dem Bedürfnis des Kommentierens nachkommen, aber auch Kritzeleien im Vorfeld abfangen. Sichtschutz ist hier auch ein großes Thema. In dem Moment, wo eine Glasfläche ganz pur eingesetzt wird, kann man mit hundertprozentiger Sicherheit davon ausgehen, dass Mitarbeiter ein Stück intimen Raum schaffen möchten. Manchmal ist es nur ein Blatt weißes Papier, das hingehängt wird, um abgeschirmt zu sein. Wenn man das Thema Sichtschutz weiter interpretiert und in Richtung bildhafte Welten öffnet, kann man das Bedürfnis des Beklebens verringern. Klarerweise hat der Gestalter den Wunsch, jedes Ensemble in seiner Aussage so fix zu definieren, dass es vorerst so bleiben kann.

Unternehmensveränderung würde auch Veränderung fixierter visueller und räumlicher Gestaltung bedeuten.
// Christof Teige Ja. Für uns war es ein glücklicher Umstand, dass die Bank sich ganz transparent darstellen wollte. Es gibt Glaswände und Akkustikelemente, aber es gibt keine abgeschlossenen Zimmer. Wir hoffen, dass dieses offene Raumsystem erhalten bleibt. Es würde dem Haus nicht gut tun, wenn man Zellen und Flure einbauen würde.

Es gibt hermetisch abgeriegelte Forschungsbauten, Versicherungen oder auch Banken, die nach außen völlig transparent erscheinen. Zutritt hat man nur über viele Sicherheitskontrollen. Ist das nicht ein Widerspruch?
// Christof Teige Das gibt es immer wieder – wie etwa beim Bundestag in Bonn. Man wollte möglichst transparent erscheinen, aber viele Gebäudeteile mussten auch sehr sicher und schusshemmend sein. Dennoch zählt der Habitus, den ein Gebäude ausstrahlt.

Wie war die Erwartungshaltung des Auftraggebers in Bezug auf die Gestaltung?
// Sascha Lobe Man muss wissen, Tübingen ist die Stadt der toten Dichter. Hat dort jemand

employees will create a bit of intimate space. Sometimes it is only a white sheet of paper someone sticks to the glass to protect themselves. You can certainly reduce the need to stick that piece of paper up if you interpret the visibility protection theme further in the direction of image worlds. A designer has the desire to make statement with an ensemble that is so definite it can remain the way it is for a while.

Company changes would also mean changing fixed visual and spatial designs.
// Christof Teige Yes. Fortunately for us the bank wanted to present itself as being completely transparent. There were glass walls and acoustic elements but no closed rooms. We hope this open-room spatial system will survive. It wouldn't be good for the building if they built cubicles and halls in it.

There are hermetically sealed research buildings and insurance company buildings and banks that seem completely transparent from the outside. However, access is only permitted after passing a lot security checks. Isn't that a contradiction?
// Christof Teige You see that kind of thing very often. That was the case at the Bundestag in Bonn. They wanted to seem as transparent as possible. Yet many building parts have to be very secure and bullet proof. But the disposition of a building is what counts.

What were the clients expectations in terms of design?
// Sascha Lobe You have to know that Tübingen is the city of dead poets. If someone there has a bit of affinity for design he naturally starts thinking of poetry. The Kreissparkasse had a typographical solution with Hölderlin poems in mind. We worked with language and

Echter Fächerahorn
Acer palmatum

Achtung Glastüre! – der Aufprallschutz wurde gleichzeit als Informationsträger genutzt
Caution Glass Door! – the impact protector doubles as an information carrier solution

ein bisschen Gestaltungsaffinität, denkt er gleich an Poesie. Der Vorstand hat eher eine typografische Lösung mit Hölderlin-Gedichten erwartet. Für das Kunstmuseum Stuttgart haben wir mit Sprache gearbeitet und dies typografisch umgesetzt. Die Kreissparkasse hätte das auch gern gehabt. Dann kam die Überraschung, dass der Entwurf viel organischer war. Vögel und Bienen – um Gottes Willen! Der Vorstand hat jedoch schnell erkannt, dass dieser Vorschlag mehr mit dem Ort und der Philosophie des Unternehmens zu tun hat als die erwartete poetisch-sprachliche Umsetzung.

Gab es ein Highlight und einen kritischen Punkt im Projekt?
// Christof Teige Das Highlight für mich war die erste Vorstellung des Konzepts durch L2M3. Kritische Momente gab es nicht wirklich. Beim Bauen gibt es kritischere Momente. Im Finish passieren dann eher die schönen Dinge. Die kritischen Momente finden in der Phase vorher statt.
// Sascha Lobe Ein nicht wirklich kritischer, aber spannender Moment kam nach der ersten Präsentation, als wir gemerkt haben, dass wir den Baum zeichnen müssen. 22 Meter Baum – und wenn ich die Nase dran halte, muss das einzelne Blatt immer noch gut aussehen. Mit ein paar Tricks und ein bisschen Erfahrung haben wir es hinbekommen. Highlight war dann auf jeden Fall das Abziehen der Schablonenfolie, als der ganze Baum in Originalgröße auf dem Sichtbeton aufgebracht war. Man kann nie 100 % sicher sein, auch wenn man in einer Ecke eine 1:1-Bemusterung macht. Erst in dem Moment, in dem der Vorhang fällt – in diesem Fall die Schablonierungsfolie abgezogen wird –, weiß man, ob es gut ist.

created a typographical solution for the Art Museum in Stuttgart. The Kreissparkasse would have liked the same thing. And then we surprised them with a design that was much more organic. Birds and bees – for God's sake! But the board quickly realized that the proposal had more to do with the location and the philosophy of the company than the poetic, language-based proposal they had expected.

Was there a highlight and a critical point in the project?
// Christopf Teige Yes, for me the highlight was the first presentation of the L2M3 concept. There weren't really any critical moments. There were more critical moments during construction. The nice things tend to happen towards the end of construction. The critical things happen in the phase before construction.
// Sascha Lobe A moment that wasn't really critical, but very exciting came after the first presentation when we noticed we had to draw a tree, It was a 22-meter tree and every leaf had to look good, even at nose length. We managed to do it with a couple of tricks and experience. The highlight came when we peeled off the stencil paper and the whole life-size tree was on the wall of architectural concrete. You can never be 100% sure even if you create a 1:1 pattern in a corner. You only know if it is good when the curtains are drawn – or the stencil paper is drawn in this case.

* According to Wikipedia "Kunst am Bau" (on-site art) refers to the German or Austrian government acting as the client. In this capacity it allocates a certain part of construction expenses for public buildings to works of art (…). "Kunst am Bau" is built for the long term and is permanently linked to the inside/outside of the building, located on the site of the building or in the public space surrounding the respective facility: Hence it is also art in the public space to a certain extent. [http://de.wikipedia.org/wiki/Kunst_am_Bau.]

Ebene 4: Vögel
Level 4: Birds

LANDESKLINIKEN, Niederösterreich [A]

Lower Austrian Clinics

Interviewpartner / Respondent Wolfgang Lengauer | Projektmanager Bauangelegenheiten, Landesklinikum St. Pölten / Project Manager Construction Projects, Regional Clinic St. Pölten • Erwin K. Bauer | Geschäftsführer, bauer / Managing Director, bauer
Interviewfragen / Questions Elisabeth Kopf
Architektur / Architecture Landesklinikum St. Pölten und Lilienfeld / Regional Clinic St. Pölten and Lilienfeld, Büro Pfaffenbichler • Landesklinikum Tulln / Regional Clinic Tulln, Loudon & Habeler • Landesklinikum Melk und Zwettl / Regional Clinic Melk and Zwettl, Architektur Maurer

Ein systematisches Konzept für Wegeführung, Benennung und Farbe kann im Notfall Leben retten. Das signifikante Orientierungssystem für die Kliniken in Niederösterreich etablierte sich in den letzten Jahren in Verbindung mit den hellen, offenen Neubauten zum positiven Erkennungsmerkmal für die Gesundheitsoffensive eines Landes. Zwei- und dreidimensionale Gestaltung verschmelzen hier zu einer neuen Einheit.

A systematic naming, coloring and way finding concept can save lives in an emergency. The way finding system and the bright, open, new buildings of Lower Austrian clinics have become significant, positive elements of recognition for the state's health offensive. Two- and three-dimensional designs converge in one new unit here.

Wolfgang Lengauer
Architekt / Architect

Ausbildung Architektur, Technische Universität Wien
Laufbahn Freie Mitarbeit in verschiedenen Architekturbüros • Leiter Projektmanagement für Bauangelegenheiten, Landesklinikum St. Pölten
Education Architecture, Vienna University of Technology
Career Freelance work at various architecture offices • Head of the Construction Project Management, Regional Clinic St. Pölten

Was war der Anlass, ein umfassendes Orientierungssystem für den Klinikumskomplex St. Pölten zu initiieren?

// **Wolfgang Lengauer** Das hängt mit dem Ausbauplan, der sich im Landesklinikum St. Pölten über 15 Jahre erstreckt, zusammen. Er ist Teil der Gesundheitsoffensive der niederösterreichischen Landesklinikenholding mit ihren 27 Kliniken, von denen St. Pölten der größte Komplex ist.

Mit dem Ausbauplan war klar, dass alte Strukturen abgerissen und neue gebaut werden. Zusammen mit Dorothea Pfaffenbichler von unserem planenden Architekturbüro habe ich die Möglichkeit gesehen, im Zuge dessen etwas zu bewegen.

Dann folgte viel Überzeugungsarbeit, um ein Bewusstsein für Notwendigkeit und Nachhaltigkeit eines Orientierungssystems zu schaffen und die finanziellen Mittel dafür bereitzustellen. In einem Krankenhaus ist es wie vermutlich in vielen anderen Unternehmen so: Was keinen direkten oder auch nur indirekten finanziellen Nutzen stiftet, ist schwer zu argumentieren. Das Leitsystem dient aber nicht nur dem Patienten und Besucher, es unterstützt auch maßgeblich die Mitarbeiter am Informationsschalter und jene, die auf den Stationen arbeiten, da sie weniger mit Auskunftgeben beschäftigt sind und diese Zeit in medizinische oder pflegerische Prozesse investieren können – das war ein Argument.

Sie haben also bereits vor Beginn der Planung erkannt, dass es – auch wirtschaftlich gesehen – ein durchgängiges System brauchen wird?

// **Wolfgang Lengauer** Selbstverständlich, das möchte ich mir fast auf meine Fahne heften. Ich habe den Gedanken des facilitären, umfassenden, vernetzten Denkens schon seit Beginn meiner Tätigkeit als Projektmanager im Jahr 1997 im Landesklinikum St. Pölten-konsequent verfolgt. Das betrifft nicht nur das Leitsystem an sich, sondern etwa auch

What led to the decision to create a comprehensive orientation system for the St. Pölten Clinic complex?

// **Wolfgang Lengauer** It had to do with the expansion plan for the Klinikum St. Pölten, which will be implemented over the next 15 years. It is part of the Lower Austrian State Clinic Holding's health offensive. St. Pölten is the largest complex in the holding.

The new expansion plan meant old structures would be torn down and new ones would be built. Dorothea Pfaffenbichler, who works for the architecture office in charge of planning, and I saw the possibility of setting something in motion along with the expansion.

What followed were a lot of discussions in which we sought to persuade others and create awareness for the need for a sustainable long-term orientation system and secure the necessary financing. A hospital is the probably the same as many other companies: it is hard to argue in favor of anything that is not directly or indirectly useful in financial terms. But the way finding system isn't only for the patients and visitors, it also offers the information desk staff important support, as well as the staff in the various wards since it allows them to focus more on medical or nursing aspects and less on giving information – that was an argument.

Did you notice an integrated system would be best – also in economic terms – before you started planning?

// **Wolfgang Lengauer** Of course, I almost feel I can take credit for that. I pursued the concept of a facility-oriented, comprehensive plan from the beginning of my project management work in 1997 at the state clinic. This includes the way finding system itself and the management of the facility, as can be seen in the "Anlagenkennzeichnungssystem" that was implemented.

Erwin K. Bauer
Kommunikationsdesigner / Communication Designer

Ausbildung Höhere Bundeslehranstalt für alpenländische Landwirtschaft, Raumberg • Grafikdesign, Universität für angewandte Kunst Wien
Laufbahn Landwirt • Designer bei Total Identity, Amsterdam • Universitätslektor an der Donau-Universität Krems und an der Universität für angewandte Kunst Wien • Geschäftsführer, bauer
Education Specialized School for Alpine Farming, Raumberg • Graphic Design, University of Applied Arts Vienna
Career Farmer • Designer at Total Identity, Amsterdam • Instructor at the Danube-University Krems and the University of Applied Arts Vienna
Managing Director, bauer

das Gebäudemanagement insgesamt, wie dies beispielsweise im klinikumseinheitlichen Anlagenkennzeichnungssystem (AKS) umgesetzt wurde.

Haben Sie für die Überzeugungsarbeit Unterstützung von Designern erhalten?
// Wolfgang Lengauer Wir haben relativ früh mit der Zusammenarbeit begonnen. Ich selbst wäre nicht in der Lage, das Thema professionell aufzubereiten und autonom umzusetzen. Über die Architektin Dorothea Pfaffenbichler haben wir mehrere Designer eingeladen, ein Konzept zu erarbeiten und zu präsentieren. Der Ansatz des Büros bauer hat uns am meisten beeindruckt und überzeugt.

Welche Rolle spielen die Architekten dabei?
// Wolfgang Lengauer Seit den 1960er Jahren arbeitet das Architekturbüro Pfaffenbichler für das Klinikum, inzwischen sind sie Generalplaner und für den Gesamtausbau verant- wortlich. In den nächsten zehn Jahren folgen weitere Bauetappen, in denen schrittweise erneuert und erweitert wird. Ihr Fachwissen in der Krankenhausplanung und die genaue Kenntnis unseres Hauses sind der Grund, warum sie heute und in Zukunft bestens für uns planen können. Sie haben auch die Notwendigkeit eines guten Leitsystems erkannt und die Realisierung unterstützt.

Wie geht man als Designer an ein so heterogenes Klinikumsgelände heran? Wo beginnt die Gestaltungsarbeit?
// Erwin K. Bauer Zuerst haben wir die architektonische Substanz analysiert. Es handelt sich um einen gewachsenen Häuserkomplex, der sich ständig weiterentwickelt und verändert. Das bedeutet den Abriss von alten Häusern, den Bau von neuen Häusern und die häufige

Did the designers support you in your efforts to persuade the others?
// Wolfgang Lengauer We started our cooperation relatively early since we would not have been able to handle the topic in a professional way and implement it autonomously other- wise. We asked a number of designers to create and submit proposals with the help of the architect Dorothea Pfaffenbichler. The approach the bauer office took impressed and convinced us most.

What role do the architects play?
// Wolfgang Lengauer The Pfaffenbichler office has worked for the Klinikum since the 1960s. Pfaffenbichler is responsible for general planning and all construction work by now. Further construction phases will follow over the next ten years in which buildings will be refurbished and expanded. Their specialized knowledge of hospital design and precise knowledge of our house is what makes them best able to plan for us today and in the future. They recognized the importance of a good way finding system and supported its realization.

How does one approach such a heterogeneous clinic site? Where does the design work begin?
// Erwin K. Bauer First we analyzed the architectural substance. This is a building complex that has grown, that continuously develops and changes. This means old buildings are de- molished, new buildings go up and the way finding constantly changes. The construction sites and provisional access ways also make it difficult or impossible to use permanent signs. Solutions for the old and the new buildings, as well as the provisional facilities are

Veränderung der Wegeführung. Zusätzlich machen Baustellen und provisorische Zugänge eine endgültige Beschriftung häufig nicht möglich. Es sind sowohl Lösungen für Alt- und Neubauten als auch Provisorien gefragt, bei denen man aber ständig die fertige Ausbaustufe im Kopf haben muss.

Im zweiten Schritt folgen Restrukturierung, Neuordnung und das Aufräumen der Informationsträger. Was ein unübersichtlicher Schilderwald unterschiedlichster Machart und Form war, haben wir schrittweise komplett beseitigt. Aufräumen ist eine der wichtigsten Maßnahmen, meist funktionieren Beschriftungen alleine dadurch nicht, dass sie überall die komplette Information anbieten.

Was bedeutet das für den Benutzer des Leitsystems?

// Erwin K. Bauer Das Ergebnis sind wesentlich weniger Informationsträger an den entscheidenden Stellen, die man dafür deutlich wahrnimmt. Der Benutzer ist nicht überfordert, sondern wird gezielt informiert, die Anzahl und damit die Kosten der Informationsträger werden überschaubar, und die Wartung wird einfacher. Somit gibt es auch wirtschaftliche Vorteile für das Klinikum selbst.

// Wolfgang Lengauer Die betriebsorganisatorische Entwicklung spielt eine wesentliche Rolle. Einerseits wurde das Klinikum nach medizinischen Zentren organisiert, andererseits gibt es trotz des großen Geländes eigentlich nur einen Eingang. Dort liegt die zentrale Anlaufstelle für die Besucher-Information und von dort aus verteilt es sich. Wenn ich diese eine zentrale Anlaufstelle nicht habe, sondern mehrere, dann habe ich Information hier und dort. Das Leiten wird wesentlich komplizierter, aber auch die Vorstellung des Geländes im Kopf des Benutzers wird sehr verschieden ausfallen.

needed, but we have to keep the completed building that will be there one day in mind too. The next step is restructuring, re-organizing and cleaning up the information carriers. We removed what used to be a confusing clutter of signs of different types and shapes step by step. Cleaning up was one of the most important measures. Signs are often ineffective because they offer complete information everywhere.

What does that mean for the people who use the way finding system?

// Erwin K. Bauer It means considerably less information carriers in decisive places, but the carriers are perceived much more clearly. they don't overburden the user. The system offers specific information, the number and cost of the information carriers is easier to supervise and maintenance is easier too. So this leads to economic benefits for the clinic itself as well.

//Wolfgang Lengauer The development of the clinic's organization and operations also plays an important role here. The clinic is organized in medical centers, but there is only one entrance despite the large site. That entrance is also the central visitor information center, from which visitors spread out. If it weren't for that central access point I would have information scattered here and there. That would make way finding much more complicated, and visitors would also envision the site differently as well.

Can things like a central entrance and central information be defined in advance as the architectural basis for a good way finding system?

// Erwin K. Bauer That developed in the course of our work. The architectural and operative development of the Klinikum St. Pölten led to this result. There is a corporate architecture

schon bei der Rettungsanfahrt entscheidet sich der Weg – rechts in den OP oder bei leichteren Verletzungen in den Ambulanzbereich
the emergency access route makes a decision easy – operations are to the right and minor injuries are handled in the outpatient area

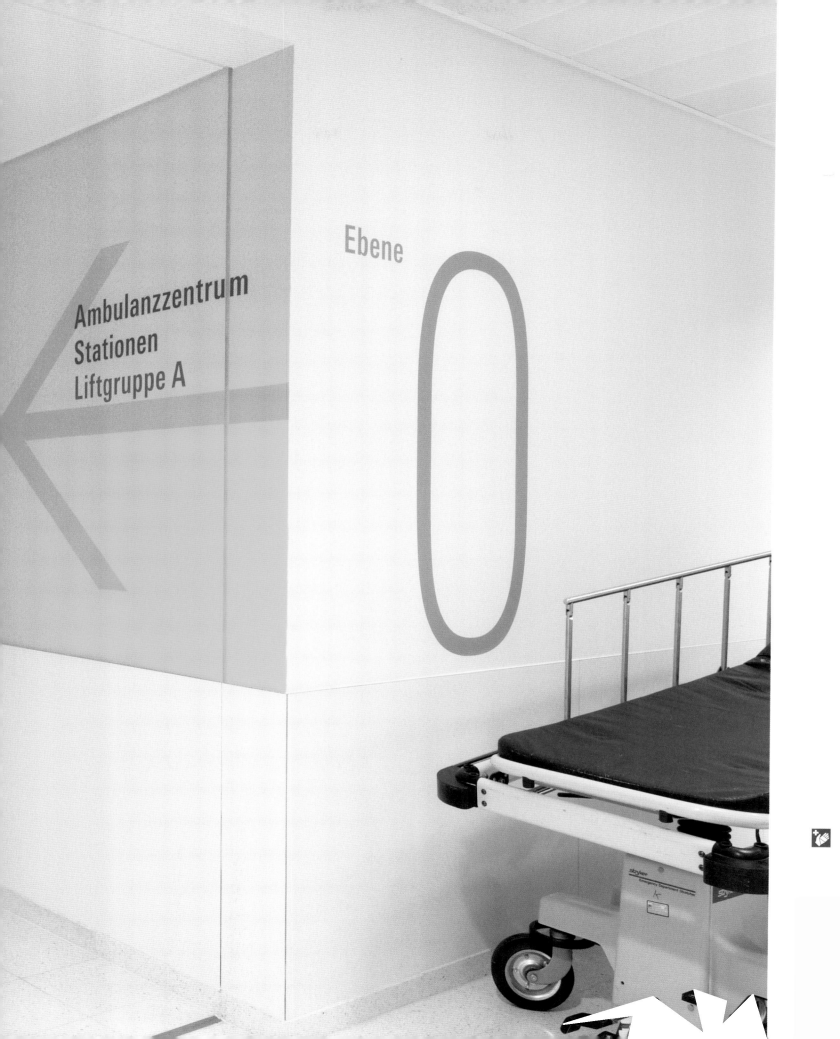

Kann man so etwas wie einen zentralen Eingang und eine zentrale Information als architektonische Grundlage für ein gutes Leitsystem schon vorher festlegen?

// Erwin K. Bauer Das hat sich im Laufe unserer Arbeit entwickelt. Der Anstoß dafür war die architektonische sowie die betriebsorganisatorische Weiterentwicklung des Klinikums St. Pölten. Heute stehen wir bei einer Corporate-Architecture-Leitlinie für alle Landes-kliniken. Diese wurde mit dem Ziel erarbeitet, die Wegeführung von der Autobahnabfahrt bis zum Patientenbett in ganz Niederösterreich durchgängig zu machen. Unter anderem werden dort Mustergrundrisse festgelegt, wie Eingangshallen und Zugänge auszusehen haben, allerdings immer mit einer Bandbreite an Spielmöglichkeiten, weil es ja unterschiedliche Kliniken mit unterschiedlichen Bedürfnissen und Möglichkeiten gibt. Das ist jetzt zum Prinzip erhoben, man kann das Landesklinikum St. Pölten als Initiator sehen.

Wie seid Ihr mit den großen Mengen von Information umgegangen, um daraus ein sinnvolles Orientierungs-system zu entwickeln?

// Erwin K. Bauer Da gibt es verschiedene Strategien, einerseits die Analyse der Architektur, andererseits die Untersuchung der Betriebsorganisation, die im Krankenhaus ja lebens-wichtig ist, weil sie die verschiedenen Abläufe und Wege regelt und bestimmte Wege für verschiedene Nutzergruppen festlegt. Da gibt es den Notfallpatienten, der muss sofort operiert werden, da gibt es den Besucher, der will zum Opa auf Zimmer 115, da gibt es die Krankenschwester, die muss jetzt zum OP Nummer 3 usw. Der Lieferant, der von außen kommt, muss ins Lager, ein anderer holt die Blutproben ab – all diese betriebsorganisato-rischen Abläufe sind Grundlage für die Frage, wer welche Information braucht. Einerseits braucht man also die Nutzertypen, andererseits die exakten Bedürfnisse an Information.

guideline for all state clinics today. It was conceived with the aim of creating standardized way finding from the highway exit to the patient's bed in all of Lower Austria. There are model ground plans that define what the entrance halls and access ways are supposed to look like. But there is always a bit of leeway since the different clinics address different needs and have different possibilities. The Landesklinikum St. Pölten can be seen as the initiator of this principle now.

How did you handle the large amounts of information and create a logical, reasonable orientation system?

// Erwin K. Bauer There are different strategies. One of them is the analysis of the architec-ture, the other is researching the operational structure, which is of vital importance in a hospital because it regulates the various sequences and routes used by the different user groups. There are emergency room patients and there is the visitor who wants to visit his grandfather in room 115, the nurse who has to go to operation room 3 and so on. A supplier has to get to the storage area and another has to deliver blood samples. All of these operational aspects raise the question of who needs what information. You need to know the user types and the exact kind of information they require. The next step is to structure the information so that it is available in layers. I have to know I reached the right building when I get to it before the information gets more specific as I continue through the building. So we never offer all the information at once.

What role does the nomenclature play in your system?

// Erwin K. Bauer The nomenclature is a major factor. Since our system is primarily a patient

in der Eingangshalle ist bereits vom großen Übersichtsplan aus die erste gelbe Wand des Ambulanzzentrums zu sehen
the first yellow wall of the outpatient ward can be seen from the location of the large overview map in the entrance area

Im nächsten Schritt müssen die Informationen so strukturiert werden, dass sie in Schichten aufgebaut sind, das heißt, wenn ich zu einem Gebäude hinkomme, muss ich zuerst die Bestätigung haben, dass ich hier richtig bin, und erst dann wird die Information – je nachdem, wie weit ich eintrete – immer weiter vertieft. Es wird also nie die komplette Information angeboten.

Welche Rolle spielt die Namensgebung in eurem System?
// Erwin K. Bauer Die Nomenklatur ist ein wesentlicher Faktor. Und da unser System in erster Linie ein Patienten- und Besucherleitsystem ist, wollen wir vorrangig auch diese Nutzer erreichen. Dazu gehören die einheitliche Logik und die Verständlichkeit der Begriffe. Das schließt lange bürokratische Bezeichnungen genauso aus, wie für Laien unverständliche medizinische Fachbegriffe oder kryptische Abkürzungen. Welche Begriffe zulässig sind, haben wir über ein logisches Baukastensystem mit Wörtern geregelt.
// Wolfgang Lengauer Ein Wording zu finden, das für alle Kliniken in Niederösterreich alltagstauglich sein könnte, das war eigentlich unsere primäre Aufgaben in St. Pölten. Man hat sich auf ein Wort-Baukastensystem in sechs Kategorien geeinigt: Klinikumsname – Hausname mit Buchstabe und Farbcode – Funktionseinheit – medizinische Disziplin – Raumbezeichnung – Nummerierung.

Wie habt Ihr Architektur, visuelle Gestaltung und Orientierungssystem verknüpft?
// Erwin K. Bauer Das Spezielle an den Orientierungssystemen für die Landeskliniken ist, dass die Architektur Plätze für die Information vorsieht – nicht nur für ein kleines Schildchen – sondern für großflächige Information. Diese Wandscheiben sind nicht nur reine

and visitor way finding system we mainly want to reach out to those users. Uniform logic in our terminology and the understanding thereof is part of this. This eliminates specific medical terms and long bureaucratic designations a layman doesn't understand as well as cryptic abbreviations. We decided what terms work well using a logical building block system. The catalogue expands with each new clinic and its respective orientation system. We develop the catalogue further and adjust it to the different needs.
// Wolfgang Lengauer Finding the right wording that would work for the everyday operations in all Lower Austrian clinics was actually our primary task in St. Pölten. We agreed on a word block system with six categories: clinic name – building name with letter and color code – functional unit – medical discipline – room designation – numbering.

How did you link the architecture, visual design and the orientation?
// Erwin K. Bauer What makes the orientation system for the state clinics special is that the architecture includes places for the information – not just for a little sign – but for large-surface information. These wall panels aren't just pure information carriers, they also define spaces. I know, if I head towards the outpatient center, I am going to walk past a large yellow wall and move slowly into the yellow area. Yellow is the color for outpatient centers in all of the state clinics. This leads to intuitive navigation via colored areas and helps spruce up the rooms at the same time.
The lilac-colored, grey-blue or dirty green colored floor- or wall colors of the 1970s that used to make patients even sicker disappeared. We replaced them with lively or calming colors that create a different sense of awareness in a hospital. It isn't a place of sickness

farbige Wandscheiben an wichtigen Knotenpunkten zeigen nicht nur den Weg an, sondern wirken räumlich
colored wall slabs at important hubs show the way and create a spatial effect

Informationsträger, sondern haben raumbildende Funktion. Ich weiß, wenn ich mich z. B. in Richtung Ambulanz bewege, dass ich dort an einer großen, gelben Wand vorbeigehe und mich langsam in den gelben Bereich bewege. Gelb steht in allen Landeskliniken für Ambulanzen. Das führt zur intuitiven Navigation über die farbigen Bereiche, gleichzeitig wertet es die Räume auf. Die fliederfarbigen, graublauen oder schmutziggrünen Böden oder Wandfarben der 1970er Jahre, die den kranken Patienten nur noch kranker machen, verschwinden. Wir haben sie durch belebende oder beruhigende Farben, die auch ein anderes Bewusstsein von einem Krankenhaus schaffen, ersetzt. Es ist kein kranker Ort mehr, sondern er wird positiv aufgeladen. Der Begriff „Krankenhaus" wurde nicht zufällig durch „Klinikum" ersetzt.

// **Wolfgang Lengauer** Außerdem versuchen wir auch, die Einrichtung eines Raumes in Bezug auf die Materialien ruhig zu halten. Wir haben nur helles Ahornholz, Aluminium und Glas für das Mobiliar. Damit bleibt Raum, farbliche Akzente oder Leitsystemakzente zu setzen.

Wie funktioniert das Farbkonzept für die Orientierung?
// **Erwin K. Bauer** Eine Ebene ist das Farbkonzept nach Häusern für so große Kliniken wie St. Pölten. Zunächst muss ich das Haupthaus finden, das „Haus A". Es trägt die stärkste Farbe, als Signalfarbe Rot. Alle anderen Häuser sind dann in weiteren gut unterscheidbaren Farben gekennzeichnet. Die Hausfarbe des jeweiligen Gebäudes gilt auch für die Bettenstationen in den Häusern, die den Großteil einnehmen. Damit kann ich einfach sagen: Ich bin im „Roten Haus", im „Blauen Haus" etc. So kann die Bezeichnung auch in der Alltagssprache verwendet werden. Viele Orientierungssysteme leiden darunter, dass sich die Benutzer eigene Begriffe ausdenken, weil das System nichts Nachvollziehbares

anymore, it is charged with positive energy. It isn't a coincidence that the term "Krankenhaus" was changed to "Klinikum."

// **Wolfgang Lengauer** We also try to keep a room calm with our choice of materials. We only use light maple wood, aluminum, and glass for the furnishings. This gives us space to set a tone with colors or way finding features.

How does the orientation color concept work?
// **Erwin K. Bauer** One level is the color concept divided by buildings for large clinics like the one in. First I have to find the main building, "Building A." It is given the strongest color, red is used as a signal.
All the other buildings are then given other easily recognizable colors. The building color is also used in the wards, which take up the larger part of the interiors. So I can say I'm in the "red building" or in the "blue building," etc. This makes it possible to use the designations every day. Many orientation systems suffer from the fact that users think up their own terms because the system doesn't offer anything that is easily verifiable or simple. It is very important to imagine how things work in colloquial terms. If the doorman can explain things in simple terms, then it was properly conceived.
The second level is additional coding by function: Yellow is the color for the most important outpatient centers, calm turquoise is used for intensive care and operation room areas. Gray gives service areas a restrained appearance. I can always find the outpatient center in any Lower Austrian clinic if I cut my finger because I recognize the yellow color. This consistency gives me the certainty that I will receive the same high standard of medical

klare Farben unterscheiden die Hauptbereiche: signalhaftes Gelb steht für Ambulanzen, Blau für Bettenstationen
clear colors make the different main areas easy to recognize: Yellow is for outpatient care, blue is for in-house patients

oder Einfaches anbietet. Es ist wichtig, sich auch die umgangssprachliche Verwendung vorzustellen. Die zweite Ebene ist die zusätzliche Codierung nach Funktionen: Die Signalfarbe Gelb für Ambulanzen, die am dringendsten gebraucht werden, ruhiges Türkis für Intensiv- und OP-Bereiche. Serviceeinrichtungen treten in Grau zurück. Egal in welchem Klinikum in Niederösterreich ich schnell die Ambulanz suche, weil ich mich in den Finger geschnitten habe – ich erkenne die Abteilung sofort an der gelben Farbe. Diese Konstanz gibt mir gleichzeitig die Sicherheit, dass ich auch den gleichen hohen Standard an medizinischer Versorgung habe, und gibt mir die nötige Ruhe, die ich in der Ausnahmesituation Krankenhaus im Extremfall brauche. Wenn die Nerven blank liegen, muss die Orientierung automatisch erfolgen, es darf keine zusätzliche Aufgabe werden.

Wie gehen farbenblinde Personen damit um?
// Erwin K. Bauer Das System arbeitet mit verschiedenen Wahrnehmungsebenen. Es gibt das geschriebene Wort, das kann man lesen, die Schrift ist extrem groß und kontrastreich im Vergleich zu durchschnittlichen Leitsystemen. Es ist für sehbehinderte Personen sehr gut erfassbar. Dazu kommen raumhohe Pfeile und die Codierung der Häuser mit Buchstaben. Zusätzlich kann jede beeinträchtigte Person auch bei der zentralen Information in der Eingangshalle fragen. Gemeinsam mit dem Architekturbüro haben wir diesen „Infopoint" architektonisch prominent platziert und speziell visuell gekennzeichnet.

In den psychiatrischen Abteilungen in Tulln gibt es ein auffälliges Piktogramm-System mit Tier-, Gemüse- und Instrumentensymbolen – warum nur hier und nicht in anderen Abteilungen?
// Erwin K. Bauer In psychiatrischen Abteilungen geht es um die einfache Orientierung für

attention and calms me in an emergency situation at a hospital. Orientation has to work automatically in a tense situation, it shouldn't be an additional task.

How do color-blind people work with the system?
// Erwin K. Bauer The system works with different levels of perception. It features the written word that can be read. The lettering is very big and contrasts well compared to average way finding systems. It is very easily recognizable for visually impaired people. Then there are room-high arrows and the letter coding for the buildings. And every affected person can ask at the central information desk in the entrance hall. We made sure to place this "info point" in a prominent spot and use special visual markings in cooperation with the architects.

There is a striking pictogram system in the psychiatric wards at the Tulln center. It uses animal, vegetable and instrument symbols. Why is it only used there and not in other departments?
// Erwin K. Bauer Orientation in psychiatric wards has to be simple for patients, they should remember their rooms. Basic shapes and colors are sometimes used in clinics, but they cannot always be differentiated, they are hard to remember and cannot be expanded. Identification and recognition are important for patients. We looked for something that they can recognize and memorize at the same time, an iconic shape depicted as a silhouette. It is very easy at the Klinikum Tulln: a patient goes to his horse room, he goes to his raspberry room... everyday language usage is also very important here.
There is another case in which simple shapes can support orientation. Patients who are transferred to the recovery room after an operation may have limited perception as they

Patienten, sie sollen sich ihr Zimmer merken. Manchmal wird in Kliniken mit einfachen Grundformen und Farben gearbeitet, aber das ist nicht immer differenzierbar, schwer zu merken und auch kein ausbaubares System. Es geht um Identifikation und um Wiedererkennung für die Patienten. Wir haben etwas gesucht, das sie erkennen und sich gleichzeitig merken können, also eine ikonische Form, die als Silhouette dargestellt wird. Im Klinikum Tulln ist es ganz einfach: Der Patient geht in sein Pferdezimmer, er geht in sein Himbeerzimmer … auch hier ist der alltägliche Sprachgebrauch wieder ganz wichtig.
Es gibt einen anderen Fall, wo einfache Formen die Orientierung unterstützen können: Patienten, die aus dem OP in den Aufwachbereich kommen und die beim Wiedererwachen eine eingeschränkte Wahrnehmung haben, wissen meist nicht, wo sie sind. Sie schauen an die Decke und versuchen, etwas zu erkennen, die räumliche Dimension zu erfassen, um sich zu selbst zu verorten, um sich orientieren zu können. Hier helfen einfache Grundformen wie Kreis, Dreieck und Quadrat, die an die Decke gemalt werden.

Was war die sichtbarste oder deutlichste Veränderung durch das Orientierungssystem?
// Wolfgang Lengauer Das Auffälligste war aus meiner Sicht die Farbgebung. Früher haben bunte Wände nichts zu sagen gehabt, sie waren einfach nur bunt. Jetzt haben wir ganz klare, kräftige Farbbereiche definiert, die entweder eine Aussage zur Funktionalität der Räumlichkeiten tragen oder zu der Örtlichkeit, in der ich mich befinde.
// Erwin K. Bauer Architektur ist hier von visueller Gestaltung nicht mehr zu trennen, beide bilden eine Einheit. Meistens wird Architektur geplant, und danach werden Orientierungshilfen appliziert. Bei uns wird beides zeitgleich entwickelt und zeitgleich umgesetzt. Das führt zur Vereinfachung, weil diese zusätzlichen, normalerweise außen draufgesetzten

regain consciousness. Many don't know where they are. They look at the ceiling and try to recognize something, grasp the dimensions of the room to find their place and orient themselves. Simple shapes, like circles, a triangle or squares painted on the roof are helpful here.

What was the most visible or clearest change the orientation system brought about?
// Wolfgang Lengauer The most conspicuous thing was the coloring from my point of view. Colorful walls had no meaning before, they were just colorful. Now we have very clear and vibrantly colored areas that make a statement about the functionality of a room or about my current location.
// Erwin K. Bauer Architecture can no longer be separate from visual design, both create a unit. Architecture is often planned and the orientation aids are just applied later. We develop both at the same time. This makes things simpler because the additional carriers that are normally used become superfluous. The architecture itself becomes the information carrier. That is real progress for me as a designer, and you can see it in the results. Everything is clearer and simpler.
Common sign systems often suffers from their technical appearance. Our orientation system makes it possible to fill the room with positive emotional energy by using colorful, large-surface applications. This is an ideal complement to the open, humane identity of the new clinics that can be felt in the architecture of every new building with its generous, bright rooms.

Träger überflüssig werden. Die Architektur wird selbst zum Träger der Information. Das ist für mich als Gestalter ein echter Fortschritt, und das ist am Ergebnis zu sehen. Alles wird klarer und einfacher.

Die gängigen Schildersysteme leiden oft unter ihrer technischen Ausstrahlung. Unser Orientierungssystem hingegen eröffnet mit der großflächigen, farbigen Bespielung der Wände die Möglichkeit, den Raum emotional positiv aufzuladen. Die offene, menschliche Identität der neuen Kliniken, die in der Architektur mit jedem Neubau über großzügige, helle Räume spürbar wird, ergänzen wir damit genau.

Was kann man tun, um die Akzeptanz der Veränderungen und Neuerungen im Zuge eines Orientierungssystems zu unterstützen?

// Erwin K. Bauer Ein häufiger Fehler ist es, ein System zu installieren, das neue Begrifflichkeiten und Identitäten schafft und die Benutzer nicht informiert. Es geht darum, das an die Benutzer heranzutragen, die Multiplikatoren genau zu informieren. Das sind die Leute, die am Informationspult sitzen, das sind Leiter von Ambulanzzentren, also alle, die viel Kontakt mit Besuchern oder auch mit Mitarbeitern haben. Sie müssen geschult werden, dass es ein neues System gibt und die neuen Namen überall verwendet werden. Namen haben Identität aufgebaut und haben eine Struktur im Hause gefestigt, da wird aus reiner Gewohnheit mit alten Begriffen operiert, obwohl es schon verständlichere, neue Begriffe im Leitsystem gibt. Außerdem ist es wichtig, vorher sehr genau zu recherchieren, welche Bedürfnisse die Mitarbeiter haben und sie einzubinden. Damit wird das neue System auch verstanden und mitgetragen und nicht abgelehnt.

What can be done to increase acceptance of the changes and new features the orientation system leads to?

// Erwin K. Bauer One common mistake is to install a system that contains new terms and identity elements without informing the users. It has to be brought to the users and these multipliers have to be thoroughly informed. We are talking about the people at the information desks, the patient center heads, the people who have a lot of contact with visitors and other staff members. They have to be trained, they have to know that there is a new system that uses new names everywhere. Names have created an identity and solidified a structure in the building. Old terms are used out of habit, although there are newer more understandable terms in the way finding system. It is also important to research the staff's needs and take these needs into account. This helps make sure they will support the system and not reject it.

How did you test the way finding system, did you test it?

// Erwin K. Bauer We had a prototype phase at the Landesklinikum Lilienfeld to test our design in terms of perception, readability and acceptance. We hung up our maps and site plans and monitored the reactions to them. We wanted to see if people would even notice the floor markings or just walk over them without noticing them.

At the Landesklinikum Tulln we used colored transparent foils on glass surfaces for the first time. The colors and contrasts change sharply depending on sky light, transmitted light, day light or night situation. We tested this a number of times.

Besucher und Patienten erkennen die Bettenstationen intuitiv an der Leitfarbe, alle Informationsträger und farbigen Wandflächen markieren den „blauen Bereich"
visitors and patients recognize the Bettenstationen intuitively by their signage color, all information bearers and colored wall surfaces mark the "blue area"

Wie konntet Ihr denn das Leitsystem vorher ausprobieren? Gab es einen Test?

// **Erwin K. Bauer** Im Landesklinikum Lilienfeld haben wir eine Prototypphase eingeführt, um unsere Entwürfe auf Wahrnehmung, Lesbarkeit und Akzeptanz zu testen. Wir haben die Pläne und Lagepläne vor Ort aufgehängt und geschaut, wie die Leute darauf reagieren, ob man Bodenbeklebung überhaupt wahrnehmen kann oder die Menschen einfach drüber gehen ohne sie zu beachten.

Beim Landesklinikum Tulln haben wir erstmals farbig bedruckte Transparentfolien für die Glasflächen eingesetzt. Je nach Auf- und Durchlicht, Tageslicht oder Nachtsituation verändert sich der Eindruck, vor allem der Farben und Kontraste, stark. Das haben wir vorher mehrfach bemustert.

Gibt es auch ein Budget für solche Tests?

// **Erwin K. Bauer** In Österreich gibt es keine ausgeprägte Kultur des Recherchierens oder Testens. Auftraggeber sind stark auf ergebnisorientierte Dinge ausgerichtet – das hängt vor allem mit dem Budget zusammen. Experimentieren und systematisches Untersuchen wird budgetär meist nicht eingeplant, das muss man sich hart erkämpfen. Wenn aber die Phase beim Research zu kurz gehalten wird, dann wird die Phase bei der Adaptierung länger und teurer. Mittlerweile können wir gut argumentieren, dass sich Einsparungen in der Recherche- und Planungsphase nicht rechnen.

Bewährt sich das System im Betrieb?

// **Erwin K. Bauer** Prinzipiell ja. Was noch zu wünschen wäre, ist die Akzeptanz laufender Kosten. Man geht oft davon aus, dass es sich wie mit einem fertig gebauten Haus verhält.

Is there a budget for that kind of test?

// **Erwin K. Bauer** There isn't a very strong research and testing culture in Austria. The clients are very focused on result-oriented things – that mainly has to do with the budget. Experimentation and systematic research generally isn't planned in the budget, you have to fight for these things. But the shorter the research phase is, the longer the adaptation phase will be. We can argue that the savings in the research and planning phase aren't worth it pretty well by now. People are beginning to recognize that thorough planning with a number of test runs can help avoid surprises in the operational phase.

Has the system proven itself in operation?

// **Erwin K. Bauer** Basically yes. The acceptance of operation costs would be desirable. It is often assumed that things are like a completed building. No further investment is needed the minute it is up. But moving and adaptations lead to changes that are easy to make to the system but still have to be paid for. Awareness of this has to raised.

// **Wofgang Lengauer** Visitors and patients have reacted very well to the system because it's very simple and easy to understand. However, we have only equipped about a third of the entire complex with it so far. The larger part of the complex still has to live with the old signs. It will only work seamlessly once the whole complex has the new system, but the improvement can already be felt clearly.

What do the users like most?

// **Wofgang Lengauer** Interestingly the reduced wording, with the exception of certain areas

Wenn es steht, braucht man nichts mehr zu investieren. Durch Umzüge und Umbauten fallen aber laufend Veränderungen an, die zwar leicht im System zu adaptieren sind, aber trotzdem finanziert werden müssen. Hier braucht es noch Bewusstseinsbildung.
// **Wofgang Lengauer** Von Besuchern und Patienten wird das System sehr gut angenommen, weil es einfach und übersichtlich ist. Allerdings haben wir bis jetzt erst etwa ein Drittel des gesamten Komplexes mit dem neuen System ausgestattet, der größere Teil muss bis jetzt noch mit dem alten Bestand an Schildern leben. Erst bei kompletter Ausstattung wird es lückenlos funktionieren, aber der Fortschritt ist jetzt auch schon deutlich spürbar.

Was wird von den Nutzern am besten angenommen?

// **Wofgang Lengauer** Interessanterweise das reduzierte Wording, mit der Ausnahme, dass manche Bereiche gar nicht mehr angeschrieben sind, weil sie nicht patientenrelevant sind, aber weil es dadurch klar und übersichtlich geworden ist. Auch die raumhohen Pfeile kommen sehr gut an, weil sie so eindeutig sind, die kann man gar nicht übersehen.

In welchem Verhältnis stehen Orientierungssystem und Identität zueinander?

// **Erwin K. Bauer** Die Gesundheitsoffensive in Niederösterreich betrifft viele Punkte, die von den Mitarbeitern bis zur effizienteren und technisch besseren Ausstattung reichen, alles mit dem Ziel der optimalen medizinischen Versorgung der Bevölkerung. Dazu gehört u. a. auch die Zusammenfassung von Standorten. So wurden das Psychiatrische Krankenhaus Gugging und das Krankenhaus Tulln zusammengelegt. Es gibt jetzt das neue „Landesklinikum Donauregion Tulln", das die Identitäten zweier Häuser mit allen Schwierigkeiten und Chancen vereint. Das neue Haus ist offener, freundlicher, die gemeinsamen

that have no signs at all because they aren't relevant to the patients. But things are clear and easy to understand now. The reactions to the room-high arrows have also been positive because they are absolutely clear, they cannot be ignored.

What is the relation between orientation systems and identity?

// **Erwin K. Bauer** The health offensive in Lower Austria affects many aspects ranging from the staff, to more efficient and technically improved equipment. The main goal is to offer the population the best possible medical attention. Consolidating the various locations is part of this. The Gugging psychiatric hospital and the Tulln Hospital were consolidated for this reason. Now the new facility is called the "Landesklinikum Donauregion Tulln", which merges the identities of the two hospitals as well as the difficulties and opportunities both have and offer.
The new clinic is more open and friendly, the common medical facilities can be used more efficiently. Of course the staff of both institutions still has to learn to get along. They also do so in the architecture they share that helps create an identity. They do so with their names and the names of their departments as listed in the way finding system. The way finding system establishes what the deal is, what services are offered. It creates identity and shows changes in the way things are shown. The business card effect this has is always underestimated.
The best way to implement these identity-building processes is to develop internal and external communication along with the way finding system. We were able to introduce the new building in other media as well in the case of this clinic. A book was published that

medizinischen Einrichtungen können besser genutzt werden. Die Mitarbeiter beider Häuser müssen sich natürlich erst finden. Sie tun das über die gemeinsame Architektur, die Identität schafft, über die Namen ihrer Abteilungen, die im Leitsystem festgehalten sind. Dort wird niedergeschrieben, was überhaupt Sache ist, was geleistet wird, es bildet Identität und Veränderung über die Darstellung der Inhalte dauerhaft ab.

Am besten kann man solche identitätsbildenden Prozesse umsetzen, wenn die interne und externe Kommunikation gemeinsam mit dem Leitsystem entwickelt werden. Im Fall dieses Klinikums hatten wir die Gelegenheit, das neue Haus auch in anderen Medien vorzustellen. Die Geschichte der beiden zusammengefassten Kliniken und des Neubaus und die Menschen des neuen Klinikums mit der neuen gemeinsamen Vision wurden bei der Eröffnung in Form eines Buches präsentiert. Es war das erste gemeinsame Statement des neuen Hauses und damit ein wichtiges Signal nach innen und außen.

Gemeinsam mit der neuen Architektur und dem signifikant-farbigen Orientierungssystem hat es die Basis für ein neues Selbstverständnis gelegt. Diese Art der übergreifenden, integrierten Kommunikation werden wir in Zukunft noch weiter ausbauen, nur so können Orientierung und Identität zu einer sinnvollen Einheit werden.

described the history of the two consolidated clinics, the history of the new building, the people of the new clinic and the new common vision. It was the first joint statement made by the new clinic and therefore served as a signal both inside and out.

It provided the basis for a new understanding, along with the new architecture and the striking colorful orientation system. This kind of cross-disciplinary integrated communication is something we will continue to expand in the future. It is the only way orientation and identity can become one sensible and purposeful unit.

auf den psychiatrischen Stationen helfen den Patienten einfache Symbole an den Türen, sich ihre Zimmer bildlich und namentlich einzuprägen
simple symbols on the doors help patients in the psychiatric ward remember their rooms visually and by name

Interviewpartner / Respondent Adrian Bell | Manager zur Förderung des aktiven Reisens, Transport for London (TFL) / Active Travel Development Manager, TFL • Tim Fendley | Creative Director, Applied Information Group (AIG)

Für das Jahr 2025 wird in London ein Besucherzuwachs von 700.000 Personen prognostiziert. Das zusätzliche Verkehrsaufkommen kann nicht konventionell bewältigt werden, deshalb müssen Fußgänger und Fahrradfahrer stärker aktiviert werden. Erste Prototypen des Informationssystems für diese Gruppe wurden jetzt im Zentrum Londons installiert. Sie sind ein Instrument für eine besser lesbare und navigierbare Stadt der Zukunft.

700,000 more people will visit London in the year 2025 than today. The additional traffic cannot be mastered by conventional means. It is important to actively integrate cyclists and pedestrians. The first information system prototypes have been installed in the center of the city. They are instruments that will help create a more readable and easily navigable city of the future.

Adrian Bell
Manager zur Förderung des aktiven Reisens / Active Travel Development Manager

Ausbildung Bauingenieurwesen, Universität Kingston Upon Thamest • Master Verkehrsplanung, Universität Westminster
Laufbahn Beauftragter für Mobilitätsmanagement und städtische Verkehrsplanung, Londoner Stadtverwaltung und Bezirke •
Manager zur Förderung des aktiven Reisens, Transport for London
Education Civil Engineering degree, University of Kingston Upon Thamest • Transport Planning Masters degree, University of Westminster
career Primary Expertise in Mobility Management and Urban Transport Planning, London local government and London boroughs •
Active Travel Development Manager, Transport for London

Wer hat das Projekt initiiert, welche Rolle spielen Sie als Person im Projekt des Fußgänger-Wegeleitsystems für London, und wann hat es begonnen?

// **Adrian Bell** Ich bin Active Travel Development Manager bei Transport for London (TFL) und untersuche die Veränderung der Verhaltensweisen im Fußgänger- und Radverkehr. Ich bin quasi der Kunde in diesem Projekt.

Das Projekt begann mit einer Studie zur Orientierung im Stadtraum, die von Behörden und Wirtschaftsunternehmen der Stadt bei den Designern von AIG in Auftrag gegeben wurde. Wir haben diese Studie zum Zentrum von London gelesen und ihr Potenzial als ein Programm für die gesamte Stadt erkannt. Ab diesem Punkt haben wir AIG als strategischen Berater konsultiert.

Welche Vorteile verspricht sich TFL von diesem zusätzlichen Wegeleitsystem zum bestehenden System von TFL mit dem äußerst bekannten U-Bahn-Leitsystem?

// **Adrian Bell** Für uns – den Bereich Fußgänger- und Radverkehr – war das entscheidende Argument, dass wir unseren Kunden die Information für ihre gesamte Reise zur Verfügung stellen können – von ihrer Haustür bis an ihr Ziel und nicht nur für die Wege, die sie mit den öffentlichen Verkehrsmitteln zurücklegen. Bei unserer Studie zum prognostizierten Bedarf an Transportmitteln in London im Jahr 2025 zeigte sich, dass circa 700.000 mehr Menschen nach London kommen werden. Und diesem erhöhten Bedarf kann nicht nur durch die geplanten Investitionen in den öffentlichen Verkehr begegnet werden – der Fußgänger- und Radverkehr muss eine wichtige Rolle dabei übernehmen. Diese Lösungen sind nicht vordergründig gesundheits- oder umweltpolitisch motiviert. Sie sind vielmehr Strategien, um London in Bewegung zu halten.

Who initiated the project, what role do you play in the pedestrian way finding system for London and how did the project begin?

// **Adrian Bell** I'm Active Travel Development Manager at Transport for London (TFL). I have the role of looking after the behavioural change aspects of walking and cycling. And I am effectively the client for the project.

The project started with a study into urban way finding that was commissioned by a group of city centre authorities and businesses who commissioned AIG directly. We read this central London study at TFL and saw the potential for it to be a London-wide programme. At that point TFL appointed AIG in a strategic advisory role.

What advantages does TFL expect from this additional way finding system compared to the existing TFL signs with the very well known Tube way finding system?

// **Adrian Bell** The interesting argument for us – because we were walking and cycling – was that as customers of ours, we should provide them with information the whole journey, from their door to their destination, not only the public transport parts of their journey. We were also aware that our own work on the transport demands in London by 2025 showed that somewhere over 700,000 more people would be moving into London. And this extra demand could not be met through planned investment in public transport alone and, that walking and cycling had to help meet these transport need. This means these modes are more than just green, environmental, healthy things to do. They would be strategic parts of keeping London moving.

Tim Fendley
Creative Director

Ausbildung Design, Hull College of Art and Design
Laufbahn Gründer, Meta Design London • Internationaler Direktor Design, Icon Medialab • Internationales Vorstandsmitglied, Icon Medialab • Direktor Produktentwicklung, Cityspace • Gastdozent, Southhampton Institute and Royal College of Art • Gründer, Applied Information Group (AIG) • Vorsitzender und Creative Director, AIG
Education Design, Hull College of Art and Design
career Founder, MetaDesign London • International Design Director, Icon Medialab • International Managing Board Member, Icon Medialab Product Development Director, Cityspace • Visiting Lecturer, Southampton Institute and Royal College of Art
Founder, Applied Information Group (AIG) • Chairman and Creative Director, AIG

Wir begannen, die Fortbewegung zu Fuß als einen Bestandteil der Beförderungsmittel zu betrachten, als eine zeitgemäße Möglichkeit, Menschen von einem Punkt zum anderen zu befördern. Wenn man sich dann mit den Hindernissen der Fußgänger beschäftigt – mal abgesehen von solchen, auf die wir als regionale Transportbehörde keinen Einfluss haben, wie Reinigung und Sicherheit, was eindeutig unter die lokale Verantwortlichkeit fällt – wird klar, dass das Nächste, worum wir uns kümmern müssen, die Informationsvermittlung ist: Wo geht es lang?

Sind an diesem Projekt außer TFL nicht sehr viele Interessengruppen rund um das Thema Verkehr beteiligt?
// Tim Fendley London besteht aus 32 Bezirken und dem Zentrum, dazu lokale Interessen-vertreter, Anwohnergruppen, Geschäftsinhaber, es ist ein sehr komplexes Zusammen-spiel unterschiedlicher lokaler Behörden und Unternehmen. Das Hauptproblem, das die erste Studie zeigte, war, dass die meisten Wegeleitsysteme von einer dieser Gruppen selbst ins Leben gerufen wurden. Und dass es, aus der Sicht der Person, die zu Fuß unter-wegs ist – dem Besucher, Reisenden oder dem Berufspendler – nicht zwangsläufig auch funktioniert.

Wie haben Sie das geschafft, all diese unterschiedlichen Interessen zusammenzubringen?
// Adrian Bell Bei Besprechungen mit Leuten, die nichts über das Projekt wussten, haben wir versucht ihnen wirklich eine Vorstellung der Gesamtidee zu vermitteln. Sie stimmten dem grundsätzlichen Bedarf und den Prinzipien sofort zu und kamen direkt zum Detail. Sie sagten: „Es ist offensichtlich, dass wir so etwas machen müssen, dass wir ein einheit-liches System brauchen, aber wie wird es aussehen, wo wird es sich befinden, welche

We started talking about walking as adding something to the transport mix, as an actual component of getting people from A to B. And when you look at barriers to walking – apart from the ones we can't do a great deal about as a regional transport authority, such as cleaning and policing, which are clearly local authority roles – information and where to walk was the next highest thing we had to do something about.

Aren't very many other interest groups aside from TFL involved in the subject of traffic?
// Tim Fendley London is made of 32 different boroughs and, the city, as well as lots of local stakeholder groups, resident groups, retail groups; it's a complex setup of local govern-ment and businesses. And the problem that the original study highlighted was that most way finding systems are put in the ground by one of these groups, often by themselves. And that really from the point of view of the person walking around, the visitor, traveller or the commuter, it does not necessarily fit together.

How did you manage to bring all these interests together?
// Adrian Bell When we went into meetings with people who knew nothing about this project, we were trying to pitch it to them really, just to get them in the idea. Encouragingly, they always immediately agreed on the need and principles and got into the details. People just said, "it's obviously something we have to do, we have to have a single system for this, but what's it going to look like, where's it going to be, how's it going to impact me, what about my brand?" So we knew we were onto a winner, because nobody was saying "we don't need this sort of system, because we've got something that's good enough already."

Konsequenzen wird es für mich, mein Unternehmen haben?" Wir wussten also, dass wir auf der Gewinnerseite waren, niemand sagte: „Wir brauchen so ein System nicht, weil wir schon etwas haben, das gut genug ist."

Waren immer noch alle davon überzeugt, als die Kosten bekannt wurden?
// **Tim Fendley** Ja, auf jeden Fall. Ein Fokus der Studie liegt auf dem finanziellen Aspekt, auf der Menge von Geld, das dadurch verschwendet wurde, dass jeder seine eigenen Projekte umgesetzt hat, die nicht zusammengepasst haben. Das heißt auch, dass es ein Budget dafür gibt, etwas Übergreifendes zu tun. Der Ansatz der Studie war nicht nur deutlich zu machen: „Wegeleitsysteme sind sinnvoll, und es ist sinnvoll ein einheitliches System zu haben." Sie sollte auch eine Vorlage dafür liefern, was das System alles sein, alles leisten könnte. Dieses Dokument wurde den zentralen Bezirken von London präsentiert, die im Großen und Ganzen damit einverstanden waren. Dann brauchte es drei Jahre, bis alle ihr Einverständnis gegeben hatten und TFL mit der Umsetzung beginnen konnte. Es dauert einfach, mit jedem zu sprechen, und bis jeder zur Überzeugung kommt, dass es eine gute Idee ist.

Orientieren Sie sich an bestimmten Vorbildern anderer Städte? Welche Aspekte haben Vorbildcharakter?
// **Tim Fendley** Es ist schwierig, für London zu arbeiten, da es kaum vergleichbare Städte gibt. Vor allem, was die Orientierung in der Stadt angeht, ist London speziell. Die Stadt ist fast wie eine Mischung aus Venedig und New York: In New York passiert so viel, und man hat viele dezentralisierte Bereiche. In Venedig hat man ein anderes Problem: Man verirrt sich sehr schnell in den vielen kleinen Gassen.

Was everybody still convinced when they saw the costs?
// **Tim Fendley** Well, absolutely. One focus of the study related to the money, to the amount of money which has been wasted, with everyone doing their own projects which don't fit together. This means there is a budget to do something over all. But the approach with this study was not about just to come up with something that said "way finding is good and having one system is good" it was actually in here as a blueprint for what that system could be. This document was presented to all the central London boroughs, who agreed in principle. And then it took time, three years for this to be agreed really and for TFL to pick it up. You know, it takes time to talk to everybody, and for everybody to agree "this is a good idea."

Do you follow specific examples in other cities? Which aspects are exemplary for you?
// **Tim Fendley** I think what's very difficult about working in London is that there aren't many cities like London. Concerning the way finding in particular London is very special. It is almost a mixture of Venice and New York. In New York there is so much going on and you have all that distributed in parts of the city, in Venice you've got a massive problem of getting lost down little alleys.
// **Adrian Bell** I think from the political perspective, there is always been the "let's look at the largest cities in Europe." How do we measure up to Paris, Berlin and Barcelona? That is important politically. The mayor wants to have a cultural identity for London as well as economic success. It is also the point that tourism is the second most valuable we have, and even more so by 2012. And people won't come here just to go to the Tower of London

// **Adrian Bell** Politisch gesehen sucht man immer den Vergleich mit den anderen großen Städten Europas. Es ist sehr wichtig, wie wir im Vergleich mit Paris, Berlin oder Barcelona abschneiden. Unser Bürgermeister will eine eigene kulturelle Identität für London und er will ökonomischen Erfolg.

Der Tourismus ist die zweitwichtigste Industrie, die wir haben und mit den Olympischen Spielen im Jahr 2012 wird er noch an Bedeutung zunehmen. Die Olympischen Spiele z. B. lassen sich unter zwei Aspekten betrachten. Zum Einen muss die Bühne dafür vorbereitet werden, d.h. der Verkehr zu und bei den Austragungsorten muss organisiert werden, und dann muss das Rahmenprogramm organisiert werden. Wenn die Besucher Londons ihre Wege ohne Probleme finden, macht es das Gesamterlebnises für alle besser. Wir bei TFL haben schon die ganze Zeit damit geworben, dass es hier um mehr als nur Transport geht. Was macht z. B. die Qualität der Umgebung des Restaurants, in dem wir gerade sitzen, für einen Fußgänger aus? Es ist nicht nur der minimale Autoverkehr, es sind auch die vielen Aktivitäten, die in dieser Zone stattfinden, die Gestaltung und die Durchlässigkeit dieser Gegend etc. Man muss die Fußgänger auf sehr unterschiedlichen Ebenen unterstützen. Als Verkehrsexperte ist das nicht immer einfach, da eine enge Zusammenarbeit zwischen Stadtplanung und -gestaltung und dem Transport absolute Voraussetzung ist.

Waren Sie als Designer auch in einem größeren Rahmen an der Stadtentwicklung Londons beteiligt?
// **Tim Fendley** Nein, wir waren daran nicht beteiligt. Aber ich denke, dass Programme wie das der lesbaren Städte Entwicklungen initiieren und vorantreiben. Nehmen Sie nur die Gegend, in der wir zurzeit arbeiten, und ihr näheres Umfeld: Der Wandel in den Stadtstrukturen, der dort gerade passiert, ist der gravierendste, den diese Gegend seit langer

unless the rest of their stay is pleasant. As an example ... when you look at the London Olympics: That's been looked at in two areas. There is one part that is sort of "building the stage" for it, providing all the transport links and the venues and then there is "putting on the performance." Wayfinding is part of the visitor experience which make the performance much better for everyone. All the way along, we at TFL have promoted way finding as more than just a transport issue. For example, this restaurant in which we are sitting now, what makes it a pleasant walking area? It is more than just a lack of motor vehicles and much more about the activities that are going on in and around the space, the design and permeability of the area etc. There's a lot of layers to provide for walking, and it's quite a difficult one as a transport professional because good solutions need a collaboration between urban design, town planning and transport.

Were you also involved in London's urban development on a larger scale as a designer?
// **Tim Fendley** Well, no. We haven't been involved, but I think legible city programmes like this, have a role to play in initiating developments and supporting them. There's a lot going on just in this area where we're working at the moment on the expansion of it, the amount of urban change that is going on is the biggest change this area has seen in a long time: Pedestrianisation of different areas, new little oases off Oxford Street are being created with cafes and bar areas and things like that. London hasn't changed like this in years.
// **Adrian Bell** I also think that the public are more sophisticated in what they're expecting now, because with international travel being so easy, they come back from other parts of Europe and say "why can't we have our city like the centre of Copenhagen, why are we so

Zeit erlebt hat: der Umbau einiger Bereiche in Fußgängerzonen, neue, kleine Oasen mit Cafés und Bars. London hat sich seit Jahren nicht mehr so verändert.

// **Adrian Bell** Es gibt heute höhere Erwartungen, als man glaubt. Nachdem das internationale Reisen so einfach geworden ist, kommen die Menschen aus allen Teile Europas zurück und fragen sich: Warum können wir nicht so ein Stadtzentrum wie in Kopenhagen haben? Warum sind wir so anders? Das alte Argument, dass sich Großbritannien kulturell vom Rest Europas unterscheidet, zieht nicht mehr so richtig. In Straßenlokalen zu essen gehört zum Alltag, im Stadtzentrum zu leben ist wieder „in". Vor zehn Jahren hat man das noch als etwas äußerst Kontinentales und Europäisches angesehen, was Briten niemals getan hätten. Die Menschen erwarten spürbare Veränderungen im öffentlichen Bereich, und es gibt nur wenige Organisationen, die das koordinieren können. Vor 15 Jahren, als ich noch im Bauwesen gearbeitet habe, ging es bei der Planung für ein Stadtzentrum noch darum, wo man die Parkplätze hinbaut und wie man die Verkehrsknotenpunkte löst. Den Verkehr durchleiten und sicher stellen, dass alles mechanisch funktioniert. Und jetzt? Jetzt treffen wir uns mit den lokalen Gesundheitsämtern, mit einem Informations-Designer, einem Stadtplaner, einem Bauplaner. Die Zahl an unterschiedlichen Disziplinen, die an den eigentlichen Aufgaben des Transportwesens beteiligt sind, ist enorm. Das macht es kompliziert, seinen eigenen Weg zu gehen. Jedoch ist diese neue Herangehensweise, öffentliche Räume zu gestalten, in denen die Menschen im Freien und aktiv sind, ein spannender und dankbarer Teil der Arbeit.

// **Tim Fendley** Das bedeutet auch, ein besseres soziales Umfeld zu schaffen, Orte, an denen man sich aufhalten kann, an denen sich Menschen treffen können, sehr viel sozialer,

different?" The old argument that the British are culturally different to the rest of Europe doesn't really wash anymore. Outdoor dining is commonplace now and city center living is fashionable again. Yet only ten years ago these trends were seen as a very "continental," and something the British would never do. So, I think people are expecting radical public realm changes and there are only a few organizations that can coordinate doing that.

15 years ago, when I was doing civil engineering, a town centre scheme would have been "where do we put the parking and how do we make this junction work? Let's get the traffic through and make sure it all works mechanically." And now? We'll having a meeting with the local health authority, a meeting with an information designer, with an urban designer and a planning consultant. The mix of disciplines involved in something that is primarily a transport issue from my point of view is huge. And it makes it very complicated to find your way through. But the new ability to create public spaces where people are out and active, is a really exciting and rewarding area of work.

// **Tim Fendley** It's about creating better social environments, places to go, places where people can meet. Much more sociable, much more identifiable. People identify with their neighbourhood. There's a big connection between crime and poor urban environment. Everybody's kind of agreed on it. There's a lot of initiatives. The government's behind a lot. It's about doing it and making it good.

What about the owners of large retail operations – are they also interested?

// **Tim Fendley** Well absolutely. The prototype that we see here was really pushed forward by the business improvement district that represents all of the retail stores around here.

in Typografie und Farbgebung an das System des London-Transport-Informationsdesign anknüpfend,
hat der Auftritt von Legible London mit seinem Fußgängericon einen typischen, eigenständigen Charakter
Legible London follows the typography and coloring of the London Transport information system design
with its pedestrian icon, yet still has its own individual character

persönlicher. Die Menschen fühlen sich mit ihrer Nachbarschaft verbunden. Es gibt eine Kohärenz zwischen einer hohen Kriminalitätsrate und einem sozialen Umfeld, das wenig zu bieten hat. Dem stimmt jeder auf eine gewisse Weise zu. Es gibt eine Menge von Initiativen, die Regierung steht dahinter. Es geht darum, die Situation zu verbessern.

Wie sieht es mit den Besitzern der großen Kaufhäuser hier aus – sind die auch interessiert?
// Tim Fendley Ja, auf jeden Fall. Der Prototyp hier wurde durch den Bereich Wirtschaftsförderung, der den gesamten Einzelhandel repräsentiert, sehr unterstützt. Die Vertreter der Wirtschaft wissen, dass eines ihrer größten Probleme darin besteht, dass die Leute auf der Oxford Street nicht wissen, wo sie etwas finden, sich verirren, nicht die Hauptstraßen verlassen, sich schlecht zurechtfinden und deshalb auch nicht wiederkommen.

London mit all seinen verschiedenen Zentren ist riesig. Wie übersetzen Sie das System von dieser speziellen, kleinen Anwendung auf die anderen Bereiche, die Außenbezirke?
// Tim Fendley In London gibt es viele unterschiedliche Arten von Bezirken mit sehr unterschiedlichen Formen von Urbanität. Es handelt sich wirklich nur um einen Prototypen, der ein Impuls sein und aufzeigen soll, wie eine Lösung aussehen könnte.
Die nächste Stufe ist dann, eine Reihe verschiedener Piloten zu entwickeln, die genau auf diese Unterschiede eingehen. Sie werden dann in verschiedenartigen Bezirken in London aufgestellt, und dann wird beobachtet, wie sich das System dort entwickeln kann, wie flexibel es sein muss. Die Dichte und Beschaffenheit der Zeichen, die Art und Weise, wie die Information übertragen wird, muss auf das Umfeld eingehen. Einer der Schlüssel dazu sind die zentralisierten Daten.

And they know that one of their biggest problems on Oxford Street is people not knowing where things are, getting lost, not wandering off the street, and finding it difficult to get around and therefore not coming back.

London is huge, it has many different centres. How do you translate your specific, small system so it works in suburban areas?
// Tim Fendley There are many different types of areas in London. It's one of the cities that has such different urban form. This is really just a prototype to generate momentum and show how a solution might start to appear.
The next phase is to develop a number of different pilots that tackle these differences. The pilots are located in different types of areas in London, and then we're looking at how we can have a system that then can evolve and be flexible in these different places. The density, the types of signs, the way the information is actually delivered, needs to react to its environment. Centralised data. That's one of the keys to it.

Where is this data, who organises it?
// Tim Fendley What we have been trying to do, is separate the data from the medium of delivery. Most information that you see to get around is actually driven by the medium of delivery. Who produces this map or atlas decides what data goes on there. What we're trying to do is separate, to have some London data that everybody can agree to. They then can be applied to all of these different places.

Wo befinden sich diese Daten, wer organisiert sie?

// **Tim Fendley** Wir haben versucht, Daten und Informationsträger zu trennen. Die meiste Information im Umlauf wird durch ihr Trägermedium bestimmt und zwar von demjenigen, der dieses – also die Karte oder den Atlanten – produziert und entscheidet, welche Daten darin einfließen. Wir haben versucht, das zu trennen, sodass wir Daten von London haben, mit denen alle einverstanden sind, die dann in allen Bereichen angewendet werden.

Wie wurde analysiert, was die Leute erwarten, was sie brauchen und wie sie darauf reagieren?

// **Tim Fendley** Nun, es ist eine Mischung aus Erfahrungen mit früheren Projekten, der Tatsache, dass wir selbst in London leben, wissen, wo es Probleme gibt, und den Gesprächen mit Leuten. Wir haben auch immer die verschiedenen Entwicklungsstufen des Designs auf der Straße getestet. Jeden Freitag haben wir uns mit einem mit Farbkopien beklebten Holzmodell auf die Straße gestellt. Wir haben die Leute gefilmt, mit ihnen gesprochen und beobachtet, wie sie es benutzten. Das Tolle an London ist, dass man die Leute nicht erst fragen muss, was sie von etwas halten, sie benutzen es einfach. Wir haben die Gestaltung jede Woche weiterentwickelt und dann die neuen Ideen auf die Straße gebracht. Da waren auch Entwürfe dabei, die nicht funktioniert haben, dann mussten wir wieder einen Schritt zurückgehen.

Als Ihr es installiert habt, ist es schon getestet worden, testet Ihr es jetzt auch noch?

// **Tim Fendley** Ja. TFL hat alles für pre- und post testing eingerichtet. Sie haben also den Ist-Zustand untersucht, was die Menschen darüber denken, wie viele Leute sich verirrt haben, wohin ... Das Gleiche haben sie nach fünf oder sechs Wochen nochmal gemacht.

How did you analyze peoples' expectations, what you needed and how to react?

// **Tim Fendley** Well, it's a mix of experience from previous projects. A mix of the fact that we live in London and know where we have the problems. And talking to people, and it was also a process of taking the designs, as they evolved, onto the street. So, every Friday we took a wooden model of some of these objects onto the street with colour photocopies stuck on them. We put them up there and held them, as the wind would blow them over, and people would come up and use them. And we'd film them and talk to them and we'd watch them and we'd just observe how people used it. What is the amazing thing about London is that you don't need to go and ask people "what do you think if this?" People just use it. So what we did is, we developed the design every week and then brought new ideas to the street. We also tried things out that didn't work and then "oh right, that didn't work... let's go backwards."

Did you test it before you installed it, is it still being tested?

// **Tim Fendley** This is all TFL-arranged for pre and post testing. So they went and found out what the reason was, what does everybody think now, how many people are lost and where are they going. And then they did this exact same exercise after it had gone in five or six weeks after. It's been 2,600 interviews and 600 followed walks and mystery shopper exercises and specific user and focus groups. It's quantitive and qualitative.

// **Adrian Bell** Our big challenge was, that everybody thought the idea was great, but nobody knew how to evaluate a walking way finding system. We had to really invent an evaluation methodology and we conducted over 100 individual tests of various aspects and various

Insgesamt waren es 2.600 Interviews, 600 aufgezeichnete Spaziergänge, Testkäufe, alles jeweils für spezielle Benutzer- und Zielgruppen, sowohl quantitative als auch qualitative Erhebungen.

// **Adrian Bell** Die große Herausforderung lag darin, dass jeder der Meinung war, dass die Idee gut ist, aber niemand wusste, wie man ein Navigationssystem evaluiert. Wir mussten selber ein System finden und haben über 100 individuelle Tests mit unterschiedlichen Schwerpunkten und Fragen ausgeführt. Das ist aber nicht alles. Erst kürzlich wurden wir mit einer weiteren Aufgabe beauftragt, nämlich herauszufinden, wie Touristen auf das System reagieren, deren Muttersprache nicht Englisch ist.

Während des Prozesses haben Sie auch eine öffentliche Ausstellung gemacht, in der das System vorgestellt wurde. Es gab auch Workshops innerhalb der Ausstellung. Was war das Ziel dieser Workshops?

// **Tim Fendley** Es gab ein sehr heterogenes Publikum. Eine große Gruppe waren Interessenverbände. Gerade weil es diese vielen, unterschiedlichen Gruppen gibt, haben wir uns immer sehr darum bemüht, die Idee hinter dem Projekt zu kommunizieren, zu erklären, wie es funktioniert und warum es benötigt wird. So, dass all die Interessenverbände und Anwohnergruppen, Händler und wichtigen Personen vor Ort verstanden haben, worum es geht, was der Nutzen ist.

// **Adrian Bell** Wenn wir mit einer Behörde eines bestimmten Gebietes sprechen würden, wussten wir, dass es ihnen bald klar wird, wie wichtig es ist, den Leuten Hilfeleistung bei der Orientierung anzubieten. Sie haben den Wert eines Navigationssystems sofort verstanden. In der öffentlichen Wahrnehmung hingegen spielt die Orientierung im Stadtraum als Thema gar keine Rolle. In London kann es wirklich schwer sein, sich zurechtzufinden.

questions. That is not all, however, as we have just now commissioned a further piece of work to look at how tourists react to the system, particularly people whose first language isn't English.

You organised a public exhibition during the process to introduce the system. You also organised workshops during the exhibition, what was their aim?

// **Tim Fendley** Well, there's the number of different audiences. One of the main audiences of the exhibition was actually the stakeholders. Because again, there's so many different varied groups, and one thing that we've always put a lot of effort into is communicating the idea of the project and explaining how it works and why it's needed and all those things. So that all the stakeholders, local residence groups, retailers, important powerful local owners actually get to find out what it is and why it is and what it's for.

// **Adrian Bell** We knew that if you talked to an organisation with a responsibility for an area, they understood the value of being able help people find their business. They understood the value of way finding in terms of custom. But, actually, public awareness of way finding as an issue is really quite low. London can be a really hard place to find your way around, that's just the general opinion of London. The signage system is pretty poor and pretty fragmented on the street, so people disregard it. Londoners seem to be unaware there is a problem to be fixed even though they say that better information would encourage them to walk.

// **Tim Fendley** Good way finding should be like good typography. This means you shouldn't actually notice it that much. It just works. It fits together. And I learn the area real quick.

Walkable Tube Map

Zwischen 109 U-Bahn-Stationen lässt sich die Distanz schneller zu Fuß zurücklegen, als mit der Bahn. / 109 journeys between Tube Stations in Central London are quicker to walk above-ground than to travel by Tube.

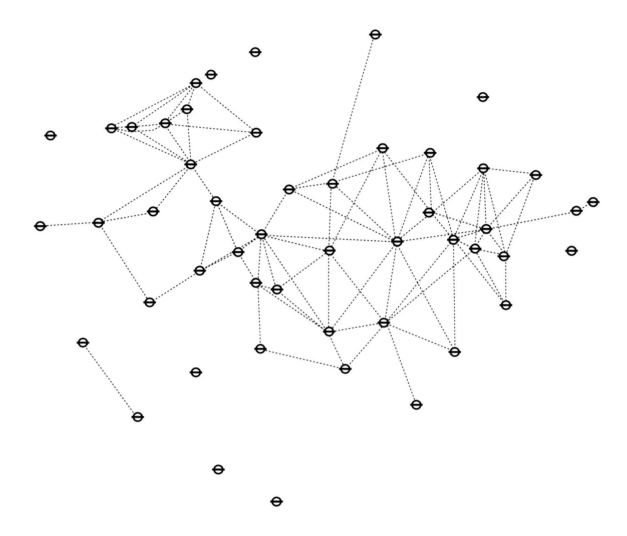

Walkable stations

Neun von zehn angrenzenden Stationen sind von Covent Garden aus schneller zu Fuß zu erreichen. / From Covent Garden nine out of ten adjacent stations are quicker to walk.

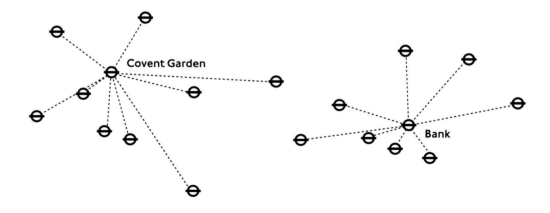

Five-minutes walks

Der five-minute-walk steht für die Größe, die ein Gebiet, das man als Nachbarschaft identifiziert, natürlicherweise hat. Das Diagramm zeigt die five-minute-walks ausgehend von allen U-Bahn-Station. Die Überschneidungen werden offensichtlich. / The five-minute walk represents the natural size of an identifiable neighbourhood in London. This diagram represents a five-minute walk from every Tube station. Connections become more obvious.

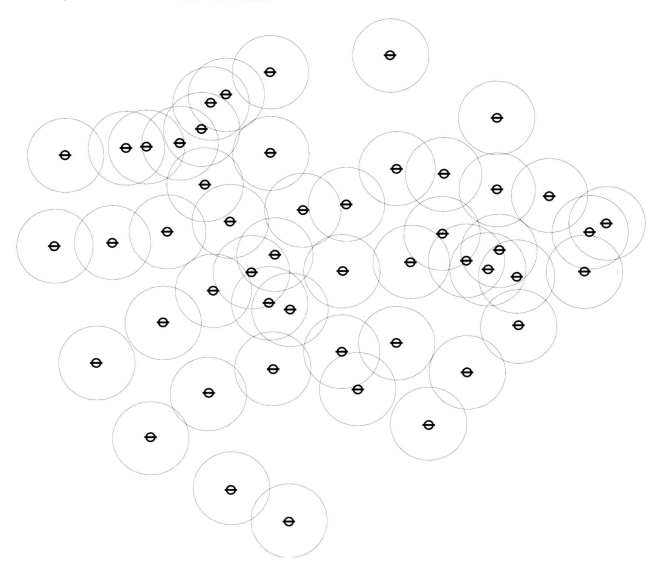

Stepping Stones

Durch die grobe Einteilung der bekannten Gebiete in five-minute-walks oder 400m-Zonen, erscheinen die Reiseabschnitte zwischen den Gebieten leichter zu Fuß zurückzulegen. Ebenso notwendig wie die Verknüpfung der bekannten Gebiete ist, das Wissen über die lokalen sowie die fremden Bereiche zu verfeinern. Das wird wiederum die Zurückhaltung der Leute aufgrund mangelnden Vertrauens nicht zu Laufen, reduzieren. Das Resultat: Verbindungen herstellen und bestehende Ortskenntnisse festigen. / By loosely defining known areas in terms of a five-minute walk, or 400m, journeys between areas seem more easily walkable. Equally important as the need to connect known areas is the need to refine people's knowledge of local and unfamiliar areas; this again will reduce people's reluctance to walk because of a lack of confidence. Result: making connections and solidifying local knowledge.

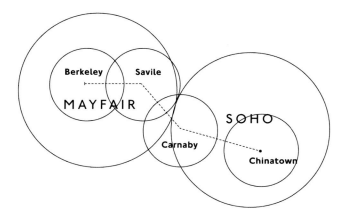

Zonen / Areas

Sie beschreiben London in groben Zügen, unterteilen es in großflächige, leicht zu unterscheidende Einheiten wie West End und das Zentrum. / These describe London in the broadest terms, dividing it into large but easily distinguished chunks such as the West End and the City.

Dörfer / Villages

Die „areas" bestehen aus mehreren „villages". West End z.B. besteht aus Soho, Mayfair und Covent Garden. Es handelt sich auch hier um allgemein bekannte Namen, welche es dem Fußgänger einfacher machen, einen Ort relativ schnell mit einem anderen in Verbindung zu bringen, und das grundlegende Wissen für eine Mindmap aufzubauen. "Areas," in turn, are made up of several "villages." The West End, for example, contains Soho, Mayfair and Covent Garden. Again, these are familiar, commonly used names, which can help pedestrians quickly relate one place to another, and build the knowledge needed to assist in mental mapping.

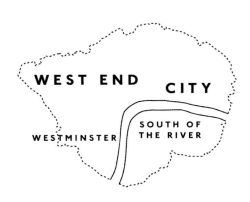

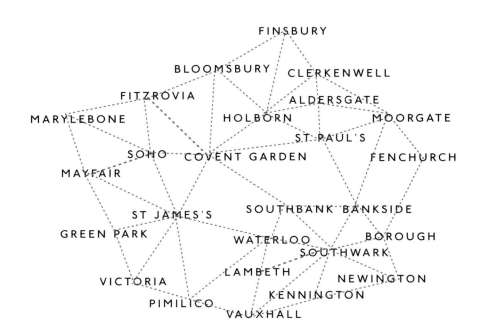

20 to 40 minute-walk

10 to 20 minute-walk

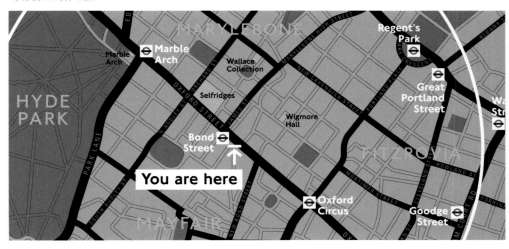

Nachbarschaft / Neighbourhoods

In jedem „village" gibt es mehrere „neighbourhoods". Z. B. Seven Dials, Neal's Yard, The Central Market, Aldwych und Long Acre in Covent Garden. Je öfter man einen bestimmten Ort besucht, desto mehr kann man ihn in immer kleinere, miteinander verbundene Teile zerlegen und so eine immer detailliertere Mindmap basierend auf kurzen Geh-Distanzen erstellen. / Within each "village," there are many "neighbourhoods." For example, in Covent Garden, you'll find Seven Dials, Neal's Yard, The Central Market, Aldwych and Long Acre. The more you visit a particular place, the more you can keep sub-dividing it into smaller, linked pieces, creating a more detailed mental map based on short walking distances.

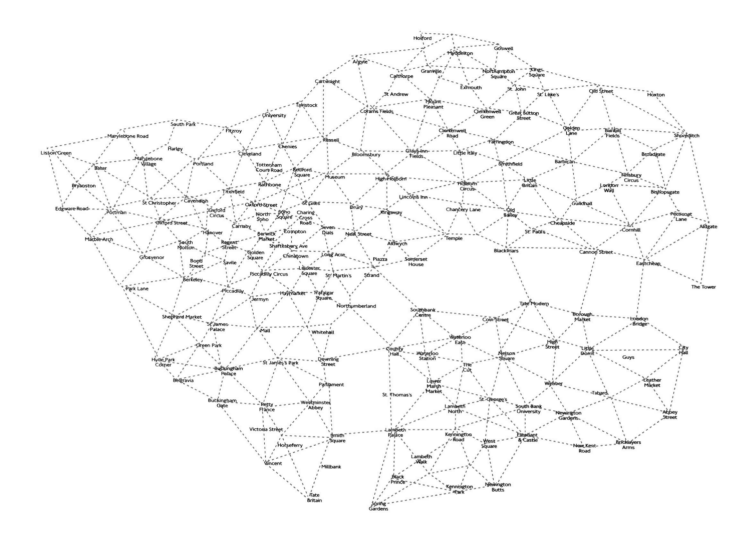

5 minute-walk

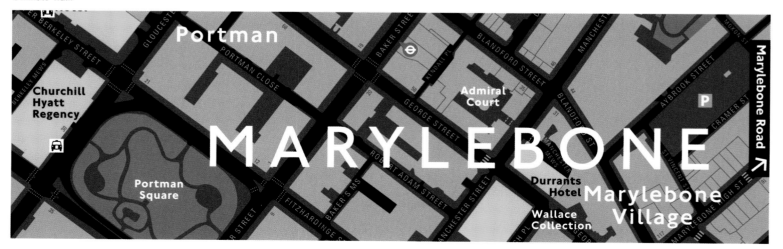

Genau so wird die Stadt auch in der Öffentlichkeit wahrgenommen. Die schlechte und heterogene Beschilderung wird nicht gerade hoch geschätzt. Den Londonern scheint das Problem nicht bewusst zu sein, auch wenn sie sagen, dass bessere Information sie zum Gehen ermuntern würde.

// **Tim Fendley** Gute Navigationssysteme sollten wie gute Typografie sein. Sie sollten einem gar nicht besonders auffallen. Es funktioniert einfach, passt zusammen. Dann lerne ich die Gegend sehr schnell kennen. Ich erinnere mich und brauche keine Karte. Die Karte soll eine Vorstellung geben und zeigen, welche Optionen man hat. In London gibt es alle möglichen Arten von Untersuchungen, und es wird nicht einmal darüber geredet. Z. B. legt man die Strecke zwischen 109 U-Bahn-Stationen schneller zu Fuß zurück als mit der Bahn.

Lassen Sie uns ein bisschen über das Design sprechen. In welchem Verhältnis steht die Gestaltung zu dem bestehenden System der Londoner U-Bahn, gibt es Referenzen, wo sind die Verbindungen?

// **Tim Fendley** Da kommen Sie gleich zum Kern der Sache, dem Branding. Die Beschilderung liegt in der Verantwortung der lokalen Behörden, es sind also ihre Schilder. Dennoch ist es großteils ein System von TFL. Das Design muss die Informationsvermittlung gewährleisten, weiterhin, dass es sowohl zur jeweiligen Gegend passt als auch sich in das londonweite System von TFL integriert. Das gelingt über den Einsatz einiger TFL-Elemente. TFL-Icons, TFL-Typografie – Johnson Underground – und doch unterscheidet es sich in Feinheiten wie z. B. der Farbe von einer typischen TFL-Umsetzung. Und es geht darum, genau dieses Gleichgewicht zu finden. Anhand der Piloten muss sich herausstellen, inwieweit sie sich verändern müssen, um sich besser in ihr Umfeld zu integrieren. Und auf welche

I remember it and then I don't need a map, because I can remember it. Because the map is there to open it up and to realise that you have other options. Because in London we've got all sorts of research and not even talking about it. 109 of the underground stations are faster to walk than they are to go underground.

Let's talk about the design a bit. What is the relation between the design and the existing London Tube system, are there references, what do they have in common?

// **Tim Fendley** You're getting onto the issue of, without beating around the bush: the branding side of it. The thing is, that these signs actually exist in local authority grounds. They are their signs. Yet it's extensively a TFL system. So it's a matter of the design, both trying to solve the information design issues but also making sure that it felt it had local ownership as well as fitting as part of a London-wide system of TFL. The design really represents that by being made of a whole lot of TFL elements, it uses TFL icons, it uses TFL typeface – Johnston Underground – and yet it is slightly divorced from a typical TFL delivery. And it's finding exactly that balance. The pilots need to uncover how that needs to adjust and alter to affect local character more. And how that might change and evolve. And what we're saying is, is actually we're trying to be quite brave and design in public. And put something in the ground and say it's actually not quite perfect. It needs to evolve.

Is that what could be seen as the official face of London, an image that London represents?

// **Adrian Bell** I think you've raised a very important point, that once the system has reached a critical mass, it will become – if it works – something that everyone relies on and that probably will gain iconic status simply because it's a reference point for everyone. It's not

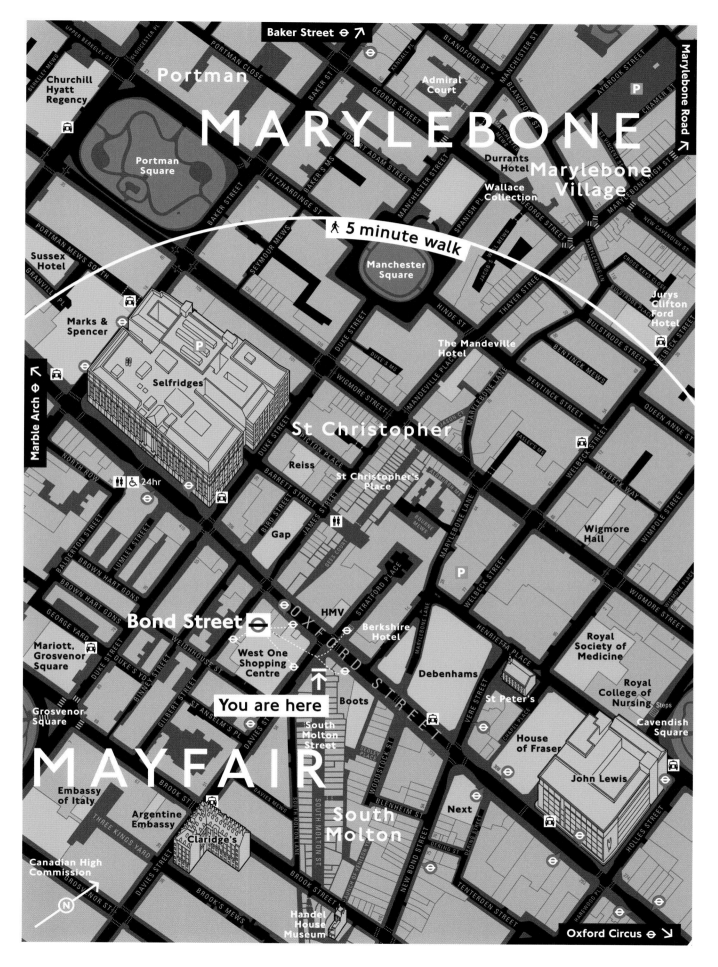

Art es sich verändern und entwickeln kann. Was ich sagen will ist: wir versuchen, sehr mutig zu sein und direkt in der Öffentlichkeit zu gestalten. Das heißt, etwas dort hinzustellen und zu sagen, dass es noch nicht ganz perfekt ist, dass es sich noch entwickeln muss.

Ist das so etwas wie das offizielle Gesicht von London, ein Bild, das London repräsentiert?
// **Adrian Bell** Sie haben da einen sehr wichtigen Punkt angesprochen. Hat das System erst einmal die kritische Masse erreicht, wird es – vorausgesetzt, es funktioniert – zu etwas, auf das jeder zurückgreift und vielleicht zu einer Ikone, weil es für jeden ein Bezugspunkt ist. Es geht nicht darum, ob es das Schönste ist oder das technologisch am weitesten Entwickelte. Diese Allgegenwärtigkeit kann es zu einer Ikone machen. Die Leute werden mit der Erwartung nach London kommen, dass sie sich hier einfacher zurechtfinden, weil es ein System gibt, das sie dabei unterstützt.

Farbe spielt immer eine wichtige Rolle im Bezug auf Identität: Ist London blau oder gelb?
// **Tim Fendley** Nein, London ... Großbritannien, das sind rote Telefonhäuser. Die British Telecom wollte sie loswerden und konnte es nicht. Das stärkste Symbol Londons ist aber die TFL-U-Bahn-Identity.
// **Adrian Bell** Wenn man in das Branding von Organisationen verwickelt wird, muss man vorsichtig sein ... Der U-Bahn-Plan von London ist nicht gebrandet. Es ist reine Information. Das Erscheinungsbild dieser Information ist relevant. Es gehört zur Identität von TFL, aber es könnte auch ein anderes Logo daraufstehen.

about whether or not it is the most attractive thing you can possible make it or the most technologically advanced, it will be everywhere and that ubiquity will make it iconic. People will come to London with the expectation that they will be able to find their way more easily because there is a system that will support them to do that.

Color always plays an important role with regard to identity, is London blue or yellow?
// **Tim Fendley** No, London is ... Britain is red phone boxes and British Telecom tried to get rid of those when it was British Telecom and couldn't. The strongest symbol of London is actually the TFL-subway-identity.
// **Adrian Bell** I think you have to be careful getting involved in... embroiled in organisational branding. You know the Tube map is not branded. It is information. And the brand of that information is the important thing. It's TFL identity, but it can have a different... it could put a different symbol at the bottom actually.

It obviously isn't a brand, but it has a strong identity. Where did the corporate design come in?
// **Tim Fendley** This is something we tested on the street. We actually did it all in TFL style, we put a TFL symbol at the top, and then we did it in another style. We did 3 alternatives. And we found that the TFL style researched the best. Because people actually see the TFL style, and even if we took the logo off... having that reference meant that people just trusted it a little bit more. Because they rely on the Tube maps and the way it works, so "something that feels a little bit like that is something that I am going to trust." We really toyed with the actual TFL symbol being at the top. The difficulty we found was that some

ein konzentrischer Kreis um den Standort am Plan der unmittelbaren Umgebung zeigt die Gehdistanz von 5 Minuten an
a concentric circle drawn around your location shows 5 minute walking distances

Es ist keine offensichtliche Marke, hat aber eine starke Identität. Wie ist das Corporate Design eingeflossen?

// **Tim Fendley** Das haben wir auf der Straße getestet. Wir haben alles im TFL-Stil gestaltet und das TFL-Logo oben draufgesetzt. Dann haben wir es in einem anderen Stil gestaltet, insgesamt drei Alternativen. Der TFL-Stil hat am besten abgeschnitten. Die Leute erkennen diesen Stil, selbst wenn wir das Logo wegnehmen ... dieser Bezug führt dazu, dass die Leute mehr Vertrauen darin haben. Sie verlassen sich auf die U-Bahn-Pläne und wie diese funktionieren und auf etwas mit einer ähnlichen Anmutung auch. Mit der Positionierung des TFL-Logos haben wir sehr viel ausprobiert. Die Schwierigkeit lag darin, dass die Leute einen U-Bahn-Plan oder Bus-Informationsplan erwartet haben. Wenn das Zeichen unten steht, ist es auch da, aber mehr im Sinne von: „gesponsert von".

Die Legible London Marke selbst ist eigentlich etwas ganz Neues: Das Fußgänger-Symbol sagt, dass ich hier Information finde, wie man sich zu Fuß zurechtfindet. Das ist die neue Marke, und die ist unabhängig.

Was sind die nächsten Schritte in diesem Projekt, was wollen Sie als Nächstes umsetzen?

// **Tim Fendley** Wir sind dafür da, die Sache in Schwung zu halten, zu überzeugen, Ideen zu liefern, teilweise auch umzusetzen, den Leuten zu helfen, alles zu einem sinnvollen Ganzen zusammenzufügen, die Idee zu kommunizieren. Wir versuchen, die Perspektive des Nutzers, des Fußgängers zu vertreten. Immer, wenn sich die Diskussionen darüber, ob das System verstanden wird, verlaufen, dann werfen wir die Frage auf: „Was ist mit Mr. Pedestrian? Das macht keinen Sinn!" Wir müssen gegenüber TFL kein Blatt vor den Mund nehmen, weil wir eben ein außenstehender Berater sind.

// **Adrian Bell** Die erste Priorität ist, eine Lösung zu finden, die für ganz London funktioniert.

people went up to it looking for a Tube map or bus information on it. And that was like "oh, that's going to confuse people." So that's why the symbol is at down the bottom, so it is there, but it's more like "provided by."

The brand is actually a completely new brand and it's the walking symbol. The idea of the walking symbol to represent this is "the information about how to get around here" is the new brand. And it's independent.

What are the next steps in this project, what would you like to do next?

// **Tim Fendley** We're there to push and cajole, provide ideas, deliver parts of it, help people fit things together, communicate what the ideas are. What we do is try and represent the views of the traveller. Whenever the organisations start getting wrapped into who agrees on what, we just kind of go "well, what about Mr Pedestrian? That doesn't make sense!" We can be a bit outspoken with TFL, because really we're an external consultant.

// **Adrian Bell** We need to find a solution that works across London, that's the first priority. We need to prove the case to justify the cost and to support the political decision. That process is made much easier if all of the boroughs are saying that they actually want it. The other challenge is then within TFL because we need to find a way for this to fit within the family of information we already have. If it can't fit Legible London will always exist alongside other transport information rather than offering seamless information linking public transport and travel choices. I suppose the Legible London "tag" should be the wider ambition, not the name of t he project. We just want to make London legible, that's the aim of it.

über Mobil devices sind vielfältige Audioinformationen zu Standort, Local Services und London Transport abrufbar,
eine navigierbare Screenversion des Informationssystems Legible London wurde ebenfalls entwickelt
many different kinds of audio information on the location, local service and London Transport information can be accessed,
a navigable screen version of the Legible London information system was also developed

Wir müssen die Richtigkeit des Projekts beweisen, um die Kosten und Unterstützung der politischen Entscheidung zu rechtfertigen. Dieser Prozess wird viel einfacher, wenn alle Bezirke sagen, dass sie es tatsächlich wollen. Die andere Herausforderung ist intern zu finden. Wir bei TFL müssen das Ganze in die große Menge bereits bestehender Information integrieren. Wenn es nicht zusammenpasst, dann wird Legible London immer neben den anderen Verkehrsinformationen existieren, statt die Lücke zwischen dem Angebot des öffentlichen Verkehrs und der Nachfrage der Reisenden zu füllen. Ich sehe den Schriftzug „Legible London" eher als einen Leitspruch, eine Zielsetzung und nicht nur als den Namen des Projektes. Wir wollen London lesbar machen, das ist das Ziel.

bereits beim Ausgang der U-Bahn-Station knüpft Legible London an das Informationssystem der „Tube" an
the Legible London information system links up with the "Tube" information system at the station exits

Projekte / Projects

intégral ruedi baur MÉDIATHÈQUE André Malraux, Strasbourg [F]

büro uebele MESSE, Stuttgart [D]
Fair, Stuttgart

Auth Design MÉTRO, Budapest [H]

POLYFORM MUSEUMSINSEL | BODE-MUSEUM, Berlin [D]

bringolf irion vögeli STAATSARCHIV, Liestal [CH]
Basel Land State Archive, Liestal

npk STRASSENLEITSYSTEM, Niederlande [NL]
Street Way Finding System, The Netherlands

unit-design T-MOBILE CAMPUS, Bonn [D]

g

Interviewpartner / Respondent Ruedi Baur | Geschäftsführer, intégral ruedi baur paris / Managing Director, intégral ruedi baur paris
Architektur / Architecture Ibos

Die Charakterzüge eines Ortes herauszufiltern und über Signaletik zu betonen, steigert die Qualität und Identität des Platzes merklich. Im Fall der Médiathèque Strasbourg setzt Ruedi Baur auf einen demokratischen Designansatz. Die Vielfalt der Inhalte setzt er über verschiedene Schrifttypen um, die ein lebendiges Gesamtbild erzeugen und Lust auf die unterschiedlichen Medien und Themen machen.

Filtering the characteristics of a place and emphasizing them with signage helps improve the quality and stress the identity of a place. Ruedi Baur chose a democratic design approach for the mediatheque in Strasbourg. The variety of themes is reflected in the different fonts, which help create a lively overall effect and trigger interest in the different media and subjects.

Ruedi Baur
Designer

Ausbildung Lehre als Grafiker bei Michael Baviera • Grafikdesign, Kunstgewerbe Schule, Zürich
Laufbahn Mitgründung des Ateliers BBV • Aufbau von Integral Concept • Mitglied der Alliance Graphique Internationale (AGI) • Gründung des Ateliers intégral ruedi baur, Paris, Zürich und Berlin • Leiter des Forschungsinstituts Design2context an der ZHdK • Gründung des Laboratoire IRB, Paris
Education Graphics apprenticeship under Michael Baviera • Graphic Design, School of Arts and Crafts, Zurich
Carreer Co-Founder of BBV • Foundation of Integral Concept • Member of the Alliance Graphique Internationale (AGI) • Foundation of the ateliers integral ruedi baur, Paris, Zurich and Berlin • Head of the Design2context Research Institute at the ZHdK • Foundation of the Laboratoire IRB, Paris

Was ist die Basis für ein gutes Orientierungssystem?
// **Ruedi Baur** Das ist der Mensch, den man zu einem Ziel leitet, wo er Lust hat hinzugehen, und dem man auch die Möglichkeit offen lässt, sich zu desorientieren.

Haben die Menschen heute ein verändertes Bedürfnis für Orientierung, und gibt es Unterschiede zu früher?
// **Ruedi Baur** Eindeutig! Der Zustand unserer Gesellschaft, wo jede Minute zählt und die Menschen gestresst sind, wo die Unperfektion und das Flanieren unterkultiviert sind, manifestiert sich ganz klar in der Signaletik. Man will präzise geleitet werden – da geht es wirklich um Leitung, man will an die Hand genommen werden.

Ist das nicht eine Bevormundung und eine Einschränkung?
// **Ruedi Baur** Es ist ganz eindeutig ein Bedürfnis, aber es ist besonders eine Angst der Gesellschaft vor Desorientierung.

Wie hat man das früher gemacht, wenn heute die Perfektion so steil nach oben getrieben wird?
// **Ruedi Baur** In den Städten des Orients hat man einfach gefragt, und es gab Leute, die als Navigator zum Ort leiteten.

Ist der Mensch also das beste Leitsystem?
// **Ruedi Baur** Der Mensch ist sicherlich das angenehmste Leitsystem. Ich glaube, da können wir wieder sehr viel lernen vom Orient, der hat das wohl weniger verloren als wir.

Bedeutet ein klassisches Orientierungssystem von heute einen Rückschritt für die Orientierung?
// **Ruedi Baur** Ein Beispiel: Die Sonne geht auf einer Lichtung auf. Jeder kann die Sonne

What is the basis for a good orientation system?
// **Ruedi Baur** The person you are guiding to a destination he / she wants to reach and who also has the opportunity to be disorient him or herself.

Do people have different orientation needs today and what are the differences to the past?
// **Ruedi Baur** Definitely! The state of our society in which every minute counts and people are stressed, in which imperfection and roaming are uncouth, manifests itself very clearly in signage. Precise guidance is demanded – really being guided, taken by the hand.

Isn't that being treated like a child and a restriction?
// **Ruedi Baur** It is very clearly a need but it is society's fear of disorientation in particular.

How did we used to do things, if [the need for] perfection is skyrocketing now?
// **Ruedi Baur** People asked their way around in the cities of the Orient and there were people who navigated you to your destination.

Does that mean people are the best way finding systems?
// **Ruedi Baur** A person is certainly the most pleasant way finding system. I think that there is still a lot to be learned from the Orient, they haven't lost as much as we have in that sense.

Is a classical orientation system in today's sense a step in wrong direction for orientation?
// **Ruedi Baur** An example: the sun goes up in a clearing. Anyone can see the sun, interpret it,

ansehen, interpretieren, die Entfernung wahrnehmen, die Weite. Das ist Orientierung, und doch kann ich mich ganz individuell bewegen. Es bedeutet Orientierung in einem freien Sinn, man kann jederzeit wieder seinen Orient finden.

Ist das ein Appell an die Rückkehr zu natürlich vorhandenen Orientierungsmöglichkeiten?
// **Ruedi Baur** Ich möchte nicht den Romantiker spielen, aber in unserer Gesellschaft gibt es verschiedene Bedürfnisse, neue durch neue Möglichkeiten und Anforderungen, wenn man unterirdisch eine ganze Stadt durchwandern kann oder Flughäfen braucht, die immer komplexer werden. Aber es bleibt auch der Wunsch, dass man nicht immer geleitet wird, die Möglichkeit behält, sich zu verlieren.

Was kann der Gestalter dafür tun?
// **Ruedi Baur** Ganz viel. Er baut ein Konzept auf und muss genau schauen, was der Grad an Wichtigkeit ist, den die Orientierung hat, und welche Mittel zur Verfügung stehen, um eine weite Orientierung zu ermöglichen.

Wenn Menschen in einem strengen Raster leben, sind sie dann überhaupt bereit, Dinge anzunehmen, die sie selbstständig fordern, statt nur passiv Information entgegenzunehmen?
// **Ruedi Baur** Ich denke, ja. Wir funktionieren zwar oft wie Automaten, aber doch mit einer Spur Selbstreflexion oder Selbstironie. In einem hyperfunktionellen Raum verhält man sich auch hyperfunktionell, und das heißt inhuman. In einem poetischen Raum verhält man sich vielleicht auch poetisch. Die Frage ist jetzt, wie man ein Orientierungssystem schaffen kann, das uns aus diesem Inhumanen herausbringt und trotzdem die Funktion erfüllt, die man natürlich auch sucht.

gauge the distance, the expanse. That is orientation and yet you can move individually. That means orientation in a free sense; you can find your own Orient at any time.

Is that an appeal for the return to naturally available orientation possibilities?
// **Ruedi Baur** I don't want to sound romantic, but there are different needs in our society, new needs stemming from new possibilities and requirements. For example, one can wander through an entire city underground, or airport requirements are being ever more complex. But the desire also remains to not always be guided, to have the possibility of wandering off.

What can the designer do?
// **Ruedi Baur** A great deal. He can put together a concept and has to carefully assess orientation's degree of importance and what means are available to make broad orientation possible.

Are people even prepared to accept things that challenge them individually rather than just absorbing information passively if they live in a strict grid?
// **Ruedi Baur** I think so. We often work like automatons, but with a trace of self-reflection or self-irony. We are hyper-functional in a hyper-functional space, that is to say inhuman space. One might be poetic in a poetic space. The question now is how to create an orientation system that takes us away from what is inhuman and still fulfills the function one naturally seeks.

Sollte die Orientierung von der Identität des Ortes ausgehen?

// **Ruedi Baur** Das ist eine relativ neue Haltung zu sagen, dass die Orientierung zur Definition oder Identifikation des Ortes beiträgt. Als wir das in den späten 1980er Jahren erstmals gesagt haben, war das die absolute Opposition zur Ulmer Schule, die von einem universellen System, einer internationalen Schrift, einem System ausging, das überall funktioniert. Zu sagen, man benützt die Signaletik zur kontextuellen Differenzierung, ist etwas relativ Neues, was mir sehr wichtig ist. Tatsächlich kann die Signaletik im Gegensatz zu ganz vielen Elementen den Ort spezifizieren. Aber das geht nur, wenn man kontextuell arbeitet. Man kann nicht als großer Künstler etwas völlig Neues erfinden, sondern muss sein Projekt auf Basis des Existierenden herauskristallisieren. Damit stellt man sicher, dass das Projekt auch ein Echo des speziellen Ortes erzeugt.

Was bringt das dem Benutzer?

// **Ruedi Baur** Der Benutzer ist durch die Signaletik in einem Ort – und nicht in einem Nicht-Ort. Der Flughafen Frankfurt ist das Beispiel für einen Nicht-Ort. Der ist anonym, hyperfunktionell, aber ohne die kleinste menschliche Dimension – ein Ort, den man hasst und wo man trotzdem sein muss. Gute Signaletik versucht, sich an den Ort anzupassen und vielleicht ein wenig großzügig zu sein – ein Mittel, um den Ort und seine Qualität zu verbessern.

Kann man die Qualitätsverbesserung durch Signaletik nachweisen?

// **Ruedi Baur** Man kann den Nutzen messen. Man kann Zettel als Test aufkleben und zählen, wie viele verirrte Personen oder wie viele zufriedene Personen es gibt. Das ist aber schwer

Should orientation start with the identity of the place?

// **Ruedi Baur** It is relatively new to say that orientation contributes to the definition of a place's identity. When we said so for the first time in the late 1980s it was in absolute opposition to the Ulm School, which was based on a universal concept, an international font, one system that works everywhere. To say that signage is used for contextual differentiation is relatively new. That is very important to me. Signage can actually specify a place as opposed to a number of elements, but that is only possible with contextual work. You can't just invent something completely new as a great artist, your project has to crystallize based on what already exists instead. This ensures the project will echo the specific place.

How does the user benefit?

// **Ruedi Baur** The user is in a place thanks to the signage – and not in a non-place. Frankfurt Airport is an example of a non-place. It is anonymous, hyper-functional, but it lacks even the minutest human dimension – a place you hate and still have to be in. Good signage tries to adjust to the place and maybe be a bit generous – a means of improving the place and its quality.

Is quality improvement through signage verifiable?

// **Ruedi Baur** You can measure its usefulness. You can put up sheets of paper as a test and count how many lost people and how many satisfied people this leads to. But it is hard to measure in advance. I don't think much of those mechanical readability tests. I think good

die Médiathèque im neuen Stadtentwicklungsgebiet des alten Hafens in Straßburg
the médiathèque in the new urban development area on the old docks of Strasbourg

literarische Zitate als Textebene verweisen auf den Auftrag der Médiathèque als Ort des Lesens und Sehens
literary quotes are an allusion to the médiathèque as a place to read and see

im Vornherein zu messen. Ich glaube wenig an diese mechanischen Tests der Lesbarkeit. Ich glaube, Signaletik ist wie ein Roman, ist ein narratives System. Es genügt nicht, eine Tafel zu testen, man muss das System testen. Und wenn man sagt, man testet eine Tafel, dann wird sie gegenüber der Möglichkeit, narrativ vorzugehen, überbewertet.

Gibt es unter den Auftraggebern, die ja oft als Bauträger, als Facility Manager auftreten, auch Leute, die diese Qualität und Verbesserung des Ortes verstehen?
// **Ruedi Baur** Die Auftraggeber merken mittlerweile, dass die Signaletik einen Ort definieren, einen Ort mit Design verbessern oder sogar einen Ort schaffen kann, einen Nicht-Ort in einen Ort verwandelt. Die Signaletiker haben das Potenzial, eine Sprache zu entwickeln, die den Ort aufwertet, qualifiziert, was sehr spannend ist. Im Moment haben wir immer mehr Auftraggeber, die sagen: Die Signaletik ist ok, jetzt macht ihr auch noch Mobiliar und auch noch das Licht. Diese Verstärkung der Identität des Ortes, alles nicht Gebaute, das Möblierte, ist bereits ein ganz wichtiger Faktor für die Qualität des Ortes. Urbanes Design hat drei entscheidende Komponenten: Orientierung, Information und Identifikation, darin sind wir eindeutig besser als die Architekten und die Stadtplaner.

Weil Ihr einen anderen Zugang wählt?
// **Ruedi Baur** Weil wir uns fragen, wie man differenzieren und die Differenzierung spiegeln kann. Ich glaube nicht an diesen Identitätenruhm, der völlig abstrakt daraufgelegt ist. Ich halte Branding für etwas Schreckliches: Man baut eine Marke, die nichts zu tun hat mit der Realität, mit dem Ort, wo produziert wird, mit dem, was ja fiktiv der Kern dieser Aktivität ist. Mich interessiert genau das Gegenteil. Ich versuche, Wahrheiten nach oben

signage is like a novel, it is a narrative system. It isn't enough to test a sign; you have to test the system. And if you say you are testing a sign then it is being given too much meaning when compared to the possibility of approaching things as a narrative.

Clients often assume the role of contractors or facility managers. Are there clients who understand this quality and its improvement of the place?
// **Ruedi Baur** By now clients understand that signage defines a place, that design improves a place and can even manage to make a non-place a place. Signage designers have the potential to develop a language that adds to the place, qualifies it. This is very exciting. At the moment we have an increasing amount of clients who say: the signage is ok, now you make the furniture and do the lighting as well. This emphasizing of a place's identity beyond what has been built, which furniture is used, already is an important factor in a place's quality. Urban design has three decisive components: orientation, information and identification, we are clearly better at this than architects and urban planners.

Because you choose a different approach?
// **Ruedi Baur** Because we ask ourselves how things can be differentiated and how to reflect the differentiation. I do not believe in identities that are famous yet completely abstract. I find branding horrible: you build a brand that has nothing to do with reality, nothing to do with the place it is produced in and nothing to do with the fictional core of the activity. I find the exact opposite interesting. I try to bring truths to the fore. There are many things that aren't present, they have to be valued again...and that is the best way of relativizing these brands.

Text legt sich als eigene Ebene auch über die Möbel wie hier beim Empfang
text covers the furniture as a separate layer, as can be seen in the entrance area

zu bringen. Es gibt ganz viele Sachen, die nicht präsent sind, die müssen wieder einen Wert bekommen ... und das ist die beste Möglichkeit, um diese Brands zu relativieren.

Siehst Du ein steigendes Bedürfnis nach physischen, angreifbaren Elementen in der Signaletik?
// **Ruedi Baur** Ich bin nicht sicher, ob das Bedürfnis schon so präsent ist. Das ist eigentlich eine Wette, das ist eine politische Entscheidung.
Wenn wir nicht wollen, dass unsere Städte zerbröckeln und autozerstören, wie die Dörfer unserer Großeltern, dann müssen wir etwas für die Realität und nicht für die Virtualität tun. Das äußert sich in der Qualität von Orten, wie man Orte schafft, in denen man sich wohlfühlt, wie man einen Platz schafft wie z. B. das Museumsquartier bei Euch in Wien. Das sind Orte, wo man sich plötzlich wieder einen Platz teilt, wo das Grunddemokratische und das „Ich fühle mich wohl in Wien" präsent ist. Das ist es eigentlich, was hinter unserem Beruf als Signaletiker steht.

Werden dadurch bestehende Orte entwickelt oder neue Orte geschaffen?
// **Ruedi Baur** Ich stehe dem Modernismus sehr kritisch gegenüber. Alles abzureißen und dann wieder etwas völlig Neues hochzuziehen ist nicht immer die beste Lösung. Ich bin der Meinung, diese Zeit sollte vorbei sein. Es ist wichtig, dass wir jetzt langsam eine andere Haltung schaffen, auch ökologisch. Gleichzeitig will ich aber auch nicht konservieren. Die zentrale Frage ist: Wo sind unsere Wurzeln, und wie können wir unsere Wurzeln in die Moderne bringen? Es gibt immer eine Referenz, auf der man Identität substanziell aufbauen kann.

Do you see a rising need for physical, tangible signage elements?
// **Ruedi Baur** I am not sure that need is so present yet. That is actually a dare, it is a political decision. If we do not want our cities to crumble and self-destruct the way the villages of our grandparents did, then we have to do something that is real, and not virtual. This can be seen in the quality of places, how places are created which we feel comfortable in, like the Museumsquartier you have in Vienna. These are places in which one suddenly shares space, in which the sense of fundamental democracy and, "I feel comfortable in Vienna," is present. That is what is actually behind our job as signage designers.

Does this develop existing places or create new places?
// **Ruedi Baur** I am very critical of Modernism. Tearing everything down and then building something entirely new isn't always the best solution. I think that time should be over. It is important that we start creating a new attitude, ecologically as well. But at the same time I do not want to preserve. The central question is: Where are our roots and how can we bring our roots into our modern time? There is always reference which helps give identity substance.

Your current project, the mediatheque in Strasbourg was a port warehouse originally. The architect hollowed it out completely and re-adapted it. Were you given the opportunity to work on the old and new identity from the very beginning?
// **Ruedi Baur** There are two types of project: projects in which we cooperate with the architect and think of the whole from the beginning and there are projects we join very late. Strasbourg is very clearly a project we joined much too late. Everything was done, except

zentrale Informationsträger sind die signifikanten Säulen des alten Industriebaus aus Sichtbeton
central information carriers are the key pillars of the old industrial building made of architectural concrete

Euer aktuelles Projekt, die Médiathèque in Strasbourg, war ursprünglich ein Lagerhaus im Hafen. Es wurde vom Architekten völlig entkernt und neu adaptiert. Hattet Ihr da von Anfang an die Möglichkeit, an der alten und neuen Identität mitzuarbeiten?

// **Ruedi Baur** Es gibt zwei Typen von Projekten: jene, wo wir am Anfang in Zusammenarbeit mit dem Architekten das Ganze denken, und es gibt Projekte, wo man sehr spät dazukommt. Strasbourg ist eindeutig ein Projekt, wo wir viel zu spät dazu gekommen sind. Alles war fertig außer der Signaletik, die nicht eingeplant war. Der Architekt ist ziemlich minimalistisch, und der Kunde klagte, das sei viel zu unmenschlich, viel zu kalt für eine Bibliothek, und so hat der Architekt dann diese roten Bänder überall verstreut. Das war eigentlich noch nicht in der Debatte über die Signaletik, doch dann sind sie plötzlich aufgewacht und haben realisiert, dass sie die Signaletik auch brauchen.

Wie habt Ihr auf diese vorgefundene und fortgeschrittene Situation reagiert?

// **Ruedi Baur** Wir haben genau die gleiche Haltung wie die des Bandnetzes eingenommen, das sich einfach über den ganzen Innenraum und das Mobiliar legt. Das ist die zweite Schicht, und wir malen als dritte Schicht einfach drüber. Das Band hat eine Logik, und wir verfolgen dieselbe.

Warum sind die Begriffe in verschiedenen Grotesk- und Antiquaschriften gesetzt?

// **Ruedi Baur** Es gibt sieben verschiedene Schriften. Jede Abteilung hat eine Schrift und kann ihre eigene Identität mit der Zeit aufbauen. Das ist für mich Demokratie durch Gestaltung. Die Schrifttypen sind natürlich auch an die Themen angepasst. Die Jugend ist ein wenig jugendlicher, Comics sind in einer Pinselschrift gesetzt usw. Damit das Ganze nicht zu einem Riesenchaos wird, haben wir alle Schriften durchgestrichen.

for the signage. The architect is very minimalist and the client complained that it was too inhuman, much too cold for a library. So the architect spread these red ribbons all over the place. That wasn't the actual signage debate, but then they suddenly woke up and they realized they also needed signage.

How did you react to the situation you met upon and the very advanced state of things?

// **Ruedi Baur** We just took up the same position as the ribbon network, which spreads over the entire interior and the furniture. That was the second layer and we simply painted a third layer over it. The ribbon has its logic and we followed it.

Why are the terms set in different Grotesque and Antiqua typefaces?

// **Ruedi Baur** There are seven different fonts. Each department has a font and can develop its own identity with time. That is democracy by design for me. The font types naturally match the subjects. Youth is a bit more youthful, comics are set in brush strokes, etc. We struck through the lettering to avoid creating a complete chaos. The struck through lettering is the constant that formally consolidates the differentiation with seven fonts. There are also situations in which we have all of these fonts on a board, which works well. Then there are purely functional signs, they are set in a font that is not struck through, this sets them apart from the other subject-related contents.

Which qualities do two or three dimensional signage design projects have?

// **Ruedi Baur** Two-dimensional design is very important for communication as such. You can verifiably test the communicative dimension the system develops, readability and the

die Kennzeichnung der Orte hebt sich durch unterschiedliche Farben von der Lesetextebene klar ab
the designations of place are clearly different to the reading material text layer

die vom Architekten gestaltete rote Gitterstruktur legt sich konsequent über Wand, Boden, Decke, Säulen und Möblierung
the grid structure designed by the architects spreads across the walls, floors, ceilings, columns and furniture

Die Konstante ist das Durchgestrichene, deshalb ist die Differenzierung mit den sieben Schriften formal zusammengefasst. Es gibt auch Situationen, wo wir alle diese Schriften auf einer Tafel haben, das klappt gut. Dann gibt es auch rein funktionelle Hinweise. Sie sind in einer Schrift gesetzt, die nicht durchgestrichen ist, damit setzen sie sich von den anderen, fachlichen Inhalten ab.

Welche Qualitäten entwickelt für Dich Gestaltung in zweiter bzw. Gestaltung in dritter Dimension in Signaletik-Projekten?

// Ruedi Baur Die zweidimensionale Gestaltung hat ihren großen Sinn in der Kommunikation an sich. Man kann eindeutig testen, was das System an kommunikativer Dimension entwickelt. Lesbarkeit, Schrift der Elemente, die präsent sind, und vielleicht die Corporate-Design-Kultur als Ganzes.
Eine visuelle Sprache herstellen heißt ein System aufzusetzen, das auf einer Grammatik aufbaut. Die Schwächen rein visueller Gestalter sind oft, diese Elemente effektiv im Raum zu integrieren, also in ein Objekt zu verwandeln. Es gibt schon ein paar Grafiker, die beide Möglichkeiten beherrschen, aber für die Meisten ist die Dreidimensionalität eine Verbreiterung der Zweidimensionalität und nicht mehr. Das ergibt natürlich Probleme.
Es gibt noch eine andere, dritte Dimension, das ist die Kultur der Neuen Medien, nicht unbedingt im Sinn der Bearbeitung dieser Neuen Medien, sondern die Bewegung, also das bewegte Bild, die bewegte Information usw. Sie spielt heute schon eine ganz große Rolle und wird morgen wahrscheinlich noch entscheidender als Form der Informationsdarstellung werden. Diese drei Kompetenzen muss der Signaletiker beherrschen.

elements that are present and maybe corporate design as a whole. Creating a visual language means putting together a system that is based on grammar. The weakness of purely visual designers often lies in integrating these elements in space effectively, turning it into an object, so to speak. There are a few graphic designers that can do both, but three-dimensional design is just broadened two-dimensional design for most, and that's it. Naturally this leads to problems. There is another, third dimension: culture and new media. Not necessarily in the sense of working with these new media, but in the sense of motion, or moving pictures, moving information etc. It already plays a major role and might even become more decisive as a way of presenting information tomorrow. Signage designers have to have command of these three competences.

How is the new field of motional graphics present in signage today?

// Ruedi Baur It can be present in a negative way, if you have screens everywhere and think all orientation can be developed with these elements. It can also be very exciting because the information carriers can be used very flexibly. That is something we tried with another project, the cinematheque. The architecture is the information bearer in this case and we project the information on the respective place it should be read at and is needed. That is orientation in motion, entirely in keeping with the media. There is still a lot of potential there, such as the rhythm of the space or room. This leads to a forth competence: scenography. The coordination of the elements among each other and in relation to the beholder is another major design component for signage designers. The pure information level isn't enough, we have to stage places, narrate, instead of just writing words.

alle Informationen werden direkt auf Wände, Säulen oder Böden gemalt, wie hier die Geschossübersicht im Treppenhaus
all information is painted directly on the walls, columns or floors, the image shows floor information on the stairwell

Wie äußert sich das Feld der Motional Graphics in der Signaletik heute?

// Ruedi Baur Es kann sich negativ äußern, wenn man einfach überall Screens hinsetzt und denkt, dass die ganze Orientierung sich in diesen Elementen entwickeln kann. Es kann auch sehr spannend werden, weil man die Informationsträger sehr flexibel bespielen kann. Das ist ein Versuch, den wir bei einem anderen Projekt, der Cinemathek, gemacht haben. Hier ist die Architektur der Informationsträger, und wir projizieren die Information an die Wand, wo man sie lesen soll und braucht. Das ist Orientierung in Bewegung, ganz im Sinne des Mediums. Da gibt es noch ganz viel Potenzial, wie etwa den Rhythmus des Raumes. Daraus ergibt sich noch eine vierte Kompetenz: die Szenografie. Die Koordination der Elemente zueinander und in Bezug auf den Betrachter ist noch eine wesentliche gestalterische Komponente für den Signaletiker. Die reine Informationsebene reicht nicht aus, wir müssen Orte inszenieren, müssen narrativ werden, statt nur Worte zu schreiben.

Glaubst Du, dass man dafür aus anderen Bereichen wie z.B. dem Film lernen kann?

// Ruedi Baur Wir können aus extrem vielen Bereichen lernen, aus der kognitiven Wissenschaft, der audio-visuellen Kultur, der Soziologie und Neurologie. Wir stehen in der Mitte vieler Bereiche, die sich alle mit der Problematik der Desorientierung beschäftigen. Signaletiker arbeiten in einer Interdisziplinarität zwischen Corporate Design, Szenografie, Typografie und Architektur.

Wenn die Architektur aber dafür keine Offenheit bietet, weder von den Signaletikern noch von Besuchern berührt werden soll – wie reagierst Du darauf?

// Ruedi Baur Die kontextuelle Haltung, also die Information an den Ort anzupassen, über

Do you think we can learn from other fields, film, for example?

// Ruedi Baur We can learn from very many fields in cognitive science, audio-visual culture, sociology, and neurology. We stand in the middle of many fields that all have to do with the problem of disorientation. Signage designers are in an interdisciplinary area between corporate design, scenography, typography and architecture.

But what if architecture isn't open to this, should not be touched by either the signage designer or the visitor, how do you react to that?

// Ruedi Baur The contextual approach – adjusting information to suit the place via natural and artificial orientation – is means of breaking up such situations. It isn't about establishing a new language. Signage is supposed to accompany the architecture and maybe emphasize it – we have to be very restrained in some cases, almost not present. Or we have to be present via light and similar aspects that make it possible to find your way. Of course there are situations in which signage cannot solve the problem without intervening in the architecture.

Do you have an example?

// Ruedi Baur An escalator isn't properly placed in the Musee d'Orsay. The designer Jean Widmer fought to have it re-located so the way finding system in the room worked. There are situations which cannot be solved with signage alone. It is almost impossible to tell someone to back up with a sign. Therefore it is very important for a signage designer to be involved in a project at an early stage and present as often as possible.

heure du conte

Materialkontrast zwischen Sichtbeton, Metalltüren, hochglänzendem Boden und den Möbeln
material contrast between architectural concrete, metal doors, high-gloss floor and the furniture

natürliche und artifizielle Orientierungen nachzudenken, ist ein Mittel, solche Situationen aufzubrechen. Es geht ja nicht darum, eine neue Sprache zu setzen. Die Signaletik soll ja die Architektur begleiten und vielleicht verstärken – dafür müssen wir manchmal sehr zurückhaltend sein, fast nicht präsent, oder eben durch Licht und ähnliche Aspekte auftreten, die es ermöglichen, dass man sich zurechtfindet. Natürlich gibt es auch Situationen, wo die Signaletik das Problem nicht ohne Intervention in die Architektur lösen kann.

Hast Du ein Beispiel?
// Ruedi Baur Im Musée d'Orsay war eine Rolltreppe falsch platziert. Der Designer Jean Widmer hat darum gekämpft, sie zu versetzen, sodass die Wegeführung im Raum wieder funktionierte. Es gibt Situationen, die sind mit Signaletik alleine nicht zu lösen. Jemanden auf einem Schild zu sagen, dass er nach hinten gehen soll, ist nahezu unmöglich. Es ist daher wichtig, dass der Signaletiker sehr früh und oft im Projekt präsent ist.

Die Informationsarchitektur, die Signaletiker schaffen, stellt Orte oder auch Unternehmen oft neu dar. Wie schaffst Du es, den Leuten klar zu machen, dass sie sich selbst auch anders sehen könnten?
// Ruedi Baur Da kommen wir zur Kunst des Erscheinungsbildes. Wie kann man einer Person oder Firma die eigene Identität und die Potenziale bewusst machen? Dazu gibt es Präsentationsstrategien, besser: Präsentationslogiken, die als Spiegel funktionieren, damit nicht eine neue Identität erfunden, sondern die vorhandene herausgearbeitet wird. Und einen Schritt weiter: Heute bist du so, vielleicht möchtest du morgen so sein. Bist du bereit, diesen Weg zu gehen? Wenn ja, können wir das Bild für morgen setzen, aber das hat mit dem Heute zu tun.

The information architecture that signage designers create often presents places and companies in a new way. How do you manage to make it clear to people that they can also see themselves differently?
// Ruedi Baur We are talking about the art of appearance now. How can you make a person or company aware of their own identity or potential? There are presentation strategies for that, or : presentation logics that work as mirrors. They don't invent a new identity, they just work out what exists. And a step further: You are this way today, maybe you want to be that way tomorrow. Are you ready to tread the path? If so, then we can set an image of tomorrow, but it has to do with today.

neun verschiedene Schriften veranschaulichen den jeweiligen Charakter der verschiedenen Inhalte
nine different fonts define the various contents

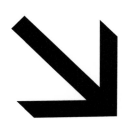

büro uebele

MESSE, Stuttgart [D]
Fair, Stuttgart

Interviewpartner / Respondent Kai Bierich | Partner, wulf & partner • Andreas Uebele | Geschäftsführer, büro uebele / Managing Director, büro uebele
Architektur / Architecture wulf & partner

Was sich in Messehallen abspielt, kennt man. Jeder Messestand versucht, mit auffälliger Gestaltung unsere Aufmerksamkeit zu fesseln. Wenn man denkt, dass Zurückhaltung die einzige Antwort für ein übergeordnetes Leitsystem sein kann, irrt man. Andreas Uebele beweist mit intensiver Farbigkeit, kräftiger Typografie und Größe, dass es auch noch einen anderen Weg gibt, in dieser Umgebung zu bestehen.

Everyone knows what goes on in fair halls. Each stand tries to grab our attention with catchy designs. It is a mistake to think reduction is only answer when it comes to an overall way finding system. Andreas Uebele proves that vibrant colors, strong typography and size can also stand their ground in these surroundings.

Kai Bierich
Architekt / Architect

Ausbildung Architektur, Technische Hochschule Darmstadt
Laufbahn Mitarbeit bei Behnisch & Partner • Selbstständige Tätigkeit • Mitarbeit im Büro Tobias Wulf
Partner wulf & partner • Lehrauftrag für Entwerfen, Universität Stuttgart • Dozent, Staatliche Akademie der Bildenden Künste
Education Architecture at Darmstadt Technical University
Career Staff Member at Behnisch & Partner • Freelance work • Staff Member at Tobias Wulf Partner, wulf & partner •
Design Instructor at the University of Stuttgart • Docent at the State Academy of Fine Arts

Wie hat das Projekt für Euch Gestalter begonnen?

// **Kai Bierich** Der Wettbewerbsgewinn war im Februar 2000. Unter 130 teilnehmenden Büros wurden in der ersten Phase zunächst 30 Büros ausgesucht, in der zweiten wurde das Verfahren auf drei eingegrenzt. Am 11. Februar hat dann das Handy geklingelt, und wir sind über den kleinen Schlossplatz in Stuttgart zum Haus der Wirtschaft gesprintet, wo die offizielle Verkündung des Wettbewerbszuschlags an wulf & partner stattgefunden hat. So hat das Projekt begonnen. Zum damaligen Zeitpunkt waren wir 20 Leute im Büro, es wuchs schnell, und in der Hochphase des Projekts waren es dann 80. Die intensive Phase des Messeprojekts dauerte fünf Jahre lang, danach haben wir unsere Strukturen wieder zurückgebaut.

Wann bist Du als Grafikdesigner dazu gekommen und in welcher Projektphase?

// **Andreas Uebele** Das war rechtzeitig auf der Zeitachse angetaktet, etwa im Jahr 2004, drei Jahre nach dem eigentlichen Beginn.

Wie habt Ihr den Gebäudekomplex der Messe baulich organisiert?

// **Kai Bierich** Das Konzept basiert auf einer klaren zweiachsigen Anordnung der Messe – an den beiden Erschließungsachsen und auf mehreren Ebenen. Mit der Drehung der Messeachse parallel zum Flughafen haben wir den Sprung über die Autobahn A8 gewagt und die Parkhausbrücke hier realisiert. Eine Besonderheit ist wohl, dass wir die Messe in der dritten Dimension organisiert haben. Somit kann man ungehindert durch die Messe hindurchfahren, was ein großer Vorteil für den Beschickungsverkehr ist; bei anderen Messen wie München oder Leipzig stößt man immer wieder an Hallen. In Stuttgart haben wir die

How did the project begin for you as designers?

// **Kai Bierich** The competition began in February 2000. During the first phase, 30 offices were chosen from the 130 that had initially entered the competition. Three offices were selected in the second phase. My mobile phone rang on February 11th and we raced across the small Schlossplatz Square in Stuttgart to the Haus der Wirtschaft to witness the formal announcement of wulf & partner as the winning entrants. That's how the project began. There were 20 of us in the office at the time – it grew quickly and there were 80 of us by the end of the project. The intensive phase of the fair project lasted five years, we streamlined our structures again afterwards.

When and during which project phase did you begin working on the project as a graphic designer?

// **Andreas Uebele** At the right time on the timeline, it was 2004, three years after the actual beginning.

How did you organize the fair building complex structurally?

// **Kai Bierich** The concept is based on the clear two-axes alignment of the fair – along the access way axis and on a number of levels. We dared to cross the A8 highway and built a parking garage with a connecting bridge over the highway by rotating the fair axis to lie parallel to the airport.
Another special element is that we organized the fair with a third dimension. This makes it possible to drive through the fair without hindrances, which is a great advantage for delivery traffic. Traffic at other fairs, such as those in Munich and Leipzig, is hindered by

Andreas Uebele

Kommunikationsdesigner / Communication Designer

Ausbildung Architektur und Städtebau, Universität Stuttgart • Freie Grafik, Kunstakademie Stuttgart
Laufbahn Freie Mitarbeit bei Planungsgruppe kps, Prof. HG Merz und Behnisch & Partner • Gründung büro uebele •
Professor für visuelle Kommunikation, Fachhochschule Düsseldorf
Education Architecture and urban planning, University of Stuttgart • Free Graphics, Stuttgart Academy of Art
Career Freelance work for Planungsgruppe kps, Prof. HG Merz und Behnisch & Partner •
Foundation of büro uebele • Professor of visual Communication, Düsseldorf Specialized College

topologisch vorgegebenen Höhensprünge, um unter dem zentralen Park hindurch und auf der anderen Seite wieder hinauszufahren.

Hat die Jury diese Qualität, die durch die Querung entsteht, erkannt?
// Kai Bierich Zuerst nicht. Als sie es dann gesehen haben, sind vor allem die Messebetreiber nervös geworden. Es gab zuerst Zweifel daran, dass es funktionieren wird. Als sie dann aber gesehen haben, welche Potenziale und Chancen in unserem Konzept stecken, waren sie begeistert. Auch heute bekommen wir noch Rückmeldungen, dass dieses Organisationsprinzip eine deutliche Entlastung für die Infrastruktur und den Messeverkehr bringt.
// Andreas Uebele Mir wird jetzt erst klar, wo du das erzählst, dass das wahrscheinlich weltweit einzigartig ist.

Die architektonische Struktur ist sehr logisch und die Erschließung sehr nachvollziehbar. Wird es da für einen visuellen Gestalter leichter, wenn die Architektur schon intuitiv leitet?
// Andreas Uebele Unbedingt. Wir hatten schon ungelöste architektonische Situationen bei einigen unserer Projekte. Da kam der verzweifelte Aufschrei der Nutzer, des Bauherren oder des Architekten „Mach da was." Wenn die logische, selbsterklärende, psychologische Wegeführung nicht funktioniert, können wir das nur eingeschränkt lösen. Es kann sein, dass wir uns an der Topografie orientieren, am Licht oder durch sprechende Architektur. Wenn das nicht passt, kann das ein Grafiker nicht mehr retten, das geht nicht.
Im Fall der Messe war das klar. Die einfache, klare Struktur hat uns eigentlich die Vorgabe für die Hierarchie und die Informationsschichtung gegeben. Wir haben die Informationshierarchie so festgelegt: An den Eingängen gibt es eine hohe Informationsdichte, die dann

halls. We have topological changes in height here for traffic to drive under and through the central park before driving out at the other side.

Did the jury recognize the quality this crossing possibility creates?
// Kai Bierich Not at first. When they did see it, it was mainly the fair operators who got nervous. There were doubts about its functionality in the beginning, but they were impressed when they saw our concept's potential and the chances. We are still getting feedback praising this organization principle today, since it led to a palpable reduction in the strain on the infrastructure and fair traffic.
// Andreas Uebele Now that you told me I am beginning to realize that it is probably the only one of its kind in the world.

The architectural structure is very logical and the access ways are very understandable. Does this intuitively guiding architecture make it easier for a visual designer?
// Andreas Uebele Definitely. We have had some unresolved architectural situations in some of our projects. This led to the desperate call for us "to do something about it." There are limits to what we can do if the logical, self-explanatory psychological path finding doesn't work. We might follow the topography, the light or the language of the architecture. If it doesn't work, there isn't anything a graphic designer can do, it just doesn't work.
Things were clear in the case of the fair. The simple, clear structure gave us our guiding elements for information hierarchy and layering. We established the following hierarchy: high information density at the entrances that is then differentiated in layers on the inside. This helped us keep the architecture, the halls and the colonnades uncluttered and

in Schichten bis zum Inneren ausdifferenziert wird. So konnten wir die Architektur, die Hallen, die Wandelgänge von zu viel Beschilderung freihalten. Das ist natürlich nur dann möglich, wenn die Organisation und die Wegeführung sehr klar und eindeutig sind. Hier ist das so.

Bei der Messe sind die Eingänge und die Ausgänge zentrale Punkte. Hier kommen in ganz kurzer Zeit sehr viele Besucher durch. Wie habt Ihr räumlich darauf reagiert?

// Kai Bierich Die Architektur selbst hat die Funktion des primären Hinweisens. Das haben wir durch Transparenz gelöst. Wenn morgens mehrere tausend Besucher kommen und nicht wüssten, wo sie hin müssen, wäre das eine Katastrophe. Daher haben wir bei den Eingängen die Architektur extrem geöffnet und zugleich Baukörper und Inhalte transparent gemacht. Durch die Glasfassade erkennt man den Gesamtverlauf der Messe in ihrer Abfolge. Wenn man das Messefoyer betritt, sieht man zur Linken das Kongresszentrum, geradeaus die Hochhalle und in der Messeachse alle übrigen Hallen. Das sind die Primärinformationen, die dadurch gezeigt werden, dass man die inneren Vorgänge zeigt. Wenn man z. B. hinter einer Glaswand des Restaurants Leute in weißer Kleidung stehen sieht, dann ist klar, dass da gekocht wird. Wenn das irgendwo hinter einer Wand versteckt wird, weiß man nicht um die Funktionen dahinter.

Wie habt Ihr als Leitsystemplaner auf die wichtige Zone der Eingänge reagiert?

// Andreas Uebele Außen haben wir mit Superzeichen in Form von großen Stelenfahnen reagiert. Sie markieren die drei Eingänge sehr stark in der Landschaft. Schon von Weitem weiß ich: „Aha, da muss ich rein."

free of too many signs. This is natural and only possible if the organization and pathway patterns are very clear and defined, which is the case here.

The entrances and exits are central points at the fair. Very many people move through these areas in very short periods of time. How did you react to this spatially?

// Kai Bierich The architecture's function is to give a primary indication and direction. We solved this with transparency. It would be a catastrophe if a thousand visitors came in the morning and didn't know where to go. We therefore chose extreme openings at the entrance areas to make both the structure and its contents transparent. The overall flow and sequence of the fair can now be discerned through the glass facade. You can see the conference center to the left as soon as you enter the foyer, the high hall is straight ahead and all other halls follow along the fair axis. This the primary information that is displayed by showing its inner workings. If you see a number of people standing around behind the glass wall of the restaurant, you know they are cooking. You wouldn't know what functions lie hidden behind a solid wall.

How did you react to the important entrance zone as orientation system planners?

// Andreas Uebele We created super signs in the form of striking flagged steles. They marked the three entrances, emphasizing them in the landscape. Even from a distance I know: "Uh huh, that's where the entrance is."
We solved the high information density issue with three layers. The first layer is the entrance area with its coat check areas, toilets and cash desks. Those are the first areas that are important to visitors to the fair. The next three things you look for are phones, the dia-

formal von der Stelenform der Messe inspiriert, wurden die Schilder in Fahnenform rasch zum unübersehbaren Landmark
the flag-shaped signs inspired by the Messe Stuttgart column shape soon became an unmistakable landmark

Die hohe Informationsdichte haben wir in drei Schichten aufgelöst. In der ersten Schicht, dem Eingangsbereich, befinden sich Garderobe, Toilette und Kasse. Das sind die ersten Dinge, die für den Messebesucher wichtig sind. Dann sucht man nach dem Telefon, dem Babywickelraum, nach einem Ort, wo es etwas zu essen gibt. Das sind die sekundären Bedürfnisse. In der dritten Sequenz geht es darum, wo ich hin will: welche Halle, Hochhalle, gerade Zahlen, ungerade Zahlen, da geht es dann in eine tiefere Informationsebene hinein.

Die Identität der Messe wird einerseits durch die Architektur, andererseits durch das Erscheinungsbild der Messe selbst und durch die Signaletik geprägt. Hat das Erscheinungsbild schon vor Eurer Arbeit existiert?

// Andreas Uebele Die Messe hatte bereits ein Corporate Design: die gelbe „Messeschnecke", wie sie im Alltagsgebrauch genannt wird. Während unserer Arbeit am Orientierungssystem wurde ein Wettbewerb für ein neues Corporate Design ausgeschrieben, zu dem wir auch eingeladen wurden. Ich habe damals darauf gedrängt, auch gute Kollegen mit einzuladen. Klaus Hesse aus Düsseldorf hat den Wettbewerb schließlich gewonnen, wie ich finde, zu Recht. Das neue Erscheinungsbild tritt allerdings kaum auf, vor allem nicht vor Ort. Das liegt daran, dass hier vor allem Fachmessen wie etwa Caravan, Motor, Touristik oder CMT, eine der größten Besuchermessen der Messe Stuttgart, veranstaltet werden, die alle ein eigenes Corporate Design haben.
Zum Zeitpunkt der Ausschreibung war unser Planungsprozess für das Leitsystem schon ziemlich weit fortgeschritten, die Schrift Avenir stand fest. Klaus Hesse hatte für sein Corporate Design eine andere Schrift vorgeschlagen. Da das Orientierungssystem im Auftritt stärker präsent ist als das klassische Erscheinungsbild, habe ich Klaus angerufen

per changing room and a place to eat something. These are secondary needs. The third sequence is about where you want to go: which hall, the high hall, even numbers, uneven numbers, all of which lead into a deeper information level.

The identity of the fair is defined by the architecture at one level and by the fair's image at another. It is also characterized by its signage. Did the image already exist before your work?

// Andreas Uebele The fair already had its corporate design: the yellow "fair snail," as it is called in everyday use. A competition for a new corporate identity was announced while we worked on the orientation system, and we were also invited to participate. I also insisted that other esteemed colleagues be invited. Klaus Hesse from Düsseldorf ultimately won the competition, and I think he deserved to.
However, the new image is barely perceptible, especially on-site. This is because the fair grounds are mainly used for specialized fairs such as Caravan, Motor, Touristik or CMT, one of the largest open fairs held by the Messe Stuttgart, all of which have their own corporate design.
Our orientation system planning process was already in a pretty advanced stage when the competition was announced, we had already chosen Avenir as our font. Klaus Hesse had suggested a different font for his corporate design. Since the orientation system is much more present than the classic image elements I called Klaus and discussed the subject with him. Since we had already chosen everything two years before, he ultimately decided to work with Avenir as well, which was a nice gesture on his part.

die Messe Stuttgart 2008 – Messen: 69, Aussteller: 17.000, Besucher: ca. 1.500.000
the 2008 Stuttgart Fair: 69 fairs, 17,000 exhibitors, 1,500,000 visitors

und dieses Thema mit ihm diskutiert. Da wir schon zwei Jahre zuvor alles festgelegt hatten, hat er schließlich – sehr kollegial – die Avenir auch als Hausschrift übernommen. Noch etwas zur Identität und wie sie nach außen wirkt: Porsche wirbt in einer Anzeige mit einem Bild eines neuen Modells am Vorplatz der Messe. Zuerst habe ich die Messe auf diesem Bild fast nicht erkannt, weil sie so fremd aussieht. Woran man sie aber eindeutig erkennt, sind die signifikanten Stelenfahnen, vom Fotografen zentral ins Bild gerückt. Diese Zeichen machen das Orientierungssystem zum wesentlichen Teil des Corporate Design der Messe Stuttgart. Natürlich spielt auch die Architektur eine starke Rolle. Als Einheit werden beide zusammen viel stärker als jede „Nur-Grafik". Was an der Porsche-Anzeige zu sehen ist: Gute Architektur und ein gutes Orientierungssystem schaffen zusammen starke Identität.

Kann man generell feststellen, dass sich große Marken verstärkt über die Architektur präsentieren?
// **Kai Bierich** Prada, Hugo Boss oder andere machen das vorbildlich. Sie arbeiten mit Zaha Hadid oder Herzog & De Meuron oder Rem Kohlhaas, deren Qualität in der Architektur das Denken über diese Marke verändert hat, es verschiebt sich von den rein virtuellen oder gedruckten Erscheinungsformen und den Produkten hin zu den greifbaren Dingen, die wiederum die Qualität der Produkte repräsentieren.

Plant Ihr beim architektonischen Entwurf Flächen ein, die für das Leitsystem vorgesehen sind?
// **Kai Bierich** Ja. Im Laufe unserer Zusammenarbeit haben wir festgelegt, dass starke Farben ausschließlich im Leitsystem bzw. durch die Messebespielung selbst benutzt werden. Im Kontrast dazu haben wir die Farben in der Architektur zurückgenommen und

One more thought on identity and its effect on the outside: Porsche advertises with the picture of a new model in front of the fair grounds. I didn't recognize the fair grounds when I first saw the picture, because it looks so alien. But the flagged steles make them clearly recognizable, and the photographer made sure to put them in the center of the photo. These signs make the orientation system a substantial part of the Messe Stuttgart corporate design. Of course architecture also plays a major role. As a unit both are much stronger than "just graphics." The effect would dissolve if someone were to say, "create a great advertising campaign, create our corporate identity, just give us the whole deal," at a purely graphical level. What you can see in the Porsche ad is: good architecture and a good orientation system create a strong identity together.

Can it be generally said that major brands increasingly present themselves through architecture?
// **Kai Bierich** Prada, Hugo Boss or others do so in an exemplary manner. They work with Herzog & De Meuron or Rem Kohlhaas or Zaha Hadid, whose quality in architecture changes the way these brands are thought of. This leads to a shift from purely virtual or printed image forms to tangible things, which in turn represent the quality of products.

Do you plan surfaces for use in the orientation system in your architectural designs?
// **Kai Bierich** Yes. In the course of our cooperation we decided that strong colors should only be used for the orientation system of the fair itself. In contrast, we used restrained colors for the architecture and only used materials in their own colors. Our fair architecture can be understood as a background for other architecture forms, colors and staging

morgens, zu Messebeginn, strömen Hunderte von Besuchern in die Hallen – da muss die Orientierung reibungslos klappen
hundreds of fair visitors flow into the halls in the morning – they have to be able to find their way without a hitch.

auf Materialfarben beschränkt. Unsere Messearchitektur versteht sich als Hintergrund für andere Architekturen, Farben und Inszenierungen. Wir haben gemeinsam Flächen für das Leitsystem identifiziert, die alleine durch ihre Position und Größen klar machen, was hier stattfindet, oder wo es hier hingeht. So etwas kann nur in Zusammenarbeit entstehen, und nicht, wenn der Leitsystemplaner nach mehrjähriger Architekturplanung erst spät dazukommt und seine Schilder irgendwo appliziert. Deshalb haben wir gemeinsam und in ständiger Interaktion festgelegt, wo die großen Flächen sein müssen und wo wir uns in unserem Auftritt der Materialien und Farben entsprechend zurückhalten.

Es gibt sehr häufig die Angst der Architekten, dass der visuelle Gestalter kommt, die Architektur nicht adäquat behandelt und sie mit Grafik „entweiht". War es bei Euch das Gegenteil?
// **Kai Bierich** Ja. Wir sind mit hohem Respekt miteinander umgegangen, weil jeder weiß, was der andere kann.
// **Andreas Uebele** Es kommt natürlich auch sehr selten vor, dass ein Architekt die Größe hat zu sagen: „Okay, euer Entwurf ist farbig, dann nehmen wir die Farben raus." Der Architekt erwartet normalerweise vom Grafikdesigner, der das schwächere Glied in der Kette ist: „Du ordnest dich unter." Wir Grafiker versuchen natürlich immer, auf die Architektur zu reagieren. Unser Entwurf mit den starken Farben entstand aber zu einer Zeit, wo Farbe auch Bestandteil der Architektur war. Zu diesem Zeitpunkt zu sagen „Gut, wir nehmen die Farbe raus" ist äußerst souverän und ungewöhnlich. Durch dieses sehr gute symbiotische Zusammenspiel zwischen Grafik und Architektur ist diese Lösung für die Messe erst möglich geworden.

elements. We also defined special surfaces for the orientation system that clearly explain what is going on or what you are being led to with their placement and their impressive size alone. These things are only possible through cooperation. They aren't possible if an orientation system planner is only brought in after years of architectural planning to put his signs somewhere. That is why we defined the placement of large surfaces together, in continuous interaction. This also explains why our choice of materials and colors was restrained accordingly.

Architects often fear that a visual designer who won't handle the architecture adequately will come along and "desecrate" it with his graphics. Was the opposite the case in your work?
// **Kai Bierich** Yes. We treated each other with great respect because we know about each other's abilities.
// **Andreas Uebele** Of course it is rarely the case that an architect has the largesse to say: "your design is colorful, so we'll take our colors out." The architect normally expects the graphic designer, who is the weaker link in the chain, to "be subordinate." We graphic designers naturally try to react to the architecture. Our design with the strong colors was created at a time in which colors were also a component of architecture. To say, "okay, we'll take the colors out," at that time showed a great deal of poise and was very unusual. This very good and symbiotic interplay between graphics and architecture is what made this solution for the fairgrounds possible in the first place.

in Schichten gegliedert, wird immer nur die relevante Information der jeweiligen Zone im Gebäude angeboten
the layered information always refers to the respective building zone

Eine Messe ist ja ein richtig bunter Marktplatz. Jetzt geht Ihr noch mit einem System rein, das selbst noch sehr farbig ist. Wie passt das zusammen?

// Andreas Uebele Unser erster Vorentwurf war aus genau diesen Überlegungen heraus Schwarz-Weiß. Wir haben gedacht: Die Messe ist bunt, überhaupt ist alles sehr laut, dann nehmen wir uns ganz zurück. Die Wegweiser in Richtung Norden sind schwarz und die in andere Richtungen, nach Süden oder Westen, sind weiß. Je nach Gehrichtung sieht man immer entweder weiße oder schwarze Schilder, das funktioniert sehr klar.

Wir haben dann Prototypen gebaut und aufhängen lassen. Es gab eine große Bemusterungsrunde mit dem Vorstand und allen beteiligten Architekten. Als ich in die Messehalle hineinkomme und die Muster sehe, sage ich zur Projektleiterin Katrin Dittmann: „Ist das von uns? Das sieht gar nicht gut aus. So können wir das nicht machen." Auch in der Runde machte sich so ein Gefühl breit. Ich habe dann gesagt: „Geben Sie uns noch einmal vier Wochen, wir machen etwas Neues." Unsere Überlegungen waren grundsätzlich richtig. Allerdings war nicht abschätzbar, dass das Schwarz total untergehen würde und sich in der Umgebung einfach nicht durchsetzen konnte. Das Weiß war ein Spiegel für alle reflektierenden Farben. Sie mischten sich zu einem bräunlichen, schmutzigen Farbton. Es war so schlimm, dass wir uns entschlossen haben, genau das Gegenteil zu machen.

// Kai Bierich Architektur muss gegenüber Grafik, Mode oder Design mehr Ruhe aufweisen und Authentizität bieten. Angesichts des sehr kommerziellen Messeumfeldes und der schreienden Farben der Messe muss sie sich eher zurücknehmen und nicht in den Vordergrund spielen. Es ging uns vorrangig um die natürliche Farbigkeit der Materialien, die selber genügend Kontraste bieten – und es ging um die Authentizität der Materialien. Naturstein wirkt leicht farbig und dabei sehr natürlich, einfach so, wie er gewachsen ist.

A fair is a really colorful marketplace, and now you are introducing a system that is colorful itself. Do the two fit together?

// Andreas Uebele Our preliminary design was black and white for that reason. We thought: the fair is colorful, everything is actually pretty loud, so lets restrain ourselves completely. The way finding signs heading north were black and the others going in other directions such as south or west were white. So you always saw white or black signs depending on the direction you were walking in, it worked very clearly.

We built a prototype and had it posted. We completed an inspection tour with the board and all the participating architects. When I entered the fair hall and saw the samples I said to project manager Karin Dittmann: "Is that something we did? Doesn't look good at all. We can't do things that way." A similar feeling spread within the group, so I said: "give us another four weeks, we'll do something new."

Our considerations were fundamentally correct. But we couldn't foresee that black would go under completely and that it just wouldn't have any presence in the surroundings. White was a mirror for all the reflecting colors. Colors blended into brown, dirty shades in it. It was so bad we decided to do the complete opposite.

// Kai Bierich Architecture has to be calmer and offer more authenticity than fashion and design. In view of the very commercial fair surroundings and the garish colors of the fair we had to restrain ourselves and not become the center of attention. Our primary concern was the natural colorfulness of the materials, which offer enough contrast themselves – and the authenticity of the materials. Natural stone, for example, seems to be slightly colored and is very natural, just the way it grew. The challenge for us was to create a calm

Die Kunst ist es, hier wirklich nur einen ruhigen Hintergrund zu liefern. Der Farbenkanon reicht von Weiß über alle Grautöne bis zu Schwarz oder beinhaltet verschiedene Holztöne. Man kann mit dieser Palette eine ganze Menge bewirken. Diese Sterilität und Monotonie von Flughäfen, Bahnhöfen etc. haben wir vermieden. Unser Farbenkanon ist wie eine Kleiderordnung zu begreifen: Hier geht Silber, es geht Grau, Dunkelgrau, aber es geht auch Schwarz und vielleicht auch mal Weiß. Bei aller Strenge in diesen selbst gemachten Vorgaben haben wir aber versucht, alle Bauteile unterschiedlich auszustatten. Pluralität contra Sterilität und Monotonie.

Der Bauherr hat sich wahrscheinlich einen funktionalen Zweckbau mit einem dienenden Leitsystem erwartet. Das hat er bekommen, aber mit einer sehr starken Identity, war das in seinem Sinne?
// Kai Bierich Man muss dazusagen, dass wir bauherrenseitig mit zwei verschiedenen Partnern zu tun hatten. Einerseits mit der Projektgesellschaft, die das Projekt von Anfang an geleitet hat, und andererseits mit dem Betreiber, der sehr viel später erst dazukam. Die Projektgesellschaft gab uns wichtige Rückendeckung auch bei gestalterischen Themen – ohne sie hätten wir dieses Ergebnis nicht erreicht. Da standen ein guter Geist und kluger Kopf dahinter. Der Messechef, der eigentliche Nutzer und Betreiber, hat eher unter dem Blickwinkel der Ökonomie gehandelt; aber auch mit ihm haben wir uns zwischen Diskurs und Disput irgendwo immer wieder getroffen.

Kann gute Gestaltung den Wert steigern?
// Andreas Uebele Der hohe Wert von Gestaltung wird oft nicht sofort erkannt. Längerfristig kann sie zum Erfolg beitragen. Dabei geht es nicht nur um rein funktionale Aspekte wie

background here. The canon of color ranges from white through all shades of grey to black, it also contains different wood shades. One can do quite a lot with this palette. We avoided the sterility and monotony of airports, train stations etc. Our color canon can be seen as matching clothing: you can use silver, gray, and dark gray, but you can also use black and perhaps white here and there. Despite the stringency of these guidelines we tried to make each building segment look a bit different, pluralism against sterility and monotony.

The client probably expected a functional, purpose-built structure with the corresponding orientation system. That's what he got, but with a very strong identity, was this what he wanted?
// Kai Bierich It has to be said that we had two different partners as far as our client was concerned. On the one hand we had the project company, which lead the project from the very beginning and on the other we had the actual operating company, which joined the project at a much later stage. The project company gave us ample support in design matters - we wouldn't have achieved this result without them. There was a kind spirit and smart mind behind that. The head of the fair, the actual user and operator focused more on economic aspects, but we always managed to find common ground between discourse and dispute.

Can good design increase value?
// Andreas Uebele The great value of design is not always recognized immediately. It can contribute to success in the long term. This isn't limited to purely functional aspects such as material durability, it goes a level higher. You can only reach this level with a certain

die Dauerhaftigkeit von Materialien, sondern um eine Dimension darüber. Diese Ebene kann man nur mit einem gewissen Vertrauen erreichen, das einem von der Bauherrenseite entgegengebracht wird. So etwas lässt sich schlecht vermitteln, Sachargumente sind nicht immer die entscheidenden. Es gibt emotionale Dinge, die wir einbringen, eine lyrische Dimension, die jenseits funktionaler Aspekte liegt. Das geht oft weit über die Vorstellungskraft eines Bauherrn hinaus. Wenn man dann die Freiheit hat, seine Arbeit zu machen, wird es auch gut. Wenn man aber auf halbem Weg gestoppt wird, dann schadet es dem Projekt. Diese Kurve haben wir aber gemeistert.

Gestalterische Entscheidungen werden oft durch Marktforschung vordergründig abgesichtert. Wie geht Ihr damit um, wenn so etwas kommt?

// **Kai Bierich** Der Bauherr hatte einen Berater damit beauftragt, zu einer unserer Zwischenpräsentationen Stellung zu nehmen. Dieser hat Slogans darüber gesetzt wie „Korrekt", „Inkorrekt", „Entfällt" etc. Sehr marktschreierisch, sehr laut hat er das vorgetragen, ganz im Kontrast zu unserer Haltung der Konzentration und Kooperation. In solchen Momenten ist dann der Berater der Gute und der Gestalter der Böse. Dann muss man Stellung zu seinem Konzept beziehen und seine Position verteidigen.

// **Andreas Uebele** Das war eine sehr einprägsame und außergewöhnliche Besprechung. Der Berater hat unter jede Folie geschrieben: Ersparnis 100.000, 250.000, 350.000. Gegen diese Argumente kommst du als schöngeistiger Gestalter, als die wir bezeichnet werden, einfach nicht an. Aus Sicht dieser Berater reden wir nur über die Schönheit der Dinge. In Wirklichkeit sind wir aber beide (Architekt und Designer) auch Geschäftsführer von mittelständischen Unternehmen. Die, die uns als Schöngeister bezeichnen, sitzen dann

sense of trust that the client has to give you. It is hard to convey, factual arguments aren't always decisive. There are emotional things that we contribute, a lyrical dimension that lies beyond functional aspects. This often reaches far beyond the imagination of the client. If you have the freedom to do your work it will be good, but if you get stopped in the middle of the way, it can be harmful to the project. We mastered that curve.

Design decisions are often superficially backed up by market research. How do you cope with that type of situation?

// **Kai Bierich** The client hired a consultant who was responsible for assessing one of our presentations during the design development phase. He used slogans like "correct," "incorrect" and "can be done without," and so on. It was marketeering. He was very loud, which contrasted with our sense of concentration and cooperation. The consultant is the good guy and the designer is the bad guy in such situations. You have to take a specific stance towards your design concept and defend your position.

// **Andreas Uebele** That was a very memorable, unusual meeting. The consultant also wrote: "savings 100,000, 250,000, 350,000" under each slide. You simply can't beat that kind of argument if you are the high-minded designers people say we are. From the consultant's point of view we are merely talking about the beauty of things. In reality we are both managers of medium-sized companies. Those who call us high-minded are either in jail, have criminal records or waste 5, 12 billion, as can be read today again, and still get paid their full yearly salary. You have to ask yourself: "who is high-minded here?" We can't afford to think that way. We are personally liable if something goes wrong.

von der Architektur reserviert, konnte das Leitsystem großflächig an den entscheidenen Wänden appliziert werden
the way finding system was applied on key large surfaces reserved for it in the architecture

entweder im Gefängnis, sind vorbestraft oder versenken, wie heute auch wieder zu lesen, 5 Mrd., 12 Mrd. und kriegen dann noch ihr Jahresgehalt ausbezahlt. Da muss man schon fragen: „Wer ist hier der Schöngeist?" Wir können es uns gar nicht leisten, so zu denken. Wenn bei uns etwas schief geht, haften wir persönlich dafür.

Dazu gibt es noch eine gute Geschichte: Wir hatten am Anfang diese großen Stelen vor der Messe geplant. Sie waren zuerst 12 m groß, dann mussten sie aus Kostengründen auf 8,5 m verkleinert werden. Sie waren immer aus lackiertem Metall, und es stand „Eingang" oder „Messe" drauf. Irgendwann kam dieser marktwirtschaftliche Druck der Verwertung. Man hat gesagt: „Nutzen wir doch die Stelen, um unsere Messen anzukündigen, und bespannen sie mit Stoff." Ich habe mich lange dagegen gewehrt. Manchmal muss man auch nachgeben, um das gesamte Werk zu schützen und zu erhalten. Also habe ich gesagt, „Gut, dann macht ihr halt euer Ding darauf, obwohl ich das grundlegend falsch finde, die Stelen sind kein Werbesystem." Die Stelen wurden mit einem Spanntuch ausgestattet, allerdings ist es nicht gelungen, die Werbung auch termingerecht anzubringen. Wir haben darauf schnell reagiert und es rechtzeitig geschafft, sie in Gelb mit Messe Stuttgart zu beschriften. Da war auch der Messe klar, dass das die bessere Lösung ist und auch in Zukunft so bleiben sollte. Sie mussten es einfach sehen, um uns zu glauben. Die Stelen sind zwar jetzt mit Spanntüchern umgesetzt und nicht mit lackiertem Metall wie von uns ursprünglich vorgesehen, aber zumindest haben sie gemerkt, dass Werbung in diesem Fall keine gute Idee war. Argumentativ war das vorher ganz schlecht durchzubringen.

// **Kai Bierich** Wenn man heute von Bauherren spricht, ist das nicht mehr eine Person, die sagt, „Ich bin der Bauherr, und ich will, dass das so gemacht wird." Er taucht nur noch

There is a good story on the subject: we had planned the large steles in front of the fair grounds from the very beginning. First they were 12 m tall, and then we had to shorten them to 8.5 m for cost reasons. They were always planned with a coated metal finish with signs reading "Entrance" or "Fair." At some point the market economy pressure for valuation, exploitation and use began to mount. So they said: "Let's use the steles to announce our fairs and just spread fabric over them." I resisted this for a long time. There are wars of varying importance. But you can't fight and win them all. You have to give sometimes to protect and preserve the whole. So I said: "Fine, then put your thing on them, although I think it is fundamentally wrong, the steles are not an advertising system." The steles were then equipped with stretch fabric, but it wasn't possible to place the advertising on them in time. We reacted quickly and managed to print Messe Stuttgart in yellow on them in time. It then became clear to those responsible that this was the better solution, and that is should remain that way in the future. They just had to see it to believe us. The steles now feature stretch materials and not coated metal, the way we originally planned, but at least they noticed that advertising was not a good idea in this case. We had done a poor job of arguing against it before.

// **Kai Bierich** It isn't just one person who says: "I am the client and I want things done this way," if one talks about clients today. The client is anonymous and diversified, he appears as the Managing Director, project controller, investor and so on. We were lucky to have a client who was very resolute and said: "This is it. The design is good and it will only be good if it is realized exactly the way it was conceived." His vehemence and his conviction didn't leave much space for the many whisperers around him to influence the decision.

Lieferanten werden in derselben Logik wie Besucher geführt

suppliers are shown the way the same as visitors

anonym als Geschäftsführer, Projektsteuerer, Investor und so weiter auf. Wir hatten das Glück, einen Bauherren zu haben, der sehr resolut gesagt hat: „Der Entwurf ist gut, und der ist nur gut, wenn man ihn genau so umsetzt." Dadurch, dass er das vehement und sicher vertreten hat, gab es keine Chance für die vielen Einflüsterer um ihn herum. Es ist angenehm, wenn es einen Bauherren „in persona" gibt, der dazu steht, dass Ideen und Visionen so realisiert werden, dass sie nachhaltig ihre Kraft entwickeln. Zu oft geht es nur noch um Absicherungen, und das ist kein guter Garant für ein gutes Ergebnis.

In der DIN-Norm findet man Angaben zu standardisierten Piktogrammen sowie Schriftempfehlungen in Form und Größe für Leitsysteme. Warum entspricht Euer System der Messe dieser Norm nicht?

// Andreas Uebele Ich glaube, eine Norm ist eine Empfehlung, kein Gesetz. Das muss man sich immer wieder klar machen. Man muss Grenzen auch übertreten, denn auch Normen werden immer nach Erkenntnisstand fortgeschrieben. Die Ängstlichen beten die Norm nach, wir hinterfragen prinzipiell alles. Wenn ich etwa die Schrift größer mache, dann begebe ich mich schon außerhalb der Norm. Es gibt Normen, die vorschreiben, wie hoch eine Tür, wie steil eine Rampe sein muss oder die die Höhe der Stufen bei Treppen regeln. Das ist in einem gewissen Maß sinnvoll, aber es gibt immer wieder Punkte, wo es besser und richtiger ist, diese Normen zu verlassen. Entscheidend ist, dass man kreativ arbeitet und die Norm nicht stoisch befolgt, sondern versucht, in diesem gegebenen Rahmen noch seine Freiheiten zu finden.

Aber selbst Normen sind nicht konsequent abgestimmt. Wir haben uns speziell mit den Brandschutzbestimmungen beschäftigt. Es gibt starke Norm-Inkonsistenzen. Man weiß oft gar nicht, welche Fassung der ganzen wichtigen Normen man befolgen soll: Da gibt es

It is pleasant to have a client "in persona" who stands for the realization of ideas and visions in a way that allows them to develop lasting power. All too often it is about playing safe, and that isn't a good guarantee for a good result.

The DIN standards contain information on standardized pictograms and recommended fonts as well as shapes and sizes for way finding systems. Why doesn't your system comply with these standards?

// Andreas Uebele A standard is a recommendation, not a law. You have to keep making yourself aware of that. You have to cross some borders because standards are also developed according to the level of knowledge. The overly cautious follow standards, we question everything as a matter of principle. If I make the font larger, then I'm already going beyond the standard. There are standards that tell us how high a door, how steep a ramp can be, or standards that tell us how high steps should be in a staircase. This is sensible to a certain degree, but there are always situations in which it is better and more appropriate to set standards aside. It is decisive to work creatively and not to follow standards stoically. One should try to find one's freedom within a certain framework.

But even standards are not absolutely cohesive. We paid special attention to the fire protection regulations. There are marked inconsistencies in this area. It is often unclear which version of very important standards should be followed. There are DIN standards, state regulations, special fire protection laws, a statute established by a federal committee, and so on.

eine Landesordnung, eine DIN-Norm, eine spezielle Norm für Brandschutzbestimmungen, ein vom Regierungspräsidium aufgestelltes Statut usw.

Oft wird behauptet, dass auf keinen Fall eine eigene Identität in die Piktogrammsprache gebracht werden soll, weil die Zeichen dann nicht mehr verstanden werden.

// Andreas Uebele Das ist völliger, barer Unsinn. Wir haben für den Flughafen Stuttgart ein Orientierungssystem geplant, das noch nicht ausgeführt ist. Die International Aviation Association hat sich irgendwann einmal darauf geeinigt, alle Schilder mit gelbem Grund und schwarzer Schrift festzulegen. Das haben dann ganz viele Flughäfen befolgt, manche sind wieder davon abgekommen. Auf Basis dessen wird behauptet, dass man sich überall auf der Welt zurechtfindet. Das ist ein eigenartiges Denken. Dass alles gleich aussieht, hilft überhaupt nichts. Es geht vielmehr darum, wie es gestaltet ist. Viel wichtiger ist die Identität des Ortes und dessen Eigenheiten. Diese Parameter bestimmen das Moment „Wie finde ich mich zurecht" in weit höherem Maße.

Wo herrscht Eurer Meinung nach der größte Mangel in Bezug auf Orientierung im öffentlichen Raum?

// Andreas Uebele Tatsächlich im öffentlichen Raum selbst – in der Stadt. Städte haben oft gar kein Gespür für die Funktion und Wirkung eines Orientierungssystems. Die Stadt Stuttgart hat jetzt ein Orientierungssystem realisiert, das eigentlich eine Verschandelung ist. Hier wird Müll produziert, der die Stadt beleidigt und belastet, das gilt für ganz viele Städte. Ähnlich ist es in Krankenhäusern. Das professionelle Gestalten von Orientierungssystemen ist eine ganz junge Disziplin. Bei Architektur kann man von 2000 Jahren Baugeschichte reden, bei Orientierungssystemen kennt man eine so lange Erfahrung noch nicht.

It is often claimed that a pictogram language should not have its own identity since the symbols would no longer be understood.

// Andreas Uebele That is complete, utter nonsense. We planned an orientation system for the Stuttgart Airport that has not been completed yet. The International Aviation Association set down that all signs should be designed with a yellow background and black writing. A large number of airports then followed that guideline; some have deviated from this policy since then. It is claimed that you can find your way around all over the world on this basis. That is strange thinking. It doesn't help at all if things look all the same. It is much more about how things are designed. The identity of a place and its peculiarities are much more important. These parameters are much more important in defining the "how can I find my way around" moment.

Where do you think the greatest shortcomings lie when it comes to orientation in public spaces?

// Andreas Uebele Actually, they lie in public spaces themselves, that is to say the city. Cities have no sense of the function and effect of an orientation system. The City of Stuttgart has now realized an orientation system that is actually a mutilation of the city. Trash is produced that insults the city and puts a strain on it. That goes for very many cities. Similar things happen in public hospitals, there is no perception or consciousness for these things. The professional design of orientation systems is a very young discipline. You can talk about 2000 years of construction architecture when it comes to architecture, that type of timeframe and experience doesn't apply to orientation systems.

Aber nimmt nicht das Bewusstsein dafür zu?

// **Andreas Uebele** Das wäre schön, stimmt aber nicht. Wir tragen immer kleine Schritte dazu bei, indem wir konservative Bauherren von der Wichtigkeit der Sache überzeugen. Wenn wir die Chance haben, etwas zu erklären, dann stimmen sie meistens zu. Trotzdem muss man die Realisierung auch wirklich wollen und bezahlen. Da stoßen wir oft an Grenzen, es wird oft gespart, unsere Leistung fällt unter Luxus. Es kommt das Argument, einfach ein billiges Standardsystem einzusetzen, denn das funktioniert ja auch.

// **Kai Bierich** Wenn man z. B. nach China fährt, kann man kann sich dort immer weniger orientieren, da die Städte immer ähnlicher werden und immer mehr gleichförmige Gebäude errichtet werden. Das war früher anders, da hatten Gebäude eine stärkere Identität, man konnte sich an auffälligen Fixpunkten orientieren.

Ist das ein Plädoyer für mehr Gebäude mit starker Identität?

// **Kai Bierich** Das ist es, wir müssen aufpassen, dass die zunehmende Verstädterung nicht auf Kosten der Gesichtslosigkeit unserer Umwelt geht. Erst diese Einförmigkeit führt auf der anderen Seite zu einer Notwendigkeit von Orientierungssystemen.

// **Andreas Uebele** Das Bewusstsein ist bei vielen da. Aber es gibt leider keine Akzeptanz des Wertes, nicht weil zu wenig Geld da ist, sondern weil es als unverhältnismäßig viel Geld für „diese paar Schildchen" gesehen wird. Gute Architektur ist besser für die Stadt, ist nachhaltiger. Ein gut geplantes Gebäude kann ich in 10 oder 20 Jahren besser verkaufen, das ist erwiesen. Gute Grafik in der Stadt ist ein kleiner Baustein für eine gute Politik, die sich im Städtebau so auswirkt, dass sich bessere Fachkräfte ansiedeln können, Familien, junge, hippe Leute, die die Stadt interessant und attraktiv finden. Eine gesichtslose Stadt,

But isn't awareness increasing?

// **Andreas Uebele** That would be nice, but it isn't true. We make small contributions by convincing clients of the importance of an orientation system. Whenever we have had the chance to explain something they generally agree. But you really have to want and pay for the realization. That is where we reach certain limits, savings are often required; our services are considered a luxury. The case is made to just use a cheap standard system that works too.

// **Kai Bierich** If you go to China for example you can see what orientation means in the cityscape. There is an increasing sense of disorientation there since the cities are becoming ever more similar and more and more buildings are raised in the same shapes. That used to be different. Buildings had stronger identities. You could use fixed points for orientation.

Is that a plea for more buildings with strong identities?

// **Kai Bierich** That's it, we have to be careful to avoid increasing urbanization at the expense of creating faceless surroundings. It's this uniformity that leads to the need for orientation systems.

// **Andreas Uebele** The awareness is there in many cases. But there isn't acceptance for the value of such a system: not because there isn't enough money, but because it is considered a disproportionate amount of money "for a couple of little signs." You can say that good architecture is better for the city. It is more sustainable. It has been proven that it is easier to sell a well-designed building in 10 or 20 years. Good graphics in the city are a small building block for good politics. The effect of this is that more specialized workforce

schon an den Zufahrten von der Autobahn setzen die Fahnenschilder ein Zeichen für die Messe
flag-shaped signs offer directions to the fair from the highway exits

die lieblos gestaltet ist, wird nicht so schnell attraktiv für Menschen sein. Man darf seinen Beitrag nicht überschätzen, aber die Geisteshaltung, einen Gestalter zu beauftragen, macht schon einen großen Unterschied.

Branding von Architektur über große Namen wie Gehrys Guggenheim Museum in Bilbao kann zum Zeichen für eine ganze Stadt werden. Ist das ein guter Impuls?
// Andreas Uebele Das finde ich in Ordnung. Die Neue Staatsgalerie von Sterling war für Stuttgart auch so ein Impuls, wir zehren heute noch davon.

Warum funktioniert dieser Effekt in der Architektur, aber nicht im Grafikdesign?
// Andreas Uebele Grafikdesign ist wenig öffentlichkeitswirksam.
// Kai Bierich Das liegt auch daran, dass es „dienend" ist. Man darf sich natürlich nicht überschätzen, auch als Architekt nicht. Wahrscheinlich werden nur wenige Prozente der Qualität, die wir bauen, am Ende wirklich wahrgenommen. Die normale, gebaute Umwelt, von der wir in der Regel sprechen, kommt auch ohne Brands aus, die eher dem Stadtmarketing dienen. Die Gestaltung unserer Umwelt muss in allen Diszplinen gut sein, das ist die Aufgabe, die wir Gestalter uns stellen müssen.

members settle in the area. Families, young, hip people who find the city interesting and attractive. A faceless city, designed without love will not become appealing to people as fast. This contribution shouldn't be overestimated, but having the awareness to hire a designer can make a big difference.

Architectural branding with big names, as in the case of the Guggenheim Museum by Frank Gehry in Bilbao, can be a symbol for an entire city. Is this a good impulse?
// Andreas Uebele I think that is all right. The new city gallery by Sterling provided a similar impulse for Stuttgart; we are still living from it today.

Why does this effect work in architecture, but not in graphic design?
// Andreas Uebele Graphic design is less effective at a public level.
// Kai Bierich It is also because it "serves." Of course you have to be careful not to overestimate yourself. That also goes for architects. Probably only a few percent of the quality we build is actually really noticed. The normal, built surroundings that we normally speak of can do without brands, which actually serve city marketing purposes. The design of our surroundings has to be good in every discipline: that is the task we designers have to face.

der Aufprallschutz an der Drehtüre – spielerisch und typografisch gelöst
the protective pads on the revolving doors – a playful typographical solution

Interviewpartner / Respondent Attila Auth | Geschäftsführer, Auth Design / Managing Director, Auth Design
Architektur / Architecture UVATERV Rt.

Viele der klassischen Jugendstil-Stationen einer der ältesten U-Bahnen Europas stehen unter Denkmalschutz. In den 1960er und 70er Jahren ergänzt, wird die Metro jetzt um eine neue Linie erweitert. Diese Bauphasen und Stile verknüpft das Leitsystem von Attila Auth sehr klar miteinander. Thema seiner Gestaltung ist die Identität der Stadt Budapest selbst.

Many of the classical Jugendstil stations of one of Europe's oldest subways are protected landmarks. The subway network was expanded in the 1960s and 1970s and another line is now being added. Attila Auth linked these construction phases and styles very clearly. The identity of Budapest is the theme of his design.

Attila Auth
Grafikdesigner / Graphic Designer

Ausbildung Universität der bildenden Künste, Budapest
Laufbahn Lehrtätigkeit, Universität der bildenden Künste, Budapest • Gründung, Auth Design
Mitglied, Präsidentschaft der Gesellschaft ungarischer Grafikdesigner und Typografen
Education University of Fine Arts, Budapest
Career Instructor, University of Fine Arts, Budapest • Foundation, Auth Design •
Member and President of the Society of Hungarian Graphic Designer and Typographers

Seit wann gibt es die U-Bahn in Budapest?

// **Attila Auth** Die Linie M1 aus dem Jahr 1896 mit Originalbeschriftung im Jugendstil ist immer noch erhalten. Damit ist die Budapester U-Bahn die zweitälteste U-Bahn in Europa. Sie sieht fantastisch aus, ähnlich wie die in Paris. Die von uns umgestaltete rote Linie M2 wurde in den 1960er Jahren von Ingenieuren aus der Sowjetunion gebaut, die dritte, blaue Linie dann Mitte der 1970er Jahre. Das gesamte U-Bahn-Netz ist jetzt ca. 30 km lang, hat 42 Stationen und wird täglich von etwa 1½ Millionen Menschen genutzt.

Hat die Stadt ein Interesse, den öffentlichen Verkehr zu fördern?

// **Attila Auth** Budapest ist eine Stadt mit zwei Millionen Einwohnern und wächst weiter, mit zunehmendem Verkehr. Leider wird viel geredet, sichtbare Investitionen mit Ausnahme der U-Bahn gibt es aber kaum.

Wird die U-Bahn als unterstützendes Instrument der Stadtentwicklung weiter ausgebaut?

// **Attila Auth** Budapest besteht aus den Stadtteilen Buda und Pest. Die Metro hat in Buda nur drei Haltestellen, insgesamt gibt es 42 Stationen. Mit der vierten Linie kommen fünf neue Stationen in Buda dazu, damit wird das ganze Stadtviertel aufgewertet.

Wie ist Dein Büro zum Auftrag für die Gestaltung des Leitsystems der U-Bahn gekommen?

// **Attila Auth** 2003 gab es einen Wettbewerb, zu dem zehn Teams eingeladen wurden. Als Gewinner haben wir uns um die gesamte Beschriftung gekümmert und mit dem zweitplatzierten Industriedesigner zusammengearbeitet. Gemeinsam mit ihm haben wir dann Infosäulen, Notrufpanele, die Entwertersäule und Bänke entworfen.

How long has there been a subway in Budapest?

// **Attila Auth** The M1 line dates back to 1896 and the original Jugendstil lettering hasn't been changed to this day. That makes the Budapest subway the second oldest in Europe. It looks fantastic, like Paris. Soviet engineers planned and built the red M2 line that we redesigned in the 1960s. Then there is the third, blue line that was built in the mid 1970s. The entire network is currently about 30 km long, it has 42 stations and is used by about 1½ million people every day.

Is the city interested in encouraging the use of public transport?

// **Attila Auth** Budapest is a city with a population of two milllion and rising with increasing traffic. Unfortunately there is a lot of talk, but hardly any visible investments besides the metro.

Is the subway being expanded as a support instrument for urban development?

// **Attila Auth** Budapest consists of the city parts Buda and Pest. There are only three subway stops in Buda of a total of 42. That will change with the fourth line. Five new stations will be added in Buda, that will upgrade the entire area.

How did your office get the contract for the design of the subway way finding system?

// **Attila Auth** There was a competition in 2003. Ten teams were invited to enter. We won and were made responsible for all the signage. We cooperated with the second-place finishers and together we designed information columns, the emergency call panels, the ticket-canceling posts and the benches.

Was war in der Ausschreibung verlangt, und was habt Ihr darüber hinaus noch präsentiert?
// Attila Auth Zusätzlich haben wir eine Säule für den Außenbereich mit dem Metrologo sowie die Innen- bzw. Außendekoration der Lifte entworfen. Weiters war gefordert, in den Stationen die Identität Budapests zu thematisieren, sozusagen als Werbung für die Stadt.

War die Benennung der Stationen auch ein Teil des Gestaltungsauftrages?
// Attila Auth Nein. Bei den renovierten Stationen existierten die Namen bereits. Für andere haben wir Vorschläge gemacht, zum Beispiel für Stationen, die den Namen historischer Persönlichkeiten tragen. Wir wollten sie, wie im alltäglichen Sprachgebrauch, nur mit dem Familiennamen benennen. Die Stadt hat aber auf dem vollen Namen mit Vornamen bestanden. So heißt die Station „Stadionok" jetzt „Puskás Ferenc Stadion".

Funktioniert die ungarische Benennung auch, wenn ein Tourist das Leitsystem der U-Bahn benutzt?
// Attila Auth Stationsnamen existieren nur auf Ungarisch, da man diese nicht übersetzen kann. Für Ausländer haben wir die Stationen durchnummeriert, da sie die Namen weder verstehen noch aussprechen können. Die restliche Information ist ohnehin zweisprachig.

Wie wurde die Idenität der Stadt in der U-Bahn visualisiert?
// Attila Auth Budapest ist als Stadt sehr vielfältig und interessant, aber viele Bezirke sind schmutzig und unansehnlich. Leider finden sich auf den schönsten Häusern Graffitis, aber ab dem ersten Stock sind alle Gebäude wunderschön. Deshalb haben wir über Fotomontagen genau diese Ansichten oder andere Denkmäler in die Stationen transferiert, wir haben gezeigt, was es über der Erde für Schätze zu sehen gibt. Wir zeigen den Leuten

What was required in the competition, and what additional material did you present?
// Attila Auth We also presented a column for the outside area featuring the Metro logo and we designed the interior and exterior decoration of the elevators. We were also asked to use the identity of Budapest as a theme, to advertise the city, so to speak.

Was naming the stations also part of the design contract?
// Attila Auth No, the renovated stations already had names. We made suggestions for the others, for stations that have important historical names, for example. Our idea was to just name them by the famous person's last name the way people are known in everyday language. The city didn't accept the idea and insisted that the full name including the first name be used. In one case the name "Stadionok" came up for "Puskás Ferenc Stadion."

Does the Hungarian naming also work with tourists who use the subway and the way finding system?
// Attila Auth Station names only exist in Hungarian since they can't be translated. We also numbered the stations for the tourists because they can neither understand nor spell the names. The rest of the information is in two languges.

How did you visualize the city in the trains?
// Attila Auth Budapest is a very multi-faceted and interesting city, but many districts are dirty. Graffiti covers the ground levels of some of the most handsome buildings, but all of them are beautiful from the first floor up. This is why we transferred these floor views into our photo compositions in the stations. We showed people the treasures there are above the ground. We show people exciting things in the city that they don't notice although they

das Logo an den Abgängen zur Metro passt sich farblich an die jeweile Linienfarbe an, hier die rote Linie M2
the logo in the Metro access areas is the same color of the respective Metro line, red is used for the red M2 line

die spannenden Dinge der Stadt, an denen sie täglich unachtsam vorbeigegangen sind. Schwierig war es bei Stationen, wo es oben wenig Interessantes zu sehen gab, wie etwa bei der Station Donauufer. Dort haben wir den Blick auf beide Donauufer fotografiert und auf einer Länge von 120 Metern in die Station transferiert.

Gibt es auch eine Abstimmung mit der Architektur der Stationen?
// Attila Auth Ja, durch die Architekten. Einheitlich ist, dass die Wände weiß sind, das wurde vom Auftraggeber so vorgegeben. Ansonsten musste man oft auf die historischen Gegebenheiten eingehen. Die Stationen sind einfache Röhren oder Tunnel unter der Erde mit einem klaren Ein- und Ausgang. Da gab es nichts Widersprüchliches in der Wegeführung.

Sind in der U-Bahn auch Stadtpläne mitgestaltet worden, und wie ist die U-Bahn an das restliche Informationssystem der Stadt angebunden?
// Attila Auth Wir wollten die U-Bahn-Pläne in Rot gestalten, die Marketingabteilung Stadtpläne in Grün und Blau, weil die Firmenidentität diese Farben hat. Als wir konsequent Nein gesagt haben, hat der Marketingleiter nicht mehr mit uns geredet. Diese Firma funktioniert leider noch immer wie ein sozialistischer Betrieb, chaotisch und unberechenbar. Sie wird von der Stadt bezahlt, ist also noch nicht privatwirtschaftlich. Das Logo der Transportfirma steht im Widerspruch mit der Identität und der Marke der U-Bahn. Und es ist ein Fehler, dass es jetzt nur Stadtpläne und keine Netzpläne gibt.

Welche Vorbilder an U-Bahn-Signaletik-Systemen habt Ihr?
// Attila Auth London, Bilbao und Istanbul. Das Londoner System ist sehr gut ausgebaut und bis ins Detail durchgestaltet. Bilbao hat sehr viele wechselnde Informationen auf Screens,

walk past them every day. Stations where there is nothing interesting to see are more difficult, like the Donauufer Station. We just photographed the view from both riverbanks of the Danube and transferred 120 meters of them to the station.

Was there coordination with the architecture of the stations?
// Attila Auth Yes, through the architects. All walls are white, the client established that as a uniform feature. We had to follow the given historical structures otherwise. The stations are simple tubes or tunnels beneath the ground with an easily recognizable entrance and exit. There was nothing contradictory in the way finding.

Were maps also designed in the subway? How is the subway linked to the remaining city information system?
// Attila Auth We wanted to design the subway maps in red, the marketing department wanted green and blue city maps because the company's identity uses those colors. The marketing head stopped talking to us when we stood our ground and refused. Unfortunately that company still works like a socialist operation, chaotic and unpredictable. They are paid by the city, so they are not a private enterprise. The transport company logo conflicts with the subway's own identity. And it's a failing that there are only city maps and no subway maps.

What subway signage role models do you have?
// Attila Auth London, Bilbao and Istanbul. The London system is very well-developed and designed, down to the details. Bilbao has a lot of changing information on screens, that wouldn't work here. It isn't technically possible to steer the trains to the minute yet.

das rote Fries nimmt alle Informationen wie Stationsnamen oder Infrastruktur auf, im Shopbereich wird es gelb
the red frieze comprises information such as the station names and infrastructure facilities, yellow is used in the shop areas

das würde bei uns nicht klappen. Die Züge auf die Minute genau zu steuern ist heute technisch noch nicht möglich. Derzeit sieht man auf den digitalen Anzeigen nur, wann der letzte Zug gefahren ist, nicht, wann der nächste kommt. Dieses Problem wird mit dem Bau der neuen, vierten Linie und neuer IT gelöst sein.

Warum sieht man in den Stationen viele Mitarbeiter, die alles persönlich kontrollieren?
// Attila Auth Es gab viele Schwarzfahrer in der U-Bahn. Außerdem wird Vandalismus, z. B. durch Graffitis, stark unterbunden. In Kürze wird aber ein elektronisches Ticketsystem installiert, dann verschwinden auch die vielen Mitarbeiter aus den Stationen.

Welche Hilfestellungen haben Sie für Blinde vorgesehen?
// Attila Auth Bei jeder Station gibt es eine in Braille beschriftete Tafel mit den umliegenden Bus- und Straßenbahnverbindungen. Außerdem gibt es zwei gewölbte, tastbare Pläne, die über die Stationsinnenräume bzw. die oberirdische Umgebung informieren. Die in den Boden gefrästen, taktilen Streifen und Funkfrequenzgeräte dienen ebenfalls der Orientierung von Blinden. Die Taster in den Aufzügen sind ebenfalls mit Braille beschriftet.

Was würdest Du gerne gestalten, wenn Du drei Wünsche offen hättest?
// Attila Auth Ein Wunsch ist bereits mit der U-Bahn erfüllt. Mein zweiter Wunsch erfüllt sich gerade. Das neue Leitsystem des Flughafens hier wird von uns gestaltet. Der dritte Wunsch wäre ein Fußgängerleitsystem. Das derzeitige U-Bahn-Leitsystem endet am Ausgang, und das ist schade, weil es dort nirgends anknüpft. Außerdem würde es einen wesentlichen Beitrag zur Identität der Stadt und ihrer Straßen liefern.

At the moment you can only see when the last train has passed on the digital display, not when the next train will arive. This problem will be solved with the construction of the new, fourth line and the use of new IT.

Why are there so much personnel in the stations? Why is there so much monitoring?
// Attila Auth A lot of people used the system without paying. And vandalism, graffiti, for example is stopped this way. But an electronic ticket system will be installed shortly and then all the people will disappear from the stations.

What kind of aids did you create for blind people?
// Attila Auth There are Braille panels in every station that explain the possible bus and tram connections. There are also two large curved tactile maps that explain the interior station spaces and the surroundings on the surface. The stripes milled into the station floors and the frequency emitting devices also help blind people find their way. And the buttons in the elevators also have Braille pads.

What would you like to design if you had three wishes?
// Attila Auth The subway was one that has already been fulfilled. My second wish is being fulfilled at the moment. We are designing the new airport way finding system. The third would be a pedestrian way finding system. The current subway way finding system ends at the exit. That's a shame because it doesn't link up. And it would also make a major contribution to the identity of the city and its streets.

im Rahmen des neuen Designs wurden die bestehenden Piktogramme konsequent überarbeitet
the existing pictograms were re-designed as part of the new design

ungarische Stationsnamen sind für Ausländer kaum les- und merkbar, hier hilft die Nummerierung der Stationen
hungarian station names are hardly readable and difficult to memorize for foreigners. The station numbering is a helpful aid

Standort
You are here

Interviewpartner / Respondent Dietmar Götzelmann, Joachim Schumann, Karl Kalt | Gesellschafter, POLYFORM / Associate, POLYFORM • Anja Hespenheide | Projektleiterin, Bundesamt für Bauwesen und Raumordnung (BBR) / Project Leader at the Federal Office for Building and Regional Planning (BBR)
Architektur / Architecture Alte Nationalgalerie, H.G. Merz • Bode-Museum, Heinz Tesar, Christoph Fischer • Neues Museum und Neues Eingangsgebäude, David Chipperfield • Pergamonmuseum, O.M. Ungers • Altes Museum, HILMER & SATTLER und ALBRECHT

1999 wurde die Museumsinsel Berlin zum Weltkulturerbe erklärt. Rasch folgte ein internationaler Designwettbewerb mit dem Ziel, ein Erscheinungsbild und Orientierungssystem zu entwickeln, das den vielen Kultureinrichtungen eine gemeinsame Identität gibt, ohne ihren individuellen Spielraum einzuschränken. Das kürzlich fertig gestellte Bode-Museum lässt vielversprechend anklingen, wie sich der neue Kulturbezirk nach seiner kompletten Fertigstellung 2025 präsentieren wird.

After the Berlin Museum Island was declared a world cultural heritage site in 1999, an international design competition followed soon. The objective was to develop a corporate image and orientation system that provided the various cultural venues with a shared identity without restricting their individual freedom. The recently completed Bode-Museum gives a promising insight into the presentation of the island when it is finished in 2025.

Dietmar Götzelmann
Designer

Ausbildung Produktdesign, Hochschule für Kunst und Design, Halle
Aufbaustudium Grafik Design, Hochschule für Kunst und Design, Halle, und Hochschule für Grafik und Buchkunst, Leipzig
Laufbahn Freiberuflicher Designer, Berlin • Gesellschafter, Perform Design • Gesellschafter, POLYFORM
Education Product Design, Halle College of Art and Design
Graphic Design Research Studies, Halle College of Art and Design and Leipzig College of Graphics and Book Art
Career Freelance Designer, Berlin • Partner, Perform Design • Partner, POLYFORM

Die Museumsinsel ist ein wichtiger, identitätsbildender Teil des neuen Berlin, als Touristenattraktion und innerhalb der Stadt. Ihr habt dort das Leitsystem entwickelt – war Euch die stadtpolitische Bedeutung von Anfang an bewusst?

// **POLYFORM** Das Projekt wurde zu Beginn stadtpolitisch gar nicht so wahrgenommen. Im Blickpunkt stand die Nutzung für die Staatlichen Museen zu Berlin. Innerhalb des Master-plans wurde die Alte Nationalgalerie als erstes Gebäude fertig, und man hat gemerkt, dass das Thema „orientieren und leiten" sehr wichtig für diesen Standort ist. In der Alten Nationalgalerie hat das noch der Architekt mitübernommen. Im nächsten Schritt wurde dann ein Wettbewerb zu Erscheinungsbild und Leitsystem beschlossen, dem ein Wettbe-werb für die Landschaftsgestaltung der Insel vorausging, um die Freiräume zwischen den Gebäuden zu bearbeiten. Bisher wurden die Alte Nationalgalerie und das Bode-Museum instandgesetzt und 2001 bzw. 2006 wieder eröffnet. 2009 kommt das Neue Museum, an dem wir bereits arbeiten.

Es gibt eine Planungsgruppe Museumsinsel, für die Architekten, den Landschaftsplaner und uns - während die Architekten irgendwann mit ihrer Arbeit abschließen, werden wir wohl noch 2025 hier arbeiten ...

Worauf zielte der Wettbewerb für das Orientierungssystem ab?

// **POLYFORM** Der Wettbewerb forderte die Entwicklung eines Standortkonzeptes und ein Corporate Design für den Ort. Hauptthema war das Leitsystem. Es war ein zweistufiger Wettbewerb, zunächst eine offene Ausschreibung, zu der sich 200 Bewerber mit bereits realisierten Projekten vorstellten. In der zweiten Stufe wurden dann 12 Design-Büros für den eigentlichen Entwurfsprozess ausgewählt.

The Museumsinsel is an important identity-building part of the New Berlin, both as a tourist attraction and within the city. You developed the way finding system. Were you aware of its political importance for Berlin from the very beginning?

// **POLYFORM** The project didn't really receive any political attention from the city initially. The focus was on its use for the Staatlichen Museen zu Berlin. The Nationalgalerie was the first building to be completed within the master plan. The completion of the building made it clear that the "orientation and way finding" theme was very important on the site. The architect had taken care of that as well in the Alten Nationalgalerie. The next step was the decision to hold a competition on the subject of the Site Concept / Way Finding and Information System – preceded by a landscaping competition for the open spaces between the buildings on the island. The Alte Nationalgalerie and the Bode-Museum were rebuilt, The Neues Museum will follow in 2009, which we are already working on as well. There is a Museumsinsel (Museum Island) planning group for the architects, the land-scape planner and us – the architects will gradually complete their projects, but we will probably still be at work here in 2025 ...

What was the aim of the orientation system competition?

// **POLYFORM** The competition required the development of a site concept and a corporate design concept for the location. The main subject was the orientation system. It was a two-stage competition. The first stage was an open competition in which 200 applicants presented projects they had realized in the past. Then 12 design offices were selected and invited to submit design proposals.

Joachim Schumann
Designer

Ausbildung Gießereitechnikstudium • Produktdesign, Hochschule für Kunst und Design, Halle
Laufbahn Freiberuflicher Designer, Berlin • Gesellschafter, Perform Design • Gesellschafter, POLYFORM
Education Foundry Technology Studies • Product Design, Halle College of Art and Design
Career Freelance Designer, Berlin • Partner, Perform Design • Partner, POLYFORM

Waren auch andere, so wie Ihr, auf räumliche Gestaltung konzentriert?

// **POLYFORM** Wir waren das einzige Büro, das alleine auftrat, die meisten kooperierten mit Architekten – was wir anfangs auch mal überlegt hatten. Jetzt sind wir ganz glücklich, dass wir alleine arbeiten.

Wie stark war der Aspekt Identität in der Wettbewerbsausschreibung verankert? In Eurer Arbeit ist das Corporate Design bzw. Corporate Identity ja sehr wichtig.

// **POLYFORM** Man erhoffte sich in der damaligen Aufgabenstellung mit diesem Identitäts-konzept sogar Inspirationen für die anderen Standorte der Staatlichen Museen. Es gab im Wettbewerb sieben Aufgaben, die zu entwickeln wir vier Monate Zeit hatten. Im Wettbe-werb hieß es für uns, den Masterplan, der 1999 entwickelt wurde, bis 2013/2014 fertig zu stellen, jetzt sind wir ungefähr im Jahr 2025.

Gefordert war u. a. ein exemplarischer Weg, an dem man zeigen sollte, wie das Konzept funktioniert, sowie Maßnahmen mit Neuen Medien und die Baustellenkommunikation. Unsere Idee war, die Gebäude in den Umbauphasen komplett einzuhüllen und groß drauf-zuschreiben, was hier eigentlich passiert. Die Wirklichkeit sieht anders aus, weil die finan-ziellen Mittel beschränkt sind. Wir haben nach dem Wettbewerb darauf reagiert, indem wir mit den klassischen Baustellenkennzeichnungen arbeiten und diese neu gestalten. Unser Konzept baut auf einer theoretischen Aufschlüsselung des Standortes, bestehend aus Topos, Form und Inhalt, auf. Topos ist die Insel, der Ort in der Stadt; Form sind alle Gebäude und der Inhalt die eigentlichen Sammlungsobjekte. Die Schichtung Insel-Gebäu-de-Sammlung staffelt die Information in der Tiefe: viel Insel, wenn ich noch weit weg bin, und ganz wenig Insel und Gebäude, wenn ich direkt davor bin.

Were there other offices like yours that concentrated on spatial design?

// **POLYFORM** We were the only office that entered the competition alone. Most of the others cooperated with architects – we had considered doing the same. Now we are pretty happy we work alone.

How strongly was the identity aspect emphasized in the competition guidelines? Corporate design and/or corporate identity are very important in you work, aren't they?

// **POLYFORM** Yes, the hope was that the task described at that time might even lead to in-spiration for the other state museum sites. Seven proposals had to be developed in three months. The master plan developed for the competition in 1999 was to be completed by 2013/2014, now things should be completed by around 2025.

An exemplary approach was needed. It had to include an explanation of how the concept worked and measures with new media and construction site communication. Our idea was to wrap the whole building completely during the renovation phases and write what was actually being done on the covering layer with large letters. The reality looks different since financial resources are limited. We reacted to this after the competition by using redesigned classical construction site designations.

Our concept builds on a theoretical key of the location based on the topography, shape and content. The island is the topography, the location in the city, all the buildings are the shapes and the collections are the content. The island-building-collection-layers define the depth of information: island when you are still far away, and very little of the island and building when I am standing right in front of it.

Karl Stark
Designer

Ausbildung Produktdesign, Hochschule für Kunst und Design, Halle • Aufbaustudium Produktdesign, Hochschule für Kunst und Design, Halle
Laufbahn Freiberuflicher Designer, Berlin • Gesellschafter, Perform Design • Gesellschafter, POLYFORM
Education Product Design, Halle College of Art and Design • Product Design Research Studies, Halle College of Art and Design
Career Freelance Designer, Berlin • Partner, Perform Design • Partner, POLYFORM

Hat das Leitsystem eine integrative Funktion für die doch sehr unterschiedlichen Häuser der Insel?

// **POLYFORM** Wir haben es mit Unterstützung der Generaldirektion der Staatlichen Museen geschafft, den vielen Direktoren das Leitsystem und damit auch ein Stück Identität für die gesamte Insel, das von Haus zu Haus wieder erkennbar ist, zu erklären.

Die Idee beim Corporate Design war von Anfang an, eine einheitliche Erscheinung zu kreieren, was jetzt in der Praxis aufgeweicht wird, weil jedes Haus und jede Sammlung eine Eigenidentität fordert. Aber beim Leitsystem ist das Übergreifende akzeptiert.

Das Leitsystem hat tendenziell eine orientierende, keine emotionale Funktion. Wir haben unserer Informationsstruktur „Insel-Gebäude-Sammlung" assoziative Themen hinzugefügt. Die Museumsinsel ist eine Persönlichkeit, sie hat einen Wesenskern und bestimmte Eigenschaften wie Schönheit und Verführung, Inszenierung, Wissen und Vermittlung. Mit dieser Identität sollten temporäre Dinge emotional kommuniziert werden, also nicht nur die harte Schicht und die klare Informationsstruktur.

Ihr habt Styleguides für Corporate Design, Leitsystem, Neue Medien, Baustelle und Ticketsystem gemacht. Folgen die einzelnen Häuser auch diesen Richtlinien?

// **POLYFORM** Im Museum gelten vollkommen andere Regeln und Hierarchien als in einem Industriebetrieb. Es wird nicht zentral entschieden, dass alles von der Powerpointpräsentation bis zum Etikett einem verbindlichen Corporate Design folgt. Bei einem Museum ist das aus vielen Gründen anders. Kuratoren sind für Teilbereiche zuständig und können auch selbstständig Gestaltungsaufträge vergeben. Jeder einzelne Museumsdirektor agiert unterschiedlich, was das Erscheinungsbild des Hauses betrifft. Das Museum für Islamische Kunst beispielsweise hat sich von uns Templates machen lassen, um ihre

Does the way finding system have an integrating function for very different museums on the island?

// **POLYFORM** With the support of the general director of the Staatlichen Museen Berlin we managed to explain the way finding system to the many directors and create a piece of identity for the entire island that is recognizable from building to building.

From the very beginning the idea was to create a uniform corporate design, which is now being softened in practice because each museum and each collection demands its own identity. But the global approach to the way finding system was accepted.

A way finding system tends to have a directional, not an emotional function. We added associative themes to our "Island-Building-Collection" information structure. The museum island is a personality, it has a core and specific qualities such as beauty, seductiveness, drama, knowledge and communication. Temporary things should be communicated with this identity, not just the hard shell and the clear information structure.

You created corporate design, way finding, new media, construction and ticketing system style guides. Do the individual museums follow these guidelines?

// **POLYFORM** The rules and hierarchies in the museums are completely different to those in an industrial enterprise. Decisions are not made centrally in terms of whether everything, from the PowerPoint presentations to the labels is in compliance with the style guide. Things are different at a museum for many reasons. Curators are responsible for many different independent fields and they can award design contracts independently. Every individual museum director acts differently in terms of the visual presentation of the museum. The Museum für Islamische Kunst had us make templates for them so they could

das Bode-Museum wurde als zweites Haus der Museumsinsel 2006 fertig gestellt
the Bode-Museum was the second building to be completed on the Museumsinsel (2006)

kleinen Sonderausstellungen in diesem Konzept selber produzieren zu können – ideal, so wünscht man sich das. Ähnlich agieren die Projektleiter des Bauherrenvertreters, dem Bundesamt für Bauwesen und Raumordnung. Selbst wenn in einem Treppenhaus, das nur intern benutzt wird, eine neue Beschriftung ergänzt werden soll, wird diese im CD der Museumsinsel gestaltet. Hier wird die Linie sehr konsequent eingehalten.

Strenge Corporate-Design-Konzepte gelten als sicher. Kann man mit flexiblen Systemen ebenso gut arbeiten?
// **POLYFORM** Wir haben ein sehr offenes, aber gut erkennbares System angelegt. Es gibt drei Regeln: Erstens: die Schichtung „Insel-Gebäude-Sammlung", zweitens: die Schriftarten, Typestar für Gebäude und Information, die Sabon-Familie für die Sammlung und die Inhalte, und drittens: drei Kernfarben sowie mehrere Feature-Farben, mit denen man sehr frei spielen kann. Damit kann man sich wirklich austoben. Wir haben unterschiedlichste Beispiele in die Styleguides aufgenommen, um diesen Freiraum in der Gestaltung zu zeigen.

Hat der Wettbewerbsgewinn mit seinen vielen Fachaufgaben Eure Arbeitsweise und das Büro verändert?
// **POLYFORM** Wir waren vorher fünf Leute. Jetzt sind wir 15. Uns hat dieses Projekt nach oben geschossen. Allein was wir an Projektsteuerung, an Protokollen, an Kalkulationen gemacht haben, war enorm. Das Büro neu zu organisieren war ein Full-time-Job. Wir haben in unzähligen Sitzungen gesessen, oft mehrmals in der Woche. So haben sich das Büro und unsere Aufgaben bis heute nachhaltig verändert. In erster Linie leiten wir hier im Büro die Projekte, aber wir klinken uns gestalterisch auch intensiv mit ein.

prepare their smaller special exhibitions based on the concept themselves – ideal, that is what we want. The construction authorities project managers reacted similarly. If lettering needs to be added to a stairwell that is only used by personnel, it is designed according to the corporate design of the museum island.Things are kept in line very carefully in this respect.

Strict corporate design concepts are considered safe. Can flexible systems work just as well?
// **POLYFORM** We set up a very open, but easily recognizable system. First: the "Island-Building-Collection" layers, second: the fonts, Typestar for buildings and information, the Sabon family for the collection and contents, and third: three core colors as well as a number of feature colors which one can play with very freely. You can really let loose this way. We included very many different examples in the style guides to show this design freedom.

Did winning the competition and the many specialized task that came with change the way you work and your office?
// **POLYFORM** We used to be five, now we are around 15. Things just shot up for us with this project. The project monitoring, minutes and calculations we were responsible for were huge. Re-organizing the office was a full-time job. We sat in innumerable meetings, often many times a week. Our office and our duties underwent changes that we are still feeling today. Our main duty is project management, but we also work on design intensively as well.

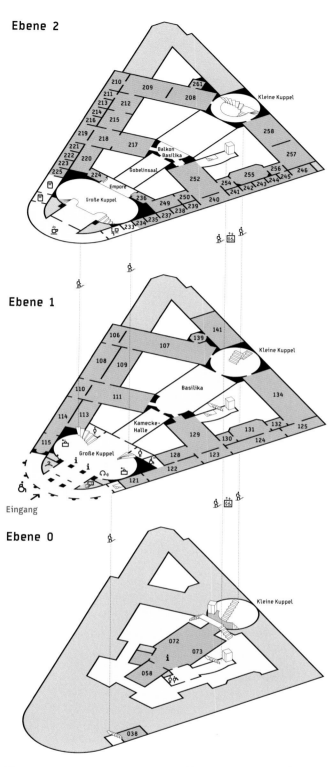

Ebene 2

Deutschland * Renaissance, Barock
212 | 214–219 | 221–223 | 225

Italien * Studiensammlung
220 | 224

Frankreich und Niederlande * Renaissance
208–211 | 213

Tiepolo-Kabinett
261

Deutschland und Frankreich * Klassizismus
257 | 258

Deutschland und Niederlande * Barock
250 | 252 | 254–256

Münzen und Medaillen
241–246

Italien * Kleinbronzen und Bildwerke aus Ton
234–240 | 249

Ebene 1

Spätantike und Byzanz
110 | 113–115

Italien * Gotik
108

Deutschland und Frankreich * Gotik
106 | 107 | 109 | 111 | 139

Gröninger Empore
Mittelalterliche Schatzkunst
141

Italien * Renaissance, Barock
121–125 | 128–130 | 132 | 134 | Basilika

Spanien * Gotik bis Barock
131

Ebene 0

Mittel- und Südeuropa * Romanik
072 | 073

Kindergalerie
058

Münzkabinett
Studiensaal und Bibliothek (Zugang)
038

Eingang

Kasse	Audioguide	Toiletten	Café
Garderobe	Information	Behinderten-WC	Medienraum
Schließfächer	Telefon	Shop	Zugang Rollstuhlfahrer

S M
B Staatliche Museen
  zu Berlin

Skulpturensammlung
Museum für Byzantinische Kunst
Münzkabinett
Werke der Gemäldegalerie
Bode-Museum
museumsinsel berlin

die Plansprache für innen und außen wurde getestet und evaluiert
the map language for the inside and outside was tested and evaluated

Seid Ihr auch interdisziplinärer geworden?

// **POLYFORM** Wir haben unser Team um die entsprechenden Leute erweitert, wir haben einen Architekten dabei, haben Medienleute rein genommen, in der Anfangsphase auch einen Texter. Speziell für die Kalkulation, die Honorarordnung haben wir auch eine erfahrene Person zu uns geholt. Wir sind mit der Zeit auch relaxter geworden. Das Projekt Bode-Museum wurde gut bewältigt, es ist alles pünktlich fertig geworden. Da kann man sich jetzt auch in gewisser Weise zurücklehnen.

Jetzt seid Ihr entspannter, was fordert Euch an neuen Projekten heraus?

// **POLYFORM** Wir gestalten zurzeit nicht nur Leitsysteme, sondern auch Serviceelemente, vom Flyerständer bis zur Möblierung, dem Ticketing und den Medienterminals. Ausstellungen komplett zu gestalten wäre die nächste Herausforderung. Ein architektonisches, grafisches Gesamtkonzept anzulegen und umzusetzen, das ist unser nächstes Ziel.

Zwischen zwei- und dreidimensional arbeitenden Gestaltern gibt es einen sehr traditionellen Haltungskonflikt, der immer wieder aufflammt. Wie geht Ihr damit um?

// **POLYFORM** Der Architekt hat oft das Interesse, dass sich ein Leitsystem einordnen und keine eigene Sprache sprechen sollte, sondern sich stärker in die Architektur integriert. Wir treten natürlich an, im Sinne des Auftraggebers ein funktionierendes Konzept umzusetzen. Die Entscheidung für oder gegen ein Konzept hängt dann oft davon ab, ob der Leitsystemplaner mit dem Architekten gleichberechtigt ist. Selbstverständlich gehen wir auf die Haltung des Architekten nach der Analyse seines Ansatzes genau ein. Das kann aber auch heißen, dass wir in einer starken Sprache arbeiten.

Do you do more interdisciplinary work now?

// **POLYFORM** We expanded our team to include the necessary people. We have architects, media people and had a copywriter at the beginning. We found an experienced person for calculations and fee payments. We relaxed over time. We handled the Bode-Museum project well, everything got done on time. We can afford to sit back now somehow.

You're more laid back now, what challenges you about new projects?

// **POLYFORM** We don't only design way finding systems. We also create service elements ranging from flier plinths to furniture, ticketing and media terminals. Designing complete exhibitions would be the next challenge. Creating and realizing an overall architectural and graphic concept is our next goal.

There is a very traditional conflict between two and three-dimensional designers that always becomes acute, how do you deal with it?

// **POLYFORM** The architect often wants the way finding system to be subordinate, it should not speak is own language, it should be integrated in the architecture. We naturally try to realize a functioning system in accordance with the client's needs. The decision for or against a concept often depends on whether the way finding system planner has the same rights as the architect. Of course we pay careful attention to the architect after carefully analyzing his approach, but this can also mean we will work with a strong language. Naturally our work had to be integrated in the architecture at the Bode-Museum, it is a very strong building. It was a sign-by-sign struggle. We originally said we would cut the elements, go around angles because this wouldn't interfere with the architecture as much

das digitale Lotsensystem bringt den Besucher vom Terminal bis zum gesuchten Objekt
the digital guide system takes the visitor from the terminal to the searched-for object

Im Bode-Museum mussten wir uns natürlich klar in die Architektur integrieren, es ist ein sehr starkes Haus. Um fast jedes Schild wurde gerungen. Ursprünglich haben wir gesagt, dass wir die Architektur weniger stören, wenn wir nicht mittig positionieren, sondern die Elemente schneiden, über Kanten drüber gehen. Das wurde anfangs auch akzeptiert, aber später gab es massiven Widerstand vom Denkmalamt. Wir werden aber versuchen, die Idee im Neuen Museum umzusetzen, das einer radikaleren architektonischen Grundhaltung in der Renovierung und Neuaufstellung folgt.

Wie testet Ihr Funktion und Akzeptanz eines neuen Leitsystems?
// POLYFORM Wir haben viele Dummys fertigen lassen, die mit Leuten real auf Lesbarkeit etc. getestet wurden. In dem Moment, wo ein Haus voller Besucher ist, kriegst du noch ganz andere Erkenntnisse.
Wir haben auch schon ein Leitsystem noch mal völlig umgestellt, da auffiel, dass die Schrift großzügiger sein müsste. Die Plansprache wurde von einem architekturpsychologischen Büro auf Lesbarkeit getestet.

Welche innovativen Techniken habt Ihr beim Leitsystem eingesetzt?
// POLYFORM Graffitischutz ist z. B. immer ein spannendes Thema, damit haben wir uns ein halbes Jahr intensiv auseinandergesetzt. Grundsätzlich existieren zwei Systeme. Opfersysteme, wo man die Schutzschicht mit der Entfernung des Graffitis wegnimmt, und Permanentsysteme, wo die Schutzschicht bleibt und das Graffiti von der Schutzschicht abgewischt werden kann. Wir haben uns für ein Permanentsystem entschieden. In dieses System musste der fünffarbige Siebdruck auf Beton integriert werden. Einen Monat nach

as a more central positioning. This was initially accepted, but then the landmark protection office offered massive resistance. But we are going to try to implement this idea at the Neues Museum, which is pursuing a more radical architectural approach in its renovation and restructuring work.

How do you test the functionality and acceptance of a new way finding system?
// POLYFORM We have a large amount of dummies made that we test with people for readability, etc. A building full of people offers different insights.
We completely re-worked the way finding system once since we noticed the font had to be more generous. An office specializing in architectural psychology tested map language readability.

Which innovative techniques did you use on the way finding system?
// POLYFORM Graffiti protection is always an exciting subject, we researched it extensively for six months. There are two basic systems. Sacrificial systems feature protective layers that are removed with the graffiti. We chose a permanent system with a fixed protective layer the graffiti is wiped off of. The five-color silk screen has to be integrated in the concrete in this process. The first attack came a month after the opening. We just wiped it off with a damp cloth.

How did you develop the map language?
// POLYFORM It is mainly about comparing how I move on the island. The visitors can't see the ground plan from the buildings. But if they see the gables of the Pergamonmuseum

der Eröffnung hat es die erste Attacke gegeben, die haben wir nur mit einem feuchten Lappen runtergewischt.

Wie seid Ihr bei der Entwicklung der Plansprache vorgegangen?
// **POLYFORM** Es geht vor allem um den natürlichen Abgleich, wenn ich mich auf der Insel bewege. Besucher können die Grundrisse nicht aus den Gebäuden ableiten. Wenn sie aber z. B. den Giebel des Pergamonmuseums sehen und auf dem Plan zuordnen können, wird ihnen klar, wo ihr aktueller Standort ist.
Bei den Lageplänen der Insel haben wir mit vereinfachten Baukörpern begonnen. Signifikante Details wie Dächer und Säulen waren für die Erkennbarkeit auch sehr wichtig. Die Unterschiedlichkeit der opulenten Gebäude herauszuarbeiten und so zu reduzieren, dass man sie erkennt, hat uns lange beschäftigt. Anschließend wurde das Umland angedeutet, der Fluss ergänzt, um die Anknüpfung zum Stadtraum klar zu machen. In den Lageplänen der Insel liegt zusätzlich eine leichte Krümmung und Perspektive.

Wie wurde die Darstellung der Innenräume im Vergleich zum Lageplan der Insel angelegt?
// **POLYFORM** Die Hauptdiskussion drehte sich um den Vergleich Grundriss und Perspektive. Was im konkreten Fall besser abschneidet, hängt stark von der Art des Gebäudes ab. Ein symmetrisches Gebäude wird als Grundriss sehr gut verstanden. Bei komplizierteren Gebäuden wie dem Bode-Museum mit seiner Mittelachse und den eigenwilligen Flügeln und den Seitenachsen hat in der Evaluierung der isometrische Plan leicht besser abgeschnitten. Zusätzlich sind die Isometrien leicht perspektivisch korrigiert, um die Linien nach hinten nicht auseinander laufen zu lassen. Insgesamt gibt es acht verschiedene

and can find them on the map, then they know where they are at the moment. We started with simplified building structures when we made the island maps. Significant details like roofs and columns were important for recognition purposes. Working out and reducing the differences between the opulent buildings so they can be recognized took us a long time. Then we insinuated the surroundings, the river was extended to make the link to the city area clear.

How does the depiction of the interior areas compare to the island map?
// **POLYFORM** The main discussion was about the relationship between the ground plan and the perspective. What is actually better depends on the type of building to a great extent. A symmetrical building is easily understandable as a ground plan. The evaluation showed that an isometric map was a bit better in the case of a complicated building like Bode-Museum, which has a middle axis, unusual wings and lateral axes. The isometric perspective was also corrected slightly so the lines heading back wouldn't run apart. There are eight different map versions for the outside and inside. The individual museums literally jump out of the map, it is easy to establish a good relationship. That can be seen well in the guide system. You can use the system to show you the way from your location to your destination in the museum. We worked with perspective maps for all of the fliers for the first four buildings.

Did you also take visually impaired visitors into account?
// **POLYFORM** Good lettering and map contrasts as well as readability are basic elements in

Camillo Rusconi
Mailand 1658 – 1728 Rom

**Faun aus dem Gefolge
des Bacchus**
Faun from the Train of Bacchus
Rom, 1727–28
Marmor

Erworben 1986
Skulpturensammlung | Inv. 1/86   226

die Objektbeschriftungen passen sich farblich dem Untergrund an
the object lettering matches the background in color

Planfassungen für den Außen- und den Innenraum. Aus der Perspektive der Insel springen die einzelnen Museen förmlich heraus, sodass man eine gute Beziehung herstellen kann. Das ist sehr gut am Lotsensystem zu sehen. Dort kann man sich den Weg vom Standort zum Zielort im Museum über Pläne anzeigen lassen. Für die Flyer der ersten vier Gebäude haben wir einheitlich mit perspektivischen Plänen gearbeitet.

Habt Ihr auch auf Sehbehinderte Rücksicht genommen?
// POLYFORM Ja. Gute Kontraste und die Lesbarkeit von Schrift und Plänen sind eine Grundlage unseres Leitsystems. Im Rahmen unserer Untersuchungen haben wir auch über die Tauglichkeit für Sehbehinderte gesprochen. Die Einführung taktiler Pläne wurde ebenfalls diskutiert. Letztendlich haben wir aber auf diese Art der Darstellung verzichtet, da stark Sehbehinderte kaum in ein Museum gehen, um sich Bilder oder Objekte anzusehen. Das Anfassen ist ja überhaupt nicht erlaubt.

Ihr arbeitet mit den Neuen Medien sehr progressiv und konsequent im Kassen- und Ticketingbereich, die Medienarbeitsplätze in den Ausstellungen im Bode-Museum sind auch erfolgreich in Betrieb gegangen. Museen sind nicht generell innovativ, wie konntet Ihr das realisieren?
// POLYFORM Beim Kassensystem kam uns zugute, dass wir alle Bereiche vom Produktdesign bis zum Interfacedesign abdecken konnten. Nachdem das erste interaktive Kassensystem im Bode-Museum installiert worden ist, sollen noch in diesem Jahr alle weiteren Häuser damit ausgestattet werden. Die Kombination aus einer gut funktionierenden technischen Lösung mit einfacher Bedienbarkeit hat überzeugt.
Auch die Medienarbeitsplätze werden gut angenommen. Es gab durchwegs positive Resonanz. Ein thematisches Beispiel ist der interaktive Münzkatalog. Jede Münze kann im

our way finding systems. We also discussed suitability for visually impaired visitors during our research. We discussed the introduction of tactile maps, but we ultimately decided against it since people with serious visual impairments hardly go to museums to look at pictures or objects. It is absolutely forbidden to touch things.

You used new media very thoroughly and progressively in the cash desk and ticketing areas. The media workstations in the exhibitions at the Bode-Museum are also operating successfully. Generally museums aren't very innovative, how did you manage to do it?
// POLYFORM Fortunately we were in the position to take care of everything from product design to interface design for the cash desk system. All museums are due to be equipped with interactive cash desks this year after the first one was installed in the Bode-Museum. The combination of a smoothly functioning technical solution and simple usability proved convincing.
The media workstations are also being received well. The response was thoroughly positive. The interactive coin catalogue is a good thematic example. Each coin can be studied in detail on both sides, which is great for a coin freak. You can't get this type of overview otherwise.

How do you handle things if a client doesn't want to realize a really good idea of yours?
// POLYFORM At the Museumsinsel we sponsored a prototype because no one wanted to pay for it. We wanted a classical knothole or peephole like the ones you find in a construction fence. When you look through it you see the past, present and future of the Museumsinsel. It has become indispensable for construction site communication in the meantime.

in den Räumen orientiert man sich an den Raumthemen (oben im Bild), akkordiert mit den Nummern der Orientierungsflyer
one follows the room themes (in the picture above) according to the numbers in the info folders

Detail vorne und hinten ausführlich studiert werden, für den Münzfreak eine tolle Sache. Diesen Überblick kann man sich sonst nicht verschaffen.

Wie geht Ihr damit um, wenn eine wirklich gute Idee vom Auftraggeber nicht umgesetzt wird?
// POLYFORM Viele der Ideen und Konzepte aus den Styleguides werden nicht umgesetzt, im Moment können wir damit relativ entspannt umgehen. Wenn die Umsetzung aus finanziellen Mitteln schwierig war, haben wir in Einzelfällen Prototypen gesponsort, weil ihn niemand bezahlen wollte. Es ging z. B. um das Zeitauge der Baustellenbespielung. Man findet es im Bauzaun wie ein klassisches Astloch. Wenn man reinblickt, trifft man mal auf Vergangenheit, Gegenwart und Zukunft. Mittlerweile ist es von der Baustellenkommunikation nicht mehr wegzudenken.

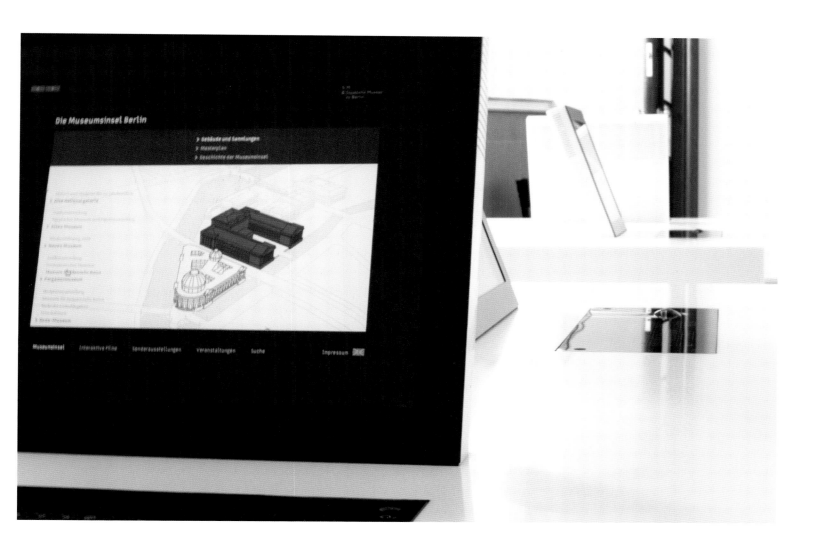

die Raum der Medienterminals – hier kann man sich in Ruhe umfassend über die gesamte Insel mit ihren Häusern informieren
the media terminal room – you can take your time and gather comprehensive information on the entire island and the museums

Screens informieren über Preise, kündigen aber gleichzeitig Aktuelles aus der Sammlung an
screens offer price and current information on the collections

als Hausschrift wurde die Typestar umfassend überarbeitet und erweitert
the Typestar was comprehensively revised and extended as the corporate typeface

Anja Hespenheide
Architektin / Architect

Ausbildung Architektur, TU Berlin
Werdegang Mitarbeit in Architekturbüros, Berlin •
Hochbaureferendariat im Bundesamt für Bauwesen und Raumordnung (BBR) • Projektleiterin im BBR
Training Architecture, Berlin University of Technology
Career Staff member at architecture offices in Berlin •
Construction Trainee at the the Bundesamt für Bauwesen und Raumordnung (BBR) • Project Manager at the BBR

Wie sind Sie in das Projekt „Museumsinsel" eingestiegen, und welche Aufgabe haben Sie?

// Anja Hespenheide Ich bin in das Projekt eingestiegen, nachdem der Wettbewerb bereits abgeschlossen war. Die Entscheidung lag vor, und der Entwurfsprozess sollte gerade beginnen. Ich bin im Bundesamt für Bauwesen und Raumordnung als Projektleiterin tätig, als Bauherrenvertreterin für die Stiftung „Preußischer Kulturbesitz", u. a. für das Projekt „Erscheinungsbild Museumsinsel"; das heißt im Wesentlichen Verträge gestalten, mit dem Nutzer die Abstimmung koordinieren, Detailentscheidungen fällen und vieles mehr.

Wie war der Aufgabenbereich im Wettbewerb definiert? Hat es starke Veränderungen zur ursprünglichen Ausschreibung gegeben?

// Anja Hespenheide Zunächst war eine Art „Corporate Design" für die Museumsinsel zu entwickeln, auf dessen Basis ein analoges Leitsystem, ergänzt durch digitale Lotsen- und Medienraumterminals für alle Häuser und den Außenraum, zu gestalten war. Später kam dann auch ein übergeordnetes Ticket-, Kassen- und Kontrollsystem dazu.

Gibt es in Berlin Richtlinien für Orientierungssysteme im öffentlichen Raum oder eingeführte Systeme? Wird auf die Museumsinsel als Teil der Stadt speziell reagiert?

// Anja Hespenheide Es gibt ein übergeordnetes Leitsystem für die Stadt Berlin, aber keine Richtlinien oder Vorgaben für andere Einzelprojekte. Wir haben Abstimmungen mit der Senatsverwaltung für Stadtentwicklung durchgeführt und haben darauf geachtet, dass es keine Überschneidungen mit dem übergeordneten Leitsystem der Stadt gibt.

Die Museumsinsel ist ein öffentliches Bauvorhaben. Spielt Behindertengerechtigkeit eine Rolle?

// Anja Hespenheide Gerade bei den Neuen Medien haben wir die Belange der Barrierefreiheit

How did you join the Museumsinsel project and what were your responsibilities?

// Anja Hespenheide I got involved in the project after the competition was over. The decision had already been made and the design process was about to begin. I am a project manager at the Bundesamt für Bauwesen und Raumordnung (Federal Office for Building and Regional Planning), and I represent the Preußischer Kulturbesitz as a client in various projects including the Erscheinungsbild Museumsinsel project. That essentially means I draft contracts, coordinate finer points with the user, making decisions on details and many other aspects.

How were your duties defined in the competition? Were there major differences compared to the original description?

// Anja Hespenheide First we had to develop a "Corporate Design" for the Museum Island. An analog way finding system based on this design followed. This system was in turn complemented by digital guides and media terminals for all wings and the exterior, all of which had to be designed as well. A ticketing, cash desk and control system to steer all functions was added later.

Are their guidelines or established procedures for orientation systems for public spaces in Berlin? Was there a special reaction to the Museumsinsel as part of the city?

// Anja Hespenheide There is an overarching way finding system for the City of Berlin, but there are no guidelines or regulations for other individual projects.The city senate administration for urban development voted on our proposal and made sure there weren't any overlaps with the city's way finding system.

besonders berücksichtigt. Es gibt eine Richtlinie für barrierefreie Informationstechnologie (BITV), die wir hier umgesetzt haben. Es war wenig Vergleichbares zu finden, also haben wir eine Art Prototyp entwickelt und eine Vorreiterrolle in diesem Feld übernommen.

Gibt es in Berlin auch schon Erfahrungen mit anderen Projekten, die Sie eingebracht haben, oder ist das so etwas wie ein Pilotprojekt?
// Anja Hespenheide Was die Größe und die Komplexität angeht, gibt es Erfahrungen, aber mehrere unterschiedliche Häuser einer Grundidee unterzuordnen ist meines Erachtens nach ein Pilotprojekt.
Wir haben bestehende Museen in Berlin analysiert und uns einen Überblick verschafft. Dann wurde vieles im Prozess entwickelt und Ergebnisse erarbeitet, die sich speziell auf die Museumsinsel als Ganzes beziehen und gleichzeitig auf mehrere Häuser und unterschiedliche Anforderungen eingehen; schon eine einzigartige Aufgabe.

Wer ist der Motor der Idee eines neuen Auftritts für die Museumsinsel gewesen?
// Anja Hespenheide Der Gedanke ist von den Staatlichen Museen ausgegangen. Der Wunsch, diesen Ort als Einheit erlebbar zu machen und ihn nicht nur über die Einzelhäuser wie das Pergamonmuseum oder das Neue Museum erschließen zu lassen, war Grundlage der Aufgabenstellung.
Es gab bisher kein übergeordnetes Leitsystem für die Museumsinsel, der Besucher hat z. B. bei jedem Haus nach dessen Namen gesucht. Man konnte sich keinen Überblick verschaffen: Was gibt es hier eigentlich? Welche Sammlung möchte ich sehen? Gleichzeitig ist die Komplexität des Angebots sehr groß: mehrere Ausstellungshäuser, die wiederum

The Museumsinsel is a public construction project, what roles do facilities for the disabled play?
// Anja Hespenheide We paid particular attention to eliminating barriers, especially in relation to the new media aspects. There is a new guideline for barrier-free information technology (BITV) that we implemented here. There wasn't very much comparable material, so we developed a form of prototype and acted as pioneers in this field.

Are there other projects of yours Berlin has realized and gathered experience with or can this be considered a form of pilot project?
// Anja Hespenheide Berlin has experience in terms of project size and complexity, but in my opinion this is the first time one guiding principle is applied to a number of different facilities, which make this a pilot project.
We analyzed existing museums in Berlin to have an overview. We developed many aspects in processes and achieved results that relate specifically to the Museumsinsel as a whole, while addressing the individual museums and their differing requirements at the same time. This made the project a unique task.

Who propelled the idea of a new image for the Museumsinsel?
// Anja Hespenheide The idea came from the State Museums in Berlin. The desire to make this place something that can be experienced as a single unit and not "museum by museum" visiting the Pergamonmuseum and the Neue Museum, for example, was the basis for the project.
An overarching way finding system did not exist on the Museumsinsel until now. Visitors had to look for the name of each individual museum. One didn't have an overview: what

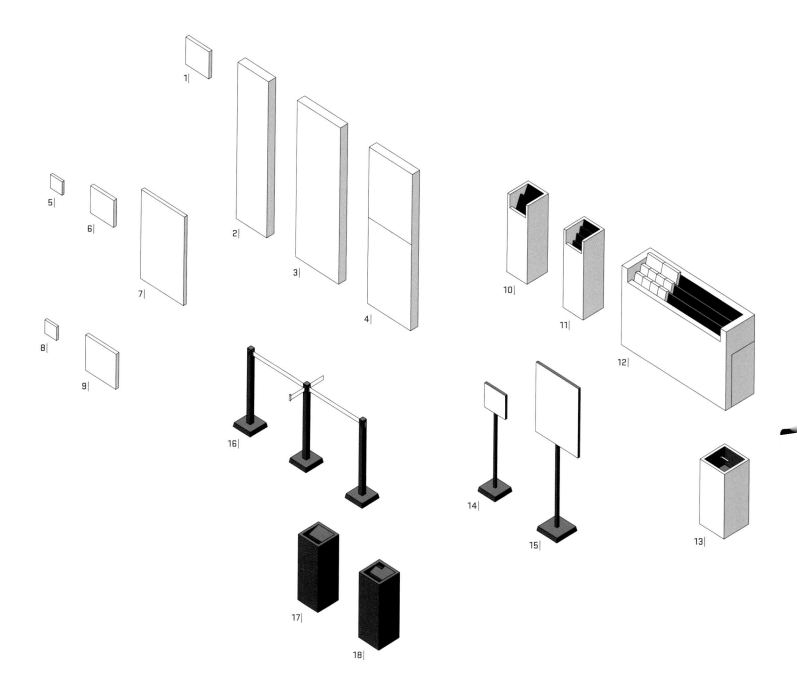

Öffentlicher Bereich, außen / public area, outside

1| Nebeneingangsschild / side entrance stele
2| Leitstele / way finding stele
3| Orientierungsstele / orientation stele
4| Plakatstele / poster stele

Öffentlicher Bereich, innen / public area, inside

4| Leitschild Service / way finding sign service
5| Leitschild Sammlung & Service / Way finding sign collection & service
6| Orientierungsschild / orientation stele

Nicht öffentlicher Bereich, innen / non public area, inside

7| Türschild / door sign
8| Etagenübersicht / side entrance stele

Öffentlicher Bereich, innen / public area, inside

10, 11, 12| Flyerständer / flier stand
13| Spendenbox / donation box
14| Temporäres Leitschild doppelt / temporary way finding sign twice
15| Temporäres Plakat doppelt / temporary poster twice
16| Temporäre Absperrung / temporary barrier
17| Abfallbehälter / side entrance stele
18| Abfallbehälter mit Ascher / side entrance stele

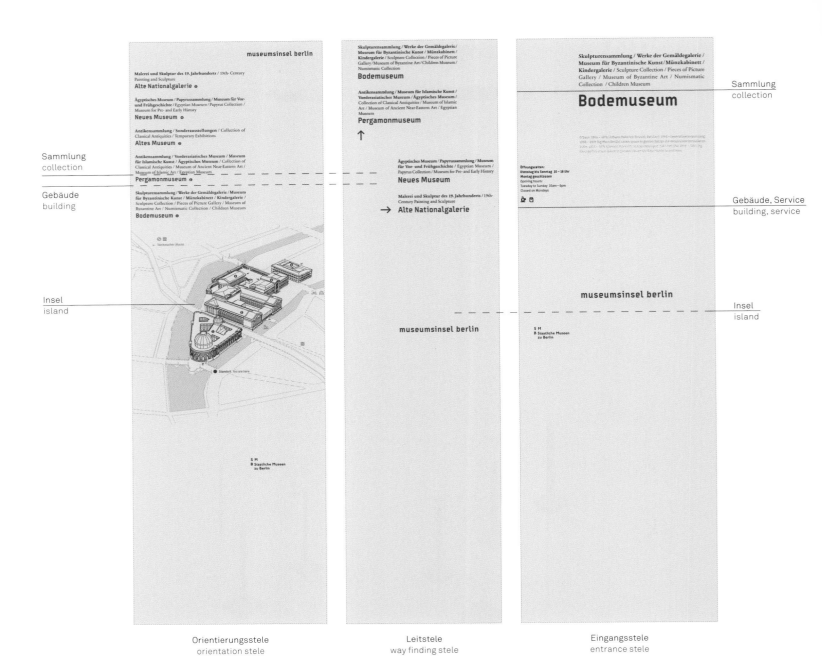

Sammlung
collection

Gebäude
building

Insel
island

Sammlung
collection

Gebäude, Service
building, service

Insel
island

Orientierungsstele
orientation stele

Leitstele
way finding stele

Eingangsstele
entrance stele

Informationspylone: drei Ebenen der Orientierung vom Betreten der Insel bis zum Gebäudeeingang
information pylons on the three orientation levels, from the island landing to the building entrance

Reduktion und Signifikanz: einige wenige wichtige Details machen die Häuser einfach differenzierbar
reduction and significance: a few important details make it easier to differentiate between the buildings

sehr viele unterschiedliche Sammlungen beinhalten, oder Sammlungen, die sich zum Teil in mehreren Häusern befinden.

Polyform gestaltet ganzheitlich und medienübergreifend: zweidimensional, dreidimensional, analog, digital, außen, innen usw. Dadurch werden Kommunikationsmaßnahmen, die vielleicht nicht direkt zum Leitsystem gehören, auch angesprochen. Ist es so, dass man Leitsystem und Corporate Design trennen kann?

// Anja Hespenheide In diesem Fall finde ich es gut, wenn es nicht getrennt wird. Aus meiner Sicht ist die Museumsinsel so schon sehr komplex, d. h., für Besucher ist es schwierig, sich zu orientieren und sich über die vielen Angebote der verschiedenen Sammlungen zu informieren. Daher finde ich es angenehm, wenn man einzelne Aussagen, ob auf Plakaten, in den digitalen Medien oder auf dem Leitschild, wieder erkennt und dem Absender zuordnen kann.

Ein Leitsystem ist ja deshalb für den Identitätsprozess so spannend, weil es Hierarchien abbildet und sehr deutlich zeigt, welcher Inhalt vorhanden ist. Wie haben die Leiter der Häuser reagiert, dass jetzt etwas dargestellt wird, das vielleicht vorher noch ein bisschen im Unscharfen lag?

// Anja Hespenheide Es gab intensive Diskussionen. Solange noch relativ abstrakt darüber geredet wurde, während des Wettbewerbs und in der Entwurfsphase gab es generelles Einverständnis. Je konkreter es wurde, desto mehr Zweifel kam dann von Seiten einzelner Sammlungsleiter, die unter anderem befürchteten, dass ein Design in ihr Haus und dessen Architektur gebracht wird, welches es evtuell gar nicht verträgt.
Als es dann darum ging, welche Inhalte konkret dargestellt werden, das heißt, als man realisiert hat, was jetzt wirklich gedruckt bzw. gebaut werden soll, gab es weitere Diskussionen. Es war schon eine schwierige Aufgabe, für die gesamte Museumsinsel mit ihren

do they actually have here? What collection do I want to see? But, at the same time, the offerings are very complex: there are many different exhibition venues, each of which house different types of collections. But parts of other collections are spread among the various houses in certain cases as well.

Polyform creates integral cross media designs: two-dimensional, three-dimensional, analog, digital, outside, inside, etc. This makes it possible to address communication measures that may not be a direct part of the way finding system. Can the way finding system and corporate design be separated from each other?

// Anja Hespenheide I think it is good that they aren't separated in this case. The Museums-insel is very complex from my point of view. It is therefore difficult for visitors to orient themselves and inform themselves on the many offerings in the various collections. Hence I find it pleasant to be able to identify individual statements on posters, in digital media or on a sign, and allot it to the respective sender.

What makes a way finding system so exciting in the identity process is that it depicts hierarchies and shows the contents that are there very clearly. How did those responsible for the museums react to this clear depiction of things that might have been a bit unclear in the past?

// Anja Hespenheide There were extensive discussions. There was a general understanding as long as it was discussed at a relatively abstract level during the competition and the design phase. The more concrete things got, the more doubts were voiced and individual museum heads feared that their venues would be given a design that might not suit it at all. There were more discussions when it came to the contents that were actually going to be depicted, that is to say, when it came to deciding on what was actually going to be printed or built.

vielen Zuständigen etwas Gemeinsames zu finden, das trotzdem zu den individuellen Häusern und Sammlungen passt.

Haben sich die einzelnen Sammlungsleiter auch mit dem Gedanken „Wir sind die Museumsinsel" anfreunden können?

// Anja Hespenheide Ich hoffe inzwischen, dass es so ist. Ein Museumsdirektor sieht zwar vor allem seine eigene Sammlung und möchte diese präsentieren, aber ich hoffe, dass gerade dieses Projekt dazu beigetragen hat, die gemeinsame Identität zu stärken.

Für die Insel wurde ein eigenes Baustellenleitsystem gestaltet, das Orientierung bietet, aber auch wie eine kleine Ausstellung funktioniert. Warum hat man dieser „Nebensache" so hohen Stellenwert eingeräumt?

// Anja Hespenheide Das Spezielle an der Museumsinsel ist, dass große Flächen und Häuser über viele Jahre der Instandsetzung und Restaurierung Baustelle und damit für die Besucher unzugänglich sind. Durch dieses „Baustellenwirrwarr" muss der Besucher sicher zu den geöffneten Bereichen geführt werden.
Zudem kann die Öffentlichkeit mithilfe der Baustellenkommunikation über die langjährige Baumaßnahme Museumsinsel und ihre einzelnen Zwischenschritte informiert werden. Der permanente Wechsel verändert die Anmutung des Ortes ständig. Polyform erzählt auf verschiedenste Arten Geschichten zu den Orten hinter den Bauzäunen, unter der Erde und so weiter.

Welche Qualität schätzen Sie an einem guten Designbüro am meisten?

// Anja Hespenheide Neben guten Grundideen und Kreativität schätze ich Flexibilität, das Eingehen auf Wünsche des Auftraggebers besonders.

It was a difficult exercise for the entire Museumsinsel with its many heads to a find common denominator that nonetheless also suited the individual museums and collections.

Did the individual museum heads warm to the "We are the Museumsinsel" concept?

// Anja Hespenheide I hope they have by now. A museum director primarily sees his own collection and wants to present it, but I hope this project helps strengthen the common identity.

A separate construction site way finding system was designed for orientation purposes that also acts as a small exhibition. Why was this "secondary aspect" given such great importance?

// Anja Hespenheide What makes the Museumsinsel special is that large surfaces and buildings are inaccessible for many years while they are being repaired and restored. Visitors have to be safely guided through this"construction jumble" to the open areas.
The construction site communication also makes it possible to inform the public on the long-term construction measures and the individual steps being taken. The permanent change constantly alters the presentation of the place. There are other communication elements in addition to the construction site way finding system, including views of the site through the fence, for example.

What qualities do you appreciate most in a good design office?

// Anja Hespenheide I appreciate flexibility next after good guiding ideas and creativity. And I especially appreciate an ear for and understanding for a client's needs.

Bei öffentlichen Aufträgen werden beim Einkauf oft reine Standschildersysteme preislich verglichen. Für die individuelle Planungsleistung muss man oft um Akzeptanz kämpfen. Warum hat das hier besser geklappt?

// Anja Hespenheide Das liegt am generell hohen Anspruch der Gestaltung der Museums-insel. Es würde ärmlich aussehen, wenn man international namhafte Architekten beauf-tragt, ein gutes Budget für die Instandsetzung zur Verfügung stellt, dann aber Schilder aus dem Baumarkt holt. Das wäre hier nicht angemessen. Generell ist es wünschenswert, ein Leitsystem gestalten zu lassen, das auf die Besonderheiten eines Hauses eingeht.

Im Kulturbetrieb scheint die Akzeptanz dafür generell höher. Wie sieht es mit der Wichtigkeit bei anderen öffentlichen Bauten wie einem Arbeitsamt aus?

// Anja Hespenheide Ich würde mich auch da für professionelle Gestaltung eines Leitsystems einsetzen – je nachdem, wie das Projekt angelegt und budgetiert ist.

Welche wirtschaftlichen Aspekte berührt ein Gestalter bei seiner Planungsarbeit?

// Anja Hespenheide Er kann ein System entwickeln,das die Betriebskosten senkt, wie z. B. ein flexibles Konzept für mehrere Häuser, was günstiger ist, als Schilder neu zu kaufen.

Was wünschen Sie sich für die Zukunft des Projekts Museumsinsel?

// Anja Hespenheide Der gesamte Auftritt der Museuminsel soll vom Nutzer auch zukünftig mitgetragen werden und in der Umsetzung erkennbar bleiben, sodass für Besucher der Museumsinsel Information und Orientierung – von Internet, Plakatwerbung über Flyer bis zum Infoterminal und dem Leitschild vor Ort – in einer einheitlichen und damit wiederer-kennbaren Sprache erscheinen. Denn nur, wenn das Konzept, welches jetzt erst in den Startlöchern steht, weiter ausgebaut wird, kann es seinen Zweck erfüllen.

In public projects there is often a mere price comparison between sign and stand systems. One often has to fight for the acceptance of a unique planning concept. Why did things work better here?

// Anja Hespenheide That was generally the case because of the demanding Museuminsel design requirements. It would be inappropriate to go and buy signs at a do-it-yourself warehouse after hiring acclaimed international architects for the renovation and provid-ing a good budget. It is generally desirable to have a way finding design that addresses the venue's unique aspects.

Acceptance seems to be higher in the cultural sector. What do things look like in other public buildings, at an employment office, for instance?

// Anja Hespenheide I would also be a proponent of professionally designed way finding sys-tems in those cases, according to how the project is approached and budgeted.

Wich economic aspects are influenced by the designer in his planning work?

// Anja Hespenheide He can develop a system that lowers operating costs, a flexible concept that can be used for more venues is cheaper than having to buy new signs every time.

What are your hopes for the future of the Museuminsel project?

// Anja Hespenheide The users should accept the entire image and presentation of the Muse-uminsel. It should remain recognizable after it is implemented so visitors can identify a uniform, familiar language in the Museuminsel information and orientation elements, from the Internet to poster ads, to fliers and info terminals right up to the signs on site. The concept that is now in the starting gate can only fulfill its purpose if it is expanded on.

STAATSARCHIV, Liestal [CH]

Basel Land State Archive, Liestal

Interviewpartner / Respondent Kristin Irion| Partner, bringolf irion vögeli • Mathias Müller | Partner, EM2N
Architektur / Architecture EM2N

Sich von der Architektur und der Funktion eines Hauses inspirieren zu lassen, liegt den Züricher Gestalterinnen. Entsprechend setzen sie ihre Designideen typografisch im Raum um. Gefaltetes Papier ist die Grundlage der speziell für das Staatsarchiv entworfenen Schrift. Sie markiert die Glasfassade mit einem von außen und innen sichtbaren Zeichen und macht das Thema Archivieren über die Gestaltung bildlich nachvollziehbar.

The Zurich designers like to let themselves be inspired by the architecture and functions of a building. This guides the typographical implementation of their design ideas. The specially designed font of the state archive is based on folded paper. It marks the glass facade from the outside with a symbol that is visible from both sides. It also creates a visual link to the archive theme.

Mathias Müller
Architekt / Architect

Ausbildung Architektur, Olympia, WA, USA und ETH Zürich, Masterthese Prof. Adrian Meyer / Marcel Meili ETH Zürich
Laufbahn Architekt bei Bürgin Nissen Wentzlaff Architekten, Basel • Visiting Professor an der Ecole Polytechnique Fédérale de Lausanne •
Vorstand von EM2N Architekten ETH/SIA
Education Architecture, Olympia, WA, USA and ETH Zurich, Thesis Prof. Adrian Meyer / Marcel Meili ETH Zurich
Career Project Architect at Bürgin Nissen Wentzlaff Architekten, Basel • Visiting Professor Ecole Polytechnique Fédérale de Lausanne •
Principal EM2N Architekten ETH/SIA

Was war der Startpunkt für das Projekt?

// **Mathias Müller** Das war ein Wettbewerbsauftrag. Im Jahr 2000 haben wir den Wettbewerb gewonnen, und im Jahr 2007 wurde das Gebäude fertig. Die Gestalterinnen kamen relativ spät ins Projekt, das war 2006.

Was waren die Gründe des Auftraggebers, das Staatsarchiv baulich zu verändern?

// **Mathias Müller** Es waren Platzgründe, sie wollten die Kapazität des Archivs verdoppeln. Jetzt haben sie wieder für 25 Jahre ausgesorgt.

Wie kam es zu der architektonischen Lösung, einen Teil des alten Stammhauses stehen zu lassen und außen herum eine größere Hülle und einen Anbau zu setzen?

// **Mathias Müller** Die Grundfrage des Kantons war, ob der Standort weiterhin taugt. Der Talkessel in Liestal wird durch die höher liegende Bahntrasse der Strecke Zürich – Basel zerschnitten. Der Großteil der öffentlichen Gebäude liegt auf der anderen Seite. Der Bauherr hat sich aber entschieden, den Standort beizubehalten. Das war die Ausgangslage, die dann die Lösung diktiert hat. Das alte Gebäude war ein zweigeschoßiger Archivkörper neben einem Bürokörper, den man gar nicht gesehen hat. Das neue Gebäude versucht, in die Höhe zu gehen und über die Bahn hinweg an den anderen Ortsteil anzubinden.

Setzt die Architektur damit ein Zeichen nach außen?

// **Mathias Müller** Ja, natürlich. Die Fassade ist ein starkes Zeichen. Man sieht dem Gebäude an, dass es sich nicht um eine Wohnnutzung handelt. Das gläserne Geschoss oben ist offen und kommuniziert die öffentliche Nutzung der dort gelegenen Lesesääle und des Besprechungsraumes.

How did the project start?

// **Mathias Müller** It started with an open competition. We won the competition in 2000 and the building was completed in 2007. The designers joined the project relatively late, in 2006.

Why did the client want to change the State Archive structure?

// **Mathias Müller** For space reasons, they wanted to double the capacity of the archive. Now they have space for the next 25 years.

What made you choose to preserve part of the original building and raise an outer shell around it with a connecting annex?

// **Mathias Müller** The basic question for the canton authorities was whether the site was still suitable. The Zurich-Basel train tracks are set higher than the valley basin. They cut through it. The larger part of the public buildings lies on the other side. The client, however, decided to stay on the site. That was the situation that dictated our solution. The old building was a two-level archive next to an office structure that you couldn't even see. The new building tries to rise vertically, stretch out over the train tracks and link up with the other part of the town.

Does the architecture act as a beacon?

// **Mathias Müller** Yes of course. The facade is a powerful symbol. You can tell that the building isn't a residential structure. The glass upper level is open and communicates or implies the public access reading and meeting rooms.

Kristin Irion
Visuelle Gestalterin / Visual Designer

Ausbildung Grafik, Schule für Gestaltung, Zürich
Laufbahn Gründerin und Partnerin, bringolf irion vögeli • Dozentin an der Zürcher Hochschule der Künste
Training Graphics, Zurich School of Design
Career Founder and Partner, bringolf irion vögeli • Docent at Zurich University of Art

War den Bauherren klar, dass mit dem Neubau eine starke Veränderung der Identität einhergeht?
// Mathias Müller Im Jurybericht des Architekturwettbewerbs wurde genau dieser Aspekt besonders speziell gewürdigt. Die Kantonsarchivarin war vom Ausmaß der Veränderung überrascht. Sie sagt, dass die Besucher ganz anders mit den Archivmaterialien umgehen und die Institution durch den Neubau einen völlig neuen Stellenwert bekommen hat.

Wie war Euer Projekteinstieg?
// Kristin Irion Wir sind über die Architekten dazugekommen. Von Anfang an war eingeplant, dass auf die Glasfassade der Name der Institution geschrieben und somit ihr Zweck, ihre Nutzung sichtbar wird. Schon in den Skizzen, die wir bekommen haben, war das vorgesehen. Wir fanden das ebenfalls nötig und sinnvoll, das Gebäude auf Augenhöhe des vorbeifahrenden Zuges zu beschriften.

Wer nutzt das Archiv, und was ist dort zu sehen?
// Mathias Müller Es ist das Gedächtnis des Kantons. Alle Gerichtsakten, Bauakten, Landkarten, aber auch alte Kirchenbücher sind dort einsehbar. Die ganzen Akten gehen dahin, werden aussortiert, der erhaltenswerte Teil wird archiviert. Meist sind einige wenige Leute in den Lesesälen zu finden. Es sind vor allem auch Personen, die Ahnenforschung betreiben, die in den Kirchensterberegistern forschen.

Welches Interesse hat man als Gestalter, die rein funktionalen Aspekte als Basis zu nehmen und darüber hinaus die Identität noch weiter zu entwickeln?
// Mathias Müller Wenn es einfach darum ginge, einen Zweckindustriebau hinzustellen, wäre das nicht so spannend. Die Institution erfüllt eine wichtige Funktion als Gedächtnis des

Did the clients realize that a new building also leads to a marked change of identity?
// Mathias Müller The jury's report on the competition made special mention of this precise aspect. The canton archivist was surprised by the amount of change involved. She says visitors now approach the archive material in a completely different way. The institution's status has also changed completely with the new building.

How did you get involved in the project?
// Kristin Irion The architects brought us onboard. The plan had always been to write the name of the institution on the glass façade to make its purpose, its use visible. We could see that in the first sketches we received. We thought it was necessary and sensible to apply the lettering to the building at the same level as the passing trains.

Who uses the archive and what is there to see there?
// Mathias Müller It is the canton's memory. All court records, construction records, maps and church records are available for inspection at the archive. All the respective files are sent in and sorted. The records worth keeping are then filed away in the archive. You normally only see a few people in the reading rooms. Most of them are there to research their ancestry in the church register of deaths.

What is interesting for a designer, how can you take the purely functional aspects and create an identity that reaches beyond them?
// Mathias Müller It wouldn't be that exciting if things were just about building a purpose-oriented structure on the site. Besides, the institution is important as the memory of the

Kantons Basel Land. Das soll auch in der Erscheinung sichtbar werden. Die Leute, die da rein gehen, sollen dass Gefühl haben, dass sie an einen speziellen Ort gehen.

Nach außen ist das Gebäude relativ zurückhaltend, eine klassische Schweizer Box, wie man sie heute kaum noch macht. Wenn man reinkommt, entsteht erst die eigentliche Überraschung. Sie transformiert das Prinzip des Archivs, das Entdecken der Schätze in Architektur. Der erste Raum im Erdgeschoss setzt auf diesen Überraschungseffekt, indem die Treppe das stärkste Zeichen ist. Wenn man oben ankommt, ändert sich dann die Stimmung. Es entsteht diese ruhige, offene Atmosphäre, fast lounge-artig. Insgesamt geht es darum, Stimmungen einzusetzen, um eine möglichst angenehme Atmosphäre zu erzeugen.

Welchen Charakter sollte diese Identität im Gebäude annehmen?

// Mathias Müller Uns interessiert es sehr, die Abstufungen in einem Gebäude zu finden. Das haben wir beim Staatsarchiv entdeckt und umgesetzt, das zieht sich hier durch. Wir haben ein Theater gebaut, wo vorne und hinten ganz anders funktioniert. Voneinander zu differenzieren, das finde ich hoch spannend. Es ist aber extrem anstrengend, wenn jede Ecke durchgestaltet ist. Wir versuchen, uns da auf ein paar wichtige Sachen zu konzentrieren und andere Sachen sein zu lassen, gehen zu lassen.

Hat die Leiterin das genauer beschrieben, welche Veränderungen in der Wahrnehmung bei den Besuchern oder auch bei den Mitarbeitern aufgetreten ist?

// Mathias Müller Ja, sie spricht davon, dass die Leute die Dokumente jetzt sorgfältiger in die Hand nehmen als früher, weil der Rahmen, in dem das passiert, ein ganz anderer ist.

canton of Basel. This should be visible in the building's appearance. The people who enter the building should feel they are entering a special place.

The structure is relatively restrained on the outside, a classical Swiss box, a building type you rarely see today. The actual surprise comes after you walk in. It transforms the archive principle, the discovery of architectural treasures. The striking staircase is the element of surprise in the first room. The atmosphere changes when you reach the top of the stairs, things become calm and open, almost lounge-like. All in all it is about using moods to create a pleasant overall atmosphere.

How does the building develop identity?

// Mathias Müller We are very interested in creating levels in a building. We discovered this while working on the Federal Archive and implemented it. We built a theater in which the front and the back work in completely different ways. I find differentiation very exciting. But I find design in every corner extremely tiresome. We try to concentrate on a few important things and let other things be, let them go.

Did the head of the archive give you are more exact explanation of the changes in perception among visitors and the staff?

// Mathias Müller Yes, she mentioned that people handle documents more carefully now, because the surroundings they are using them in are completely different. The room used to be an office with oatmeal wallpaper, a grid ceiling, linoleum floors and old, worn furniture. Now the books lie in the reading room as if they were jewels. She also says visitors are much more taken by the building and use it more frequently. Meetings are often held

die Schrift setzt ein starkes Zeichen auf der Glasfront der reduzierten „Box", die jetzt deutlich im Stadtbild präsent ist
the font is a clear symbol on the glass front of the reduced "Box," which is clearly present in the cityscape

Früher war das einfach ein Büroraum mit Raufasertapete und Rasterdecke, mit einem Linoleumboden und einem alten, zerschlissenen Mobiliar. Jetzt wird ein Buch in einem Leseraum präsentiert, wo es wie ein Schatz daliegt.

Sie sagt auch, dass das Gebäude viel mehr von externen Benutzern wahrgenommen und rege genutzt wird. Im Besprechungsraum im vorderen Teil finden viele Sitzungen statt, Behörden, aber auch Schulen nutzen diesen Bereich verstärkt. Und die Mitarbeiter selbst, die hatten einfach wenig Platz. Ich glaube, die genießen das sehr.

Was erwartet man sich generell als Architekt von den visuellen Gestaltern, wenn man sie ins Boot holt?
// Mathias Müller Das Wichtigste für uns ist, dass wir gemeinsam mit den Designern etwas entwickeln können. Wir erwarten, dass zuerst die Architektur verstanden wird, dass man unseren Gedankengängen folgt. Es geht darum, etwas Spezifisches zu entwickeln und nicht nur ein vorhandenes Konzept nochmals anzuwenden.
// Kristin Irion Für uns ist in diesem Zusammenhang wichtig, dass die Konzepte einfach und klar vermittelt werden. Diese Fähigkeit haben die Architekten von EM2N in spezieller Weise. Sie können mit sehr klaren und einfachen Bildern auch Laien ihre architektonischen Konzepte erklären. Das habe ich hier erlebt, und bei einem neuen, sehr komplexen Projekt ist das auch der Fall. Deshalb klappt die Zusammenarbeit sehr gut.

Was erwarten die visuellen Gestalter umgekehrt von den Architekten?
// Kristin Irion Die Grundlage ist ein interessantes Gebäude, das neben der Funktion auch auf der ästhetischen Ebene für uns interessant ist. Toll war, dass wir die architektonischen Ideen aufnehmen konnten.

in the front portion of the building. Both the authorities and schools use this part of the building. And the staff itself used to have very little room. I think they enjoy things now too.

What do you generally expect from visual designers as an architect?
// Mathias Müller The most important thing for us is to be able to develop something with the designers. We expect them to understand the architecture and to be able to follow our thoughts. It's about developing something specific, not just applying an existing concept or plan again.
// Kristin Irion It is important to us that concepts are clear and easy to convey in this context. The architects of EM2N have exactly that special ability. They are able to explain their architectural concepts in very clear and simple images. I experienced that during this project and it is also the case in a new, very complex project. This is an excellent premise for good cooperation.

What do visual designers expect from architects in return?
// Kristin Irion An interesting building in which the functional and the aesthetic levels are interesting comes first of course. What was great here was that we were able to take up the architectural idea.

Did you have enough time for the project?
// Kristin Irion We had a few months' time, which was enough for this building. It isn't always necessary to be part of the project from the very beginning in such small buildings.

Habt Ihr genug Zeit für das Projekt gehabt?

// **Kristin Irion** Wir hatten ein paar Monate Zeit, das war für dieses Gebäude ausreichend. Es ist bei kleinen Gebäuden nicht immer nötig, dass man von Projektbeginn an dabei ist. Es gibt lange Planungszeiten in der Architektur, wo an der Signaletik nicht gearbeitet werden kann. Außerdem ist es für uns Grafiker nicht immer so einfach, sich die räumliche Situation aufgrund der Pläne präzise vorstellen zu können. Oft verändert sich das Raumerlebnis auf der Baustelle und im gebauten Gebäude noch einmal sehr.

Was ist die Grundlage eurer Gestaltungsideen?

// **Kristin Irion** Es ist wichtig, dass wir die Architektur genau studieren, wie das Gebäude organisiert ist, die räumliche Situation. Ebenso wichtig sind Materialien und Oberflächen, weil Schrift ja meistens auf diesen Oberflächen direkt appliziert ist.

Welche Aufgaben erfüllt die Beschriftung des Gebäudes konkret?

// **Kristin Irion** Einerseits muss das Gebäude ein Zeichen setzen nach außen, damit wird Sinn und Zweck bezeichnet. In diesem Sinn wird die Schrift außen aus der Entfernung wahrgenommen. Andererseits wollten wir die Schrift in einem Ornament an der Fassade auflösen. Wenn ich nahe dranstehe, nehme ich die Buchstaben nicht mehr wahr. Den Eingangsbereich haben wir überhaupt nicht beschriftet. Die Treppe selbst sagt bereits: Hier geht's rauf. Außerdem wollten wir die Idee der Architekten, die Schichten von Archivmaterial über die linear strukturierte Innenwand symbolisch darzustellen, für sich stehen lassen. Wir haben diese Grundidee in der Schriftgestaltung wieder aufgenommen. Der Schriftentwurf hat sich aus gefaltetem Papier entwickelt, mit den Linien erhält die Schrift eine

There are long architectural planning phases in which you can't work on signage. And it isn't always easy for graphic designers to understand the spatial situation precisely based on plans. The spatial experience often changes sharply at the construction site and again in the completed building.

What are your design ideas based on?

// **Kristin Irion** It is important to study the architecture thoroughly , to understand the spatial situation and how the building is organized. The materials and surfaces are just as important, since lettering is often applied directly on these surfaces.

What is the actual duty of signage in the building?

// **Kristin Irion** The building has to make its mark on the outside. Its purpose has to be clear. The writing can be perceived at a distance. But we also wanted to set the lettering in a facade ornament. I don't recognize the letters up close. We didn't put any lettering on the entrance area. The staircase itself says, "up this way."
We also wanted to leave the architects' idea of reflecting the layers of archive materials with the linear structure of the inside walls untouched. We cited this basic idea time and again in our font design. The folded-paper font design achieves a great spatial effect with the wall lines. The font looks hard and angular on glass. The effect suits the surface it was applied on with mirror foil. But the implementation is completely different to the organic architectural interpretation of the layer theme – although it follows the same theme.

im Innenraum ist die Schrift zwar groß, aber gleichzeitig angenehm transparent, sodass der Ausblick kaum gestört ist
the life-size typography on the glass facade is pleasantly transparent from the inside due to the use of line resolution

feine Räumlichkeit. Die entstandene Schrift steht dann scharf, kantig und hart, auf Glas, passend zur Oberfläche, auf die sie in Spiegelfolie appliziert wird. Das ist aber eine entschieden andere Lösung als die organische Umsetzung des Schichtenthemas durch die Architektur, auch wenn sie demselben Thema folgt.

Wie war die Abstimmung mit dem Bauherren und der Archivarin?
// Kristin Irion Die Präsentation vor den Bauherren vom Kanton lief neben Visualisierungen und Plänen vor allem über Bemusterungen in Originalgröße. Wir haben einen Buchstaben 1:1 ausgeplottet und vor Ort aufgehängt.

Wie wichtig ist so eine Bemusterung?
// Kristin Irion Extrem wichtig. Nur so kann man sich im Raum ein Bild von der Wirkung machen. Wir haben bei jedem Projekt einen eigenen Kostenrahmen dafür vorgesehen.

Was ist der gravierende Unterschied von Gestaltung in der zweiten Dimension im Vergleich zur dritten?
// Kristin Irion Mich interessiert die räumliche Dimension, mich im Raum zu bewegen und Schriften zu sehen. Normalerweise bewegen wir das Buch oder den Gegenstand, mit dem wir arbeiten. Signaletik ist eine der wenigen Aufgaben, wo man sich selbst bewegt. Wir haben die Möglichkeit, objektartig mit Schrift zu arbeiten. Was mir besonders gefällt, ist natürlich das Zusammenarbeiten verschiedener Disziplinen. Jedes öffentliche Haus braucht auch eine Schrift, so wie ein Fenster oder ein Dach, von uns kommt die Schrift.

Warum haben Architekten ein immer größeres Bewusstsein für die visuelle Ebene als eigene Disziplin?
// Mathias Müller Früher hat der Architekt alles gemacht inklusive der Kanalisation. Mit der

How did the coordination between you, the client and the archivist work?
// Kristin Irion We used life-sized visualizations and plans for our presentation, as well as life-size samples. We plotted one of the facade letters on a 1:1 scale and hung it up in its designated place.

How important are such samples?
// Kristin Irion Very important. It is the only way you can gather a sense of the spatial effect. We always have a separate budget for samples in every one of our projects.

What is the major difference between two-dimensional and three-dimensional design?
// Kristin Irion I am interested in the spatial dimension, moving in space and seeing fonts. Normally we move the book or object we are working with. Signage is one field in which you are moving yourself. So we have the possibility of working with lettering as an object. What I really like is the interplay between different disciplines. Every building needs a font the way it needs a window or a roof. We deliver the writing.

Why are architects always more aware of the visual level as a separate discipline?
// Mathias Müller Architects used to build everything, including the sewage system. The Specialization led to diversification and then everyone was only concerned with his or her own specific field. Now we are experiencing a type of media convergence again. Architects are aggressively moving into new fields and appropriating them for their work. This includes urban construction and web design as well as exhibition designs. Networking between various disciplines is hip again.

das Grundmaterial des Schriftentwurfs stammt aus dem Archiv, es ist gefaltetes Papier, in Buchstabenform gebracht
the basic material used for the font design came from the archive itself. Folded paper was used to shape the letters

der zugängliche Bereich der Lesesäle ist hochwertig ausgestattet, das führt zu mehr Wertschätzung der Archivobjekte
the freely accessible reading room area is very well-appointed, which makes users more respectful of the archive materials

Spezialisierung wurde das diversifiziert, und jeder hat nur mehr seinen Bereich betreut. Jetzt erleben wir wieder stärker eine Art Konvergenz der Medien. Heute gehen Architekten offensiv in andere Felder und eignen sich diese wieder für ihre Arbeit an. Das reicht vom Städtebau bis zum Webdesign oder zur Ausstellungsgestaltung. Das vernetzte Arbeiten mit anderen Disziplinen ist wieder angesagt.

Werden durch den „Iconic Turn", der Allmacht des Bildes, auch Gebäude stärker als Zeichen gelesen?
// Mathias Müller Wenn ich jetzt an öffentliche Gebäude denke, dann ist klar, dass die Bauherren mit einer gewissen Erwartungshaltung kommen und die Architekten auch sehr stark daran interessiert sind, unverwechselbare Gebäude zu schaffen.
Der Trend zum starken Bild ist klar sichtbar. Ich bin sicher, die Schrift hat damit zu tun. Die Signaletik hakt da ein. Wir denken diese visuelle Ebene mit und überlegen dazu auch Grundlegendes. Aber es gibt sicher Architekten, denen das egal ist. Sie lassen es einfach über sich ergehen, sehen das eher als Problem in ihrer Architektur.

Siehst Du auch einen Trend zum Bild?
// Kristin Irion Es gibt Kollegen, die deutlich bildhafter arbeiten als wir. Bei uns ist das typografische Zeichen Zentrum unserer Arbeit. Wir haben bis jetzt bei den Beschriftungsarbeiten nie illustrativ eingegriffen. Natürlich wird unsere Schriftlösung manchmal ein Ornament, ein Bild, aber gleichzeitig ist es immer noch Schrift, also Information.

Does the "iconic turn," the omnipotence of images also lead to buildings being interpreted as symbols more often?
// Mathias Müller If I think of public buildings now it is clear that clients have certain expectations and architects are also very interested in creating unmistakable buildings.
The trend to stark images is clearly recognizable. I am sure lettering has to do with this, signage links up here. We incorporate this visual level in our thinking immediately and also take it into account at a fundamental level. But I am sure there are architects that don't care about these things. They just put up with it; they see it as more of a problem in their architecture.

Do you also see a trend towards images?
// Kristin Irion We have colleagues that take a much more image-based approach than we do. The typographical symbol is at the center of our work. We have never made illustrative changes in our lettering work. Of course we sometimes have ornaments in our lettering solutions, or a picture, but its always still writing and therefore information.

nur auf den WC-Türen kommt Farbe ins Spiel, die Schrift greift die Raumfarbe auf und trägt sie nach außen
colors are only used on the restroom doors, the lettering is the same color as the rooms and spreads it on the outside

Interviewpartner / Respondent Wolfram Peters | Partner, npk • Gerard Unger

Wie kaum ein anderes Element im öffentlichen Raum, transportiert die Straßenbeschilderung eines Landes nationale Identität. In einer der führenden Designnationen, den Niederlanden, steht das neue System von npk design heute für Effizienz, Funktionalität und formale Perfektion – mit neuer Schrift und Pfeilen von Gerard Unger für beste Platzausnutzung bei hohem Anspruch an die Lesbarkeit und ästhetische Gestaltung.

Street and road signs are some of the most important elements when it comes to conveying a country's identity. The new system designed by npk design in the Netherlands stands for efficiency, functionality and formal perfection in a country known for its design. The new font and arrows created by Gerard Unger use space efficiently while meeting the highest readability and aesthetic requirements.

Wolfram Peters
Industrial Designer

Ausbildung Industriedesign, Technische Universität Delft
Laufbahn Mitgründer und Partner Ingenieursbureau Peters en Krouwel, industrieel ontwerpers •
Mitgründer und Partner, npk design • Mitgründer, Streetlife • Gründer und Direktor, npk products •
Professor für Industrie Design, Universität Duisburg, Essen • Vorstandsmitglied BNO Dutch Design Association
Education Faculty of Industrial Design Engineering (IDE), University of Technology, Delft
Career Co-Founder and Partner of Ingenieursbureau Peters en Krouwel, Industrieel Ontwerpers •
Co-Founder and Partner, npk design • Co-Founder Streetlife • Founder and Managing Director, npk products •
Professor Industrial Design, University Duisburg Essen • Board Member of the BNO Dutch Design Association

Ich habe gehört, dass die Straßenbeschilderung in den Niederlanden eine sehr eigenständige Entwicklung genommen hat. Wie hat das historisch gesehen begonnen?

// **Gerard Unger** Es begann mit dem Auftraggeber ANWB. Der allgemeine Niederländische Auto- und Verkehrsclub war ursprünglich für Fahrradfahrer gedacht. Er existiert seit 1883.

// **Wolfram Peters** Die ersten Straßenschilder waren einfach Balken mit weißen Metallplatten dran. Die gab es schon sehr früh, kurz nach dem Zweiten Weltkrieg. Eigentlich hat sich der Staat nicht darum gekümmert. Das war die Initiative des Vereins. Auf diese Zeit gehen auch die typischen Orientierungspilze aus Beton für die Fahrräder zurück.

Wie startete das Projekt des Redesigns?

// **Wolfram Peters** Unser Büro – npk design – hat den Auftrag für die gesamte Umsetzung des Straßenleitsystems vom Fahrradweg bis zur Autobahnbeschilderung bekommen. Diese Bandbreite und Konsequenz ist in seiner Art einzigartig, ich kenne das nur hier in den Niederlanden. 1997 stieg Gerard Unger in unser Projekt ein. Er ist für die Typografie zuständig und hat mit dem Entwurf der Schrift unsere Arbeit optimal ergänzt.

Was hat Eure Analyse des alten Systems ergeben?

// **Gerard Unger** Bei einer Analyse zeigen sich immer Stärken sowie Schwächen. Der ANWB wusste bereits über die Schwächen Bescheid. Ziel war, die Lesbarkeit zu verbessern oder zumindest die gleiche Lesbarkeit am Tag, bei Sonnenuntergang und im Winter oder bei Regen zu erreichen.

// **Wolfram Peters** Das System hatte ein paar funktionelle Schwächen. Der Energieverbrauch der Beleuchtung war zu hoch, Montage und Wartung waren sehr aufwändig und teuer.

I heard that the street signs in the Netherlands went through a unique development process. How did the process start from a historical perspective?

// **Gerard Unger** It began with the client, ANWB. The Algemene Nederlandse Wielrijdersbond was originally conceived for cyclists. It was founded in 1883.

// **Wolfram Peters** The first street signs were simple posts with white metal plates. They were made a long time ago, shortly after WWII. The state actually didn't care about these signs to begin with; it was the club's initiative. The typical concrete orientation clusters for cyclists were built around this time as well.

How did the re-design project begin?

// **Wolfram Peters** Our office, npk design, was hired to create the full range of street signage, from bike paths to highway signs. This breadth and thoroughness is unique, I have only seen it here in the Netherlands. Gerard Unger joined the project in 1997. He was responsible for the typography and his design complemented our work ideally.

What did your analysis of the old system show?

// **Gerard Unger** An analysis always shows the strong and the weak sides. The ANWB was already aware of the weaknesses. The goal was to improve readability, or at least achieve the same readability during the day, at dusk, in the winter or when it is raining.

// **Wolfram Peters** The system had a couple of functional weaknesses. The lighting energy consumption was too high and it was very complicated to mount and maintain, which also made it very expensive.

Gerard Unger
Typograf / Typographer

Ausbildung Grafikdesign, Typografie und Schriftgestaltung, Gerrit Rietveld Akadamie, Amsterdam
Laufbahn Freiberuflicher Gestalter • Gastprofessur in der Abteilung für Typografie und grafische Kommunikation, Universität Reading
Professor für Typografie, Universität Leiden • Ehrendoktorat, Universität Hasselt
Education Graphic Design, Typography and Type Design, Gerrit Rietveld Academy, Amsterdam
Career Freelance Designer • Visiting Professor in the department of Typography and Graphic Communication, University of Reading
Professor of Typography, University of Leiden • Honorary Doctorate, University of Hasselt

// **Gerard Unger** Zur Analyse gehörte auch ein internationaler Ländervergleich Frankreich, Holland, Deutschland. Alle wichtigen Informationen wurden systematisch gesammelt und bewertet. Im Zuge dessen haben wir auch die Gesetze recherchiert: die europäischen und die britischen. Sie regeln, was man darf und nicht darf.

Habt Ihr über funktionale oder gesetzliche Aspekte hinaus auch kulturelle Bedingungen hinterfragt?
// **Wolfram Peters** Ja, vor allem, was die Rolle des Staates betrifft. Eine Organisation wie der Staat ist bereits ein starker Kulturträger. Hier in den Niederlanden sind sich Gestalter dessen sehr wohl bewusst. Beispiele dafür sind das niederländische Papiergeld, von Oxenaar und Drupsteen entworfen, die vielen aufwändig gestalteten Briefmarkenserien der niederländischen Post (PTT), die Münzen von Bruno Ninaber bzw. staatliche oder öffentliche Gebäude wie der Flughafen Schiphol, dessen Orientierungssystem von Paul Mijksenaar gestaltet wurde.
// **Gerard Unger** Ein Beispiel: Wenn du nach England reist, siehst du am Flughafen Stansted Wegweiser mit einer Serifen-Schrift. Sie ist speziell für diesen Flughafen entwickelt worden. Vor zwei Jahren hat es eine Untersuchung gegeben, ob man da nicht eine andere Schrift verwenden sollte. Es stellte sich heraus, dass eine serifenlose Schrift besser lesbar ist, auch wenn man nicht klar sagen konnte, um wie viel besser.
Am Ende eines Fragebogens dazu gab es Platz, wo man seine eigene Meinung abgeben konnte. Da habe ich geschrieben: Bitte lasst doch die Schrift mit den Serifen am Flughafen Stansted bestehen. Da weiß jeder gleich, dass er in England ist. Das gehört zu dem kulturellen Umfeld.

// **Gerard Unger** An international comparison between France, Holland and Germany was also part of our analysis. All important information was compiled and evaluated systematically. We also researched European and British laws. They regulate what one can and can't do.

Did you also examine cultural conditions aside for the functional and legal aspects?
// **Wolfram Peters** Yes, especially the role of the state. An organization such as the state is a major cultural factor in itself. Designers here in the Netherlands are actually very aware of this fact. Dutch bank notes, designed by Oxenaar and Drupsteen, the many sophisticated stamp series for the Dutch postal services (PTT), the coins designed by Bruno Ninaber and state or public buildings such as Schipol Airport and its orientation system by Paul Mijksenaar are all examples of this.
// **Gerard Unger** A small example: If you travel to England, you will see signposts with a Serif font at Stansted Airport. It was specially developed for this airport. Research was conducted two years ago to determine whether another font should be used. The study showed that a Sans-Serif font would be easier to read, even though it couldn't be said to which degree.
There was space at the end of the questionnaire concerning this study for respondents to express their own opinion. I said they should keep the Serif font at the airport. That way everyone knows they are in England. It is part of the cultural surroundings.

der Wunsch des Auftraggebers war eine möglichst sanfte Veränderung, die für den Straßenbenützer keinen sichtbaren Bruch zum alten System zeigt
the client wanted a gentle change that would show no visible departure from the old system for road users

Wie war die Reaktion aus der Bevölkerung auf Euer neues System?

// **Wolfram Peters** Im Allgemeinen sehr positiv. Das neue Design wurde wahr- und angenommen. Am meisten Feedback gab es auf die neue Pfeil- und Schilderform.

Wird das Leitsystem, was die Durchführung betrifft, zentral beauftragt und gewartet?

// **Wolfram Peters** In den Niederlanden ist die Verwaltung zwischen Stadt, Provinz und dem Staat aufgeteilt. Das Ministerium „Van Verkeer en Waterstaat" bei uns ist zuständig für die Instandhaltung der Deiche und Wasserwege sowie für die Straßenbeschilderung. In dieser Funktion hat das Ministerium den ANWB beauftragt, sich um die Straßenbeschilderung zu kümmern. Das ist international sicher ein Sonderfall, dass ein Automobilklub für das gesamte Straßenleitsystem eines Landes zuständig ist.
Generell steht es aber jeder Stadt frei, ihre Beschilderung so einzurichten, wie sie will. Ausgenommen ist die Autobahn, da wird die ANWB-Beschilderung eingesetzt, aber zum Beispiel die Fußgängerbeschilderung ist in jeder Stadt anders.

Halten sich Produzenten an die generelle Linie der Gestaltung?

// **Gerard Unger** Ja. Es sind meistens die Kunden, also Stadt- oder Straßenabschnittsverwaltungen, die Veränderungen oder Ergänzungen wünschen.
Natürlich gibt es da große Abweichungen. In Amsterdam etwa, wo der Verkehr rund um die Stadt geleitet wird, hat man die Begriffe Amsterdam Zentrum West, Nord und Süd eingeführt. Das verlängert die Namen natürlich stark. Die Schrift wurde wesentlich verkleinert, was nicht sehr gut aussieht. Meistens werden ein oder zwei Schilder mit Normalgröße und darunter eine zusätzliche Zeile mit verkleinerter Schrift eingesetzt. Ich habe mich

How did the population react to your new system?

// **Wolfram Peters** The general response was very positive. The new design was perceived and accepted. The new arrow and sign shape elicited the most feedback.

Is the construction and maintenance of the way finding system centralized?

// **Wolfram Peters** In the Netherlands administration is divided between the city, province and state. The Rijkswaterstaat Ministry is responsible for the maintenance of our dykes and waterways and it is also responsible for street signs. In this capacity the ministry commissioned the ANWB to take care of street signage. It is an exception by international standards for an auto club to be responsible for the entire street sign system in a country. Generally it is up to every city to set up its signs the way it wants to. The highways are the only exception, the ANWB signs are used in such cases, but pedestrian signs are different in every city, for example.

Do the manufacturers adhere to the general design guidelines?

// **Gerard Unger** Yes. It is mostly the customers, the city or road section administrators that want changes or additional features. Naturally there are deviations. In Amsterdam, where the traffic is steered around the city, they introduced the terms Amsterdam Zentrum West, Nord, und Süd. This makes the names much longer. The font size was reduced considerably, which doesn't look very good. One or two normal-sized signs with an additional line of smaller lettering are generally used in these cases. I complained about this, but the ANWB's influence is minimal since the municipalities can make their own decisions.

der allgemeine Niederländische Auto- und Verkehrsclub ANWB war ursprünglich ein
Fahrradfahrerclub, der sich bis heute um die Straßenbeschilderung kümmert
the General Dutch Car and Transport Club (ANWB) was originally founded as a cyclist club,
it is still responsible for street signs

darüber beschwert. Da die Gemeinden aber selbstständig entscheiden können, wie und von wem das gemacht wird, kann das nur sehr minimal vom ANWB gesteuert werden.

Das Straßen- und Wegeleitsystem der Niederlande ist in Zonen bzw. Kategorien aufgeteilt. Wer hat das entwickelt, und welcher Logik folgt das?
// Gerard Unger Es ist ein über Jahrzehnte gewachsenes System, das auf empirischen Daten beruht. Der ANWB hat schon über 70 Jahre Erfahrung und weiß, wo ein Schild stehen muss und was drauf stehen soll. Im Prinzip ist das die alte Zonierung, die sich schon vor unserem Redesign bewährt hat. Nach diesem System wird jetzt auch Stück für Stück nachgerüstet und umgestelllt.

Wird temporäre Wegeführung wie im Fall der Baustellenleitsysteme auch berücksichtigt?
// Gerard Unger Noch viel zu wenig. Wenn auf Hollands Autobahnen gebaut wird, wird immer eine Baustellenbeschilderung errichtet. Baustellen sind Abschnitte des Straßennetzes, wo besondere Unfallgefahr herrscht. Deshalb sollte es so sein, dass die Beschilderung besser und sorgfältiger als die normale ausgeführt ist. Leider sehen Notbeschilderungen immer schlecht aus: Wahnsinnig stark verschmälerte Schriften, schlechte Proportionen und üble Aufteilung. Das ist verantwortungslos.
// Wolfram Peters Das Problem beginnt damit, dass der Bauunternehmer mit der Durchführung beauftragt wird. Damit wird er zum Designer.
// Gerard Unger Ja, der Bauunternehmer macht das großteils. Man sieht zum Beispiel, dass aus einem umgedrehten „a" ein „g" gebastelt wird, große und kleine Buchstaben fliegen wild durcheinander, verschiedene Schriftgrößen werden durcheinander gewürfelt.

The street and way finding system in the Netherlands is divided into zones or categories. Who developed it and what logic does it follow?
// Gerard Unger The system has grown over decades based on empirical data. The ANWB has over 70 years of experience and knows where to put a sign and what should be put on it. The old zoning that had proven itself before our redesign was preserved in the new system. Refitting and sign changes are being completed according to this system.

Are temporary way finding systems, way finding systems for construction sites also taken into account?
// Gerard Unger In far too few cases. A construction site signpost system is always built if construction is underway on Dutch highways. Construction sites are parts of the road network in which the danger of accidents is especially high. Therefore signposts should be put up with particular care in this case. Unfortunately emergency signposts always look bad: extremely small lettering, bad proportions and poor distribution. That is really irresponsible.
// Wolfram Peters The problem is that the construction contractor is hired to build the signposts. That makes him the designer.
// Gerard Unger Yes, the construction contractor is largely responsible. You sometimes see an "a" flipped upside down and turned into a "g", Large and small letters are jumbled together wildly as well as different font sizes. All signs in all of Belgium look like emergency signs. This certainly also has to do with how the design contracts are awarded. There still are great differences in awareness, no matter whether among national or European authorities or private clients.

die neu entworfene Schrift von Gerard Unger ist bei gleicher Grösse deutlich besser lesbar,
dadurch können die neuen Schilder um 12 % kleiner sein
the new font designed by Gerard Unger is much easier to read although it is the same size,
this makes it possible to use signs that are 12 % smaller

Nach welchen Kriterien wurde die Schrift für Euer System gestaltet?

// **Gerard Unger** Es war ein neuer Schriftsatz zu gestalten, der ökonomischer sein sollte: minus 10% Platzverbrauch, plus 10% Lesbarkeit. Wenn man mit 10% mehr Abstand zum Schild den Inhalt gleich gut lesen konnte, war das erfüllt.

Kleinere Schrift und kleinere Schilder bei optimaler Ausnutzung – ist das eine typisch holländische Reaktion auf die begrenzten Ressourcen im Land? Ist das typisch holländisch?

// **Gerard Unger** Ja, durchaus. Das hat Nichts mit der Größe des Landes zu tun, sondern mit der dichten Besiedelung. Alles befindet sich auf engstem Raum. Dazu kommt noch die ausgeprägte kaufmännische Mentalität.

Begonnen hat das Problem mit der Schrift an einem anderen Punkt. In den 1960er Jahren wurde die Schrift der amerikanischen Straßenschilder übernommen. Allerdings nicht exakt übernommen, sondern nachgezeichnet. Somit war die niederländische Schrift noch etwas schlechter als das ohnehin schon mangelhafte amerikanische Original. Ende der 1990er Jahre hat Tobias Frere-Jones aus dieser amerikanischen Schrift die Interstate entwickelt. Sie war in der Folge sehr beliebt und wurde geradezu inflationär eingesetzt. Das war in einer Zeit, in der Funktionalität nicht so wichtig genommen wurde.

Außerdem musste der ANWB erst davon überzeugt werden, dass eine neue Schrift deutliche Vorteile bringen kann. Ich kann mich noch sehr gut an das erste Gespräch erinnern. Wesentliche Bedingung war, dass die Benutzer, Autofahrer, Fahrradfahrer, Fußgänger überhaupt nicht sehen sollten, dass es eine neue Schrift gab. Man wollte vermeiden, dass aufgrund der Neuerung, die die Aufmerksamkeit bindet, jemand abgelenkt wird und ein Unfall passiert.

What criteria was the font for your system designed according to?

// **Gerard Unger** A new font design was needed that would be more economic and would save more space. Minus 10% needed space, plus 10% readability. This goal was achieved if the contents of a sign could be read with the same ease while standing 10% further away.

A smaller font and smaller signs for optimal use – is that a typically Dutch reaction to the country's limited resources? Is that typically Dutch?

// **Gerard Unger** Yes, absolutely. It doesn't have anything to do with the size of the country, it has to do with settlement density. Everything is set at very close quarters. And you should also take the Dutchs' commercially minded mentality into account.

But the font problem began at an different point. The font used on American street signs was copied in the 1960s. Who did this and why this was done couldn't be ascertained. The documentation went missing and the font wasn't copied exactly, it was drawn. This made the Dutch font even worse than the already poor American original.

At the end of the 1990s Tobias Frere-Jones developed the Interstate font based on this American font. It became very popular and it was used to an almost inflationary degree. That was the time in which functionality was considered not so important.

It was also necessary to convince ANWB that a new font would have considerable advantages. I can still remember the discussion about the new font very clearly. The key requirement was that the users, drivers, cyclists and pedestrians shouldn't notice the font was new. The idea was to avoid focusing attention on the new signs to avoid distractions that could cause an accident.

Sind Optimierung und Effizienzsteigerung oft dominante Ziele eines Auftrags?

// Wolfram Peters Ja. Die Projektanforderungen für neue Beschilderung sagen oft: Es muss billiger sein, besser beleuchtet sein und gleichzeitig mit weniger Energie auskommen. Das Geheimnis von erfolgreichen und qualitätsorientierten Designern ist, sich nicht ausschließlich mit diesen Bedingungen auseinander zu setzen, sondern sich einen Zeitpolster für ästhetische Fragen zu reservieren. Diese Forderung kommt aber selten vom Auftraggeber, sondern wird meist von den Designern eingebracht.

Welche grafischen Elemente wurden zusätzlich zur Schrift eingesetzt?

// Wolfram Peters Ein wichtiger Teil sind die schon erwähnten Pfeile, aber vor allem ein komplettes Set an Piktogrammen, das vom Fahrradsymbol bis zum Symbol für ein Industrieareal reicht. Die Zeichen harmonieren durch ihre formale Verwandtschaft mit der Schrift.

Wie ist es Euch gelungen, den ANWB mit auf diesen Weg zu nehmen?

// Gerard Unger Die Verantwortlichen beim ANWB haben letztlich nicht nur das Nützliche gesehen, sondern auch das Schöne entdeckt. Der typische Holländer geht zunächst völlig nüchtern und etwas einfach an Sachen heran und merkt erst später, dass sich etwas ästhetisch Ansprechendes entwickeln kann.

Warum ist Orientierung in der Gesellschaft des 21. Jahrhunderts ein wichtiges Thema geworden?

// Gerard Unger Wenn man mit einem Mietwagen ohne GPS fährt und sich nicht zurechtfindet, Zeit verliert, steht das im Gegensatz zu unserer Gewohnheit, dass in der modernen Gesellschaft alles sofort zu erreichen ist. Verzögerungen werden nicht mehr akzeptiert.

Are optimization and increased efficiency often dominant factors in a commission?

// Wolfram Peters The project requirements for new signs often say: it has to be cheaper and consume less energy at the same time. Optimization and the improved efficiency are often very dominant goals in a project. The goal of successful and quality-oriented designers is to not be exclusively preoccupied with these conditions, but to reserve time for aesthetic issues. Clients rarely make this demand; it is generally made by the designers.

Which additional graphicl elements were used aside from the font?

// Wolfram Peters The arrows we already mentioned were an important element, but a complete set of pictograms ranging from a bicycle symbol to a symbol for an industrial site was probably the most important additional feature. The symbols harmonize well because their shapes are similar to those of the font.

How did you manage to make ANWB join up with you in this matter?

// Gerard Unger Those responsible at ANWB finally saw more than the merely useful – they discovered beauty. A typical Dutchman approaches things in a completely sober and somewhat simple way and only notices later that something aesthetically appealing can be developed.

Why has orientation become an important subject in 21st century society?

// Gerard Unger If you are driving a rented car without GPS and cannot find your way around and waste time you are in a situation that is contrary to our habit of doing things immediately in modern society. Delays are no longer acceptable. It is assumed that information

Man setzt voraus, dass Informationsdesign dieser Art hohe Qualität hat. Ich denke auch an Leitsysteme von Flughäfen. Wenn die nicht gut funktionieren und man sich bei Flügen irrt, muss man oft sehr weit zurückgehen, man ist irritiert. Wenn es dann ein System gibt, das beruhigen kann und Sicherheit gibt, hilft das sehr. Bei so einem System kann man auch natürlich nicht modisch rangehen. Es muss funktionieren, gründlich gemacht sein und langfristig gedacht werden.

Zurück zum Projekt und den Kosten. Wie viel habt Ihr letztendlich eingespart?
// Gerard Unger Mengenmäßig bis zu 12 % des ursprünglichen Flächenbedarfs.
// Wolfram Peters Ungefähr 40 % der ursprünglichen Gesamtkosten, wenn man die Energiekosten, die einfachere Aufhängung etc. berücksichtigt. Mit der Led-Technologie für die Lichtquellen wird man in Zukunft die Energiekosten noch weiter senken können. Die neuen Schilder sind außerdem mit einem Sensor ausgestattet, der die Beleuchtung nur dann startet, wenn es zu dunkel ist. In der alten Version wurden die Schilder zu einer fixen Zeit eingeschaltet. Weiters haben wir eine neue Lichttechnik mit verbesserten Reflektoren eingesetzt, das hat auch schon viel gebracht.
// Gerard Unger Eine Vorgabe war auch, alle vorhandenen Pfosten als Träger weiterhin zu verwenden, nur das Schild und der Anschluss wurden neu hergestellt. Das hat sich in einer Untersuchung als ressourcenschonender und wirtschaftlicher herausgestellt.

Gab es in der Zusammenarbeit mit dem ANWB einen kritischen Punkt?
// Gerard Unger Nein, außer im speziellen Punkt Schriftgestaltung und Typografie. Bei einem typografisch so komplexen System stößt man an Grenzen der optimalen Umsetzbarkeit.

design of this kind is high quality. I am thinking the way finding systems at Vienna Airport. It is annoying to have to backtrack a long way if they don't work and you make a mistake walking to you flight.

Let's get back to the project and the costs. How much did you ultimately save?
// Gerard Unger Up 12 % of the originally needed surface.
// Wolfram Peters About 40 % of the original costs if you take easier mounting, energy cost, etc. into account.It will be possible to save even more on energy expenses in the future with LED light source technology. The new signs are also equipped with a sensor that only powers up the signs when it gets too dark. The old version was turned on at a fixed time. We also used new light technology with improved reflectors, which also helped a lot.
// Gerard Unger Another requirement was the continued use of all existing signposts. Only the sign and the fittings were new. A study showed that this would require fewer resources and is more economic.

Was there a critical point in your cooperation with the ANWB?
// Gerard Unger No, except for the issue of font design and typography. A system as complex as this typographically takes you to the limits of optimal implementation. Town name length and sign size are often at odds. "Bergen op Zoom" is a nice Dutch town name. The ANWB simply wanted to reduce the space between letters or make the letters smaller. We conducted a study and tried to combine all three changes: smaller spaces, smaller lettering and a minimal narrowing. You can barely see it if you do this with a reduction of

die neuen Schilder können auch auf bestehende Pfosten montiert werden, was die Kosten senkt
the new signs can be mounted on the existing signs, which helps lower costs

Ortsnamenlängen und Schildgröße stehen oft im Gegensatz zueinander. Ein sehr schöner niederländischer Ortsname ist etwas „Bergen op Zoom". Der ANWB wollte ganz simpel die Buchstabenzwischenräume reduzieren oder die Buchstaben verkleinern. Dazu haben wir eine sorgfältige Studie gemacht und versucht, alle drei Eingriffe subtil zu kombinieren: ein bisschen weniger Zwischenräume, eine etwas kleinere Schrift und eine ganz minimale Verschmälerung. Wenn man das zu etwa 5 % macht, sieht man es eigentlich gar nicht. Aber es gibt immer noch Ortsnamen, die so lang sind, dass sie nicht auf ein standardisiertes Schild passen. Wir haben auch noch eine zusätzliche Studie gemacht, was bei Platzmangel zu tun wäre. Da haben wir vorgeschlagen, Abkürzungen einzuführen. Amsterdam wird meistens ausgeschrieben. „A'dam" ist eine populäre Abkürzung, die Behörden sehen aber diese „inoffizielle" Variante nicht so gern auf den Schildern. Rotterdam, heißt kurz „R'dam". Den Haag kann man als „Den H." abkürzen. Warum nicht? Jedermann weiß, dass es Den Haag bedeutet. Aber das akzeptierte der ANWB nicht.

Was wäre ein neuer, herausfordernder Auftrag für Euch?
// Gerard Unger Eine einheitliche europäische Straßenbeschilderung.
// Wolfram Peters Schön wäre, dass das Autobahnleitsystem, das jetzt nur teilweise eingesetzt wird, in den ganzen Niederlanden konsequent umgesetzt wird. Derzeit werden große Autobahnstücke gebaut, aber das neue System wird nicht realisiert.
// Gerard Unger Ich denke, man muss seinen Blick schon ein bisschen weiter richten, auf ganz Europa.
// Wolfram Peters Ich denke, dass es sehr gut wäre, ein europaweit einheitliches System zu haben. Es wird viel Wert auf Verkehrssicherheit gelegt, dass sich jeder zurechtfindet.

around 5 %, Actually you can't see it, but there are town names that are so long they don't fit on a standardized sign. We conducted an additional study to decide what to do when there isn't enough space. We suggested the use of abbreviations. Amsterdam is generally written out in full. "A'dam" is a popular abbreviation, but the authorities don't like to see it on the signs. Rotterdam is abbreviated to "R'dam" and Den Haag can be abbreviated as "Den H." Everybody know it stands for Den Haag, but the ANWB didn't accept it.

What would be a new, challenging contract for you?
// Gerard Unger A common European street sign system.
// Wolfram Peters It would be nice if they used the new highway way finding system in all of the Netherlands, instead of the current partial use. Large highway segments are being built at the moment, but the new way finding system isn't being built as well.
// Gerard Unger I think we should train our sight a bit further, on all of Europe.
// Wolfram Peters I also think it would be very good to have a uniform, Europe-wide system. A lot of emphasis is put on traffic safety, and making sure everyone finds his way. It is not about the system, but uniform conception. It would be nice if there were good regional or national solutions that others could learn from. If people at Schipol Airport see that the orientation works well the responsible designer should be invited to develop something comparable for Singapore or Hong Kong.
Things work similarly in industrial design when a product is designed and is marketed successfully. A competitor will then also hire a good designer to develop something new. This is good for the entire design world; it is good for product quality and variety.

Autofahrer folgen den blauen Hinweisschildern, die Radfahrer orientieren sich an roten
drivers follow the blue signs, and cyclists follow the red signs

Es geht nicht um unser System, sondern darum, dass es einheitlich wird. Es wäre schön, gute regionale oder nationale Lösungen zu haben, von denen andere lernen können. Wenn Leute auf dem Schipol Airport sehen, dass die Orientierung gut funktioniert, dann wird der verantwortliche Designer eingeladen, für andere internationale Airports etwas Vergleichbares zu entwickeln.

Im Industriedesign funktioniert das ähnlich, wenn irgendwo ein Produkt entworfen wird und es sich erfolgreich am Markt behauptet. In der Folge wird der Wettbewerber auch einen guten Designer beauftragen, etwas Neues zu entwickeln. Und das tut der gesamten Designerwelt, der Produktqualität und -vielfalt gut.

On the sign:

ANWB
20855/001

Spanderswoud 1,3
Bantam 2,3
's-Graveland 2,7
Crailose brug 0,9

Hilversum 2,5

Bussum 3,7

20855/001

20855/001

dort wo wenige Autos und viele Radfahrer unterwegs sind, wie etwa auf der Insel Texel, unterstützen die roten Pilze den Fahrradfahrer bei der Orientierung
in areas in which there are few cars and many cyclists, such as Texel Island, the "red muschrooms" support cyclist orientation

AARHUS

Interviewpartner / Respondent Peter Eckart | Partner, unit-design • Bernd Hilpert | Geschäftsführer, unit-design / Managing Director, unit-design
Architektur / Architecture Prof. Schmitz Architekten

Am T-Mobile Campus in Bonn arbeiten 4.500 Menschen, 60.000 sind weltweit im Telekommuni-kationskonzern beschäftigt. Viele internationale Gäste kommen täglich zur Weiterbildung in einen großzügigen Trainingsbereich. Für den aktuellen Neubau wurde ein einprägsames System aus Städte-namen und -bildern entwickelt, das regelmäßige Orientierungs-punkte anbietet und dem Ort eine spezifische Identität gibt, die über simples Branding weit hinausgeht.

A

4,500 people work at the T-Mobile Campus in Bonn, and the company has 60,000 employees worldwide. Many international guests come to the generously-sized facility every day for further training.
A striking system using city names and pictures was developed that offers consistent orientation points and gives the place its specific identity that goes far beyond simple branding.

Peter Eckart
Produktdesigner / Product Designer

Ausbildung Industriedesign, HfbK Hamburg
Laufbahn Produktdesigner, Braun AG • Selbstständige Tätigkeit • Professur für Produktgestaltung, HfG Offenbach
Gründung, unit-design • Partner, unit-design GmbH
Education Industrial Design, University of Fine Arts, Hamburg
Career Product Designer, Braun AG • Freelance Work • Professor of Product Design, Offenbach School of Design
Foundation, unit-design • Partner, unit-design GmbH

Gab es einen Auswahlprozess, und mit wem habt Ihr das Projekt für T-Mobile entwickelt?

// Peter Eckart Geholt wurden wir vom Architekten. Ein Investor hat das Gebäude für T-Mobile errichtet, die es dann gemietet haben. Er hat hauptsächlich mit dem Architekten kommuniziert, aber auch mit Herrn Thiele, dem leitenden Facility Manager bei T-Mobile. Wir hatten nie mit dem T-Mobile Corporate Design oder dem Marketing zu tun und haben das Projekt völlig frei auf den Ort hin entwickelt.

Oft sind die Corporate-Design-Vorgaben für den Printbereich sehr straff definiert. Bei den Neuen Medien geht es meistens schon etwas lockerer zu. Bei Corporate Architecture gibt es selten Handbücher. Woran liegt das?

// Peter Eckart Das kann am mangelnden Wissen, was Corporate Design eigentlich ist, liegen. Ich glaube, bei 90 % der Auftraggeber von Corporate-Design-Projekten wird an Logos und Briefköpfe gedacht. Dass aber Corporate Design, Behaviour und Identity wesentlich damit zu tun haben, wie man miteinander kommuniziert, wird übersehen. Der Briefbogen ist unbedeutender geworden, die Ansprache beim E-Mail ist schon viel wichtiger. Letztlich sind Gebäude und Orientierung ein wesentlicher Teil der Corporate Identity.

Kann man bemerken, dass sich das Bewusstsein in Bezug darauf ändert?

// Peter Eckart Ja. Wir merken das als Spezialisten auf dem Gebiet von Orientierungssystemen. Man genießt hohe Reputation, das Fachwissen wird anerkannt. Es werden Gestalter gesucht, die nicht nur Logos machen, sondern umfassender denken. T-Mobile ist einer dieser Protagonisten, ihr Erscheinungsbild wurde vom Markenprofi Interbrand entwickelt. Interessanterweise lag aber bei unserem Projekt nie ein Manual auf dem Tisch.

Was there a selection process and who did you develop the project for T-Mobile with?

// Peter Eckart We were brought onboard by the architect. An investor built the building for T-Mobile, which then rented it. He mainly communicated with the architect, but also with Mr. Thiele, the senior facility manager at T-Mobile. We never had anything to do with T-Mobile corporate design or the marketing department, and we developed the project for the location with absolute freedom.

The corporate design guidelines for print materials are often very taut. Things are a bit looser in terms of digital media. There are rarely any corporate architecture handbooks. Why is that so?

// Peter Eckart Not knowing what corporate design actually is could be a reason. I think 90 % of corporate design project clients think of logos and letterheads. They tend to overlook the fact that corporate design, behavior and identity have a lot to do with the way people communicate with each other. Letter paper has become less important in the meantime, the form of address in an e-mail is much more important. The building and orientation are ultimately a major part of corporate identity.

Is the shift in awareness in this regard noticeable?

// Peter Eckart Yes. As specialists we notice it in the field of orientation systems. We have a very good reputation, specialized knowledge receives recognition. The clients look for designers who don't just make logos but think more comprehensively. T-Mobile is one of these protagonists. Their visual presentation was developed by Interbrand, the brand specialist. But interestingly enough there was never a manual on the table during our project.

A

Bernd Hilpert
Kommunikationsdesigner / Communication Designer

Ausbildung Industriedesign, FH Darmstadt
Laufbahn Selbstständige Tätigkeit • Designer bei unit-design • Partner und Geschäftsführer, unit-design GmbH
Education Industrial Design, Darmstadt Specialized College
Career Freelance Work • Designer at unit-design • Partner and Managing Director, unit-design GmbH

Es lag dann offensichtlich an der internen Struktur, wer wofür zuständig ist.
// **Peter Eckart** Ja, zum Glück für uns. Die Mitarbeiter werden am Campus permanent mit Magenta, Weiß und Grau konfrontiert. Das Orientierungssystem muss das nicht noch verstärken, sondern sich mehr dem Gebäude und der Information unterordnen.

... als Erholungsraum vom eigenen Erscheinungsbild?
// **Peter Eckart** Eben als solchen würde ich ihn tatsächlich bezeichnen. Das Orientierungssystem ist fast komplett in Schwarz-Weiß gehalten, um sich bewusst zurückzunehmen.

... außer den Wandbespielungen auf Stoff mit den Städtebildern und Städtenamen.
// **Peter Eckart** Das war sozusagen die zweite Ebene des Auftrags.

Könnte man diese zweite Ebene bereits als Ausstattung, als direkten Beitrag zur Identität des Hauses sehen?
// **Peter Eckart** Ja, denn diese Wandgestaltungen wirken nur auf den Raum bezogen und nicht als übergeordnetes Orientierungssystem. Es ist eine Bestätigung dafür, an welchem Ort ich angekommen bin.

Woher kam der Gedanke zur Orientierung über Städtenamen am T-Mobile Campus?
// **Peter Eckart** Zu Beginn eines Leitsystemkonzeptes sucht man immer nach Namen, die sind ganz wichtig. Vor allem ist die Konsensfähigkeit entscheidend. Man kann nicht völlig verrückt oder ungewöhnlich experimentieren, man muss versuchen, eine relativ breite Zustimmung zu erzielen. Bei den Namenskonzepten gab es verschiedene, es gab welche, die eher mit Informationsvermittlung zu tun hatten wie zum Thema „Morse", dann gab es die Überlegung, mit Namen von Menschen zu arbeiten. Wir waren relativ nah dran, diese

It was obviously because of the internal structure, that is to say who is responsible for what.
// **Peter Eckart** Yes, fortunately for us. Staff are constantly confronted with magenta, white and gray on campus. The orientation system doesn't have to emphasize that, it is subordinate to the building and the information.

...as a recovery area from the company's visual presentation.
// **Peter Eckart** That is what we actually call it. The orientation is almost completely black and white, it is consciously restrained within the surroundings.

... Except for wall projections on cloth screens with city images and names.
// **Peter Eckart** That was the second level of the contract.

Could this second level already be seen as part of the furnishings, as a direct contribution to the identity of the building?
// **Peter Eckart** Yes because these wall designs are only related to the rooms, they aren't an overarching orientation system. They are a confirmation of the place I have arrived at.

Where did the idea of using city names come for orientation on the T-Mobile campus come from?
// **Peter Eckart** You always look for names at the beginning of a way finding system concept, that is very important. The ability to find a consensus is decisive. You can't experiment with crazy or unusual things. You have to try to achieve relatively broad approval. There were different name concepts, some had more to do with conveying information, they had to do with "Morse." Other considerations included using the names of people. We came

A

Idee auch umzusetzen. Plötzlich ist sie aber ins Ironische gekippt. Man sagte, man trifft sich jetzt nicht bei Karin, sondern an Karin oder wie auch immer. Das zeigt, wie wichtig und auch diffizil die Namensgebung für ein Leitsystem ist. Das Konzept der Städtenamen bezieht nicht nur den Stammsitz Bonn, sondern auch die internationale Welt ein.

Global-Player T-Mobile!
// Peter Eckart Genau, und das ließ sich dann auch toll kommunizieren. Im nächsten Schritt wurde diese sprachliche Aussage mit den Bildwelten noch verstärkt.
Im Konferenzzentrum haben wir auch noch Texte zum Thema Kommunikation platziert, die das ganze Tun von T-Mobile ein bisschen hinterfragen. Natürlich haben wir das präsentiert, aber detailliert diskutiert wurden die Inhalte nicht. Die kleinen Schriftzüge sind auf große Wände aufgebracht und dadurch relativ präsent. Ich frage mich schon die ganze Zeit, warum stößt sich da niemand dran, wenn er genauer zu lesen beginnt?

Wie schafft Ihr es, dem Auftraggeber zu vermitteln, dass Eure Arbeit einen hohen Nutzen für sein Unternehmen haben kann? Wird nicht vorrangig nach dem wirtschaftlichen Vorteil gesucht und erst in einem zweiten Schritt nach dem Mehrwert an Identität, der Wertsteigerung für die Marke?
// Peter Eckart Wir kommen zunächst von der funktionalen Betrachtung. Wir strukturieren Information so gut, dass es einen Optimierungsfaktor gibt. Damit ist klar, dass die Kommunikation reibungsloser funktioniert. Und wenn man gut strukturiert, braucht man auch weniger Schilder. Ein gutes Orientierungssystem ist am besten, wenn es wenig oder keine Schilder braucht. Darüber funktioniert die Argumentation schon sehr gut.
// Bernd Hilpert Es gibt noch ein anderes Argument, das ganz klar sagt, dass ein Leitsystem nicht nur Haustechnik, sondern auch Träger der Unternehmenshaltung ist. Da kann man

relatively close to using that idea, but it suddenly tipped towards irony. We said we aren't meeting at Karin's we are meeting on Karin, and so on. That shows how important and how difficult choosing names for a way finding system can be. The city name concept isn't only related to Bonn as the site of the headquarters, it also relates to the international world.

T-Mobile the global player!
// Peter Eckart Yes, precisely, and that was a great idea to communicate. The next step was to emphasize the spoken / written statement with image worlds.
We also placed some texts about communication in the conference center that question T-Mobile's entire range of activities to a degree. Naturally I presented all of this, but the contents of the statements weren't discussed. The small captions are set on the large wall, which makes them relatively present. The whole time I have been wondering whether there will be a reaction, why no one has taken offense after reading what it says there more closely.

How do you manage to tell your clients that your work is very useful to their companies? Isn't their primary concern having an economic advantage, while the added value of identity, increasing brand value is secondary?
// Peter Eckart We approach things from the functional perspective first. We structure information so well that it is an optimizing factor. This ensures communication will function even more smoothly. There are fewer signs if you structure information well. An orientation system is at its best if it only needs a few or no signs at all. The argumentation in this respect works very well.

oft ist der Zugang von der Tiefgarage wesentlich frequentierter als der Haupteingang
the underground garage access way is often busier than the main entrance

Mittel freimachen, die unter Umständen gar nicht aus dem Baubudget kommen, sondern eher aus dem Design- oder Werbebudget.

// **Peter Eckart** Über das Leitsystem findet der direkteste Kontakt mit dem Gebäude statt, vergleichbar mit der Benutzung eines Türgriffs. Die Berührung zwischen dem Menschen, der das Gebäude nutzt, und dem Unternehmen ist hier ganz unmittelbar.

// **Bernd Hilpert** Zwei aktuelle Tendenzen kommen uns zugute. Erstens ist Orientierung an sich ein gesellschaftliches Thema. Jeder will sich in seiner Umwelt zurechtfinden. Es wird auch beklagt, dass die Umwelt immer vielschichtiger, komplexer und schwerer nachzuvollziehen ist. Der zweite Aspekt ist, dass Unternehmen bemerkt haben, dass die Repräsentation der Marke im Raum von der architektonischen Gestaltung des Hauptsitzes über Verkaufseinrichtungen bis zu Messen zunehmend wahrgenommen wird.

Wie reagiert Ihr in der Gestaltung auf die steigende Flexibilität im Wechsel von Information bzw. die gleichzeitige Beschleunigung der Wahrnehmung?

// **Peter Eckart** Die Reduktion auf Schwarz-Weiß bei T-Mobile war eine ganz deutliche Reaktion darauf. Der Überflutung von Marketingobjekten, Displays etc. muss man mit einem konsequenten Statement entgegentreten und mit einer Klarheit kontern, die sich vom ständig Verändernden klar abhebt.

// **Bernd Hilpert** Die andere Reaktion darauf ist, dass wir Neue Medien eher zurückhaltender einsetzen. Wir forcieren Information, die sich physisch-räumlich manifestiert. Solche Informationsträger heben sich aus dem Umfeld heraus. Ein 3-D-Schriftzug hat einen ganz anderen Stand, weckt eine ganz andere Vertrauenswürdigkeit als eine digitale Anzeige.

// **Bernd Hilpert** There is another line of argumentation that says very clearly that a way finding system isn't only part of the building's technology, it is also the bearer of the company's stance. You can tap resources this way that don't even come from the construction budget, they come from the design or advertising budget instead.

// **Peter Eckart** The way finding system offers the most direct contact with the building, it is comparable to using a door knob. The contact between the person who uses the building and the company is very direct here.

// **Bernd Hilpert** Two current tendencies work favorably for us. Firstly, orientation itself is a social theme. Everybody wants to find his way around in his surroundings. The complaint is also heard that those surroundings are becoming more and more complex, with more layers and harder to understand. Therefore the concept of orientation is becoming more important at the moment.

The second aspect is that companies have noticed that people are increasingly aware of the representation of the brand in a spatial sense, from the architectural design of its headquarters to fair exhibits.

How do you react to the increasing flexibility in the exchange of information and the simultaneous acceleration of perception?

// **Peter Eckart** The reduction to black and white for T-Mobile was a clear reaction. The flood of marketing objects, displays, etc. has to be countered with a consistent statement and clarity that stands markedly apart from the constant flux.

// **Bernd Hilpert** The other reaction is that our use of new media is rather reduced. We stress

aus akustischen Gründen errichtet, kennzeichnete man Wandelemente mit Namen und Bildern von Städten und machte sie damit zu Landmarks der einzelnen Bereiche
originally built for acoustic reasons, the wall elements were given the names and images of cities to mark them as landmarks for the individual fields

Ihr kommt vom Industriedesign. Wie unterscheidet sich Eure Arbeitsweise von jener der Architekten, die ein Leitsystem als kleinen Teilbereich in ihrem architektonischen Gesamtprojekt mitplanen, oder von Grafikdesignern, die es tendenziell über die Ordnung auf der Fläche wahrnehmen?

// **Peter Eckart** Ich finde, unsere Voraussetzungen sind ideal. Produktdesigner sind in ihrer Ausbildung Schnittstellen-Leute, wissen über Produktion, auch von massenhaft hergestellten Dingen, Bescheid. Einerseits kümmern wir uns um die Entwicklung, andererseits sind wir Vermittler. Jeder Entwurf ist letztlich eine Kommunikationsaufgabe. Uns hilft das extrem, einerseits ein dreidimensionales Vorstellungsvermögen zu haben – immer zu wissen, wenn wir über Schilder, Wandbedruckung oder Ähnliches sprechen –, andererseits auch von möglichen Materialien eine genaue Vorstellung zu haben. Natürlich denken wir auch in Serien oder Mengen, wenn wir z. B. um die 2.000 oder 3.000 Schilder produzieren lassen.

// **Bernd Hilpert** Ein Leitsystem kann man wie eine Bedienungsanleitung für ein Gebäudes sehen. Die Nähe zu dem Produkt ist da deutlich abzulesen. Natürlich hilft da auch das räumliche Vorstellungsvermögen. Es geht ja darum, Räume und Wege zu analysieren und Personenströme zu visualisieren. Bei Grafikdesignern ist das räumliche Denken nicht so ausgeprägt. Die Architekten haben dann noch ein anderes Problem, die sind zu nah dran an ihren Gebäuden. Sie können es zwar räumlich erfassen, aber sie haben einen ganz anderen Blick auf ihr Gebäude. Sie denken planerisch und in ihrem Grundriss, in ihren Kubaturen, aber nicht in der Wegeführung. Wir sind weit genug davon weg, kommen aus dem Dreidimensionalen, haben also die Affinität zum Bauen und Räumlichen.

// **Peter Eckart** Zur Argumentation des Mehrwerts verrate ich Ihnen jetzt ein echtes Berufsgeheimnis. Die Wege in einem Gebäude sind etwas völlig anderes als das Gebäude selbst.

information that is manifested at a physical-spatial level. Those information carriers stand out in their surroundings. 3-D lettering offers a completely different sense of trustworthiness than a digital display. Screen information doesn't seem as trustworthy.

You come from industrial design. How are your work methods different to an architect's who plans a way finding system as a small part of their overall architectural project and how does it differ from a graphic designer's who tend to perceive order on the surface?

// **Peter Eckart** I find our qualifications ideal. Our product designer's training make us intersection types. We know about production, and we also know about mass production. We worry about development but we also know about negotiation. Ultimately every design is a communication design. This helps us very much. This three-dimensional imagination helps - always knowing when we talk about signs, wall prints or other similar things – and having an exact idea of the materials. Of course we always think in series or quantities, if we have to produce 2000 or 3000 signs.

// **Bernd Hilpert** A way finding system is like an instruction manual to a building. The similarity to a building can be seen clearly here. Of course spatial imagination is helpful in that case. It is about analyzing spaces and paths as well as visualizing the flow of people. Spatial thought isn't that widespread among graphic designers. Architects have another problem, they are too close to their buildings. They can see it spatially, but they look at their building in a completely different way. They think like planners, they think of their ground plans and in their cubage, but they don't think about way finding. We are removed enough, we come from three-dimensional design, and we also have an affinity for construction and spatial situations.

BOSTON BRISTOL BILBAO BOGOTA

A

Namenskonzepte sind zentral für die Identifikation – bei T-Mobile setzte man auf Internationalität
name concepts are central identification elements – T-Mobile took an international approach

Architekten denken oft in Gebäudeteilen, wir denken immer in Wegen, das ist ein grundsätzlicher Unterschied. Sie planen immer einen Haupteingang, aber in nur 5 % der Fälle wird das Gebäude über den Haupteingang betreten, in 95 % der Fälle über die Tiefgarage oder sonstige Zugänge. Das wird interessanterweise nie entsprechend berücksichtigt. Genau hier können wir substanziell helfen, die Funktion eines Gebäudes im Betrieb zu verbessern.

Wie kann man dieses komplexe interdisziplinäre Aufgabenfeld an der Schnittstelle zwischen zwei- und dreidimensionaler Gestaltung mit all seinen technischen, gesellschaftlichen, politischen Aspekten in der Lehre vermitteln? Sollte man einen Spezialisten oder Fachplaner ausbilden?

// Peter Eckart Ich würde zunächst für das Spezialistentum plädieren. Es ist äußerst wichtig, eine Spezialdisziplin zu lernen. Als Produktgestalter muss man alle Grundlagen von Produktgestaltung, die Mensch-Objekt-Interaktion genau kennen. Dazu gehört auch, wie man Gestaltung und Produktgestaltung argumentiert, Wissen über Produktion, Material, dreidimensionale Herstellung und Vorstellungsvermögen, Modellbau usw. Ich bin mir nicht sicher, ob ein Studiengang der Signaletik, wie er in Basel oder Bern angeboten wird, zielführend ist. Mit gestalterischem Grundwissen aus der Produktgestaltung oder der architektonischen Grafik ist man gut gerüstet. Natürlich gehört da auch ein Grundwissen über Orientierung dazu. Wie viele Farben kann man sich eigentlich merken? Welche Abstände sind ideal? Wie groß müssen Pfeile sein? Dieses Handwerk und Wissen haben wir nie von der Pieke auf gelernt, sondern uns von Projekt zu Projekt erarbeitet.

// Bernd Hilpert Es ist auch so, dass unsere Mitarbeiter in unserem Büro eingelernt werden. Im Studium bildet sich die Spezialisierung bisher wenig aus.

// Peter Eckart I'll reveal a business secret to argue the added value. The paths in a building are completely different to the building itself. Architects often think in terms of building parts, we always think of paths, that is a fundamental difference. They always plan a main entrance, but a building is only entered through the main entrance 5% of the time. It is entered through the garage or other entrances 95% of the time. Interestingly that is never given the corresponding attention. We can help considerably here, we can improve a building's function.

How can this complex set of interdisciplinary tasks at the intersection between two and three-dimensional design with all its technical, social and political aspects be taught? Should specialists or expert planners be trained for this?

// Peter Eckart I would plea for specialization first. It is very important to learn a specialized discipline. As a product designer you have to know all the basics of product design and of person-object interaction very well. Knowing how to argue design and product design is also part of this, as well as knowing about production, materials, the three-dimensional production, and model building and having a powerful imagination. I am not sure a signage study program as it is offered in Basel or Bern goes in the right direction. You are well equipped with basic knowledge of product design or architectural graphics. Of course you need basic knowledge of orientation as well. How many colors can you actually remember? What spacing is ideal? How large do arrows have to be? We didn't learn this craft from scratch, we had to accumulate knowledge from project to project.

// Bernd Hilpert We also trained our staff members at our offices. Academic training doesn't offer much specialization.

A

digitales Türschild für die Besprechungsräume im Trainingsbereich
digital door sign for the meeting rooms in the training area

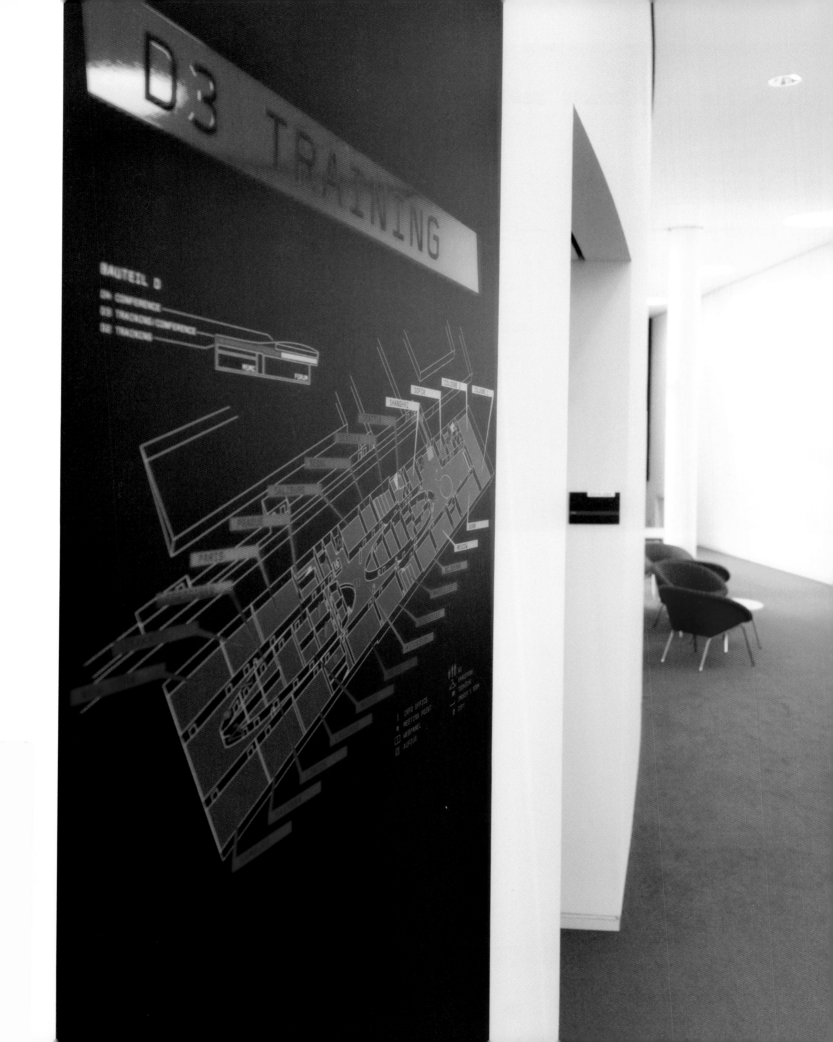

Die Worte sind
wie die Haut
auf einem tiefen Wasser.

A

der Trainingsbereich hat eine spezielle Anmutung: glänzende Folien, rote Ausstattung und raumhohe Informationsträger
the training area has a special appeal, shiny foil, red furnishings, and room-high information carriers

// **Peter Eckart** Es gibt noch einen Bereich, der großes Potenzial hat. Das ist der Bereich der Informationsvisualisierung und des Informationsdesigns. Über das Basiswissen eines Designstudiums hinaus gehören die Erkenntnisse und Werkzeuge dieses Bereichs als zusätzliche Kenntnis und Wissensbasis auf alle Fälle dazu. Das ist auch der spannendste Bereich, der die größte Zukunft hat.

Wo seht Ihr Eure neuen gestalterischen Herausforderungen?
// **Peter Eckart** In Zukunft wird man neue Aufgaben verstärkt mit gestalterischer Haltung angehen müssen, um in der Lage zu sein, komplexe Prozesse der Orientierung analysieren und auflösen zu können.
In Saudi-Arabien planen wir ein Leitsystem, das nicht einem einzigen Gebäude untergeordnet ist, sondern Bedeutung für einen ganzen Bezirk hat. Für die Stadt Frankfurt haben wir Wegweiser im öffentlichen Raum gemacht. Das fällt vielen Leuten auf, sie nehmen es positiv auf und benutzen es. Projekte wie diese würde ich gerne forcieren, in unterschiedlichsten Kontexten und Kulturen Orientierung zu entwickeln und Gestaltung zu betreiben. Die größte Herausforderung für einen Gestalter ist es, Dinge zu schaffen, die gebraucht, verstanden und angenommen werden.
// **Bernd Hilpert** Größe und Komplexität reizen mich. Komplexe Gebilde strukturell zu verstehen und verständlich abbilden zu können ist spannend. Sich mit den theoretischen Grundlagen noch eingehender zu beschäftigen, noch stärker das eigene Tun zu reflektieren, so sehr man es neben dem Job schaffen kann, ist ein weiteres Ziel. Das sind also zwei Pole ... größer, mehr, weiter – und substanzieller in jeder Hinsicht.

// **Peter Eckart** There is another field that has large potential, the entire field of information visualization, of information design. Information graphics insights and tools are additional knowledge that is also important. It is also the most exciting field, the future is going in that direction.

Where do you see you new design challenges?
// **Peter Eckart** In the future you will need to approach new tasks from a design perspective to be able to analyze and solve complex orientation processes. We are planning a way finding system in Saudi Arabia that is not subordinate to a building. It is important for an entire district. We made pathway signs for public spaces in Frankfurt. Many notice this positively and use it. I would like to emphasize our work on projects like these and develop orientation and design for many different contexts and cultures. The largest challenge for a designer is to create things that are understood and accepted.
// **Bernd Hilpert** Size and complexity appeal to me. Understanding complex constructions structurally and being able to depict them is exciting. To examine theoretical basics even more closely and reflect on my own work more carefully, as much as I can on the job is another goal. Those are the two poles... larger, more, further – and more substantial in every respect.

Gebäudeteile A, B, C und D sind in den Verbingungsgängen in Gehrichtung perspektivisch erkennbar
building segments A, B, C and D can be recognized from the perspective of the connecting hallways as visitors walk towards them

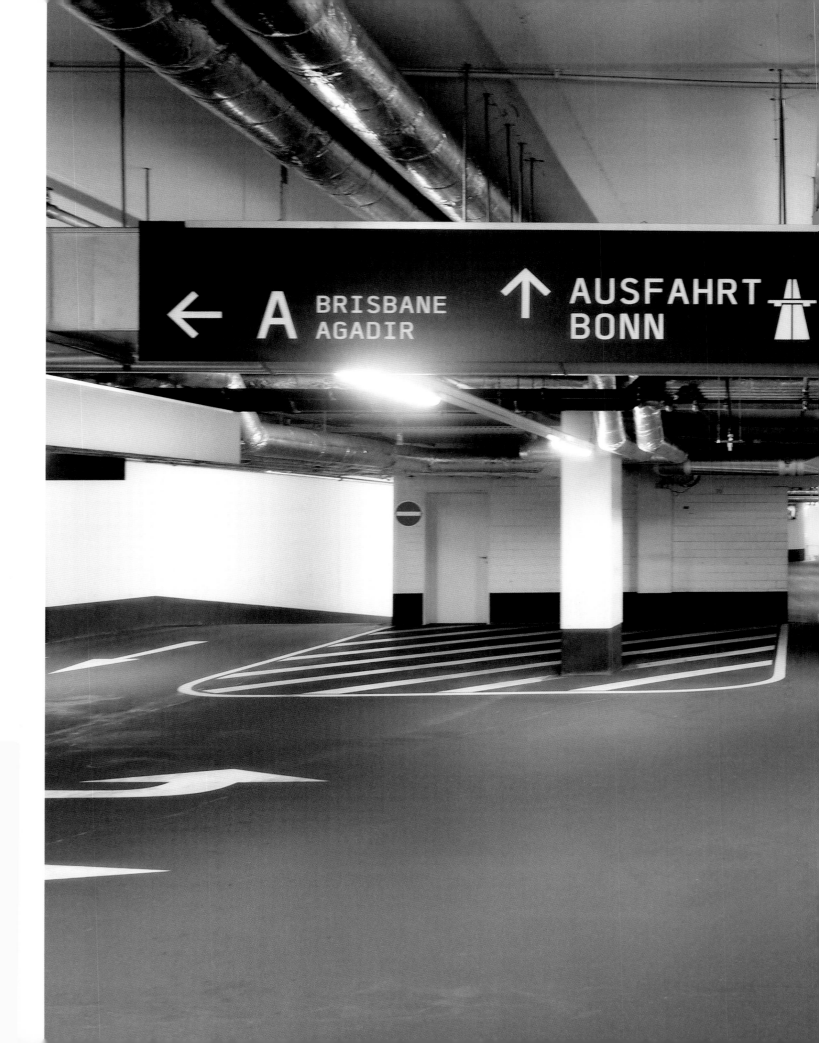

A

Glossar / Glossary

2000 JAHRE KARLSPLATZ, Wien [A]
Karlsplatz 2000 Years, Vienna

Auftraggeber / Client Wien Museum Karlsplatz

\# Wolfgang Kos
Karlsplatz
1040 Wien
Österreich / Austria

office@wienmuseum.at
www.wienmuseum.at

Design / Design Lichtwitz

\# Kriso Leinfellner, Stefanie Lichtwitz
Lichtwitz - Büro für visuelle Kommunikation
Mariahilfer Straße 101/3/55, 1060 Wien
Österreich / Austria

mail@lichtwitz.com
www.lichtwitz.com

Bodenbeschriftung / Floor Lettering IPP

IPP International Prepress Karl Siegl GmbH
Neue Welt Gasse 14/4, 1130 Wien
Österreich / Austria

office@ipp.at
www.ipp.at ·

✱✱ Auszeichnungen / Awards

Lichtwitz
 21. Grafik Biennale Brünn, Hauptpreis Digital Media, DVD-Serie „BIX", 2008
Eulda/European Logo Design Annual, Best of Nation, Raumfilm Filmproduktion, 2007
Josef Binder Award, Auszeichnung, Packaging – LP Ausstattung Café Drechsler, Radio Snacks, 2006
Eulda/European Logo Design Annual, Award Winner, 3s Unternehmensberatung, ega:frauen im zentrum, Kunsthaus Graz, 2006
Golden Pixel Award, 3. Platz, Business Projekte – Weningers Bodenschätze, Weingut Weninger, 2006
CCA – Creativ Club Austria , Gold, Neue Medien – orbrock, Website | Bronze, Corporate Design – Imagebroschüre pitour fashion, 2005

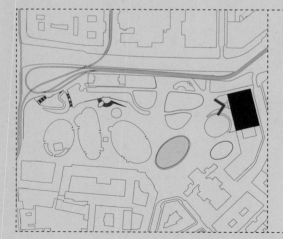

Eckdaten

Auftraggeber Wien Museum Karlsplatz
Nutzfläche 3.600 m²
Geschosse 3

Core Data

Client Wien Museum Karlsplatz
Effective Area 3,600 m²
Floors 3

Mitarbeiter 160
Ausstellungen pro Jahr 7-8
Besucher pro Jahr 110.000
Einwohner Wien 1.680.447

Material Bodenfolie für den Außenbereich,
vierfärbig bedruckt

Staff 160
Exhibitions Per Year 7-8
Visitors Per Year 110,000
Population of Vienna 1,680,447

Material four-color ground foil for the outside area

Schrift / Typeface Cargo D

Von der Schriftenschmiede URW in Hamburg digitalisiert, greift sie den Charakter amerikanischer Schablonenschriften der 1960er Jahre auf.
The font was digitalized by URW, the typography studio in Hamburg. It cites the style of American stencil fonts of the 1960s.

ABCDEFGHIJKLM
NOPQRSTUVWXYZ
abcdefghijklm
nopqrstuvwxyz
+ * ! " § $ % & / ( ) = ?
1234567890

Schrift / Typeface Akkurat, Laurenz Brunner, 2004

Die vom Schweizer Laurenz Brunner für das Fontlabel Lineto entworfene Schrift ist eine moderne Akzidenz-Schrift mit Einflüssen der Neuzeit
Grotesk. Sie wurde in den drei Schriftschnitten Leicht, Normal und Fett ausgeführt. / The font developed by the Swiss designer Laurenz Brunner for
Lineto Fonts is a modern Akzidenz font with modern Grotesque influences. It conceived with three different typeface weights: light, normal and bold.

ABCDEFGHIJKLM
NOPQRSTUVWXYZ
abcdefghijklm
nopqrstuvwxyz
+ * ! " § $ % & / ( ) = ?
1234567890

DIALOGMUSEUM, Frankfurt [D]

Geschäftsführerin / Managing Director Klara Kletzka

Teamleiter / Team Leader Matthias Schäfer

Dialogmuseum GmbH
Hanauer Landstraße 145, 60314 Frankfurt am Main
Deutschland / Germany

info@dialogmuseum.de
www.dialogmuseum.de

Design / Design isan design

Isabel Naegele
isan design darmstadt
Am Erlenberg 25, 64285 Darmstadt
Deutschland / Germany

naegele@isandesign.de
www.isandesign.de

Architektur / Architecture Roberta Appel

Oeder Weg 108
60318 Frankfurt
Deutschland / Germany

roberta.appel@lycosxxl.de

Taktile Karten / Tactile Maps Andreas Klober

Jahnstraße 21
64380 Rossdorf
Deutschland / Germany

post@ak-id.de
www@ak-id.de

Kunststoff / Plastic Handwerkstechnik & Design

Lattenkamp 86
22299 Hamburg
Deutschland / Germany

www.handwerkstechnik-design.de

* Publikationen / Publications

Matthias Schäffer
Matthias Schäffer, „Erblindung im Alter – Beratung, Hilfen, Rehabilitation" Herausgeber Kuratorium Deutsche Altershilfe, 1997

Isabel Naegele
Isabel Naegele, Ruedi Baur | Scents of the City, Odeurs de Ville, Aroma der Stadt, Baden (CH) 2004
Isabel Naegele, Peter Glaab (Hg.) | Werkbericht #2, translations – Deutungen im visuellen Sprachgewirr, Schriftenreihe der FH Mainz 2004
Isabel Naegele (Hrsg.) | Werkbericht #1, Vom Zufall und anderen Verfahren, Schriftenreihe der FH Mainz 2003
Isabel Naegele (Hrsg.) | Kiosk 01_temporäre Kiosk-Interventionen, Schriftenreihe der FH Mainz 2003

** Auszeichnungen / Awards

Dialogmuseum
Behindertenfreundlichstes Unternehmen 2006, Auszeichnung von der Stadt Frankfurt

Isabel Naegele
Type Directors Club 45, Typographic Excellence, , 1998
America: Cult and Culture, AIGA National design center, 1998
Die 100 besten Plakate, (2x) 1997, (1x) 1995
Deutscher Design Club, Deutscher Design Preis, Gold, 1995
Red dot, Deutscher Preis für Kommunikationsdesign (3x), Design Zentrum Nordrhein-Westfalen, 1995

Eckdaten

Auftraggeber Dialogmuseum GmbH
Bauzeit 6/2005 - 12/2005
Nutzfläche 1.200 m²
Geschosse 1
Bauvolumen EUR 950.000

Core Data

Client Dialogmuseum GmbH
Construction Period 6/2005 - 12/2005
Effective Area 1,200 m²
Floors 1
Construction Volume EUR 950,000

Mitarbeiter 44
Behinderte Mitarbeiter 30
Besucher pro Tag 250
Einwohner Frankfurt 662.359

Elemente Taktile Karten, Wandpiktogramme, taktile Schriften, Bodenlinie, Leuchtkörper

Staff 44
Disabled Staff 30
Visitors Per Day 250
Population of Frankfurt 662,359

Elements Tactile Maps, Wall Pictograms, Tactile Writing, Floor Lines, Illuminants

Schrift / Typeface Dialoggothic, isan design (Naegele/Backe), 2000 | Basis: Trade Gothic, Jackson Burke, 1948

Als Hausschrift wurde die Trade Gothic für Blinde bzw. Sehschwache speziell überarbeitet. Abgerundete Ecken machen das Tasten angenehmer, die „4" wurden oben geöffnet, der Querstrich beim „A" gleichzeitig weit nach unten versetzt, um eine Verwechslung beider zu vermeiden. / The Trade Gothic Font was re-designed for use as the museum font for blind and visually impaired visitors. Rounded corners make touch more pleasant, the "4" was opened at the top and the cross bar of the "A" was pulled far down to avoid confusion between the two characters.

Schrift / Typeface Utopia, Robert Slimbach, 1989

Ursprünglich hat Slimbach die moderne Barock-Antiqua für die Bürokommunikation gedacht. Die voll ausgebaute Familie mit Medivealziffern, Kapitälchen und wissenschaftlichen Zeichen eignet sich für viele Anwendungen. Slimbach originally thought of the Baroque Antiqua font for office communication. The fully developed family of medieval numbers, small capitals and scientific characters is suitable for many applications.

ABCDEFGHIJ
KLMNOPQRST
UVWXYZ
+!/()=?
1234567890

ABCDEF
GHJKLM
NOPQTU
VWXYZ
123456
7890

Piktogramme / Pictograms isan design, 2000

Die lebensgroßen Silhouetten sind in Schwarz auf weißem Grund angelegt, um beste Lesbarkeit auch für Sehbehinderte zu garantieren. Sie sind aus schwarzem Kunststoff geschnitten, so kann die Form auch getastet werden. / The black life-size silhouettes are set on a white background to guarantee the best readability, also for the visually impaired. They are cut out of black plastic so the shape can also be touched.

DOCUMENTA, Kassel [D]

Auftraggeber / Client Documenta 12

Documenta und Museum Fridericianum
Veranstaltungs-GmbH
Friedrichsplatz 18, 34117 Kassel
Deutschland / Germany

office@documenta.de
www.documenta.de

Design / Design VIER5

\# Marco Fiedler, Achim Reichert
139, Rue Faubourg St. Denis, 75010 Paris
Frankreich / France

contact@vier5.de
www.vier5.de

Architektur / Architecture Lacaton & Vassal

206, Rue La Fayette
75010 Paris
Frankreich / France

Schilder / Signs Triplex

Triplex Kunststoffe GmbH
Heinrich Schickhardtstraße 1, 72221 Haiterbach
Deuschland / Germany

info@triplex-gmbh.de
www.triplex-gmbh.de

Metallkonstruktion / Metal Construction Tucon

Tucon-Verbindungstechnik
Krottenbachstraße 66, 1190 Wien
Österreich / Austria

office@tucon.at
www.tucon.at

Metallkonstruktion / Metal Construction KVG

KVG Kassler Verkehrsbetriebe
Wilhelmshöher Allee 346, 34131 Kassel
Deutschland / Germany

kvg@kvg.at
www.kvg.de

Folie / Foil Orafol

Am Biotop 2
16515 Oranienburg
Deutschland / Germany

verkauf@orafol.de
www.orafol.de

Keramik / Ceramics Heckmann Keramik

Töpferei Michael Heckmann
Neumäuerstraße 54, 74523 Schwäbisch Hall
Deutschland / Germany

mail@heckmann-keramik.de
www.heckmann-keramik.de

Druck / Printing Studio für Serigrafie

Renate Vogl
Johannes Morhart Straße 4, 63067 Offenbach am Main
Deutschland / Germany

info@studio-fuer-serigrafie.de
www.studio-fuer-serigrafie.de

Metall- und Goldschmiedearbeiten / Metal and goldsmith work

Susanne Schneider
Heinrich Wieland Alle 31, 75177 Pforzheim
Deutschland / Germany

mail@suschneider.de
www.suschneider.de

＊Publikationen / Publications VIER 5

VIER5 | FAIRY TALE, www.fairytale-magazine.com
VIER5 | Modern typefaces, Onestarpress, 2004
VIER5 | The VIER5 fashion book, Passengerbooks, 2008
VIER5, Carretti Olmes | BEST COMPANY, Passengerbooks, 2008

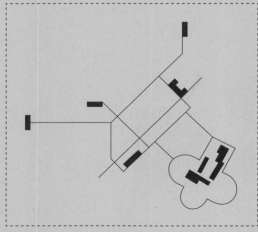

Eckdaten

Auftraggeber Documenta und Museum Fridericianum
Bauzeit 01.2007 - 07.2007
Ausstellungsfläche 17.300 m²
Gebäude 7
Bauvolumen EUR 4,1 Mio.

Core Data

Client Documenta und Museum Fridericianum
Construction Period 01.2007 - 07.2007
Exhibition Surface 17,300 m²
Buildings 7
Construction Volume EUR 4.1m

Mitarbeiter 850
Künstler 113
Besucher pro Tag 6500
Einwohner Kassel 198.459

Schilder Triplex 10mm, Styropor
Elemente Keramikhügel, Kronkorken,
Lebendiges Leitsystem

Staff 850
Artists 113
Visitors Per Day 6500
Population of Kassel 198,459

Signs Triplex 10mm, Styrofoam
Elements Ceramic Hills, Crown Caps,
Living Way Finding System

Schrift / Typeface Flaeche, Vier5, 2007

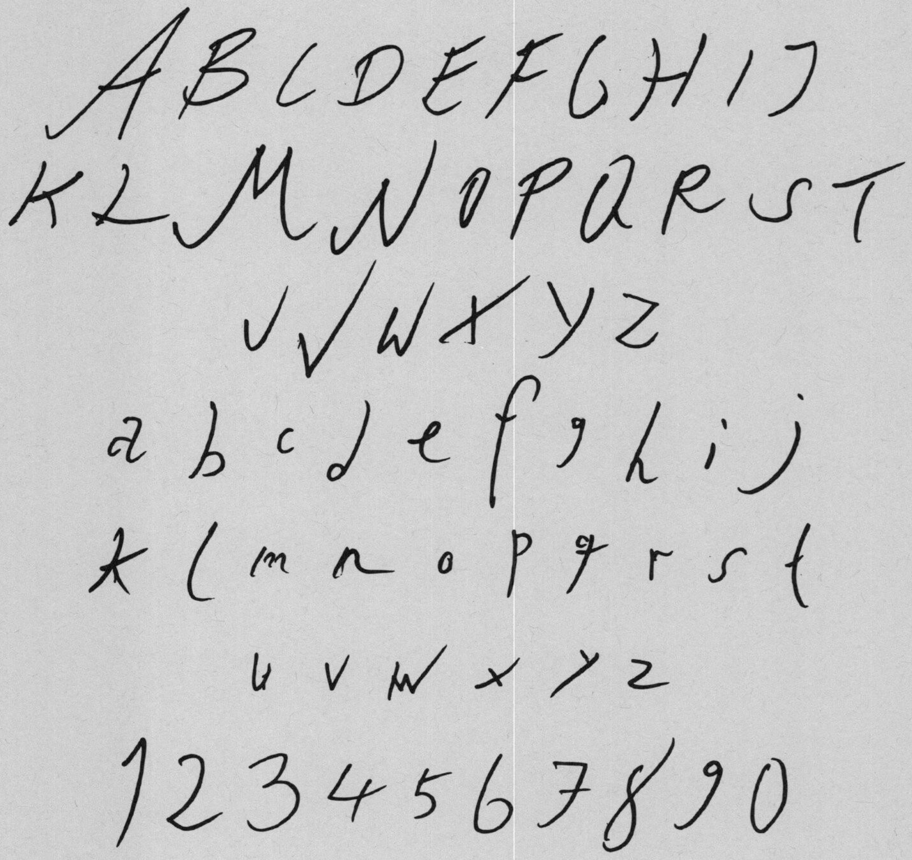
ABCDEFGHIJ
KLMNOPQRST
UVWXYZ
abcdefghij
klmnopqrst
uvwxyz
1234567890

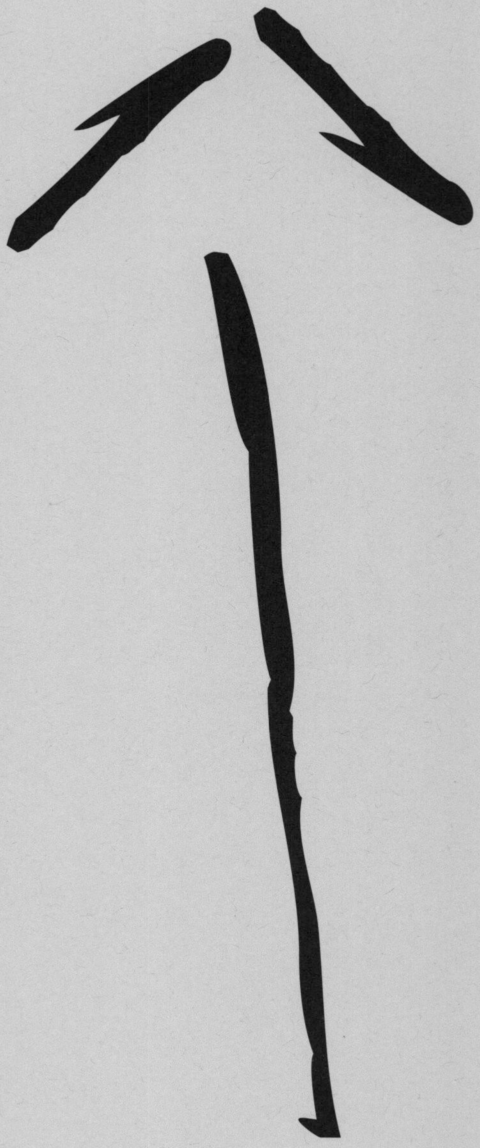

EFFENAAR, Eindhoven [NL]

Auftraggeber / Client Effenaar

Dommelstraat 2
5611 CK Eindhoven
Niederlande / The Netherlands

www.effenaar.nl

Design / Design Fabrique

Fabrique Design and Communication
Oude Delft 201
2611 HD Delft
Niederlande / The Netherlands

info@fabrique.nl
www.fabrique.nl

Interviewpartner / Respondent Rene Toneman

¦ früher Design Director, Fabrique
/ former Design Director, Fabrique
Silo Concept. Design.
Saturnusstraat 60, 2516 AH Den Haag
Niederlande / The Netherlands

info@silodesign.nl
www.silodesign.nl

Architektur / Architecture MVRDV

Jacob van Rijs
Dunantstraat 10
3024 BC Rotterdam
Niederlande / The Netherlands

info@mvrdv.nl
www.mvrdv.nl

Interviewpartner / Respondent Sandor Naus

¦ früher Architekt, MVRDV
/ former Architect, MVRDV
MONADNOCK
Postbus 6496, 3002 AL Rotterdam
Voorhaven 27c, 3025 HC Rotterdam
Niederlande / The Netherlands

mail@monadnock.nl
www.monadnock.nl

Druck / Printing Haver Project

Postbus 1048
5512 ZG Vessem
Niederlande / The Netherlands

info@haverproject.com
www.haverproject.com

✳✳ Auszeichnungen / Awards

Rene Tonemann
ADC New York, Merit Award, Holland Dance Festival, 2008
Best Book Designs, "Bloedmooi", Dutch Army Museum, 2007
European Logo Design Awards, Best of Nation, Effenaar visual identity, 2007
European Design Awards, winner, Effenaar visual identity, 2007
Dutch Design Awards, 3 nominations, Effenaar visual identity (graphic design, identity, illustration), 2006
ADCN Silver Lamp, Effenaar visual identity, 2006
ADC New York Merit Award, Effenaar visual identity, 2006
Best Book Designs, "Kalasjnikov, rifle without borders", Dutch Army Museum, 2003
Nine IF Design Awards, Dutch Army Museum, Holland Dance Festival, Het Klooster, 2004 to 2008

Eckdaten

Auftraggeber Effenaar
Bauzeit 2005 - 2006
Nutzfläche 4.551 m²
Geschosse 5
Bauvolumen EUR 6.858.573

Core Data

Client Effenaar
Construction Period 2005 - 2006
Effective Area 4,551 m²
Floors 5
Construction Volume EUR 6,858,573

Mitarbeiter 175
Veranstaltungen 2006 333
Besucher 2006 180.000
Einwohner Eindhoven 209.716

Technik Schablonierung
Elemente Wandbeschriftung mit Plymerfarbe

Staff 175
Events 2006 333
Visitors 2006 180,000
Population of Eindhoven 209,716

Technique Stenciling
Elements Wall Lettering with Polymer Paint

Schrift / Typeface Hausschrift, Fabrique, 2006 / House Font

Speziell für das Veranstaltungszentrum entwickelt, wurde die flächige Form mit einem Gitterraster hinterlegt, um der Schrift spezielle Tiefe zu geben. Die Form des Rasters leitet sich direkt von der kubischen Grundstruktur der Architektur ab. / Especially designed for the event center, the large-surface shape was put on a grid to give it special depth. The grid shape is directly derived from the basic cubic structure of the architecture.

Piktogramme / Pictograms Fabrique, 2006

Um eine zusätzliche Struktur in der Farboberfläche zu erreichen, wurde Sand in die Wandfarbe für die Piktogramme gemischt – ähnlich wie bei der gesamten Typografie – die auch direkt auf die Wände gemalt wurde. / Sand was mixed into the paint used for the pictograms to give the colored layers their structure. Both the pictograms and all of the typography were painted directly on the wall.

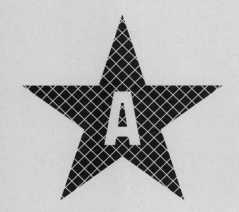

FACHHOCHSCHULE, Kufstein [A]

Specialized College, Kufstein

Auftraggeber / Client Fachhochschule

Fachhochschul Errichtungs- und Betriebs GmbH
Andreas Hofer Straße 7, 6330 Kuftsein
Österreich / Austria

info@fh-kufstein.ac.at
www.fh-kufstein.ac.at

Design / Design Ingeborg Kumpfmüller

Pfluggasse 4
1090 Wien
Österreich / Austria

buero@ingeborgkumpfmueller.at
www.ingeborgkumpfmueller.at

Architektur / Architecture Henke & Schreieck

Dieter Henke
Neubaugasse 2/5a, 1070 Wien
Österreich / Austria

office@henkeschreieck.at
www.henkeschreieck.at

Metallkonstruktion / Metal Construction Büchele

Rheinstraße 4
6971 Hard
Österreich / Austria

edel-stahl@buechele.com
www.buechele.com

Maler, Folie / Painter, Foil ÖFRA

ÖFRA Ernst Öfner GmbH
Höttingergasse 19, 6020 Innsbruck
Österreich / Austria

oefra@chello.at

Eckdaten

Auftraggeber Fachhochschul Errichtungs- und
Betriebs GmbH
Bauphase I 1999 - 2001
Bauphase II 2004 - 2005
Nutzfläche 8.500 m²
Geschosse 2
Bauvolumen EUR 9,2 Mio.

Core Data

Client Fachhochschul Errichtungs- und Betriebs GmbH
Construction Phase I 2000 - 2001
Construction Phase II 2005 - 2006
Effective Area 8,500 m²
Floors 2
Construction Volume EUR 9.2m

Mitarbeiter 70
Freiberufliche Lektoren 150-200
Studenten 1.100
Einwohner Kufstein 17.497

Material Aluminiumnatur glänzend eloxiert
Aluminium roh, Alu A1Mg1/CO, 8mm
Elemente Fassadenkennzeichung,
Wandbeschriftungen

Staff 70
Freelance Instructors 150-200
Students 1,100
Population of Kuftsein 17,497

Material Untreated Aluminum, Anodized, Shiny
Finish, Raw Aluminum A1Mg1/CO, 8mm
Elements Façade Designations, Wall Lettering

Schrift / Typeface Rotis, Otl Aicher, 1988

Aicher gründete 1984 das „Rotis Institut für analoge Studien" im Allgäu. Dort entwickelte er die Schriftfamilie Rotis. Der Gestalter veröffentlichte damit die erste Hybridschrift. / Aicher founded the "Rotis Institut für analoge Studien" (Rotis Institute of Analogue Studies) in 1984 in Allgäu, Germany. He developed the Rotis font family there, thereby creating the first hybrid font.

A B C D E F G H I J K L M

N O P Q R S T U V W X Y Z

a b c d e f g h i j k l m

n o p q r s t u v w x y z

+ * ! " § $ % & / ( ) = ?

1 2 3 4 5 6 7 8 9 0

FLUGHAFEN, Zürich [CH]
Airport, Zuerich

Auftraggeber / Client Unique

\# Ruedi Stoller
Flughafen Zürich AG
8058 Zürich - Flughafen
Schweiz / Switzerland

info@unique.ch
www.unique.ch

Design / Design Designalltag

\# Ruedi Rüegg
Designalltag Zürich
Merkurstraße 51, 8032 Zürich
Schweiz / Switzerland

zurich@designalltag.com
www.designalltag.com

Gebäude / Building Airside Center

¦ Architektur / Architecture Grimshaw + Partner
57 Clerkenwell Road
London EC1M 5NG
Großbritannien / Great Britain

info@grimshaw-architects.com
www.grimshaw-architects.com

Gebäude / Building Midfield

¦ Architektur / Architecture ARGE Zayetta
Martin Spühler Architekten AG
Sihlamtsstraße 10, 8001 Zürich
Schweiz / Switzerland

spuehler@spuehler.ch
www.spuehler.ch

Gebäude / Building Airside Center, Airport Shopping

¦ Architektur / Architecture Itten+Brechbühl AG
Technoparkstraße 1
8005 Zürich
Schweiz / Switzerland

architects@itten-brechbuehl.ch
www.itten-brechbuehl.ch

Leuchtkästen / Light Boxes Burri AG

Sägereisstraße 28
8152 Glattbrugg
Schweiz / Switzerland

info@burriag.ch
www.burriag.ch

Schilder, Maler / Signs, Painter Stoll Reklame AG

Industriestraße 3
8307 Effretikon
Schweiz / Switzerland

info@stoll-reklame.ch
www.stoll-reklame.ch

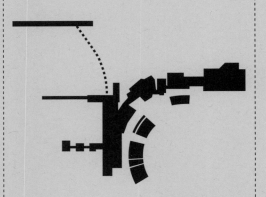

Eckdaten

Auftraggeber Unique, Flughafen Zürich AG
Bauzeit 1972 - 2005
5. Ausbauetappe (Terminal E) 2000 - 2005
Nutzfläche 1.100.000 m²
Geschosse 6 (11, Parkdeck)
Bauvolumen, 5. Etappe CHF 1.980 Mrd.
Bauvolumen pro Jahr CHF 80-100 Mio.

Core Data

Client Unique, Flughafen Zürich AG
Construction Period 1972 - 2005
5th Contruction Phase (Terminal E) 2000 - 2005
Effective Area 1,100,000 m²
Floors 6 (11, parking deck)
Construction Volume, 5th Phase CHF 1.980 billion
Construction Volume Per Year CHF 80-100m

Mitarbeiter 18.000 (1.290 bei Unique)
Reisende (2006) 19.237.000
Einwohner Zürich 371.767

Elemente Leuchtkästen, Schilder,
Informationsbäume, Monitore, Plakatträger

Staff 18,000 (1,290 at Unique)
Travellers (2006) 19,237,000
Population of Zurich 371,767

Elements Light Boxes, Signs, Information Trees,
Monitors, Billboard Holders

Schrift / Typeface AK 11 Medium Unique, Designalltag, 1985 | Basis: Karl Gerstner 1978

Die AK 11 Medium Unique ist eine speziell für den Flughafen Zürich angepasste Schrift. Im Gegensatz zur Originalversion (AK 11 medium) entspricht die Höhe der Zahlen den Versal-buchstaben. Grundlage ist die digitalisierte Version der Akzidenz Grotesk von Karl Gerstner. / The AK 11 Medium Unique font was especially adjusted for use at Zurich Airport. As opposed to the original version (AK 11 medium), the height of the numbers corresponds to the height of the versal characters. It is based on the digitalized version of Akzidenz Grotesque by Karl Gerstner.

ABCDEFGHIJ
KLMNOPQRST
UVWXYZ
abcdefghij
klmnopqrst
uvwxyz
+*!"§$%&/()=?
1234567890

Piktogramme / Pictograms Designalltag, 1973 - 2005

Die Sportpiktogramme für München 1972 von Otl Aicher waren fast gleichzeitig mit den Piktogrammen für Zürich in Entwicklung. Im Gegensatz dazu sollten die Zeichen für den Flughafen illustrativer sein und Situationen darstellen. / The Otl Aicher sport pictograms for Munich 1972 were developed almost simultaneously. The pictograms for the airport were meant to be more illustrative and show actual situations.

FRAC Lorraine, Metz [F]

Auftraggeber / Client FRAC Lorraine

Béatrice Josse
Fonds régional d'art contemporain de Lorraine
1bis rue des Trinitaires, 57000 Metz
Frankreich / France

info@fraclorraine.org
www.fraclorraine.org

Design / Design re-p

Maia Gusberti, Nik Thönen
Pater Schwartz Gasse 11a
1150 Wien
Österreich / Austria

re-p@re-p.org
www.re-p.org

Architektur / Architecture Bodin

Bodin & Associés Architectes
33, rue des Francs-Bourgeois
75004 Paris
Frankreich / France

33@bodin.fr
www.bodin.fr

Maler, Schilder / Painter, Signs Médicis

1bis-3 rue de la Quarantaine
69005 Lyon
Frankreich / France

medicis@medi6.com
www.medi6.com

✶✶ Auszeichnungen / Awards

re-p
Prix Ars Electronica Linz (A), Award of distinction, Net Vision - Locicaland (www.logicland.net), 2002

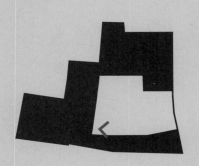

Eckdaten

Auftraggeber Fonds régional d'art contemporain de Lorraine
Bauzeit 2002 - 2004
Nutzfläche 1.100 m²
Geschosse 3
Bauvolumen EUR 4 Mio.

Core Data

Client Fonds régional d'art contemporain de Lorraine
Construction Period 2002 - 2004
Effective Area 1,100 m²
Floors 6 (11, parking deck)
Construction Volume EUR 4m

Mitarbeiter 12
Veranstaltungen 4 Ausstellungen, 1 Festival
Besucher pro Tag 60
Einwohner Metz 124.200

Material Kalkfarbe, Phospor-Pigmentfarbe auf Kunstharzbasis
Elemente Verzinktes Stahlblech, Magnetbuchstaben

Staff 12
Events 4 Exhibitions, 1 Festival
Visitors Per Day 60
Population of Metz 124,200

Material Lime wash paint, synthetic phosphor pigment paint
Elements Galvanized sheet metal, magnetic letters

Die Hausschrift des FRAC bezieht ihre Inspiration aus der technoiden Planbeschriftung des Architekten. Re-p hat sie auf die dauerhafte Verwendung hin adaptiert.
The FRAC in-house font was inspired by the architect's technoid planning labeling. Re-adapted it for long-term use.

ABCDEFGHIJ
KLMNOPQRST
UVWXYZ
+ * ! " & / ( ) = ?
1234567890

KREISSPARKASSE, Tübingen [D]

Savings and Loan Bank, Tuebingen

Auftraggeber / Client Kreissparkasse

Kreissparkasse Tübingen
Mühlbachäckerstraße 2, 72072 Tübingen
Deutschland / Germany

info@ksk-tuebingen.de
www.ksk-tuebingen.de

Design / Design L2M3

Sascha Lobe
L2M3 Kommunikationsdesign GmbH
Hölderlinstraße 57, 70193 Stuttgart
Deutschland / Germany

info@L2M3.com
www.L2M3.com

Architektur / Architecture Auer+Weber+Assozierte

Christof Teige
Auer+Weber+Assoziierte GmbH
Haussmannstraße 103A, 70188 Stuttgart
Deutschland / Germany

stuttgart@auer-weber.de
www.auer-weber.de

Maler / Painting Eicher Werkstätten

Willy Rüsch Straße 19, Rommelshausen
71394 Kernen im Remstal
Deutschland / Germany

info@eicher-werkstaetten.de
www.eicher-werkstaetten.de

Folie / Foil Hoffman Werbetechnik

Fürsttraße 127
72072 Tübingen
Deutschland / Germany

info@hoffmann-werbetechnik.de
www.hoffmann-werbetechnik.de

✳✳ Auszeichnungen / Awards L2M3

Nominierung für den Designpreis der Bundesrepublik Deutschland, 2008
Deutscher Designer Club (DDC), Silber, 2007
IF Communication Design Award, 2007

Eckdaten

Auftraggeber Kreissparkasse Tübingen
Bauzeit 2004 - 2006
Nutzfläche 13.000 m²
Geschosse 5
Bauvolumen EUR 50 Mio.

Core Data

Client Kreissparkasse Tübingen
construction period 2004 - 2006
Effective Area 13,000 m²
Floors 5
Construction Volume EUR 50m

Mitarbeiter 350-400
Besucher pro Tag 25
Einwohner Tübingen 83.740

Druck Siebdruck, Schablonierung
Elemente Wandbeschriftung, Folie auf Glas

Staff 350-400
Visitors Per Day 25
Population of Tübingen 83,740

Printing Technique Silk Screen, Stencils
Elements Wall Lettering, Foil On Glass

KREISSPARKASSE, Tübingen [D]

Schrift / Typeface Akkurat, Laurenz Brunner, 2004

Die vom Schweizer Laurenz Brunner für das Fontlabel Lineto entworfene Schrift ist eine moderne Akzidenz-Schrift mit Einflüssen der Neuzeit Grotesk. Sie wurde in den drei Schriftschnitten Leicht, Normal und Fett ausgeführt. / The font developed by the Swiss designer Laurenz Brunner for Lineto Fonts is a modern Akzidenz font with modern Grotesque influences. It was conceived with three different typeface weights: light, normal and bold.

ABCDEFGHIJKLM
NOPQRSTUVWXYZ
abcdefghijklm
nopqrstuvwxyz
+*!"§\$%&/()=?
1234567890

LANDESKLINIKUM, St. Pölten [A]

Province Hospital, St. Pölten

Auftraggeber / Client Landeskliniken-Holding

NÖ Landeskliniken-Holding
Daniel Granstraße 48
3100 St. Pölten
Österreich / Austria

office@holding.lknoe.at
www.holding.lknoe.at

Interviewpartner / Respondent Wolgang Lengauer

Landesklinikum St. Pölten
Propst-Führer-Straße 4
3100 St. Pölten
Österreich / Austria

office@stpoelten.lknoe.at
www.stpoelten.lknoe.at

Gestaltung / Design bauer

\# Erwin K. Bauer
bauer – konzept & gestaltung GmbH
in der Alpenmilchzentrale
Weyringergasse 36/1, 1040 Wien
Österreich / Austria

office@erwinbauer.com
www.erwinbauer.com

Architektur / Architecture Büro Pfaffenbichler

Paul Pfaffenbichler Ziviltechniker GmbH
Austinstraße 7, 3100 St. Pölten
Österreich / Austria

architekt@pfaffenbichler.net
www.pfaffenbichler.net

Schilder, Maler / Signs, Painter Schmied

Werbetechnik Schmied GmbH
Mühlweg 72-74, 3100 St. Pölten
Österreich / Austria

office@werbetechnik-schmied.at
www.schmied-ag.at

Maler / Painter Alfred Traht

Kellergasse 215
3492 Etsdorf am Kamp
Österreich / Austria

office@farben-traht.at

* Publikationen / Publications

Erwin K. Bauer
Frank Hartmann, Erwin K. Bauer | Bildersprache Otto Neurath Visualisierungen, Wiener Universitätsverlag 2003, 2006

** Auszeichnungen / Awards

Erwin K. Bauer
Joseph Binder Award, bauer 4 - Imagebroschüre und Wien Museum Wein, 2008
Nominierung für den Designpreis der Bundesrepublik Deutschland, 2007 & 2008
Joseph Binder Award, Publikation Otto Neurath, 2006
Red Dot Award, Ausstellungskatalog Hers - Steirischer Herbst, 2003

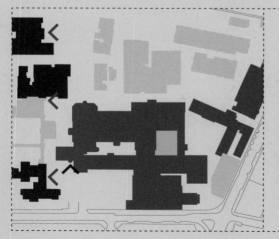

Eckdaten

Auftraggeber NÖ Landeskliniken-Holding
Baustart 1970
Masterplan bis 2016
Nutzfläche 115.000 m²
Geschosse 10
Bauvolumen 1999 - 2016: EUR 550 Mio.

Core Data

Client NÖ Landeskliniken Holding
Beginning of construction 1970
Master Plan Completion 2016
Effective Area 115,000 m²
Floors 10
Construction Volume 1999 - 2016: EUR 550m

Mitarbeiter 3.000
Ambulanzpatienten pro Tag 500
Einwohner Niederösterreich 1.599.413

Elemente Nomenklatursystem,
Leit- & Orientierungssystem, Corporate Architecture

Staff 3,000
Outpatients per day 500
Population of Lower Austria 1,599,143

Elements Nomenclature system, way finding and orientation system, corporate architecture guidelines

LANDESKLINIKUM DONAUREGION, Tulln [A]

Province Hospital, Tulln

Auftraggeber / Client Landeskliniken-Holding

NÖ Landeskliniken-Holding
Daniel Granstraße 48
3100 St. Pölten
Österreich / Austria

office@holding.lknoe.at
www.holding.lknoe.at

Gestaltung / Design bauer

\# Erwin K. Bauer
bauer – konzept & gestaltung GmbH
in der Alpenmilchzentrale
Weyringergasse 36/1, 1040 Wien
Österreich / Austria

office@erwinbauer.com
www.erwinbauer.com

Architektur / Architecture Loudon & Habeler

Loudon & Habeler Ziviltechniker GmbH
Paulanergasse 13, 1040 Wien
Österreich / Austria

office@loudon.at
www.loudon.at

Schilder, Maler / Signs, Painter Schmied

Werbetechnik Schmied GmbH
Mühlweg 72-74, 3100 St. Pölten
Österreich / Austria

office@werbetechnik-schmied.at
www.schmied-ag.at

Türschilder / Door Signs Forster

Forster Verkehrs- und Werbetechnik GmbH
Weyrer Straße 135, 3340 Waidhofen a. d. Ybbs
Österreich / Austria

forster@forster.at
www.forster.at

Weitere Landeskliniken / Further Province Hospitals

Landesklinikum Voralpen Lilienfeld, 2007
Landesklinikum Mostviertel Melk, 2008
Landesklinikum Waldviertel Zwettl, 2008

Eckdaten

Auftraggeber NÖ Landeskliniken-Holding
Bauzeit 2005 - 2009
Nutzfläche 19.000 m²
Geschosse 3
Bauvolumen EUR 77 Mio.

Core Data

Client NÖ Landeskliniken Holding
Construction Period 2005 - 2009
Effective Area 19.000 m²
Floors 3
Construction Volume EUR 77 m

Mitarbeiter 900
Ambulanzpatienten pro Tag 165
Einwohner Niederösterreich 1.599.413

Elemente Nomenklatursystem,
Leit- & Orientierungssystem, Corporate Architecture

Staff 900)
Outpatients per day 165
Population of Lower Austria 1,599,143

Elements Nomenclature system, way finding and
orientation system, corporate architecture guidelines

Schrift / Typeface (Linotype) Univers , Adrian Frutiger 1957, Anpassung 1990er Jahre

Die Univers war eines der ersten umfassenden Schriftsysteme, das über eine komplette Familie verschiedener Schnitte verfügte. Die schmallaufenden Condensedschnitte sind bei wenig Platzbedarf gleichzeitig sehr gut lesbar. / Univers was one of the first comprehensive font systems that featured different typeface weights. The slender condensed weights are very readable although they require little space.

ABCDEFGHIJ
KLMNOPQRST
UVWXYZ
abcdefghij
klmnopqr
stuvwxyz
+ * ! " § $ % & / ( ) = ?
1234567890

Piktogramme / Pictograms bauer, 2005

Für Serviceeinrichtungen und Infrastruktur wurden spezielle Bildzeichen entwickelt, die für alle niederösterreichischen Landeskliniken eingesetzt werden. / Special image symbols were developed that are used in all Lower Austrian regional clinics.

Symbole / Symbols

Beim Landesklinikum Donauregion Tulln wurden zusätzlich Symbolfamilien eingeführt, die zur Kennzeichnung der Zimmer der psychiatrischen Patienten eingesetzt werden.
Additional symbol families were introduced at the Landesklinikum Donauregion Tulln for the designation of psychiatric patient rooms.

Psychotherapie, Musikinstrumente / Psychotherapy – Music Instruments

Sozialpsychiatrie 1, Obst & Gemüse / Social Psychiatry 1 – Fruit and Vegetables

Sozialpsychiatrie 2 , Blätter & Blumen / Social Psychiatry 2 – Leaves and Flowers

Kinder- und Jugendpsychiatrie, Tiere / Children and Youth Psychiatry – Animals

LEGIBLE LONDON [GB]

Auftraggeber / Client Transport for London

\# Adrian Bell
Windsor House
42-50 Victoria Street, London SW1 0TL
Großbritannien / Great Britain

enquire@tfl.gov.uk
www.tfl.gov.uk

Auftraggeber / Client Westminster City Council

Westminster City Council 11th Floor North
Westminster City Hall
64 Victoria Street, London SW1E 6QP
Großbritannien / Great Britain

www.westminster.gov.uk

Auftraggeber / Client Greater London Authority

City Hall
The Queen's Walk More London
London SE1 2AA
Großbritannien / Great Britain

www.london.gov.uk/gla/

Auftraggeber / Client New West End Company

3rd Floor Morley House
320 Upper Regent Street
London W1B 3BE
Großbritannien / Great Britain

info@newwestend.com
www.newwestend.com

Design / Design AIG

\# Tim Fendley
Applied Information Group
26-27 Great Sutton Street, London EC1V 0DS
Großbritannien / Great Britain

info@aiglondon.com
www.aiglondon.com

Produktdesign / Product Design AIG Lacock Gullam

Oblique Studios Stamford Works
Gillett Street
London N16 8JH
Großbritannien / Great Britain

studio@lacockgullam.co.uk
www.lacockgullam.co.uk

Druck, Stelen / Printing, Columns Woodhouse UK plc

Spa Park, Leamington Spa
Warwickshire CV31 3HL
Großbritannien / Great Britain

enquire@woodhouse.co.uk
www.woodhouse.co.uk

✳✳ **Auszeichnungen / Awards**

Tim Fendley
24 Hr DBA Design Challenge winners, 2005
Design Effectiveness Award (DBA) for Environments, 2003
Design Week Awards, shortlist Annual Reports, 2000
D&AD Awards, Merit typeface design, 1999
Design Week Awards, shortlist Interaction Design, 1999
New York Type Directors Club, Commendation typeface design, 1998

Eckdaten

Auftraggeber Transport for London
Projektstart 2005
Testphase 12 Wochen
Nutzfläche (London) 1.579 km²
Prototypen 19 entlang der Bond Street

basic data

Client Transport for London
Project Start 2005
Testing Period 12 weeks
Effective Area (London) 1,579 km²
Prototypes 19 along Bond Street

Mitarbeiter ca. 22.000
Reisende pro Tag (Bahn, U-Bahn, Bus, Taxi) 7,7 Mio.
Reisende pro Tag (gesamt, 2005) 24,7 Mio.
Einwohner London 7.512.400

Material Email, Stahl, Digitaldruck
Elemente Infosäulen (Monolith), Richtungswegweiser
(Minilith), Pläne, Stadtplan, Mobile Devices Applikation

Staff ca. 22,000
Travellers Per Day (rail, underground, bus, taxi) 7.7m
Travellers Per Day (total, 2005) 24.2m
Population of London 7,512,400

Materials Vitreous Enamel, Steel, Digital Prints
Elements Infocolumns (Monolith), Way Finding signs
(Minilith), Printed city guide, Maps, Mobile devices
application

Die serifenlose Linearantiqua wurde für das Corporate Design der Londoner U-Bahn entworfen und dann für den von Henry Beck gestalteten Netzplan und die Stationsschilder eingesetzt. Sie beeinflusste die Entwicklung der Gill Sans, die zwischen 1928 und 1932 von Eric Gill gestaltet wurde, der ebenfalls an der Entwicklung der Johnston Sans beteiligt war.
The Linear Antiqua Sans Serif font was designed for the corporate design of the London underground system and then used for the network maps designed by Henry Beck. It influenced the development of the Gill Sans font designed by Eric Gill between 1928 and 1932. Gill was also involved in the development of the Johnston Sans font.

ABCDEFGHIJ
KLMNOPQRST
UVWXYZ
abcdefghij
klmnopqrst
uvwxyz
+ * ! " § $ % & / ( ) = ?
1 2 3 4 5 6 7 8 9 0

Piktogramme / Pictograms AIG, 2005

Thematisch dem Bereich Öffentlicher Verkehr zugehörig, orientiert sich die Formensprache der Piktogramme an jener der TFL-Pläne. / The language of the pictogram shapes follows that of the TFL plans, which is in line with public transport planning.

Auftraggeber / Client CUS

Communauté Urbaine de Strasbourg (CUS)
1 parc de l'Etoile
67076 Strasbourg
Frankreich / France

courrier@cus-strasbourg.net
www.cus-strasbourg.net

Design / Design Intégral Ruedi Baur Paris

\# Ruedi Baur
Intégral Ruedi Baur Paris
5, rue Jules Vallès, 75011 Paris
Frankreich / France

atelier@irb-paris.eu
www.irb-paris.eu

Architektur / Architecture Ibos Vitart architects

4 cité Paradis
75010 Paris
Frankreich / France

jmimv@ibosvitart.com
www.ibosvitart.com

Siebdruck / Silk Screen Eicher Werkstätten

Willy Rösch Straße 19
71394 Kernen im Remstal
Deutschland / Germany

info@eicher-werkstaetten.de
www.eicher-werkstaetten.de

Fassadenbeschriftung / Façade Lettering Inoval

Inoval Signalétique
5, rue David Gruber, 67200 Strasbourg
Frankreich / France

contact@inoval.net
www.inoval.net

Folien / Foil Guillou Technologies

Rue Marcel Dassault
59700 Marcq en Baroeul
Frankreich / France

* Publikationen / Publications

Ruedi Baur

Intégral Ruedi Baur et associés | La Cinémathèque française, Jean-Michel Place, 2006
Intégral Ruedi Baur et associés par Ruedi Baur, Eric Jourdan, et André Baldinger | Cité Internationale Universitaire de Paris, Jean-Michel Place, 2005
Intégral Ruedi Baur et associés | Identité de lieux, Pyramyd, 2005
Ruedi Baur | Köln Bonn Airport, corporate design, Jean-Michel Place, 2003
Ruedi Baur | Quotidien visuel, Pyramyd, 2003
Ruedi Baur | Expo.02 : la signalétique, Jean-Michel Place, 2002
Ruedi Baur | ruedi baur..., intégral... and partners, Lars Müller, 2002
Ruedi Baur | Lyon, système(s) d'orientation pour la ville et son agglomération, Jean-Michel Place, 2001
Ruedi Baur | 00/00/01, Jean-Michel Place, 2000
Ruedi Baur | conception sur papier, Catalogue d'exposition. Maison du Livre, de l'Image et du Son, Villeurbanne, 1989

** Auszeichnungen / Awards

Ruedi Baur

Docteur en Design, Honoris Caus par l'Université de Laval à Québec

Eckdaten

Auftraggeber Communauté Urbaine de Strasbourg
Bauzeit 2003 - 2008
Nutzfläche 12.200 m²
Geschosse 7

Mitarbeiter 150
Besucher pro Tag (Gebäudekapazität) 2.000
Einwohner Strasbourg 272.500

Elemente Bedruckung von Wänden, Böden, Fassade, Türen, Mobiliar etc. im Sieb- bzw. Schablonendruck sowie mit konturgeschnittenen Folien

Core Data

Client Communauté Urbaine de Strasbourg
Construction Period 2003 - 2008
Effective Area 12,200 m²
Floors 7

Staff 150
Visitors Per Day (Building Volume) 2,000
Population of Strasbourg 27,500

Elements Silk screen, stencil and contour-cut foil techniques were used for wall, floor, façade, door and furniture etc, printing.

Schrift / Typeface Deck (Information et Actualité, administration) Fabian Monod / Optimo

A B C D E F G H I J K L M
N O P Q R S T U V W X Y Z
a b c d e f g h i j k l m
n o p q r s t u v w x y z
+ ? ’ ( ) / =
0 1 2 3 4 5 6 7 8 9

Schrift / Typeface Deck Coupé (Information et Actualité, administration)
basiert auf der Deck Bold / based on Deck Bold

A B C D E F G H I J K L M
N O P Q R S T U V W X Y Z
a b c d e f g h i j k l m
n o p q r s t u v w x y z
+ ? ’ ( ) / =
0 1 2 3 4 5 6 7 8 9

Schrift / Typeface Ad Lib (Petite enfance et Jeunesse), Freeman Craw, 1961

Die Bitstream Version wurde von Freeman Craw für die American Type Founders (ATF) entworfen und 1999 von Vladimir Pavlikov mit cyrillischen Buchstaben ergänzt. / Freeman Craw designed the bitstream version for the American Type Founders (ATF). Vladimir Pavlikov added the Cyrillic letters in 1999.

ABCDEFGHIJKLM
NOPQRSTUVWXYZ
abcdefghijklm
nopqrstuvwxyz
+*!"§$%&/()=?
1234567890

Schrift / Typeface Rosewood Std Fill (Musique et Cinéma), Kim Buker Chansler, Carl Crossgrove, Carol Twombly, 1994

Die Rosewood kann in ihren Grundzügen den Egyptienne-Schriften zugerechnet werden. Die Tendenz zum Plakativen und Ornamentalen entstammt der englischen Industrierevolution. Die Schrift steht im Zeichen der Werbung, sie soll in erster Linie Aufmerksamkeit erregen und präsent sein. Rosewood has its roots in the slab serif style. The tendency toward display and ornametal typefaces began with the English Industrial Revolution. These typefaces were meant to catch attention and to advertise products.

ABCDEFGHIJKLM
NOPQRSTUVWXYZ
*!"$%&/()?
1234567890

Schrift / Typeface Celestia Antiqua Std (Langues et Littératures), Mark van Bronkhorst, 1996

Mark von Bronkhorst entwickelte die Celestia Antiqua als Alternative zur Caslon Antique. Sie sollte offener und lesbarer sein. Die Grundzüge der Schrift entstammen einem früheren Entwurf, den er mit starken Serifen sowie rauen Rändern versah. / Mark van Bronkhorst designed Celestia as an alternative to Caslon Antique. He borrowed the basic forms from an early attempt he had made at designing an oldstyle roman typeface, this time redrawing the letterforms with stronger serifs and adding the rough edges.

ABCDEFGHIJKLM
NOPQRSTUVWXYZ
abcdefghijklm
nopqrstuvwxyz
+ * ! " § $ % & / ( ) = ?
1234567890

Schrift / Typeface PMN Caecilia (Monde et Société), Peter Matthias Noordzij (PMN), 1990

Die ersten Skizzen der Schrift entstanden 1983 während des dritten Studienjahres in Den Haag. Da der Grundcharakter humanistisch statt geometrisch gestaltet ist, kann man die PMN Caecilia einfach lesen. / He made the first sketches for this slab serif design in 1983 during his third year of study in The Hague. Because its shapes are humanist rather than geometric, PMN Caecilia is easier on the reader's eye and so more useful as a text typeface than most slab serif designs.

ABCDEFGHIJKLM
NOPQRSTUVWXYZ
abcdefghijklm
nopqrstuvwxyz
+ * ! " § $ % & / ( ) = ?
1234567890

Schrift / Typeface Baskerville (Salle du patrimoine), John Baskerville, 1750

Als der Drucker John Baskerville (1706-1775) im Jahre 1757 sein erstes Buch mit seiner neuen Schrift Baskerville herausgab, wurde er über Nacht berühmt. Die Baskerville war mit ihrem klareren und schärferen Schriftbild ihrer Zeit voraus. / The printer John Baskerville (1706-1775) became famous overnight when he printed his first book in 1757 using his new font, Baskerville. His font was ahead of its time with its clearer and sharper typeface.

ABCDEFGHIJKLM
NOPQRSTUVWXYZ
abcdefghijklm
nopqrstuvwxyz
+ * ! " § $ % & / ( ) = ?
1234567890

Schrift / Typeface BaseNine (Sciences et Loisirs), Zuzana Licko, 1995

Die BaseNine ist eine der legendären Schriften des kalifornischen Labels und Designmagazins emigre. / BaseNine is one of the legendary fonts by émigré, the Californian design magazine.

ABCDEFGHIJKLM
NOPQRSTUVWXYZ
abcdefghijklm
nopqrstuvwxyz
+?'()/=
0123456789

Schrift / Typeface Fink Casual (Art et Bande Dessinée), Ed 'Big Daddy" Roth, Houseindustries

ABCDEFGHIJKLM
NOPQRSTUVWXYZ
+*!"§$%&/()=?
1234567890

Schrift / Typeface Gravur Condensed (Centre de l'illustration), Cornel Windlin, 1996-2001

Die schmal laufende Groteskschrift wurde vom Designer und Gründer des Schweizer Fontlabels lineto entworfen. / The designer and founder of lineto, the Swiss Font label, designed the slender Grotesque font.

ABCDEFGHIJKLM
NOPQRSTUVWXYZ
abcdefghijklm
nopqrstuvwxyz
+*!"§$%&/()=?
1234567890

MESSE, Stuttgart [D]
Fair, Stuttgart

Auftraggeber / Client Projektgesellschaft Neue Messe

Projektgesellschaft Neue Messe GmbH & Co. KG
Altes Luftfrachtgebäude, Flughafenstraße
70629 Stuttgart
Deutschland / Germany

www.landesmesse.de
kienzle@landesmesse.de

Design / Design büro uebele

\# Andreas Uebele
büro uebele visuelle kommunikation
Heusteigstraße 94a, 70180 Stuttgart
Deutschland / Germany

info@uebele.com
www.uebele.com

Architektur / Architecture wulf & partner

\# Kai Bierich
wulf & partner - Tobias Wulf, Kai Bierich, Alexander Vohl
Free Architekten BDA
Charlottenstraße 29-31, 70186 Stuttgart
Deutschland / Germany
info@wulf-partner.de
www.wulf-partner.de

Schilder / Signs Schreiner Coburg

Schreiner Coburg GmbH
Eichhofweg 17, 96450 Coburg
Deutschland / Germany

info@schreiner-coburg.de
www.schreiner-coburg.de

Stelen, Folien / Pillars, Foils Kaufmann Ulm

Kaufmann Ulm Lichtwerbung GmbH
Max-Eyth-Straße 38, 89231 Neu-Ulm
Deutschland / Germany

info@kaufmann-ulm.de
www.kaufmann-ulm.de

Maler / Painting Signature

Signature Deutschland GmbH
Achtstraße 67-69, 55765 Birkenfeld
Deutschland / Germany

birkenfeld@signature-deutschland.de
www.signature-deutschland.de

✱ Publikationen / Publications

Andreas Uebele
Andreas Uebele | schrift im raum - visuelle kommunikation und architektur, Verlag Hermann Schmidt Mainz, 1999
Andreas Uebele | weg zeichen/my type of place, Verlag Hermann Schmidt Mainz, 2003
Andreas Uebele | Orientierungssysteme und Signaletik - Ein Planungshandbuch für Architekten, Produktgestalter und Kommunikationsdesigner, Verlag Hermann Schmidt Mainz, 2006

✱✱ Auszeichnungen / Awards

büro uebele
100 besten Plakate, 2008
Type Directors Club (TDC) Tokio, Annual Awards, 2007
Type Directors Club (TDC) New York, 2007
Art Directors Club (ADC) Deutschland, Bronzemedaille, 2007
European Design Awards. Merit, 2007
D&AD, London, Award, 2007
iF Communication Design Award, 2007

Eckdaten

Auftraggeber Projektgesellschaft Neue Messe GmbH & Co. KG
Bauzeit 2004 - 2007
Ausstellungsfläche 105.200 m²
Geschosse 2
Bauvolumen EUR 806 Mio.

Core Data

Client Projektgesellschaft Neue Messe GmbH & Co. KG
Construction Period 2004 - 2007
Exhibition Area 105,200 m²
Floors 2
Construction volume EUR 806m

Mitarbeiter 254
Messen 2008 69
Aussteller 2008 17.000
Besucher 2008 ca. 1.500.000
Einwohner Stuttgart 597.176

Elemente Infosäulen, Wandbeschriftungen, abgehängte Schilder

Staff 254
Trade Fairs 2008 69
Exhibitors 2008 17,000
Visitors 2008 ca. 1.500.000
Population of Stuttgart 597,176

Elements Information pillars, wall lettering, suspended signs

Schrift / Typeface Avenir, Adrian Frutiger, 1988

Basis dieser zeitlosen Schrift sind die linear-serifenlosen Schriften wie die Frutiger oder Monotype Grotesque. Frutiger entwickelte sie nach einer sorgfältigen Studie dieser Schriften und zeitgenössischer Schriftentwicklung. / This timeless font is based on linear fonts without serifs such as Frutiger or Monotype Grotesque. Frutiger developed it after arefully studying these fonts and contemporary font design.

ABCDEFGHIJ
KLMNOPQRST
UVWXYZ
abcdefghij
klmnopqr
stuvwxyz
+*!"§$%&/()=?
1234567890

Piktogramme / Pictograms büro uebele

Speziell für die Infrastruktur und Servicebereiche, die als wichtige Informationsebene gleich beim Betreten des Eingangsbereiches für den Besucher präsent ist, wurden die Piktogramme entwickelt. / The pictograms were especially developed for the infrastructure and service areas. This is an important information layer that is available to the visitor as soon as he/she reaches the entrance area.

    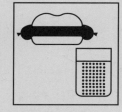 

MÉTRO, Budapest [H]

Auftraggeber / Client BKV Zrt.

Budapesti Közlekedési Vállalat Zrt.
Akácfa utca 15.
1980 Budapest
Ungarn / Hungary

bkvrt@bkv.hu
www.bkv.hu

Design / Design Auth Design

Attila Auth
Auth Design
Fadrusz utca 5., 1114 Budapest
Ungarn / Hungary

authdesign@chello.hu
www.authdesign.hu

Architektur / Architecture UVATERV Rt.

Dombóvári utca 17-19.
1117 Budapest
Ungarn / Hungary

uvaterv1@mail.datanet.hu
www.uvaterv.hu

Druck, Leuchtkästen / Printing, Light Boxes Angie

Bogáncs utca 2-4.
1151 Budapest
Ungarn / Hungary

angie@t-online.hu
www.angie.hu

Druck, Leuchtkästen / Printing, Light Boxes

NeonSign
Pallag utca 85., 2120 Dunakeszi
Ungarn / Hungary

www.neonsign.hu

Druck, Leuchtkästen / Printing, Light Boxes Triform

Isaszegi út HRSZ: 0185/36.
2117 Isaszeg
Ungarn / Hungary

triform@triform.hu
www.triform.hu

✳✳ **Auszeichnungen / Awards**
Auth Design
Europa Nostra Award, 2007
Biennale, Grafische Gestaltung, Hauptpreis, 2006
Ferenczy Noemi Preis, 2005

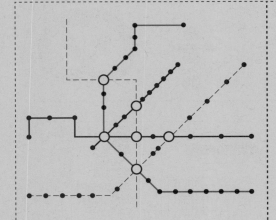

Eckdaten

Auftraggeber BKV Zrt.
Bauzeit 2004 - 2006
Stationen 11
Nutzfläche pro Station ca. 4.000 - 4.500 m²
Geschosse 3
Bauvolumen pro Station ca. EUR 8,4 Mio.

Core Data

Client BKV Zrt.
Construction Period 2004 - 2006
Stations 11
Effective Area Per Station ca. 4,000 - 4,500 m²
Floors 3
Construction Volume Per Station ca. EUR 8.4m

Mitarbeiter pro Station 3-5
Reisende pro Tag ca. 420.000
Einwohner Budapest 1.696.128

Material Dibond, Plexi, Emailplatten
Elemente Leuchtkästen, Notrufsäulen, Ticketentwerter

Staff Per Station 3-5
Travellers Per Day ca. 420,000
Population of Budapest 1,696,128

Material Dibond, Plexi, Enamel panels
Elements Light boxes, emergency call pillars, ticket-canceling machine

Schrift / Typeface Frutiger | Adrian Frutiger, 1976

Ursprünglich für die Beschriftung des Flughafens Charles de Gaulles in Paris entworfen, wurde der Klassiker unter den Groteskschriften bis heute für viele Leitsysteme mit Erfolg eingesetzt. / Originally designed for the lettering of Charles de Gaulle Airport in Paris, the classic among the Grotesque fonts is still used successfully in many way finding systems today.

ABCDEFGHIJ
KLMNOPQRST
UVWXYZ
abcdefghij
klmnopqr
stuvwxyz
+ * ! " § $ % & / ( ) = ?
1234567890

Piktogramme / Pictograms Auth Design

Die dreifärbigen Ver- und Gebote zeichnen sich durch ihre visuelle Einheit mit dem Erscheinungsbild der Metro und ihrer typischen Formensprache aus. Sie sind ein Redesign bestehender Zeichen. / The typical shapes of the three-color "do" and "don't" symbols are characterized by their visual uniformity with the other Metro visual presentation elements. They are a redesign of the existing symbols.

MUSEUMSINSEL, Berlin [D]

Projektleiterin / Project Manager # Anja Hespenheide

Bundesamt für Bauwesen und Raumordnung (BBR)
Am Kupfergraben 2, 10117 Berlin
Deutschland / Germany

anja.hespenheide@bbr.bund.de
www.bbr.bund.de

Design / Design POLYFORM

Dietmar Götzelmann, Joachim Schumann, Karl Stark
POLYFORM Büro für Grafik- und Produktdesign
Brunnenstraße 196, 10119 Berlin
Deutschland / Germany

info@polyform-net.de
www.polyform-net.de

Gebäude / Building Alte Nationalgalerie

¦ Architektur / Architecture prof hg merz architekten
Schwedter Straße 34a
10435 Berlin
Deutschland / Germany

berlin@hgmerz.com
www.hgmerz.com

Gebäude / Building Neues Museum

¦ Architektur / Architecture David Chipperfield
Architects Gesellschaft von Architekten mbH
Joachimstraße 11, 10119 Berlin
Deutschland / Germany

info@davidchipperfield.de
www.davidchipperfield.co.uk

Gebäude / Building Neues Eingangsgebäude

Architektur / Architecture David Chipperfield
Architects Gesellschaft von Architekten mbH
Joachimstraße 11, 10119 Berlin
Deutschland / Germany

info@davidchipperfield.de
www.davidchipperfield.co.uk

Gebäude / Building Altes Museum

¦ Architektur / Architecture HILMER & SATTLER und
ALBRECHT Gesellschaft von Architekten mbH
Sophienstraße 33A , 10178 Berlin
Deutschland / Germany

berlin@h-s-a.de
www.h-s-a.de

Gebäude / Building Pergamonmuseum

¦ Architektur / Architecture Prof. O.M. Ungers +
Partner Berlin GmbH
Marienstraße 10 , 10117 Berlin
Deutschland / Germany

berlin@omungers.de
www.omungers.de

Außenanlagen / Outside Facilities

¦ Architektur / Architecture Levin Monsigny
Landschaftsarchitekten GmbH
Brunnenstraße 181, 10119 Berlin
Deutschland / Germany

mail@levin-monsigny.com
www.levin-monsigny.com

Evaluierung / Evaluation Psy:Plan

Institut für Architektur- und Umweltpsychologie
Gubener Str. 43
10243 Berlin
Deutschland / Germany

moczek@psyplan.de
www.psyplan.de

Baustellenleitsystem / Construction site way finding system

Druckservice Schellenberg GmbH
Schlegelstraße 6
10115 Berlin
Deutschland / Germany

DS-Sbg@t-online.de
www.ds-schellenberg.de

✳✳ **Auszeichnungen / Awards**
POLYFORM
Red Dot Best of the Best, Leitsystem im Jüdischen Museum Berlin, 2002/2003

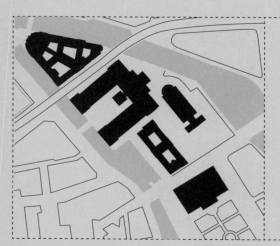

Eckdaten

Auftraggeber BBR
Bauherr Stiftung Preußischer Kulturbesitz
Nutzer Staatliche Museen zu Berlin
Masterplan bis 2025
Nutzfläche 60.000 m²

Core Data

Client BBR
Owner Stiftung Preußischer Kulturbesitz
User Staatliche Museen zu Berlin
Master Plan Completion 2025
Effective Area 60,000 m²

Mitarbeiter 380
Besucher pro Jahr 3 Mio.
Einwohner Berlin 3.404.037

Elemente Leit- und Informationssystem,
Neue Medien, Ticket-, Kassen- und Kontrollsystem,
Baustellenkommunikation
Material Beton, Polymergips, Acrylstein, Aluminium,
Kunststoff

Staff 380
Visitors Per Year 3m
Population of Berlin 3,404,037

Elements Way finding- and information system, New
Media, Ticket- and Controll System, Construction site
Material Concrete, Polymergips, Acrylic Stone,
Alumminum, Plastic

BODE-MUSEUM, Berlin [D]

Projektleiter / Project Manager Wolf-Dietrich Werner

Bundesamt für Bauwesen und Raumordnung (BBR)
Am Kupfergraben 2, 10117 Berlin
Deutschland / Germany

wolf-dietrich.werner@bbr.bund.de
www.bbr.bund.de

Design / Design POLYFORM

Dietmar Götzelmann, Joachim Schumann, Karl Stark
POLYFORM Büro für Grafik- und Produktdesign
Brunnenstraße 196, 10119 Berlin
Deutschland / Germany

info@polyform-net.de
www.polyform-net.de

Architektur / Architecture Heinz Tesar

Monbijouplatz 2
10178 Berlin
Deutschland / Germany

mail@ateliertesar.com

Architektur / Architecture Christoph Fischer

Bergmannstraße 42-44
10961 Berlin - Kreuzberg
Deutschland / Germany

info@at-fischer.de
www.at-fischer.de

Leitsystem / Way finding Eicher Werkstätten

Willy Rüsch Straße 19
Rommelshausen
71394 Kernen im Remstal
Deutschland / Germany

info@eicher-werkstaetten.de
www.eicher-werkstaetten.de

Serviceelemente/ Service Elements

Museumstechnik GmbH
Kärntener Str. 23
10827 Berlin
Deutschland / Germany

mail@museumstechnik.com
www. museumstechnik.com

Medienterminals / Media Terminals WES

WES Ebert Systeme GmbH
Philipp-Reis Str. 10
61130 Nidderau-Heldenberge
Deutschland / Germany

info@wes-electronic.de
www.wes-electronic.de

Ticketsystem / Ticket System Beckerbillett

Beckerbillett Billettfabrik GmbH
Fangdieckstraße 61
22547 Hamburg
Deutschland / Germany

dtp@beckerbillett.de
www.beckerbillett.de

Eckdaten

Auftraggeber BBR
Bauherr Stiftung Preußischer Kulturbesitz
Nutzer Staatliche Museen zu Berlin
Nutzfläche 10.700 m²
Geschosse 3
Bauvolumen EUR 126 Mio.
Bauvolumen Orientierung EUR 600.000

Core Data

Client BBR
Owner Stiftung Preußischer Kulturbesitz
User Staatliche Museen zu Berlin
Effective Area 10,700 m2
Floors 3
Construction Volume [CV] EUR 126m
CV Orientation EUR 600.000

Mitarbeiter 75
Besucher pro Jahr 360.000
Einwohner Berlin 3.404.037

Elemente Leit- und Informationssystem,
Ausstellungsgrafik, Serviceelemente,
Medienterminals, Ticketsystem
Material Polymergips, Acrylstein, Aluminium,
Kunststoff

Staff 75
Visitors Per Year 360,000
Population of Berlin 3,404,037

Elements Way finding- and information system,
Exhibition Graphique, Service Elements,
Media Terminals, Ticket System
Material Polymer gypsum, Acrylic Stone, Aluminum,
Plastic

Schrift / Typeface MI Typestar, Polyform, 2000 | Basis: FF Typestar, Steffen Sauerteig, 1998

Die vom Berliner Grafiker Sauerteig entworfene Schrift wurde speziell auf die Verwendung für das umfassende Erscheinungsbild angepasst. Die Höhe der Kleinbuchstaben, Proportionen und Strichstärken wurden verändert und ein weiterer Schriftschnitt ergänzt. / The font designed by the Berlin graphic designer Sauerteig was specially modified for visual presentation use. The heights of the small letters as well as their proportions and line thickness were changed and a typeface weight was added.

ABCDEFGHIJ
KLMNOPQRST
UVWXYZ
abcdefghij
klmnopqrst
uvwxyz
+*!"§$%&/()=?
1234567890

Piktogramme / Pictograms Polyform, 2000

Passend zur Formensprache der FF Typestar wurde auf Basis des Bold-Schnittes ein System entwickelt, bei dem die Zeichen ohne unterlegte Flächen wie Typografie eingesetzt werden. Alle Zeichen sind digital im Font verfügbar. / A system was developed on the basis of the bold weight that fits the FF Typestar shapes. The characters can be used as typography without background surfaces. All characters are available as part of the digital font.

Schrift / Typeface Sabon Next, Jean-François Porchez, 2002 | Basis: Sabon von Jan Tschichold, 1966

Die Sabon stammt vom Typografen Jan Tschichold. Er nahm sich die Garamond zum Vorbild und versuchte, ein noch klareres Schriftbild und bessere Lesbarkeit zu erreichen. Das Ergebnis veröffentlichte er 1964 als Bleisatz und Stempelhandsatz. Letztere wurde von Jean-François Porchez für Linotype als „Sabon Next" digital überarbeitet. / The typographer Jan Tschichold developed the Sabon font. He based it on Garamond and tried to achieve a clearer typeface and improved readability. He published the result in 1964 as a hot type set and stamp set. Jean-François Porchez digitally re-designed the latter for linotype purposes and named it "Sabon Next."

ABCDEFGHIJKLM
NOPQRSTUVWXYZ
abcdefghijklm
nopqrstuvwxyz
+*!"§$%&/()=?
1234567890

STAATSARCHIV, Liestal [CH]

Basel Land State Archive, Liestal

Auftraggeber / Client Bau- und Umweltschutzdirektion BL

Hochbauamt, Abt. Bauausführung
Reihnstraße 29
4410 Liestal
Schweiz / Switzerland

info.bud@bl.ch
www.baselland.ch

Design / Design bringolf irion vögeli

\# Kristin Irion
bringolf irion vögeli gmbh
Neugasse 6, 8005 Zürich
Schweiz / Switzerland

mail@bivgrafik.ch
www.bivgrafik.ch

Architektur / Architecture EM2N

\# Mathias Müller
EM2N | Mathias Müller, Daniel Niggli Architekten AG
Josefstraße 92, 8005 Zürich
Schweiz / Switzerland

em2n@em2n.ch
www.em2n.ch

Siebdruck, Folie / Silk Screen, Foil Stickler Reklame

Stickler Reklame AG
Dienerstraße 38
8004 Zürich
Schweiz / Switzerland

✷✷ Auszeichnungen / Awards

EM2N
bestarchitects`09 Award, Staatsarchiv Kanton Basel-Landschaft, 2008
Chicago Athenaeum Museum of Architecture and Design, International Architecture Award, Theater 11, 2007
Architektur Forum Ostschweiz, Auszeichnung für gutes Bauen, Ferienhaus Flumserberg, 2006
Auszeichnung für gute Bauten der Stadt Zürich, Siedlung Hegianwandweg, Quartierzentrum Aussersihl, 2006
Eidgenössischer Kunstpreis, 2004

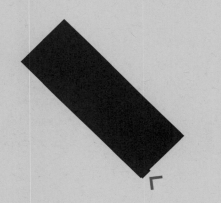

Eckdaten

Auftraggeber Bau- und Umweltschutzdirektion BL
Bauzeit 2005 - 2007
Nutzfläche 4.705 m²
Geschosse 3

Core Data

Client Bau- und Umweltschutzdirektion BL
Construction Period 1972 - 2005
Effective Area 4,705 m²
Floors 3

Mitarbeiter 12-15
Besucher pro Tag ca. 20
Einwohner Liestal 13.417

Material Spiegelfolie, Siebdruck

Staff 12-15
Visitors Per Day ca. 20
Population of Liestal 13,417

Material Reflective Foil , Silk Screen

Schrift / Typeface Folded, bringolf irion vögeli, 2006

Die Inspiration dieser Schrift stammt aus dem Archiv. Gefaltetes Papier brachte die formale Grundstruktur, die Auflösung in Linien lässt die Schrift in großen Graden immer noch leicht erscheinen. / This font was inspired by the archive. Folded paper provided the basic formal structure. The line resolution makes the font seem light, even if large degrees are used.

ABCDEFGHIKLM
NOPQRSTUVWZ

Schrift / Typeface Utopia

Die Utopia ist speziell für das elektronische Publizieren konzipiert. Durch ihr besonders komplexes Schnittsortiment bietet sie eine Vielzahl eleganter Lösungen für fast alle typografischen Probleme an. / The Utopia font was specially conceived for electronic publishing. Its particularly complex range of weights offers a variety of elegant solutions for almost every typographical problem.

ABCDEFGHIJKLM
NOPQRSTUVWXYZ
abcdefghijklm
nopqrstuvwxyz
+*!"§$%&/()=?
1234567890

Piktogramme / Pictograms bringolf irion vögeli, 2006

Nur wenige Verbote waren im öffentlichen Teil des Archivs - in den Lesesälen notwendig. / Few "don't" signs were necessary in the public areas of the archive – the reading rooms.

STRASSENLEITSYSTEM, Niederlande [NL]

Street Way Finding System, The Netherlands

Auftraggeber / Client ANWB

Wassenaarseweg 220
2596 EC Den Haag
Niederlande / The Netherlands

www.anwb.nl

Design / Design npk

\# Wolfram Peters
npk industrial design bv
Noordeinde 2d, Postbus 11167, 2301 ED Leiden
Niederlande / The Netherlands

npk@npk.nl
www.npk.nl

Typografie / Typography Gerard Unger

Parklaan 29A
1405 GN Bussum
Niederlande / The Netherlands

ungerard@wxs.nl

* Publikationen / Publications

Gerard Unger
While You Are Reading, 2007

** Auszeichnungen / Awards

npk
iF Top 10
iF Best of Category
iF Awards Hannover
ID-magazine New York, Design Selection Award,
GIO Award, special award for Excellence Respect
ID Selection Award, Best of Category
Special Design Award Chicago
Red Dot
TNO Award, vindingrijk toepassen van kunststoffen
International Design Yearbook
Kho Liang le award, Wolfram Peters, Jos Oberdorf

Gerard Unger
H.N. Werkman prize
Gravise prize
Maurits Enschedé Prize

Eckdaten

Auftraggeber ANWB
Planungsphase, Schilder & Piktogramme 1994 - 2002
Nutzfläche 41.528 km²
Einwohner Niederlande 16.570.613

Elemente Straßenschilder für Auto- und Radfahrer, „Betonpilze" für Radfahrer

Core Data

Client ANWB
Construction Period, Signs & Pictograms 1994 - 2002
Effective Area 41,528 km²
Population of Netherlans 16,570,613

Elements Street signs for drivers and cyclists, "cement mushrooms" for cyclists

Vorbild für die Schrift war jene der US-amerikanischen Straßenschilder. Ursprünglich von einem unbekannten Designer nachgezeichnet, überarbeitete Gerard Unger die Schrift gründlich. Geringer Platzverbrauch und bessere Lesbarkeit waren das Ziel. / Originally from the USA the font was traced and copied by an unknown designer. Gerard Unger adapted the sign lettering thoroughly with the aim of reducing the required amount of space and improving readability.

ABCDEFGHIJ
KLMNOPQRST
UVWXYZ
abcdefghij
klmnopqr
stuvwxyz
1234567890

Piktogramme / Pictograms npk

Die Zeichenfamilie für die Straßenschilder deckt die gesamte Palette an Infrastruktureinrichtungen, Verkehrsmitteln und Sehenswürdigkeiten ab. / The family of symbols for the street signs covers the full range of infrastructure facilities, transport means, and sights.

T-MOBILE CAMPUS, Bonn [D]

Auftraggeber / Client T-Mobile

T-Mobile Deutschland GmbH
Landgrabenweg 151, 53227 Bonn
Deutschland / Germany

kundenservice@t-mobile.de
www.t-mobile.de

Design / Design unit-design

Peter Eckart, Bernd Hilpert
unit-design GmbH
Holbeinstraße 25, 60596 Frankfurt
Deutschland / Germany

info@unit-design.com
www.unit-design.com

Architektur / Architecture Prof. Schmitz Architekten

Prof. Schmitz Architekten GmbH
Frankenwerft 5, 50667 Köln
Deutschland / Germany

info@schmitz-architekten.de
www.schmitz-architekten.de

Schilder / Signs Schreiner Coburg

Schreiner Coburg GmbH
Eichhofweg 17, 96450 Coburg
Deutschland / Germany

info@schreiner-coburg.de
www.schreiner-coburg.de

Druck / Printing Eicher Werkstätten

Willy Rüsch Straße 19, Rommelshausen
71394 Kernen im Remstal
Deutschland / Germany

info@eicher-werkstaetten.de
www.eicher-werkstaetten.de

Eckdaten

Auftraggeber T-Mobile Deutschland GmbH
Bauzeit 2003 - 2004
Nutzfläche 100.000 m²
Geschosse 6
Bauvolumen EUR 190 Mio.

Core Data

Client T-Mobile Deutschland GmbH
Construction Period 2003 - 2004
Effective Area 100,000 m²
Floors 6
Construction Volume EUR 190 m

Mitarbeiter 4.500
Mitarbeiter (weltweit) 60.000
Einwohner Bonn 314.301

Material Alu eloxiert, Alucobond, Spiegelfolie
Druck Siebdruck, Textiltransferdruck auf
Bühnennesseln
Elemente Wandbeschriftung, Akkustikwände,
digitale Türschilder

Staff 4,500
Staff (worldwide) 60,000
Population of Bonn 314,301

Material Anodized Aluminum, Alucobond, Reflective
Foil
Printing Silk Screen, Textile Transfer on Stage Screens
Elements Wall Lettering, Acoustic Walls
Digital Door Signs

Schrift / Typeface unit-design, 2003 | Basis: OCR-B, Adrian Frutiger, 1973

Die von Adrian Frutiger für die USA entworfene maschinenlesbare Schrift OCR-A wurde von ihm für Europa überarbeitet. Die „freundlichere" OCR-B wurde 1973 zum weltweiten Standard erklärt. Ihr liegt ein feineres Grundraster zugrunde und kommt einer serifenlosen Druckschrift nahe. Sie wurde von Unit-Design für den T-Mobile Campus adaptiert.
Adrian Frutiger redesigned OCR-A, the machine-readable font he developed for the USA, for use in Europe. The "friendlier" OCR-B was declared the worldwide standard in 1973. It uses a finer basic grid and comes close to being a sans serif printing typeface. Unit-Design adapted it for use on the T-Mobile Campus.

ABCDEFGHIJ
KLMNOPQRST
UVWXYZ
abcdefghij
klmnopqrst
uvwxyz
+*!"§$%&/()=?
1234567890

Piktogramme / Pictograms unit-design, 2003

Standorte Projekte
Standorte Gestalter
Standorte Architekten

Gestalter / Designers

A
Auth Design

Auth Design Attila Auth

Fadrusz utca 5.
1114 Budapest
Ungarn / Hungary

authdesign@chello.hu
www.authdesign.hu

AIG Tim Fendley

Applied Information Group
26-27 Great Sutton Street, London EC1V 0DS
Großbritannien / Great Britain

info@aiglondon.com
www.aiglondon.com

B
bauer

bauer Erwin K. Bauer

bauer - konzept & gestaltung GmbH
in der Alpenmilchzentrale, Weyringergasse 36/1, 1040 Wien
Österreich / Austria

office@erwinbauer.com
www.erwinbauer.com

D
Designalltag

Designalltag Ruedi Rüegg

Designalltag Zürich
Merkurstraße 51, 8032 Zürich
Schweiz / Switzerland

zurich@designalltag.com
www.designalltag.com

I
Intégral Ruedi Baur
bringolf irion vögeli
isan design

Intégral Ruedi Baur Ruedi Baur

Intégral Ruedi Baur Paris
5, rue Jules Vallès, 75011 Paris
Frankreich / France

atelier@irb-paris.eu
www.irb-paris.eu

bringolf irion vögeli Kristin Irion

bringolf irion vögeli GmbH
Neugasse 6, 8005 Zürich
Schweiz / Swiss

mail@bivgrafik.ch
www.bivgrafik.ch

isan design Isabel Naegele

isan design darmstadt
Am Erlenberg 25, 64285 Darmstadt
Deutschland / Germany

naegele@isandesign.de
www.isandesign.de

K
Ingeborg Kumpfmüller

Ingeborg Kumpfmüller

Pfluggasse 4
1090 Wien
Österreich / Austria

buero@ingeborgkumpfmueller.at
www.ingeborgkumpfmueller.at

L
L2M3
Lichtwitz

L2M3 Sascha Lobe

L2M3 Kommunikationsdesign GmbH
Hölderlinstraße 57, 70193 Stuttgart
Deutschland / Germany

info@L2M3.com
www.L2M3.com

Lichtwitz Kriso Leinfellner, Stefanie Lichtwitz

Lichtwitz - Büro für visuelle Kommunikation
Mariahilfer Straße 101/3/55, 1060 Wien
Österreich / Austria

mail@lichtwitz.com
www.lichtwitz.com

N
npk

npk Wolfram Peters

npk industrial design bv
Noordeinde 2d, Postbus 11167, 2301 ED Leiden
Niederlande / The Netherlands

npk@npk.nl
www.npk.nl

P
POLYFORM

POLYFORM Dietmar Götzelmann, Joachim Schumann, Karl Stark

POLYFORM Büro für Grafik- und Produktdesign
Brunnenstraße 196, 10119 Berlin
Deutschland / Germany

info@polyform-net.de
www.polyform-net.de

R
re-p

re-p Maia Gusberti, Nik Thönen

Pater Schwartz Gasse 11a
1150 Wien
Österreich / Austria

re-p@re-p.org
www.re-p.org

S
Silo
STRUKTIV

Silo Rene Toneman

Silo Concept. Design.
Saturnusstraat 60, 2516 AH Den Haag
Niederlande / The Netherlands

info@silodesign.nl
www.silodesign.nl

STRUKTIV Dieter Mayer

STRUKTIV e.U.
Engelmannsbrunn 99, 3470 Kirchberg am Wagram
Österreich / Austria

office@struktiv.at
www.struktiv.at

U
büro uebele
Gerard Unger
unit-design

büro uebele Andreas Uebele

büro uebele visuelle kommunikation
Heusteigstraße 94a, 70180 Stuttgart
Deutschland / Germany

info@uebele.com
www.uebele.com

Gerard Unger

Parklaan 29A
1405 GN Bussum
Niederlande / The Netherlands

ungerard@wxs.nl

unit-design Peter Eckart, Bernd Hilpert

unit-design GmbH
Holbeinstraße 25, 60596 Frankfurt
Deutschland / Germany

info@unit-design.com
www.unit-design.com

V
VIER5

VIER5 Marco Fiedler, Achim Reichert

Rue de Faubourg St. Denis 139
75010 Paris
Frankreich / France

contact@vier5.de
www.vier5.de

Architekten / Architects

A

Roberta Appel
Auer + Weber + Assozi-
erte

Roberta Appel

Oeder Weg 108
60318 Frankfurt
Deutschland / Germany

roberta.appel@lycosxxl.de

Auer+Weber+Assoziierte Christof Teige

Auer+Weber+Assoziierte GmbH
Haussmannstraße 103A, 70188 Stuttgart
Deutschland / Germany

stuttgart@auer-weber.de
www.auer-weber.de

B / C

Bodin
David Chipperfield

Bodin & Assicués Architectes

33, rue des Francs-Bourgeois
75004 Paris
Frankreich / France

33@bodin.fr
www.bodin.fr

David Chipperfield

David Chipperfield Architects Gesellschaft von Architekten mbH
Joachimstraße 11, 10119 Berlin
Deutschland / Germany

info@davidchipperfield.de
www.davidchipperfield.co.uk

E / F

EM2N
Christoph Fischer

EM2N Mathias Müller

EM2N | Mathias Müller, Daniel Niggli Architekten AG
Josefstraße 92, 8005 Zürich
Schweiz / Switzerland

em2n@em2n.ch
www.em2n.ch

Christoph Fischer

Bergmannstraße 42-44
10961 Berlin - Kreuzberg
Deutschland / Germany

info@at-fischer.de
www.at-fischer.de

G

Grimshaw + Partner

Grimshaw + Partner

57 Clerkenwell Road
London EC1M 5NG
Großbritannien / Great Britain

info@grimshaw-architects.com
www.grimshaw-architects.com

H

Henke & Schreieck
HILMER & SATTLER und
ALBRECHT

Henke & Schreick Dieter Henke

Neubaugasse 2/5a
1070 Wien
Österreich / Austria

office@henkeschreieck.at
www.henkeschreieck.at

HILMER & SATTLER und ALBRECHT

HILMER & SATTLER und ALBRECHT Gesellschaft von Architekten mbH
Sophienstraße 33A , 10178 Berlin
Deutschland / Germany

berlin@h-s-a.de
www.h-s-a.de

I

Ibos
Itten+Brechbühl

Ibos

Ibos Vitart architects
4 cité Paradis, 75010 Paris
Frankreich / France

jmimv@ibosvitart.com
www.ibosvitart.com

Itten+Brechbühl

Itten + Brechbühl Ag
Technoparkstraße 1, 8005 Zürich
Schweiz / Switzerland

architects@itten-brechbuehl.ch
www.itten-brechbuehl.ch

L

Lacaton & Vassal
Loudon & Habeler

Lacaton & Vassal

206, Rue La Fayette
75010 Paris
Frankreich / France

Loudon & Habeler

Loudon & Habeler Ziviltechniker GmbH
Paulanergasse 13, 1040 Wien
Österreich / Austria

office@loudon.at
www.loudon.at

M

Maurer
Levin Monsigny
MONADNOCK
MVRDV

Maurer

Architektur Maurer
Kühschelmgasse 5, 2020 Hollabrunn
Österreich / Austria

office@maurer.co.at
www.architektmaurer.com

Levin Monsigny

Levin Monsigny Landschaftsarchitekten GmbH
Brunnenstraße 181, 10119 Berlin
Deutschland / Germany

mail@levin-monsigny.com
www.levin-monsigny.com

MVRDV Jacob van Rijs

Dunantstraat 10
3024 BC Rotterdam
Niederlande / The Netherlands

info@mvrdv.nl
www.mvrdv.nl

MONADNOCK Sandor Naus

Postbus 6496, 3002 AL Rotterdam
Voorhaven 27c, 3025 HC Rotterdam
Niederlande / The Netherlands

mail@monadnock.nl
www.monadnock.nl

P / R

Pfaffenbichler
Rahm Architekten

Pfaffenbichler

Büro Pfaffenbichler
Austinstraße 7, 3100 St. Pölten
Österreich / Austria

architekt@pfaffenbichler.net
www.pfaffenbichler.net

Rahm Architekten

Stollgasse 8/5
1070 Wien
Österreich / Austria

office@rahmarchitekten.at
www.rahmarchitekten.at

S / T

Heinz Tesar
Schmitz Architekten

Heinz Tesar

Monbijouplatz 2
10178 Berlin
Deutschland / Germany

mail@ateliertesar.com

Schmitz Architekten

Prof. Schmitz Architekten GmbH
Frankenwerft 5, 50667 Köln
Deutschland / Germany

info@schmitz-architekten.de
www.schmitz-architekten.de

U

Ungers + Partner
UVATERV Rt.

Ungers + Partner

Prof. O.M. Ungers + Partner Berlin GmbH
Marienstraße 10 , 10117 Berlin
Deutschland / Germany

berlin@omungers.de
www.omungers.de

UVATERV Rt.

Dombovári utca 17-19.
1117 Budapest
Ungarn / Hungary

uvaterv1@mail.datanet.hu
www.uvaterv.hu

W

wulf & partner

wulf & partner Kai Bierich

wulf & partner - Tobias Wulf, Kai Bierich, Alexander Vohl Free Architekten BDA
Charlottenstraße 29-31, 70186 Stuttgart
Deutschland / Germany

info@wulf-partner.de
www.wulf-partner.de

Z

ARGE Zayette

ARGE Zayetta

ARGE Zayetta Martin Spühler Architekten AG
Sihlamtsstraße 10, 8001 Zürich
Schweiz / Switzerland

spuehler@spuehler.ch
www.spuehler.ch

Produzenten / Producers

A

Angie

Angie

Bogáncs utca 2-4.
1151 Budapest
Ungarn / Hungary

angie@t-online.hu
www.angie.hu

B

Beckerbillett
Burri AG
Büchele

Beckerbillett

Beckerbillett Billettfabrik GmbH
Fangdieckstraße 61, 22547 Hamburg
Deutschland / Germany

dtp@beckerbillett.de
www.beckerbillett.de

Burri AG

Sägereisstraße 28
8152 Glattbrugg
Schweiz / Switzerland

info@burriag.ch
www.burriag.ch

Büchele

Rheinstraße 4
6971 Hard
Österreich / Austria

edel-stahl@buechele.com
www.buechele.com

E

Eicher Werkstätten

Eicher Werkstätten

Willy Rüsch Straße 19, Rommelshausen
71394 Kernen im Remstal
Deutschland / Germany

info@eicher-werkstaetten.de
www.eicher-werkstaetten.de

F

Forster

Forster

Forster Verkehrs- und Werbetechnik GmbH
Weyrer Straße 135, 3340 Waidhofen a. d. Ybbs
Österreich / Austria

forster@forster.at
www.forster.at

G

Guilleau Technologe

Guillou Technologies

Rue Marcel Dassault
59700 Marcq en Baroeul
Frankreich / France

H

Handwerkstechnik
& Design
Haver Project
Heckmann Keramik
Hoffman Werbetechnik

Handwerkstechnik & Design

Lattenkamp 86
22299 Hamburg
Deutschland / Germany

www.handwerkstechnik-design.de

Haver Project

Postbus 1048
5512 ZG Vessem
Niederlande / The Netherlands

info@haverproject.com
www.haverproject.com

Heckmann Keramik

Töpferei Michael Heckmann
Neumäuerstraße 54, 74523 Schwäbisch Hall
Deutschland / Germany

mail@heckmann-keramik.de
www.heckmann-keramik.de

Hoffman Werbetechnik

Fürsttraße 127
72072 Tübingen
Deutschland / Germany

info@hoffmann-werbetechnik.de
www.hoffmann-werbetechnik.de

I

Inoval
IPP International Prepress

Inoval

Inoval Signalétique
5, rue David Gruber, 67200 Strasbourg
Frankreich / France

contact@inoval.net
www.inoval.net

IPP International Prepress

IPP International Prepress Karl Siegl GmbH
Neue Welt Gasse 14/4, 1130 Wien
Österreich / Austria

office@ipp.at
www.ipp.at

K

Kaufmann Ulm
Andreas Klober
KVG Kassler Verkehrs-
betriebe

Kaufmann Ulm

Kaufmann Ulm Lichtwerbung GmbH
Max-Eyth-Straße 38, 89231 Neu-Ulm
Deutschland / Germany

info@kaufmann-ulm.de
www.kaufmann-ulm.de

Andreas Klober

Jahnstraße 21
64380 Rossdorf
Deutschland / Germany

post@ak-id.de
www@ak-id.de

KVG Kassler Verkehrsbetriebe

KVG Kassler Verkehrsbetriebe
Wilhelmshöher Allee 346, 34131 Kassel
Deutschland / Germany

kvg@kvg.at
www.kvg.de

M

Médicis
Museumstechnik GmbH

Médicis

1bis-3 rue de la Quarantaine
69005 Lyon
Frankreich / France

medicis@medi6.com
www.medi6.com

Museumstechnik GmbH

Kärntener Str. 23
10827 Berlin
Deutschand / Germany

mail@museumstechnik.com
www. museumstechnik.com

N

Neonsign

NeonSign

Pallag utca 85.
2120 Dunakeszi
Ungarn / Hungary

www.neonsign.hu

O

Orafol
Öfra

Orafol

Am Biotop 2
16515 Oranienburg
Deutschland / Germany

verkauf@orafol.de
www.orafol.de

ÖFRA

ÖFRA Ernst Öfner GmbH
Höttingergasse 19, 6020 Innsbruck
Österreich / Austria

oefra@chello.at

S

Signature
Druckservice Schellenberg
Werbetechnik Schmied
Schreiner Coburg
Stickler Reklame
Stoll Reklame
Studio für Serigrafie
Susanne Schneider

Signature

Signature Deutschland GmbH
Achtstraße 67-69, 55765 Birkenfeld
Deutschland / Germany

birkenfeld@signature-deutschland.de
www.signature-deutschland.de

Druckservice Schellenberg

Druckservice Schellenberg GmbH
Schlegelstraße 6
10115 Berlin
Deutschland / Germany

DS-Sbg@t-online.de
www.ds-schellenberg.de

Werbetechnik Schmied

Werbetechnik Schmied GmbH
Mühlweg 72-74, 3100 St. Pölten
Österreich / Austria

office@werbetechnik-schmied.at
www.schmied-ag.at

Schreiner Coburg

Schreiner Coburg GmbH
Eichhofweg 17, 96450 Coburg
Deutschland / Germany

info@schreiner-coburg.de
www.schreiner-coburg.de

Stickler Reklame

Stickler Reklame AG
Dienerstraße 38
8004 Zürich
Schweiz / Swiss

Stoll Reklame

Stoll Reklame AG
Industriestraße 3, 8307 Effretikon
Schweiz / Switzerland

info@stoll-reklame.ch
www.stoll-reklame.ch

Studio für Serigrafie

Renate Vogl
Johannes Morhart Straße 4, 63067 Offenbach am Main
Deutschland / Germany

info@studio-fuer-serigrafie.de
www.studio-fuer-serigrafie.de

Susanne Schneider

Heinrich Wieland Alle 31
75177 Pforzheim
Deutschland / Germany

mail@suschneider.de
www.suschneider.de

T

Alfred Traht
Triform
Triplex
Tucon

Alfred Traht

Kellergasse 215
3492 Etsdorf am Kamp
Österreich / Austria

office@farben-traht.at

Triform

Isaszegi út HRSZ: 0185/36.
2117 Isaszeg
Ungarn / Hungary

triform@triform.hu
www.triform.hu

Triplex

Triplex Kunststoffe GmbH
Heinrich Schickhardtstraße 1, 72221 Haiterbach
Deuschland / Germany

info@triplex-gmbh.de
www.triplex-gmbh.de

Tucon

Tucon-Verbindungstechnik
Krottenbachstraße 66, 1190 Wien
Österreich / Austria

office@tucon.at
www.tucon.at

T

WES
Woodhouse

WES

WES Ebert Systeme GmbH
Philipp-Reis Str. 10, 61130 Nidderau-Heldenberge
Deutschland / Germany

info@wes-electronic.de
www.wes-electronic.de

Woodhouse UK plc

Spa Park, Leamington Spa
Warwickshire CV31 3HL
Großbritannien / Great Briten

enquire@woodhouse.co.uk
www.woodhouse.co.uk

Literaturempfehlungen / Recommended reading

Atilla Auth | Auth Design
Métro, Budapest

Seven Graphic Designers, Graphicsha Pub. Co., 1985
Per Mollerup | Marks of Exelence, Phaidon, 1999

Erwin K. Bauer | bauer
Landeskliniken, Niederösterreich & Herausgeber / Lower Austrian Clinics & Publisher

Per Mollerup | Wayshowing, Lars Müller Publishers, Basel 2005
Jan Middendorp | dutch type, 010 publishers, Rotterdam 2004
Arjen Van Susteren | Metropolitan World Atlas, 010 Publishers, Rotterdam 2007
David Crow | Visible Signs - An introduction to semiotics, ava publishers sa, Singapur 2003
Lawrence Stern | The Life and Opinions of Tristram Shandy, Gentleman, Penguin Books, London
Gesche Joost, Arne Scheuermann | Design als Rhetorik, Birkhäuser, Basel Boston Berlin, 2008

Adrian Bell | Transport for London
Legible London

Paul Arthur, Romedi Passini | Wayfinding: People, Signs and Architecture, 1992
Jan Gehl | Towards a Fine City for People; Public Spaces and Public Life, 2004

Peter Eckart | unit-design
T-Mobile Campus, Bonn

Pierre Bernard, Mon travail ce n'est pas mon travail, Lars Müller Publishers
Tanja Backe, ONE-TO-ONE, The visual culture of international tickets, ACTAR PUBLISHERS BARCELONA/N.Y.
Bruno Munari, Far vedere l'aria, Lars Müller Publishers
Kenya Hara, Designing Design, Lars Müller Publishers
Interface. Design neu begreifen, Gui Bonsiepe, Bollmann Verlag, Köln

Kai Bierich | wulf & partner
Messe, Stuttgart / Fair, Stuttgart

Eric-Emmanuel Schmitt | Monsieur Ibrahim und die Blumen des Koran, Ammann, 2003
Carlos Ruiz Zafón | Der Schatten des Windes, Suhrkamp, 2007
Pascal Mercier | Nachtzug nach Lissabon, C. Hanser, 2004
Peter Bendixen | Das verengte Weltbild der Ökonomie. Zeitgemäß wirtschaften durch kulturelle Kompetenz, Wissenschaftl. Buchgesellschaft, 2003
Matthias Horx von Eichborn | Die acht Sphären der Zukunft. Ein Wegweiser in die Kultur des 21. Jahrhunderts, Amalthea, 2002
Jeremy Rifkin | Das Ende der Arbeit und ihre Zukunft. Neue Konzepte für das 21. Jahrhundert, Campus Verlag, 2004
Otl Aicher | Gehen in der Wüste, S. Fischer, 1982
Konrad Seitz | China: eine Weltmacht kehrt zurück, Goldmann, 2006

Marco Fiedler, Achim Reichert | VIER5
Documenta, Kassel

Ruth Noack, Roger M. Buergel | Katalog, documenta 12, Taschen Verlag, 2007
Georg Schöllhammer | Magazines 1-3, documenta 12, Taschen Verlag, 2007
Michael Glasmeier , Karin Stengel | 50 jahre documenta 1955-2005: archive in motion, Steidl, 2007
Michael Glasmeier | 50 jahre documenta 1955-2005: diskrete energien, Steidl, 2005
Okwui Enwezor (Hrsg.) | Kurzführer documenta 11, Hatje Cantz Verlag, 2002
Katalog documenta 10: Politics - Poetics - das Buch zur documenta X, Cantz Verlag, Kassel/Ostfildern, 1997
Felix Zdenek (Hrsg.) | Katalog documenta 9, Stuttgart, 1992

Dietmar Götzelmann, Joachim Schumann, Karl Stark | POLYFORM
Museumsinsel, Berlin

Peter-Klaus Schuster, Christina Inês Steingräber (Hrsg.) | Museumsinsel Berlin, SMB-DuMont Verlag, Berlin / Köln 2004
Klaus-Dieter Lehmann (Hrsg.) | Schätze der Weltkulturen in den Sammlungen der Stiftung Preußischer Kulturbesitz,
Nicolai Verlag, Berlin 2000
Varola Wedel | Die Neue Museumsinsel, Nicolai Verlag, Berlin, 2002
Heinz Tesar, David Chipperfield Architects, Hilmer u. Sattler, Oswald Ungers, Mathias Ungers | Wege zum Masterplan Museumsinsel
Berlin 1998 - 2000. Planungsgruppe Museumsinsel Berlin, G+H Verlag, 2001
A. Lepik, P.-K- Schuster, G. Holan | Masterplan Museumsinsel Berlin: ein europäisches Projekt, G+H Verlag, Berlin, 2000
Roger Fawcett-Tang | Mapping - An illustrated guide to graphic navigational systems, Rotovision, 2002
Peter Wildbur, Michael Burke | Information Graphics, Herman Schmidt Verlag, Mainz, 1998
Barbara Baumann, Gerd Baumann | Lechts Rinks, Verlag Gerd Hatje, 1999
Peter Zec, MABEG (Hrsg.) | Orientierung im Raum, avedition, 2002
Philipp Meuser, Daniela Pogade | Raumzeichen, DOM Publishers, 2005

Maia Gusberti, Nik Thönen | re-p
FRAC Lorraine, Metz

Bidoun, Magazin for Arts and Culture from the Middle East, Issue 12, fall 2007
Dot dot dot, High Modernists Wax Wings, Issue 11, January 2007
Décosterd & Rahm | Physiologische Architektur, Bundesamt für Kultur, Birkhäuser, 2002
Simon Starling | Cuttings, Hatje Cantz, 2006
Hermann Noordung | Das Problem der Befahrung des Weltraums, Richard Karl Schmidt & Co , Berlin 1929
Gismarvik Bjarte und Kathrin Höhne | Eventyr, Revolver, 2004
Christoph Büchel and Giovanni Carmine | CEAU, Pace, 2007
Martin Sturm, Georg Christoph Tholen, Reiner Zendorn | LACAN Phantasma und Phantom, Gestalten des Unheimlichen in Kunst und
Psychoanalyse, Residenz Verlag, 1995
Ed Markus Miessen and Shumon Basar | Did Someone Say Participate? An Atlas of Spatial Practice, Revolver, 2006

Markus Hanzer | mira4
Autor / Author

Victor Papanek | Design für die reale Welt: Anleitungen für eine humane Ökologie und sozialen Wandel, Springer, Wien 2008
W.J.T. Mitchell | Bildtheorie, Suhrkamp, 2008
Martin Scharfe | Wegzeiger – Zur Kulturgeschichte des Verirrens und Wegfindens, Jonas Verlag, Marburg 1998
Hans-Georg, Gadamer | Die Aktualität des Schönen, Reclam, Stuttgart 2006,
Karl Schlögel | Im Raume lesen wir die Zeit – Über Zivilisationsgeschichte und Geopolitik, Fischer, Frankfurt am Main 2006

Frank Hartmann | Medientheoretiker / Media theorist
Autor / Author

Michael Giesecke | Die Entdeckung der kommunikativen Welt, Frankfurt am Main 2007
Wolfgang Ullrich | Haben wollen. Wie funktioniert Konsumkultur?, Frankfurt am Main 2006
Georg Wilhelm Friederich Hegel | Philosophie der Kunst. Vorlesung von 1826, Frankfurt am Main 2004
Wiebke Weber (Hrsg) | Kompendium Informationsdesign, Berlin 2007
Michel Serres | Atlas, Paris 1994

Bernd Hilpert | unit-design
T-Mobile Campus, Bonn

Claude Auge et Paul Augé | Petit Larousse Illustré, Librairie Larousse, Paris 1914
Jacques Bertin | Sémiologie graphique. Les diagrammes, les réseaux, les cartes, Mouton / Gauthier-Villars, Paris 1967
Andy Warhol's Index (Book), Random House/Black Star, New York 1967
Katalog zur Ausstellung der Grundlehre Des Fachbereichs Gestaltung, Fachhochschule Darmstadt, Darmstadt 1972
Edward R. Tufte | Visual Explanations, Graphics Press, Cheshire 1997
Christian Ankowitsch | Dr. Ankowitschs kleines Konversationslexikon, Eichborn Verlag, Frankfurt am Main 2004

Kristin Irion | bringolf irion vögeli
Staatsarchiv, Liestal / Basel Land State Archive, Liestal

Michel Gondry | The Work of Director Michel Gondry, USA 2003
Virgil Widric | Fast Film, 35 mm, 14 min., Austria/Luxembourg 2003
Virgil Widric | Copy Shop, 35 mm, 12 min., Austria 2001
Oliver Harrison | Love is all , DVD: The Best of British Animation Awards Vol. 3
Run Wrake | Rabbit, DVD: The Best of British Animation Awards Vol. 6
Simon Ellis | Telling Lies, DVD: Cinema 16, British Short Films, 2006
Studio Smack | Kapitaal, Breda, www.studiosmack.nl, 2005
Len Lye | Rhythms, Re:Voir Video, Großbritannien 1935-1980
Frank und Caroline Mouris | Frank Film, Direct Cinema Limited, 1973
DVD: Prince „The Hit Collections", Film: „Sign ‚O' The Times"

Béatrice Josse | FRAC Lorraine
FRAC Lorraine, Metz

Herman Melville | Bartleby le scribe, Gallimard, 1996
Enrique Vila- Matas | Bartleby et compagnie, Christian Bourgois, 2002
René Daumal | Mont Analogue, Schoenhofs Foreign Books, 1981
Georges Perec | La vie mode d'emploi, Livre de Poche, 1980
Georges Perec | La disparition, Gallimard, 1990
Roland Barthes | Fragment d'un discours amoureux, Seuil, Paris 1977
Jorge Luis Borgès | Fictions, Penguin, 1999
Marguerite Duras | Hiroshima mon amour, Klett, 1988
Marguerite Duras | Détruire dit-elle, Minuit, 1969

Klara Kletzka | Dialogmuseum
Dialogmuseum, Frankfurt

Martin Buber | Schriften zum dialogischen Prinzip, Lambert Schneider Verlag, Heidelberg 1973
John M. Hull | Im Dunkeln sehen, C.H. Beck Verlag, München 1992
Emanuelle Laborit | Der Schrei der Möwe, Lübbe-Verlag, Bergisch Gladbach 1994
Daniel Goleman | Emotionale Intelligenz, Carl Hanser Verlag, München 1995
Robert Levine | Eine Landkarte der Zeit, Piper Verlag, München 2003

Wolgang Kos | Wien Museum
2000 Jahre Karlsplatz / Karlsplatz 2000 Years, Vienna

Otto Mittmannsgruber, Martin Strauss | Kampagnen ohne Auftrag. Kunstprojekte in Massenmedien 1994 - 2004. Frankfurt am Main 2004
dérive - Zeitschrift für Stadtforschung. Wien, erscheint vierteljährlich
Elke Doppler, Christian Rapp, Sándor Békési | Am Puls der Stadt: 2000 Jahre Karlsplatz. Katalog Wien Museum, Wien 2008

Ingeborg Kumpfmüller
Fachhochschule, Kufstein / Specialized College, Kufstein

Aleida Assmann | Erinnerungsräume. Formen und Wandlungen des kulturellen Gedächtnisses, C.H. Beck Verlag, München 2003
François Cheng | Fülle und Leere, Die Sprache der chinesischen Malerei, Merve Verlag, Berlin 2004
Margarita Cappock | Francis Bacon´s Studio at the Hugh Lane, Katalog, Dublin 2001
Adrian Furtiger | Der Mensch und seine Zeichen, Fourier Verlag, Wiesbaden 1991
Wolfgang Ullrich | Die Geschichte der Unschärfe, Wagenbach Verlag, Berlin 2002

Christian Kühn | Architekturkritiker / Architectural critic
Autor / Author

Jan Pieper | Das Labyrinthische. Die Idee des Verborgenen, Rätselhaften, Schwierigen in der Geschichte der Architektur, Vieweg 1987.
Elisabeth Blum | Le Corbusiers Wege. Wie das Wunderwerk in Gang gesetzt wird, Birkhäuser, 1995
Bernard Rudofsky | Streets for People. A Primer for Americans, Doubleday, 1969
Robert Venturi, Denise Scott Brown, Steven Izenour | Learning from Las Vegas, MIT Press, 1977
Christian Kühn | Ringstraße ist überall. Texte über Architektur und Stadt, Springer 2008

Kriso Leinfellner | Lichtwitz
2000 Jahre Karlsplatz, Wien / Karlsplatz 2000 Years, Vienna

John Bassiner, Ekkehard Schonart | Seemannschaft: Handbuch für den Yachtsport, Delius Klasing
Laurent Benner und Jonathan Hares | Die Schönsten Schweizer Bücher 2005, Bundesamt für Kultur Bern, 2006

Wolfgang Lengauer | Landesklinikum St. Pölten / Province Hospital, St. Pölten
Landeskliniken, Niederösterreich / Lower Austrian Clinics

John Naisbitt | 8 Megatrends, die unsere Welt verändern, Signum, 1995
Erik Händeler | Kondratieffs Welt – Wohlstand nach der Industriegesellschaft, Brendow, 2005
Leo Nefiodow | Der sechste Kondratieff – Wege zur Produktivität und Vollbeschäftigung im Zeitalter der Information, Rhein-Sieg Verlag, 2007
Hoimar Von Ditfurth | So lasst uns denn ein Apfelbäumchen pflanzen, Droemer Knaur, 1988

Stefanie Lichtwitz | Lichtwitz
2000 Jahre Karlsplatz, Wien / Karlsplatz 2000 Years, Vienna

Anton Stankowski, Karl Duschek | Visuelle Kommunikation – Ein Designhandbuch, Dietrich Reimer Verlag, Berlin , 1989
Michael Schirner | Werbung ist Kunst, Klinkhardt & Biermann, München, 1991
Paul Watzlawick | Anleitung zum Unglücklichsein, Piper, München, 2007

Sascha Lobe | L2M3
Kreissparkasse, Tübingen / Savings and Loan Bank, Tuebingen

Robert M. Pirsig | Zen und die Kunst ein Motorrad zu warten, Fischer Verlag, Frankfurt am Main 1974
M.C. | Everybody's Book of Correct Conduct, Saxon, London 1893
Derek Birdsall und Carol M. Cipolla | The Technology of Man, Wildwood House, London, 1980
Paolo Matricardi | Bilderlexikon der Flugzeuge, Suedwest Verlag, München 1986
17th Art directors annual of advertising art, New York, 1938
Allais Emile, Boucher Pierre | How to ski by the french method, New Directions, New York 1947
Richard Paul Lohse | Neue Ausstellungsgestaltung, Verlag Fur Architektur, Erlenbach / Zürich 1953
Karl Gerstner | IBM Bodoni Manual, 1984
Georg Schreiber | Lösegeld für Löwenherz, Verlag des Bundes-Blindenerziehungsinstitutes Wien, Wien 1976

Dieter Mayer | STRUKTIV
Herausgeber / Publisher

Ian Noble, Rusell Bestley | Visuelle Forschung, Eine Einführung in die Wissenschaftliche Methodologie des Grafik-Design, Stiebner Verlag GmbH, 2005
Gilles Deleuze, Félix Guattari | Tausend Plateaus, Kapitalismus und Schizophrenie, Merve Verlag Berlin 1992
Christian Feurstein | Tour de Typo, Eigenverlag Dornbirn 2006
Yi Ying Wang | ME IN MY BAG, Garden City Publisher Taiwan 2007
Tsering Mendrong | Tibetisch kochen, Gerichte und ihre Geschichte, Verlag die Werkstatt GmbH Göttingen 2006
Jan Tschichold | Ausgewählte Aufsätze über Fragen der Gestalt des Buches und der Typographie, Birkhäuser Verlag Basel 1987
Cornel Windlin, Rolf Fehlbaum | Projekt Vitra, Birkhäuser Verlag AG Basel 2008
F. Ferguson & urban drift | Talking Cities, Die Mikropolitik des urbanen Raumes, Birkhäuser Basel 2006
Giu Bonsiepe | Tomás Maldonado, Digitale Welt und Gestaltung, Birkhäuser Verlag AG Basel 2007

Isabel Naegele | isan design
Dialogmuseum, Frankfurt

Robert Jacobson | Information Design, MIT Press, Cambridge 1999
Peter Bexte | Blinde Seher, Verlag der Kunst, Dresden 1999
Kunst- und Ausstellungshalle der Bundesrepublik Deutschland GmbH | Sehsucht. Über die Veränderung der visuellen Wahrnehmung, Steidl Verlag, Göttingen 1995
Bund zur Förderung Sehbehinderter | Weblink (Stand August 2008): www.bfs-ev.de
Lighthouse International | Accessibility Guidelines for the Web Designer, Weblink (Stand August 2008): www.lighthouse.org/accessibility/accessibility-guidelines

Wolfram Peters | npk
Straßenleitsystem, Niederlande / Street Way Finding System, The Netherlands

Andreas Übele | Orientierungssysteme und Signaletik, Verlag Herman Schmidt Mainz, 2006
Three projects included: Floriade Haarlemmermeer, Millenniumsfeiern Rom, Niederländische Straßenbeschilderung.
Koos Eissen and Roselien Steur | Sketching, drawing techniques for product designers, Bis Publishers Amsterdam, 2007
Toon Lauwen | Dutch Design, Toth Bussum, 2003
Timo de Rijk| Designers in Nederland, Ludion Amsterdam/Gent, 2003
Charlotte & Peter Fiell | Industrial design A-Z, Taschen GmbH, 2000

Rene Toneman | Silo
Effenaar, Eindhoven

Frame, Weblink (Stand August 2008): www.framemag.com
Domus, Weblink (Stand August 2008): www.domusweb.it
Eye, Weblink (Stand August 2008): www.eyemagazine.com
Idea, Weblink (Stand August 2008): www.idea-mag.com
items, Weblink (Stand August 2008): www.items.nl
Foam, Weblink (Stand August 2008): www.foammagazine.nl
Code, Weblink (Stand August 2008): www.code-mag.nl

Andreas Uebele | büro uebele
Messe Stuttgart / Fair, Stuttgart

Otl Aicher | Analog und digital, Ernst & Sohn, 1991
Otl Aicher | Die Welt als Entwurf, Ernst & Sohn, 1991
Akita Design Kan | The Dude Says, Tokyio 2001
Hermann von Baravalle | Geometrie als Sprache der Formen, Freies Geistesleben, Stuttgart 1963
Alan Fletcher | Beware Wet Paint, Designs by Alan Fletcher, Phaidon Press, 1996
Adrian Frutiger | Der Mensch und seine Zeichen, Fourier Verlag, Wiesbaden 1991
Martin Hess | Formvollendet, Niggli, 2005
Hiromura Masaaki | Space Graphysm, BIS Publishers, Amsterdam 2003
Per Mollerup | Wayshowing: A Guide to Environmental Signage Principles and Practices, Lars Müller Publishers, Baden 2005
Paul Rand Design | Form and Chaos, Yale University Press, 1993
Andreas Uebele | Orientierungssysteme und Signaletik. Ein Planungshandbuch für Architekten, Produktgestalter und
Kommunikationsdesigner, Verlag Hermann Schmidt, Mainz 2006

Gerard Unger
Straßenleitsystem, Niederlande / Street Way Finding System, The Netherlands

Steven Roger Fischer | A History of Language, Reaktion Books, London 1999
Steven Roger Fischer | A History of Writing, Reaktion Books, London 1999
Steven Roger Fischer | A History of Reading, Reaktion Books, London 1999
Justin Howes | Johnston's Underground Type, Capital Transport Publishing, London 2000
Keith Rayner, Alexander Pollatsek | The Psychology of Reading, Lawrence Erlbaum, Hillsdale 1989
Edward R. Tufte | Envisioning information, Graphics Press, Cheshire 1990
Edward R. Tufte | Visual explanations, Cheshire 1997
Hans Peter Willberg, Friedrich Forssman | Lesetypografie, Hermann Schmidt, Mainz 1997

Autoren / Authors

Christian Kühn

Geboren 1962 in Wien
Studium an der TU Wien (Dipl.Ing.) und an der ETH Zürich (Dr.sc.tech.).
Habilitation in Gebäudelehre und Professor an der TU Wien seit 2001
Vorsitzender der Architekturstiftung Österreich seit 2000
Mitglied der OECD-Arbeitsgruppe für Bildungsbau seit 2005
Studiendekan der Fakultät für Architektur und Raumplanung seit 2008

Forschungsgebiete

Geschichte und Theorie der Architektur, Gebäudelehre mit Schwerpunkt Bildungsbau.
Architekturkritiker für Zeitschriften und Tageszeitungen (unter anderem „Architektur-
und Bauforum", „Architecture d'aujourd'hui", ARCH+, „Die Presse")
Mitherausgeber der Zeitschrift „UmBau".

Publikationen / Publications

Das Wahre, das Schöne und das Richtige. Adolf Loos und das Haus Müller in Prag,
Vieweg 1989
Stilverzicht. Typologie und CAD als Werkzeuge einer autonomen Architektur,
Vieweg 1997
Anton Schweighofer. Der stille Radikale. Springer 2000
Ringstraße ist überall. Texte über Architektur und Stadt. Springer 2008

Born in Vienna in 1962
Engineering studies at the Vienna University of Technology and doctorate studies
at the ETH Zurich
Habilitation in building construction, professor at the Vienna University of Technology
as of 2001
Chairman of the Architekturstiftung Österreich (Austrian Architecture Foundation)
as of 2000
Member of the OECD work group for educational building construction as of 2005
Dean of studies of the Architecture and Spatial Planning Department as of 2008

Research Areas

Architecture theory and history, construction with a focus on educational buildings
Architecture critic for magazines and newspapers (including "Architektur- und
Bauforum", "Architecture d'aujourd'hui", ARCH+, "Die Presse")
Co-editor of "UmBau" magazine

Frank Hartmann

Studium der Philosophie, Soziologie, Kunstgeschichte sowie der Publizistik- und
Kommunikationswissenschaft an der Universität Wien
1987 Promotion am Institut für Philosophie ebd.
2000 Habilitation. Universitätsdozent für Medien- und Kommunikationstheorie an der
Universität Wien
Gastprofessor an der philosophischen Fakultät der Universität Erfurt, 2007
Gastprofessor an der Fakultät Gestaltung, Bauhaus-Universität Weimar, 2008

Arbeits- und Publikationsschwerpunkte

Medienphilosophie, Mediengeschichte mit Schwerpunkt visuelle Kommunikation
Zahlreiche internationale Vorträge, Buchbeiträge und Artikel zur Medienkultur

Publikationen / Publications

Multimedia, facultas.wuv 2008, Medien und Kommunikation, facultas.wuv 2008
Globale Medienkultur. Geschichte und Theorien facultas.wuv 2006
Bildersprache. Otto Neurath, Visualisierungen (mit Erwin K. Bauer), facultas.wuv 2006
Mediologie. Ansätze einer Medientheorie der Kulturwissenschaften, facultas.wuv 2003,
Medienphilosophie, facultas.wuv 2000.

Philosophy, sociology art history, journalism and communications studies at the
University of Vienna
Doctorate studies, doctorate in 1987 from the Institute of Philosophy, ibid.
Habilitation in 2000, university docent for media and communication theory at the
University of Vienna
Visiting professor at the Department of Philosophy of the University of Erfurt, 2007
Visiting professor at the Department of Design, Bauhaus University Weimar, 2008

Fields of Work and Publications

Media philosophy, media history with a focus on visual communication
Numerous international lectures, contributions and articles on media culture

Markus Hanzer

Lehramtsstudium Kunst- und Werkerziehung, Hochschule für angewandte Kunst Wien
Ab 1980 grafische Betreuung von Nachrichten- und Magazinsendungen des ORF
Chefdesigner von SAT.1, 1987 bis 1991
Künstlerischer und organisatorischer Leiter der ORF Grafik, 1991 bis 1995
Creative Director bei DMC in Wien, 1995 bis 2006
Gründung von mira4, Agentur für Marken, Design, Technik, 2006
Dozent an der Fachhochschule für Multimediaart in Salzburg seit 2004
Dozent an der Universität für angewandte Kunst Wien seit 2005

Publikationen / Publications

Der Wert des ZDF für die Menschen in Deutschland, Konzept und Text Markus Hanzer,
Zweites Deutsches Fernsehen, 2006
Das andere Auge, Grafik Design ORF, Markus Hanzer - Konzept und Gestaltung, ORF,
Wien 1994

Teacher training, wood and metalwork class, Vienna University of Applied Arts
Graphical design work for the ORF news and magazine programming as of 1980
Senior designer at SAT.1 television, Germany, 1987 to 1991
ORF graphics artistic and organizational director, 1991 to 1995
Creative director at DMC Vienna, 1995 to 2006
Opening of mira4, Agency for Brands, Design and Technology, 2006
Docent at the Salzburg Specialized College of Multimedia Art as of 2004
Docent at the Vienna University of Applied Arts as of 2005

Herausgeber / Publishers

Erwin K. Bauer

Ausgebildeter Landwirt und Kommunikationsdesigner
Höhere Bundeslehranstalt für Alpenländische Landwirtschaft Raumberg, Stmk.
Studium der Schrift- und Buchgestaltung sowie Grafik Design an der Universität für angewandte Kunst Wien
Designer bei Total Identity in Amsterdam
1996 Gründung des interdisziplinären Gestaltungsbüros „bauer - konzept & gestaltung" in Wien
Universitätsdozent für Konzepte der visuellen Kommunikation und Designmanagement an der Universität für angewandte Kunst Wien seit 1993

Internationale Vorträge und Workshops

Merz Akademie Stuttgart, Donau-Universität Krems, UdK Berlin, HfG Offenbach, Hfg Mainz, Emzin Ljubljana, Tsinghua University Beijing, Jurymitglied bei internationalen Designwettbewerben, Programmierung von Symposien und Vortragsreihen

Schwerpunkte

Markenentwicklung & Corporate Design, Kultur & Ausstellungsgestaltung, Informationsdesign & Orientierung, Gestaltung rund um Wein.

Publikationen / Publications

Bildersprache. Otto Neurath, Visualisierungen (mit Frank Hartmann), facultas.wuv 2006
Fachartikel zu aktuellen Grafik Design-Fachthemen in Magazinen und Designpublikationen / Articles on current graphic design issues in magazines and design publications

Trained agronomist and communication designer
Höhere Bundeslehranstalt für Alpenländische Landwirtschaft Raumberg, Styria.
Type and book design, as well as graphic design studies at the Vienna University of Applied Arts
Designer at Total Identity in Amsterdam
Founded the "bauer - konzept & gestaltung" interdisciplinary design office in Vienna in 1996
Docent for visual communication concepts and design management at the Vienna University of Applied Arts since 1993

International Lectures and Workshops

Merz Akademie Stuttgart, Donau-Universität Krems, UdK Berlin, HfG Offenbach, Hfg Mainz, Emzin Ljubljana, Tsinghua University Beijing, jury member at international design competitions, organization of symposia and lecture series

Fields of Work

Brand development & corporate design, culture & exhibition design, information design & orientation, various types of design for wineries.

Dieter Mayer

Geboren 1978 in Krems an der Donau
Ausbildung an der Höheren Technischen Bundeslehranstalt Hollabrunn, Elektrotechnik
Servicetechniker bei der Firma Balzer in Balzer (FL), 1999 bis 2002
Studium an der FH Vorarlberg und HGK Luzern, Kommunikationsgestaltung, 2002 bis 2007
Gründung von STRUKTIV in Engelmannsbrunn, 2005
Diplomprüfung, 2007

Tätigkeitsbereich

Beratung, Entwicklung und Ausarbeitung von grafischen Produkten

Schwerpunkte

Corporate Design, Packagingdesign, Buchgestaltung und Orientierung

Born in Krems in 1978
Electrical engineering training at the Hollabrunn Technical College
Service technician at Balzer in Balzer, Liechtenstein, 1999 to 2002
Communication design studies at the FH Vorarlberg and HGK Lucerne, 2002 to 2007
Foundation of STRUKTIV in Engelmannsbrunn, 2005
Final exam, 2007

Fields of Work

Consulting, development and creation of graphical products

Focal Points

Corporate design, packaging design, book design and orientation

Impressum / Imprint

Herausgeber und Gestalter / Editors and Designers Erwin K. Bauer und Dieter Mayer
Textredaktion und Interviews / Interviews and Text Erwin K. Bauer
Fotografie und Lithografie / Photography and Lithography Dieter Mayer
Weitere Abbildungen / Additional Illustrations and Photos AIG (S. 238 - S. 241), Gisela Erlacher (S. 207, S. 213, S. 215, S. 219), Hannes Henz (S. 359, S. 363), Stephan Klonk (S. 328, S. 333)
Transkription / Transcription Jaqueline Freudenthaler, Melanie Kogler, Theresa Pistracher, Paul Read, Petra Steinkellner
Übersetzung und Korrektorat Englisch / English Translation and diting Pedro M. Lopez
Korrektorat Deutsch / German Editing Angelika Heller, Sabine Wiesmühler

Schrift / Typeface Akkurat [light+regular], Stratum No2 [Medium], Didot [Regular]
Papier / Paper Tintoretto neve [95g], Tatami ivory [135g], Image Color [80g]
Druck / Printing Holzhausen Druck + Medien | www.holzhausen.at
Bindung / Binding Papyrus | www.papyrus.co.at
Siebdruck / Silk screening Gradwohl | www.gradwohl.co.at
Registerstanzung / Embossing Polehnia | www.polehnia.at
Gedruckt in / Printed in Österreich auf säurefreiem, chlorfrei gebleichtem Papier / Austria on acid-free and chlorine-free bleached paper

Internetplattform / Website www.signaletik.at
Konzept und Gestaltung / Concept and Design Dieter Mayer
Programmierung / Programming Armin Wolf

Supported by edition:'Angewandte antalis™ designaustria

Dank an / Thanks to Gerald Bast, Bo Bauer, Christian Feurstein, Severin Filek, Susanne Fritz, Arno Gisinger, Klara Gogoljak, Birgit Groismaier, Klaus Hesse, Fons Hickmann, Rosina Huth, Christian Kusstatscher, Wolfgang Lehrner, Janto Lenherr, David Marold, Christoph Mayer, Marcella Merholz, Max Mönnich, Hans Renzler, Monika Rosenkranz, Franz Schaffer, David Schatzmann, Clemens Schedler, Monika Schnell, Anja Seipenbusch, Peter Simlinger, Petra Steinkellner, Michael Strobl, Sabine B. Vogel, Natascha Zoubek

Bibliografische Informationen der Deutschen Nationalbibliothek | Die Deutsche Nationalbibliothek verzeichnet diese Publikation in der Deutschen Nationalbibliografie; detaillierte bibliografische Daten sind im Internet über http://dnb.ddb.de abrufbar.
Bibliographic information published by Die Deutsche Bibliothek | Die Deutsche Bibliothek lists this publication in the Deutsche Nationalbibliografie; detailed bibliographic data is available in the Internet at: http://dnb.ddb.de

© 2009 Springer-Verlag, Wien SpringerWienNewYork is a part of Springer Science + Business Media

SPIN: 12197934
ISBN 978-3-211-79189-9

springer.at